beck'sche reihe

Die afghanischen Taliban sind Inbegriff eines rigiden Islamismus. Seit sie 1996 die Macht in Kabul übernommen haben, ist das Land zur Drehscheibe des internationalen Terrorismus geworden. Doch der Krieg gegen die Taliban nach den Anschlägen vom 11. September 2001 war nur scheinbar ein Erfolg. Erneut kontrollieren die bärtigen Gotteskämpfer große Teile Afghanistans, verhindern den Wiederaufbau und terrorisieren die Bevölkerung. Erneut ist Afghanistan weltpolitischer Krisenherd Nummer eins, und dieses Mal kämpfen – und sterben – auch deutsche Soldaten. Angesichts der Zuspitzung der Situation hat der pakistanische Journalist Ahmed Rashid sein hochspannendes Buch über die Taliban erweitert und aktualisiert. Er legt dar, woher die Taliban kommen, wie sie ihre heutige Machtstellung erlangt und gegen den Westen verteidigt haben und in welches komplizierte politische Spiel um Macht und Erdöl sie verstrickt sind.

Ahmed Rashid, geb. 1948, lebt in Pakistan und schreibt als Journalist für große britische und amerikanische Zeitungen und Zeitschriften. Für seine kritische Berichterstattung wurde er mit zahlreichen Preisen ausgezeichnet. Er gilt weltweit als der beste Kenner der Lage in Afghanistan und Pakistan.

Ahmed Rashid

Taliban

Afghanistans Gotteskämpfer und der neue Krieg am Hindukusch

Aus dem Englischen von
Harald Riemann
und Rita Seuß

Verlag C. H. Beck

Die englische Originalausgabe erschien 2010 unter dem Titel «Taliban. The Power of Militant Islam in Afghanistan and Beyond» bei I. B. Tauris & Co Ltd, London.

Die Teile 1–3 sowie der Anhang wurden von Harald Riemann übersetzt, das Vorwort, Teil 4 sowie Ergänzungen zum Anhang von Rita Seuß.

Mit zwei Karten

Originalausgabe

Für die deutsche Ausgabe:

Satz: Janß GmbH, Pfungstadt
Druck: Druckerei C.H.Beck, Nördlingen
Umschlagentwurf: malsyteufel, willich
Umschlagabbildung: Taliban in Sindhand, © C. Melad/Corbis
Printed in Germany
ISBN 978 3 406 60628 1

www.beck.de

Für meine Mutter,
die mich lehrte, zu sehen, was ich sah.
Ich hoffe, ich habe dem Ehre erwiesen.
Und für Angeles.

Inhalt

Teil 3 – Das neue große Spiel

Teil 4 – Der 11. September und die Taliban

Anhang

Vorwort

Es bleibt für mich erstaunlich, dass in einer Zeit des radikalen Konsumverhaltens und der Schnelllebigkeit mein Buch über die Taliban seit seiner Erstveröffentlichung im Jahr 2000 immer noch rege nachgefragt wird. Das Buch wurde, soweit ich weiß, in sechsundzwanzig Sprachen übersetzt, und ständig tauchen neue Raubübersetzungen auf. Erst kürzlich entdeckte ich eine in Syrien veröffentlichte arabische Ausgabe sowie mindestens drei verschiedene persische Editionen.

In englischer Sprache wurde das Buch rund 1,5 Millionen Mal verkauft; wie viele Exemplare es in anderen Sprachen sind, ist mir nicht bekannt. Aber auch in Brasilien, Polen und Japan, die vom Problem des islamischen Extremismus nicht unmittelbar betroffen sind, wurde das Buch ein Bestseller. Immer noch werde ich gebeten, abgegriffene Bände voller Eselsohren zu signieren, Bücher, die schon durch viele Hände gegangen sein müssen.

Mit dem wiedererwachten Interesse für den Aufstand der Taliban in Afghanistan und Pakistan und der wachsenden Besorgnis über diese Entwicklung wird diese Neuausgabe wohl zuerst bei der neuen Journalistengeneration Anklang finden, die jetzt über diese Region berichtet. Aber auch Regierungsmitarbeiter und Diplomaten, die am 11. September 2001 noch auf dem College waren, werden das Buch lesen, und hoffentlich auch neue Generationen einer weltweiten Öffentlichkeit. Wachgehalten wurde die Nachfrage nach dem Buch von Studenten, Soldaten, Universitätsdozenten und Regierungsbeamten, von jungen und alten Lesern aus allen Gesellschaftsschichten. Es ist ein Tribut an diese Leser, dass mein Verlag es nun für notwendig und sinnvoll hält, diese aktualisierte Ausgabe von *Taliban* herauszubringen.

Das Buch ist der Gegenstand, den Soldaten vieler amerikanischer, britischer und NATO-Einheiten vor ihrem Aufbruch nach Afghanistan ganz zu oberst in ihren Rucksack packen. Und nicht nur von den Offizieren, auch von den einfachen Soldaten wird erwartet, dass sie es lesen. Für Erstsemesterstudenten größerer Universitäten in den nördlichen US-Bundesstaaten ist die Lektüre Pflicht; sie müssen einen Aufsatz darüber schreiben, bevor die Seminare beginnen. An Hunderten Universitäten weltweit wird es als Lehrbuch verwendet. Und viele Studenten bekennen, dies sei der erste Nicht-Thriller gewesen, den sie jemals gelesen hätten.

Seit Erscheinen des Buches erreichen mich Einladungen zu Vorträgen auf der ganzen Welt. Mit dem Erstarken der Taliban in Pakistan werde ich von jungen pakistanischen Studenten eingeladen, an ihren Universitäten Seminare zu halten, auch wenn nicht alle ihre Lehrer damit einverstanden sind. Die vielen Raubdrucke in afghanischen Sprachen vermitteln den Eindruck, als hätte jeder Afghane, der einigermaßen lesen und schreiben kann, dieses Buch gelesen. Besonders muslimische Frauen fühlen sich von diesem Buch angesprochen, da es ihnen die leidvolle Situation von Frauen in einer extremistischen Gesellschaft schwarz auf weiß vor Augen führt.

Wegen seiner Kritik an den zentralasiatischen Regimen, die nach wie vor in fast allen Punkten Bestand hat, wurde das Buch in diesen Ländern verboten, doch in russischer Sprache wurde es auch dort zu einem Underground-Bestseller. Aus verschiedenen religiösen und politischen Gründen steht es in Saudi-Arabien ebenfalls auf dem Index, aber ein im Libanon entstandener Raubdruck in arabischer Sprache kursierte auch dort ein paar Jahre lang – allerdings so geheim, dass ich nie ein Exemplar zu Gesicht bekam.

Dass es Ende der neunziger Jahre so schwierig war, für das Buch einen Verlag zu finden, ist heute kaum mehr nachvollziehbar. Ich erinnere mich, dass Agenten und Verleger diesseits und jenseits des Atlantiks fragten: «Taliban was?» Oder ich denke an George W. Bush, der vor seiner Präsidentschaft die Taliban für eine weibliche Popgruppe hielt. Die Taliban sind nach wie vor Gegenstand endloser Witze, Spottverse und Karikaturen – und natürlich

Hunderter von Büchern und Artikeln seit dem 11. September, der viele Wissenschaftler über Nacht zu Taliban-Experten machte. Als dieses Buch erschien, gab es nichts von alledem.

Der 11. September verfolgt uns bis heute in unseren Träumen und Albträumen, und der Horror, der mit jenem Tag begann, sucht Afghanistan, Pakistan und Zentralasien immer noch heim, tagtäglich. Trotz der Investition von Milliarden Dollars, trotz zahlloser Menschenleben, die geopfert wurden, trotz zahlreicher Gelegenheiten, sie auszuschalten, sind die Taliban und Al-Qaida nach wie vor eine radikale Bedrohung für die gesamte Region.

Die afghanischen Taliban haben sich überall in der Region festgesetzt; es gibt heute pakistanische Taliban und zentralasiatische Taliban. Die Taliban wurden – vielleicht mehr noch als Al-Qaida – zu einem Vorbild, dem Extremisten im gesamten süd- und zentralasiatischen Raum nacheifern. Auch neun Jahre nach dem 11. September ist es weder den Muslimen noch dem Westen gelungen, die Bedrohung durch die Taliban und deren Einfluss auf wütende Islamisten einzudämmen. Nach wie vor lassen sich junge Menschen und potentielle Selbstmordattentäter in der Region vom Lebensmodell der Taliban verführen.

Als sich mein Verlag zu einer Neuausgabe von *Taliban* entschloss, wurde ich gefragt, ob ich die einzelnen Kapitel des Buches aktualisieren oder lediglich einen weiteren Teil hinzufügen wolle, der den Zeitraum zwischen 2000 und 2009 abdeckt. Ich entschied mich für Letzteres, weil ich fand, das Buch solle so bleiben, wie es ist. Es entstand als Reportage in einem bestimmten historischen Augenblick. Große Teile davon habe ich während meines Aufenthalts unter den Taliban Ende der neunziger Jahre geschrieben. Das Buch basiert auf den Erfahrungen in den Jahrzehnten, die ich als Kriegsberichterstatter in Afghanistan verbrachte, auf meinen Begegnungen mit den Menschen und dem Wissen, das ich mir dort aneignete.

Darüber hinaus ist das Buch eine anthropologische und historische Studie zur Entwicklung der afghanischen Stämme und ethnischen Gruppen, auch nachdem ihr Land zerfallen und zu einem geschei-

terten Staat geworden ist. Es beschreibt die Geopolitik der Nachbarländer Afghanistans in den neunziger Jahren und legt dar, wie die Einmischung dieser Länder den Zerfall Afghanistans verstärkte, während die Vereinigten Staaten und Westeuropa die Situation auf fatale Weise ignorierten. Wenn sich der Westen erneut von Afghanistan abwendet, werden diese regionalen Rivalitäten wiederaufflammen und das Land in ein noch tieferes Chaos stürzen.
Und schließlich lieferte das Buch bei seiner Veröffentlichung die erste ausführliche Beschreibung dessen, was Osama Bin Laden in Afghanistan tat und wie er zusammen mit dem Taliban-Chef Mullah Omar die Führung im Land übernahm. Bücher über Bin Laden sind heute zu einem Wirtschaftsfaktor geworden. Aus all diesen Gründen habe ich das Buch so belassen, wie es war – auch um den Preis, dass manche Leser das Gefühl haben werden, die Geschichte sei nicht aktuell genug bzw. die Darlegung der Fakten unvollständig, da wir heute so viel mehr über die Zeit vor dem 11. September wissen.

Dafür schreibe ich in einem neuen Kapitel die Geschichte der afghanischen Taliban fort, nehme die pakistanischen Taliban in den Blick und untersuche den Einfluss beider in Zentralasien. Wie es den Taliban gelang, nach ihrer Niederlage 2001 nach Pakistan zu entkommen, hat viel damit zu tun, dass sie sich trotz der US-Angriffe in Afghanistan halten konnten. Alle wichtigen Extremistenführer (Osama Bin Laden, Mullah Omar, Jalaluddin Haqqani, Gulbuddin Hekmatyar) sowie zahlreiche Führer der pakistanischen Taliban leben heute im afghanisch-pakistanischen Grenzgebiet. Wie sie dorthin gekommen sind ist eine wichtige und beunruhigende Geschichte. Einige Daten und Fakten in diesem neuen Kapitel entstammen meinem jüngsten Buch *Descent into Chaos: The United States and the Failure of Nation Building in Pakistan, Afghanistan and Central Asia*, das die Entwicklung in der Region seit 2001 beschreibt und darlegt, warum die Amerikaner und die NATO in Afghanistan so kläglich gescheitert sind.

Ich danke meinem Verlag I. B. Tauris und der Yale University Press, dass sie das Buch so lange lieferbar gehalten haben und jetzt diese Neuausgabe herausbringen. Ich wäre hilflos ohne Flip Brophy, meinen wunderbaren Agenten in New York, und ich danke Susan Laity, die auch das neue Kapitel lektoriert hat. Meiner Familie, insbesondere meiner Frau Angeles, kann ich gar nicht genug dafür danken, dass sie die langen Zeiten meiner Abwesenheit oder meines Rückzugs an den Schreibtisch so klaglos ertragen hat.

Ahmed Rashid

Einführung
Afghanistans Gotteskrieger

An einem warmen Frühlingsnachmittag ließen die Ladenbesitzer in der Stadt Kandahar ihre Rollläden herunter und bereiteten sich auf das Wochenende vor. Mürrische Männer vom Stamm der Paschtunen mit langen Bärten und schwarzem, eng um den Kopf gewundenem Turban bahnten sich ihren Weg durch die engen, staubigen Gassen zum Fußballstadion, das genau oberhalb des Hauptbasars lag. Kinder, meist zerlumpte Waisen, liefen die Gassen auf und ab und veranstalteten einen Radau beim Gedanken an das Schauspiel, das sie erwartete.

Es war März 1997, und Kandahar war seit zweieinhalb Jahren die Hauptstadt jener grimmigen islamischen Krieger, der Taliban, die bereits zwei Drittel Afghanistans erobert hatten und jetzt um das noch verbliebene Drittel des Landes kämpften. Einige dieser Taliban hatten in den achtziger Jahren gegen die sowjetische Rote Armee gekämpft, viele von ihnen hatten das Regime von Präsident Nadschibullah bekämpft, der nach dem Rückzug der sowjetischen Truppen aus Afghanistan noch vier Jahre lang an der Macht geblieben war. Die Mehrheit jedoch hatte nicht am Kampf gegen die Kommunisten teilgenommen und entstammte Hunderten von *Madrassas*, Koranschulen, die in den afghanischen Flüchtlingslagern in Pakistan entstanden waren.

Seit ihrem dramatischen und unerwarteten Erscheinen Ende 1994 hatten die Taliban relativen Frieden und Sicherheit nach Kandahar und in die benachbarten Provinzen gebracht. Kriegerische Stammesgruppen wurden zerschlagen, ihre Führer gehängt, und der Bevölkerung nahmen sie die vielen Waffen ab; die Verbindungsstraßen wurden geöffnet, um den lukrativen Schmuggel zwischen Pakistan, Afghanistan, Iran und Zentralasien zu erleichtern, der die hauptsächliche Stütze der Wirtschaft bildete.

Die Taliban entstammen der größten ethnischen Gruppe Afghanistans, den Paschtunen, die etwa 40 Prozent der Gesamtbevölkerung von ungefähr 20 Millionen Menschen ausmachen. 300 Jahre lang hatten die Paschtunen Afghanistan regiert, doch zogen sie seit einiger Zeit gegenüber den kleineren ethnischen Gruppen des Landes den Kürzeren. Der Sieg der Taliban entfachte die Hoffnung neu, die Paschtunen könnten Afghanistan wieder beherrschen und einen Nationalismus in ihrem Sinne etablieren.

Zum Entsetzen vieler Afghanen und der ganzen muslimischen Welt führten die Taliban jedoch eine extreme Auslegung der Scharia, der islamischen Gesetzgebung, ein. Alle Mädchenschulen wurden geschlossen, und den Frauen gestattete man nur in Ausnahmefällen, das Haus zu verlassen; nicht einmal das Einkaufen war ihnen mehr erlaubt. Jede Art von Unterhaltung war strikt verboten. Der Verzicht auf Musik, Fernsehen, Video, Kartenspiel, Drachensteigenlassen und die meisten Sportarten wurde Gesetz. Der islamische Fundamentalismus der Taliban war so extrem, dass er letztlich die islamische Botschaft von Frieden und Toleranz sowie die Fähigkeit, mit religiös und ethnisch differierenden Gruppen in Harmonie zusammenzuleben, verunglimpfte. In Pakistan und Zentralasien wurde diese neue, extremistische Form des Fundamentalismus Vorbild; Kompromisse mit traditionellen islamischen Werten, sozialen Strukturen und existierenden staatlichen Systemen lehnten die Taliban strikt ab.

Ein paar Wochen zuvor hatten sie in Kandahar ihr schon länger bestehendes Fußballverbot aufgehoben. Die UN-Hilfsorganisationen ergriffen diese seltene Gelegenheit, etwas für die öffentliche Unterhaltung tun zu können, beim Schopfe und eilten herbei, um die Tribünen und Sitze des ausgebombten Fußballstadions wieder aufzubauen. Doch an diesem milden Donnerstagnachmittag, der das muslimische Wochenende einleitete, hatte man keinen ausländischen Entwicklungshelfer zur Neueröffnung des Stadions eingeladen. Es war auch kein Fußballspiel angesetzt. Stattdessen fand eine öffentliche Hinrichtung statt, bei der der Delinquent zwischen den Torpfosten erschossen werden sollte.

Ich war gerade in einem Flugzeug der UNO aus Pakistan gekommen, und ausländische Entwicklungshelfer erzählten mir beschämt im Flüsterton von dieser Hinrichtung.
«Das wird die Weltöffentlichkeit nicht gerade ermuntern, weitere Gelder für Entwicklungsprojekte in Afghanistan zur Verfügung zu stellen. Wie sollen wir erklären, auf welche Weise die Taliban unsere Renovierung ihres Fußballstadions nutzen?», fragte einer der westlichen Entwicklunghelfer.
Etwas nervös beäugten sie auch meine Kollegin Gretchen Peters, eine amerikanische Journalistin. Gretchen war groß, schlaksig, hatte ein breites, aber fein geschnittenes Gesicht und trug einen etwas zu engen Shalwar Kameez, die hier übliche Kleidung, bestehend aus sackförmigen Baumwollhosen, einem langen Hemd bis unter die Knie und einem langen Schal, der den Kopf bedeckte. Doch all das vermochte ihre Größe und ihr auffälliges amerikanisches Äußeres nicht zu verbergen; sie stellte eine Bedrohung für die Lehre der Taliban dar: Frauen sollten weder gesehen noch gehört werden, da sie die Männer angeblich von dem Pfad der Tugend, den der Islam vorschrieb, abbrachten und in Versuchung führten. Sei es nun aus Furcht vor Frauen oder aus Abscheu vor allem Weiblichen, jedenfalls weigerten sich die Führer der Taliban meistens, Journalistinnen Interviews zu geben.
Seit im Winter 1994 die mysteriösen Taliban zum ersten Mal aufgetaucht waren, Kandahar erobert hatten und dann weiter nordwärts gezogen waren, bis sie im September 1996 Kabul einnahmen, hatte ich über das Phänomen der Taliban berichtet und dafür mehr als ein Dutzend Male die Taliban-Hochburgen Kandahar, Herat und Kabul aufgesucht. Immer stärker wurde mein Interesse herauszufinden, wer sie waren, was sie antrieb, wer sie unterstützte und wie sie zu dieser harschen, extremen Auslegung des Islam gekommen waren.
Und nun gab es eine weitere Überraschung durch die Taliban; zwar ein Albtraum, doch für Reporter auch ein Geschenk, ein schreckliches Ereignis, das mich zittern ließ – vor Furcht, aber auch vor Erwartung. In der Zeit des Krieges hatte ich dem Tod oft

ins Gesicht blicken müssen, aber diese Tatsache machte es nicht leichter, an der Hinrichtung eines Menschen teilzunehmen, die auch noch als eine Form der Unterhaltung von Tausenden von Menschen betrachtet wurde und zugleich Ausdruck islamischer Justiz und der Kontrolle durch die Taliban war.

Der Taliban am Stadion wollte uns zunächst nicht einlassen. Als ich versprach, reglos an der Seitenlinie stehen zu bleiben und mit niemandem zu sprechen, durfte ich eintreten. Gretchen Peters schlüpfte rasch hinter mir herein, wurde aber umgehend von einer Gruppe hektischer, bewaffneter Wächter durch Kolbenstöße mit ihren Kalaschnikows hinausgedrängt.

Am Nachmittag waren alle Sitze des Stadions belegt – über 10 000 Männer und Kinder drängten sich auf den Plätzen bis hinunter zum Rand des Spielfeldes. Die Kinder versuchten sich darin zu übertreffen, wer am weitesten aufs Spielfeld hinauszulaufen wagte, wo die verärgerten Wächter sie wieder hinter die Seitenlinie schubsten. Anscheinend war die gesamte männliche Bevölkerung erschienen. Frauen war jeder Auftritt in der Öffentlichkeit untersagt.

Plötzlich ebbte der Radau der Menschenmenge ab, als zwei Dutzend bewaffnete Taliban in Plastiklatschen, schwarzem Turban und der männlichen Variante des Shalwar Kameez auf das Spielfeld gestürmt kamen. Sie liefen die Seitenlinie entlang, stießen die spielenden Kinder mit ihren Gewehrläufen zurück auf die Plätze und brüllten die Menschen an, Ruhe zu geben. Die Menge gehorchte augenblicklich, sodass nur noch das Latschengeklapper der Taliban zu hören war.

Wie auf ein Zeichen hin erschienen mehrere zweitürige Datsun-Pick-ups auf dem Spielfeld – das Lieblingstransportmittel der Taliban. An einem von ihnen war einer dieser blechernen Lautsprecher angebracht, die an allen Moscheen in Pakistan und Afghanistan hängen. Ein älterer Mann mit weißem Bart stand auf dem Fahrzeug und begann der Menge vorzulesen. Qazi Khalilullah Ferozi, ein Richter des Obersten Taliban-Gerichtshofes von Kandahar, sprach über eine Stunde lang zu der Menschenmenge, pries die

Tugenden der Taliban-Bewegung an, die Vorzüge islamischer Bestrafung und las die Geschichte des Falls.

Abdullah Afghan, ein junger Mann von Anfang zwanzig, hatte angeblich Abdul Wali, einem Bauern aus demselben Dorf bei Kabul, Medizin gestohlen. Als Wali Widerstand leistete, erschoss ihn Abdullah. Nachdem man ihn mehrere Wochen lang vergebens gesucht hatte, spürten Walis Verwandte ihn schließlich auf, nahmen ihn fest und brachten ihn vor das Gericht der Taliban. Abdullah wurde der Prozess gemacht, er wurde zum Tode verurteilt, zunächst vom Hohen Islamischen Gerichtshof in Kandahar, dann in der Berufung vom Höchsten Gericht der Taliban. Diese Prozesse finden ohne Rechtsanwalt statt; der Angeklagte gilt von vornherein als schuldig und muss sich selbst verteidigen.

Die Taliban-Auslegung der Scharia fordert die Hinrichtung des Mörders von der Hand der Familie des Opfers; doch in letzter Minute muss der Richter bei den Verwandten des Opfers Berufung einlegen und ihnen empfehlen, den Mörder zu verschonen. Lässt die Familie des Opfers Gnade walten, erhält sie ein Blutgeld oder eine andere Entschädigung. Wie viel von der Auslegung des islamischen Gesetzes durch die Taliban aber auf die Scharia zurückgeht und wie viel auf einen Verhaltenskodex der Paschtunen, ist bei vielen muslimischen Theologen innerhalb und außerhalb Afghanistans umstritten.

Inzwischen waren ungefähr zwanzig männliche Verwandte des Opfers aufs Spielfeld getreten, und der Qazi wandte sich ihnen zu. Er hob die Arme gen Himmel und appellierte an sie, Abdullahs Leben zu schonen und ein Blutgeld anzunehmen.

«Zehnmal werdet ihr nach Mekka kommen, wenn ihr diesen Mann verschont. Unsere Führer haben versprochen, euch eine große Summe aus dem Baitul Mal (islamischen Fonds) zu zahlen, wenn ihr ihm vergebt», sagte er zu den Verwandten. Doch die Verwandten schüttelten alle den Kopf, und die Taliban-Wachen richteten ihre Gewehre auf die Menschenmenge und warnten, sie würden jeden, der sich bewegte, erschießen. Auf den Plätzen herrschte tiefes Schweigen.

Abdullah, der während des ganzen Verfahrens in einem der bewachten Pick-ups gesessen hatte, wurde jetzt herausgelassen. Er trug ein leuchtend gelbes Käppchen und neue Kleidung. Seine Füße waren in schwere Ketten gelegt und seine Arme auf dem Rücken aneinandergekettet. Man befahl ihm, zu den Torpfosten am anderen Ende des Stadions hinüberzugehen. Seine Beine zitterten sichtbar vor Angst, als er über das Spielfeld schlurfte, während die Ketten klirrend im Sonnenlicht blinkten. Als er beim Tor ankam, ließ man ihn auf dem Boden niederknien, das Gesicht von der Zuschauermenge abgewandt. Einer der Wächter raunte ihm zu, er könne jetzt sein letztes Gebet sprechen.

Ein anderer Wächter reichte einem der Verwandten des Ermordeten eine Kalaschnikow. Dieser ging raschen Schrittes hinüber zu Abdullah, lud die Automatik durch und schoss ihm aus ein paar Schritt Entfernung dreimal in den Rücken. Als Abdullah hintenüberfiel, trat sein Henker neben den zuckenden Körper und versetzte ihm aus kürzester Entfernung noch drei weitere Schüsse in die Brust. Ein paar Sekunden darauf wurde der Körper auf die Ladefläche eines Pick-ups geworfen und weggefahren. Die schweigende Menschenmenge löste sich rasch auf. Als wir zurückfuhren, stiegen aus den Tee- und Kebabständen im Basar, in Vorbereitung der abendlichen Geschäfte, die ersten dünnen Rauchfäden auf.

In einer Mischung aus Angst, Akzeptanz und Resignation nach all den verheerenden Kriegsjahren, die mehr als 1,5 Millionen Opfer gefordert haben, nehmen viele Afghanen die Rechtsprechung nach Art der Taliban hin. Am nächsten Tag wurde in einem Dorf bei Kabul eine Frau von einer Menschenmenge in die Enge getrieben und zu Tode gesteinigt, nachdem man sie dafür verurteilt hatte, mit einem Mann, der kein Blutsverwandter von ihr war, einen Fluchtversuch aus Afghanistan unternommen zu haben. Das Abhacken einer Hand oder eines Fußes oder beider Gliedmaßen ist eine verbreitete Strafe der Taliban, wenn es um Diebstahl geht. Als die Taliban 1996 Kabul einnahmen, wurden sie anfangs freudig als Befreier empfangen, doch in Kabul und auf der ganzen Welt wandten sich viele entsetzt von ihnen ab, als sie den früheren Präsidenten und Exkommunisten Nadschibullah, der vier Jahre lang unter dem Schutz der UN in einer UN-Siedlung gelebt hatte, folterten und öffentlich hängten.

Seit dem Ende des Kalten Krieges hat keine andere politische Bewegung in der islamischen Welt so viel Aufmerksamkeit erregt wie die Taliban in Afghanistan. Bei manchem Bürger im Land wurde von den Taliban die Hoffnung geweckt, es handle sich um eine von einfachen Koranschülern angeführte Bewegung, die sich Frieden auf die Fahnen geschrieben habe und vielleicht endlich die einander bekriegenden Gruppen zur Räson brächte, die seit dem Sturz des kommunistischen Regimes in Kabul im April 1992 das Leben aller zur Hölle machten. Andere befürchteten hingegen, die Taliban-Bewegung würde schnell zu einer weiteren kriegerischen Splittergruppe degenerieren, entschlossen, dem glücklosen afghanischen Volk ihre despotischen Regeln aufzuzwingen.

Das Vorgehen der Paschtunen-Taliban hat die Frage der Beziehungen zwischen den verschiedenen Volksgruppen in diesem Vielvölkerstaat in den Vordergrund gerückt. Auch andere Themen wie die Rolle des Islam hinsichtlich der Clan-, Stammes- und Feudalstrukturen und die Frage der Modernisierung und wirtschaftlichen Entwicklung in einer konservativen islamischen Gesellschaft haben an Bedeutung gewonnen. Das Phänomen Taliban zu verstehen wird zusätzlich durch bewusst vor der Öffentlichkeit verborgen gehaltene politische Strukturen, durch den Führungsstil und die Entscheidungsprozesse erschwert. Weder geben die Taliban Presseerklärungen ab, noch beziehen sie eindeutige politische Positionen. Aufgrund des von ihnen erlassenen Foto- und Fernsehverbots weiß niemand, wie ihre Führer überhaupt aussehen. Der einäugige Führer Mullah Mohammed Omar bleibt ein Mysterium. Nach den Roten Khmer in Kambodscha sind die Taliban heute die geheimnisvollste politische Bewegung der Welt.

Doch ungewollt haben die Taliban den islamischen Radikalismus erneut auf die Tagesordnung der ganzen Region gesetzt und Afghanistans Nachbarstaaten einen Schock versetzt. Es überrascht daher nicht, dass der Iran, die Türkei, Indien, Russland und vier der fünf Republiken Zentralasiens – Usbekistan, Kasachstan, Kirgistan und Tadschikistan – die «Nördliche Anti-Taliban-Allianz» mit Waffen und Geld unterstützt haben, um den Vormarsch der Taliban aufzuhalten. Im Gegensatz dazu haben Pakistan und Saudi-Arabien die Taliban unterstützt. In der Zeit nach dem Kalten Krieg hat dies zu einer nie da gewesenen Polarisierung in der Region geführt. Die Siegeszüge der Taliban in Nordafghanistan im Sommer 1998 und ihre Kontrolle über 90 Prozent des Landes lösten einen noch heftigeren Konflikt aus. Der Iran drohte, Afghanistan zu besetzen, und beschuldigte Pakistan, die Taliban zu unterstützen.

Kernstück dieses Regionalkonflikts ist der Kampf um die riesigen Öl- und Gasvorkommen Zentralasiens – die letzten unangezapften Energiereserven der Welt. Von ebenso großer Bedeutung ist der Konkurrenzkampf der Regionalstaaten und der westlichen Mineralölkonzerne untereinander. Es geht um den Bau der lukrativen Pipeline für den Transport der Energiestoffe zu den Märkten Europas und Asiens. Diese Rivalitäten sind buchstäblich zum neuen Spiel der Großmächte geworden, wirken wie ein Rückfall ins 19. Jahrhundert, als Russland und Großbritannien ihr großes Spiel um Kontrolle und Vorherrschaft in Zentralasien und Afghanistan ausfochten.

Seit Ende 1995 hat Washington das Vorhaben der US-amerikanischen Firma Unocal unterstützt, eine Gas-Pipeline von Turkmenistan nach Pakistan durch das von den Taliban kontrollierte Afghanistan zu bauen. Doch da tauchte unerwartet ein weiterer Mitspieler auf.

Am Tag nach der Hinrichtung kam ich für ein Interview in den Palast von Mullah Mohammed Hassan, des Gouverneurs von Kandahar. Als ich an den schwer bewaffneten Taliban-Wachen vorbei die Auffahrt hinaufgegangen war, blieb ich plötzlich wie angewurzelt stehen. Aus dem Büro des Gouverneurs kam ein eleganter Geschäftsmann in tadellosem blauem Blazer mit Goldknöpfen, gelber Seidenkrawatte und italienischen Halbschuhen. Bei ihm waren zwei andere, ebenso tadellos gekleidete Geschäftsleute, die prall gefüllte Aktenkoffer trugen. Sie hätten eher zur Wall Street gepasst anstatt hierher zu obskuren Verhandlungen mit einer Bande islamischer Guerilleros in den staubigen Gassen von Kandahar.

Der Geschäftsmann war Carlos Bulgheroni, Vorsitzender von Bridas Corporation, einer argentinischen Mineralölfirma, die seit 1994 heimlich Verhandlungen mit den Taliban und der Nordallianz führte – ebenfalls wegen dieser Gas-Pipeline. Bridas befand sich in bitterem Wettstreit mit Unocal und hatte sogar in Kalifornien gegen die Firma prozessiert, weil diese ihnen angeblich das Geschäft vor der Nase weggeschnappt hatte.

Ein Jahr lang versuchte ich herauszufinden, welches Interesse eine argentinische Firma, die zudem in diesem Teil der Welt völlig unbekannt war, haben mochte, in einem Land mit so hohem Risikofaktor zu investieren. Doch sowohl Bridas als auch Unocal hüllten sich in Schweigen. Das Letzte, was sich Carlos Bulgheroni also wünschen konnte, war, beim Verlassen des Büros eines Taliban-Führers auf einen Journalisten zu treffen. Knapp entschuldigte er sich, sein Firmenflugzeug warte auf ihn, um ihn nach Mazar-i-Sharif, die Hauptstadt der Nordallianz, zu bringen.

Als der Kampf um Pipelines aus Zentralasien härter wurde, fragten sich die islamische Welt und der Westen besorgt, ob die Taliban die neue Zukunft des islamischen Fundamentalismus repräsentierten – aggressiv, expansionistisch und kompromisslos in ihrem puristischen Anspruch, die afghanische Gesellschaft in das imaginäre Modell eines Arabien zu Zeiten des Propheten Mohammed zurückzuverwandeln. Zudem fürchtete der Westen die Auswirkungen des immer weiter um sich greifenden Drogenhandels in Afghanistan und der Aktivitäten von Terroristen wie des saudi-arabischen Extremisten Osama Bin Laden, dessen Gruppe Al-Qaida die verheerenden Bombenattentate auf die US-Botschaften in Kenia und Tansania im August 1998 zu verantworten hat.

Darüber hinaus fragten sich Experten, ob die auf die Ursprünge islamischer Ideale ausgerichteten Taliban die schrecklichen Vorhersagen amerikanischer Intellektueller wahrmachten, als neue militante islamische Einheit dem Westen entgegentreten und somit

eine neue Variante des Kalten Krieges schaffen würden, welche die verschiedenen Zivilisationen erneut aufeinanderprallen ließe.[1]
Es ist nichts Neues, Afghanistan im Mittelpunkt eines solchen Konfliktes zu sehen. Die heutigen Taliban sind die vorerst Letzten in einer langen Reihe von Eroberern, Kriegsherren, Predigern, Heiligen und Philosophen, die durch den afghanischen Korridor gefegt kamen und alte Zivilisationen und Religionen zerstört haben, um neue einzuführen. Die Könige der alten Welt glaubten daran, dass die Region, in der Afghanistan liegt, der absolute Mittelpunkt der Welt sei, und diese Ansicht hat sich bis in die moderne Zeit hinein gehalten. Der berühmte indische Poet Mohammed Eqbal beschrieb Afghanistan als das «Herz Asiens», während Lord Curzon, der britische Vizekönig Indiens im frühen 20. Jahrhundert, Afghanistan den «Hahnenkampfplatz Asiens» nannte.[2]
Es gibt nur wenige Länder auf der Welt, in denen sich Geschichte, Politik und Charakter der Bevölkerung so stark aus seiner Geographie heraus bestimmen. Afghanistans geostrategische Lage an der Kreuzung zwischen Iran, dem Arabischen Meer und Indien, zwischen Zentralasien und Südasien hat dem Territorium und den Bergpässen seit den frühesten Invasionen der Arier vor 6000 Jahren eine große Bedeutung gegeben. Afghanistans raues, zerklüftetes und dürres Wüstengelände hat die besten und zähesten Krieger der Welt hervorgebracht, während die atemberaubend schönen, kargen Gebirgslandschaften mit üppig grünen Tälern voller Obstbäume schon immer Poeten inspiriert haben.
Vor vielen Jahren erzählte mir einmal ein weiser alter afghanischer Mudschahid die mystische Geschichte von Gottes Erschaffung Afghanistans.
«Als Allah die Welt geschaffen hatte, sah Er, dass eine ganze Menge Schutt übrig geblieben war; Bruchstücke, die nirgendwohin passten. Er sammelte sie ein und schleuderte sie einfach auf die Erde. Das war dann Afghanistan», sagte der alte Mann.
Das moderne Afghanistan erstreckt sich über 652 000 Quadratkilometer. Durch die massive Bergkette des Hindukusch wird es in einen Nord- und einen Südteil unterteilt. Südlich des Hindukusch

sind mehrheitlich Paschtunen und einige Persisch sprechende Volksgruppen, im Norden Perser und turksprachige Stämme zu finden. Der Hindukusch selbst wird von Persisch sprechenden Hasaras und Tadschiken bevölkert. Im äußersten Nordosten erstreckt sich das Pamirgebirge, das Marco Polo «das Dach der Welt» nannte, über Tadschikistan und Teile Chinas und Pakistans.[3] Aufgrund der Unzugänglichkeit des Pamir gibt es nur wenig Kommunikation zwischen den zahlreichen Volksgruppen der hoch gelegenen, verschneiten Täler.
In den südlichen Ausläufern des Hindukusch liegt Kabul. Die angrenzenden Täler bilden die landwirtschaftlich produktivste Region des Landes. Der Westen und Süden Afghanistans sind durch das östliche Ende des iranischen Hochplateaus gekennzeichnet. Es ist flach, karg und dürr, weist nur wenige Städte auf und ist dünn besiedelt. Der größte Teil dieser Region wird von den dort lebenden Afghanen einfach «Wüste» genannt. Ausgenommen davon ist ein über 3000 Jahre altes Zivilisationszentrum, die Oasenstadt Herat.
Nördlich des Hindukusch beginnt die karge Steppe Zentralasiens, die sich über Tausende von Meilen nordwärts bis nach Sibirien erstreckt. Aufgrund der extremen Beschaffenheit von Klima und Boden gilt die turkstämmige Bevölkerung im Norden als eine der zähesten der Welt, die grimmigste Krieger hervorbringt. Im Osten Afghanistans liegen kleinere Gebirgsketten, darunter das Sulemangebirge, das sich über die Grenze nach Pakistan erstreckt und zu beiden Seiten von Paschtunen bevölkert ist. Die Pässe dieses Gebirges, beispielsweise der berühmte Khaiberpass, waren im Laufe der Jahrhunderte für Eroberer das Tor zu den fruchtbaren Tiefebenen Indiens.
Nur zehn bis zwölf Prozent des afghanischen Bodens sind nutzbar, und die meisten landwirtschaftlichen Betriebe an den abschüssigen Berghängen erfordern einen außerordentlich großen Arbeitsaufwand. Bis in die 1970er Jahre hinein war das Nomadentum mit Ziegen und Karakulschafen die hauptsächliche Quelle für den Lebenserhalt. Jedes Jahr zogen die Kochi-Nomaden Tausende von

Meilen durch Pakistan, Iran und Afghanistan auf der Suche nach gutem Weideland. Zwar wurden in den 80er Jahren im Krieg gegen die Sowjetunion Kultur und Lebenserhalt der Kochi zerstört, aber nach wie vor sorgen Viehherden für den grundlegenden Lebensunterhalt der armen Bauern. Die Nomaden Afghanistans von gestern sind heute Händler und LKW-Fahrer, die mit ihren Schmugglertouren quer durchs Land die wichtigste Versorgungsgrundlage und Einkommensquelle der Taliban stellen.
Von Urzeit an gab es in Afghanistan Landstraßen. Auf dem landumschlossenen Territorium kreuzten sich die Straßen Asiens aus allen Himmelrichtungen und wurden zum Schlachtfeld für zwei große Zivilisationswellen: das urbane Persische Reich nach Westen hin und das turkstämmige Nomadenreich nördlich in Zentralasien. Infolgedessen ist Afghanistan unermesslich reich an archäologischen Funden.
Für jede dieser beiden alten Zivilisationen, die zu ihrer historisch gegebenen Zeit Größe und Macht demonstrierten, war die Kontrolle über Afghanistan von vitaler Bedeutung. Zu anderer Zeit diente Afghanistan als Puffer, um diese beiden Reiche voneinander zu trennen, und dann wieder wurde es als Korridor benutzt, durch den Heere von Nord nach Süd und von West nach Ost marschierten, um Indien zu besetzen, wo die ersten alten Religionen des Zarathustra, der Manichäer und des Buddha erblühten. Nach Angaben der UNESCO ist die Stadt Balkh, deren Ruinen noch heute ein paar Meilen entfernt von Mazar-i-Sharif zu besichtigen sind, eine der ältesten Städte der Welt und war einst ein prächtiges Zentrum buddhistischer, persischer und turkestanischer Kunst und Architektur.
Über die alte Seidenstraße trugen Pilger und Händler den Buddhismus über Afghanistan nach China und Japan. Im Jahre 329 v.Chr. eroberten die Mazedonier unter Alexander dem Großen Afghanistan und Zentralasien, ehe sie nach Indien weiterzogen. Sie hinterließen im Hindukusch ein neues, vibrierendes buddhistisch-griechisch geprägtes Königreich – die einzige bekannte historische Verschmelzung europäischer Kunst mit der asiatischen.

Im Jahr 654 durchquerten arabische Heere Afghanistan und gelangten bis zum Oxus-Fluss an der Grenze zu Zentralasien. Sie brachten eine neue Religion namens Islam mit, die Gleichheit und Gerechtigkeit predigte und sich rasch über die ganze Region ausbreitete. Unter der persischen Saminiden-Dynastie, die von 874 bis 999 dauerte, hatte Afghanistan teil an einer Renaissance der Künste und Literatur Persiens. Die Ghaznaviden-Dynastie regierte von 999 bis 1186 und riss den nordwestindischen Punjab sowie Teile Ostirans an sich.

Im Jahr 1219 zogen die Mongolen unter Dschingis Khan durch Afghanistan, zerstörten Städte wie Balkh und Herat und hinterließen wahre Leichenberge. Auch die Mongolen leisteten ihren Beitrag: Sie hinterließen der modernen Zeit die Hasaras – das Ergebnis zahlreicher Vermählungen mit einheimischen Stämmen.

Im darauf folgenden Jahrhundert erschuf Taimur – oder Tamerlan, wie er im Westen genannt wird –, ein Abkömmling von Dschingis Khan, ein neues Riesenreich, das sich über Russland und Persien erstreckte und aus seiner Hauptstadt Samarkand im heutigen Usbekistan regiert wurde. Taimur eroberte Herat 1381, und sein Sohn Schah Rukh verlegte 1405 die Hauptstadt des Timuridenreiches nach Herat. Die Timuriden, ein Turkvolk, brachten die turkische Nomadenkultur von Zentralasien in den Machtbereich der persischen Zivilisation und machten Herat zu einer der kulturell aktivsten Städte der Welt. Die Verschmelzung der Kulturen Zentralasiens und Persiens war ein bedeutendes Vermächtnis für Afghanistan. Als hundert Jahre später Kaiser Babur, ein Abkömmling von Taimur, Herat besuchte, schrieb er: «In der gesamten bewohnbaren Welt gibt es keine Stadt wie Herat.»[4]

Während der darauf folgenden 300 Jahre fielen die ostafghanischen Stämme immer wieder in Indien ein, eroberten Delhi und schufen riesige indo-afghanische Reiche. Die afghanische Lodhi-Dynastie regierte Delhi von 1451 bis 1526. Im Jahr 1500 wurde Taimurs Nachkomme Babur aus seinem Haus im Ferghana-Tal in Usbekistan vertrieben. Er eroberte 1504 erst Kabul, dann Delhi. Er etablierte die Mogul-Dynastie, die Indien bis zur Ankunft der Briten regierte. Gleichzeitig zerfiel die Macht Persiens im Westen, und Herat wurde von den usbekischen Shaybani-Khans erobert. Im 16. Jahrhundert fiel der Westen Afghanistans zurück an die persische Herrschaft unter der Safaviden-Dynastie.

Die aufeinander folgenden Invasionen führten zu einem komplexen ethnischen, kulturellen und religiösen Mix, der die Bildung einer afghanischen Nation extrem erschwerte. Im Westen Afghanistans wurde vorwiegend Persisch oder Dari, der bekannte persisch-afghanische Dialekt, gesprochen. Dari sprachen auch die Hasaras im Zentrum Afghanistans, die durch die Perser zur Schia konvertierten und somit zur größten Schiiten-Gruppe in diesem eigentlich sunnitischen Territorium wurden. Auch die Tadschiken im Westen, Hüter der altpersischen Kultur, sprachen Dari. Usbeken, Turkmenen, Kirgisen und ein paar andere Volksgruppen verständigten sich in den Turksprachen Zentralasiens. Die Paschtunen im Süden und Osten sprachen ihr Paschto, ein indo-persisches Sprachgemisch.

Es waren dann auch die Paschtunen, die den modernen Staat Afghanistan formten, als die persische Safaviden-Dynastie im Westen, die Mogule in Indien und die usbekische Janiden-Dynastie im 18. Jahrhundert langsam zerbröckelten. Die Stämme der Paschtunen unterteilen sich in der Hauptsache in Ghilzai und Abdali, später Durrani genannt, die miteinander rivalisieren.

Die Paschtunen führen ihren Stammbaum zurück auf Qais, einen Gefährten des Propheten Mohammed. Von daher betrachten sie selbst sich als Semiten, wenngleich sie anthropologisch als Indoeuropäer angesehen werden, die zahlreiche Volksgruppen im Laufe der Geschichte assimiliert haben. Die Durrani behaupten, von Qais ältestem Sohn Sarbanar abzustammen, während die Ghilzai ihre Abstammung auf dessen zweiten Sohn zurückführen. Qais dritter Sohn wird als Vorfahre verschiedener anderer Paschtunenstämme wie der Kakars in Kandahar und der Safis um Peschawar angesehen. In chinesischen und indischen Quellen aus dem 6. Jahrhundert ist von Afghanen/Paschtunen östlich von Ghazni die Rede. Diese Stämme begannen vom 15. Jahrhundert an westlich nach Kandahar, Kabul und Herat abzuwandern. Schon im darauf folgenden Jahrhundert machten sich die Ghilzai und Durrani das Land um Kandahar streitig. Heute liegt der heimatliche Boden der Ghilzais südlich des Kabul-Flusses zwischen der Safed-Koh- und der Saleman-Bergkette im Osten, dem Hasarajat im Westen und Kandahar im Süden.[5]

Im Jahr 1709 rebellierte das Oberhaupt des Hotaki-Stammes der Ghilzai-Paschtunen in Kandahar gegen den Safaviden-Schah. Das war zum Teil auf den Versuch des Schahs zurückzuführen, die inbrünstigen Sunni-Paschtunen zur Schia zu bekehren; eine religiöse Animosität, die drei Jahrhunderte später mit der Feindseligkeit der Taliban gegenüber den Schiiten Irans und Afghanistans wieder aufleben sollte.

Ein paar Jahre später besiegte Mir Wais' Sohn die Safaviden und eroberte den Iran. Aber 1729 wurden die Afghanen aus dem Iran vertrieben. Als die Macht der Ghilzai abnahm, bildeten ihre traditionellen Rivalen in Kandahar, die Abdali, eine Konföderation und wählten 1747 nach einer neuntägigen *Loya Dschirga*, einem Treffen der Stammesoberhäupter, Ahmed Schah Abdali zu ihrem König. Die Stammesoberhäupter wickelten einen Turban um seinen Kopf und steckten Grashalme hinein als Zeichen ihrer Loyalität. Die *Loya Dschirga* sollte das traditionelle gesetzliche Instrument werden, das den neuen Herrscher legitimierte, dabei aber eine Erbmonarchie umging. Die Herrscher selbst konnten für sich beanspruchen, von den Stämmen, die in der Dschirga vertreten waren, gewählt worden zu sein. Ahmed Schah änderte den Namen der Abdali-Konföderation und nannte sie Durrani, vereinigte alle Paschtunenstämme und führte eine Reihe von Eroberungen durch, sodass er bald die Kontrolle über den größten Teil des heutigen Pakistan hatte.

Um 1761 besiegte Ahmed Schah Durrani die Hindu Mahrattas, eroberte den Thron in Delhi und Kaschmir und schuf damit das erste afghanische Reich. Man sah ihn als Vater der afghanischen Nation an und setzte ihn in einem prunkvollen Mausoleum in seiner Hauptstadt Kandahar bei, das die Afghanen nach wie vor aufsuchen, um zu beten. Viele Afghanen sehen in ihm einen Heiligen. Sein Sohn Taimur Schah verlegte die Hauptstadt des Reiches 1772 von Kandahar nach Kabul, was ihm die Kontrolle der neuen Territorien nördlich des Hindukusch und östlich des Indus-Flusses erleichterte. Um 1780 schlossen die Durrani ein Abkommen mit dem Amir von Buchara, dem wichtigsten Herrscher Zentralasiens, der den Oxus- (auch: Amu-Darya-)Fluss als Grenze zwischen Zentralasien und dem neuen Paschtunenstaat Afghanistan festlegte. Es war die erste Festlegung einer nördlichen Grenzlinie des neuen Afghanistan.

Im darauf folgenden Jahrhundert verloren die Durrani ihre Territorien östlich des Indus-Flusses, als die sich untereinander befehdenden Durrani-Clans ihre Macht leichtfertig missbrauchten. Dennoch herrschten einige Durrani-Clans über 200 Jahre lang bis 1973 in Afghanistan, ehe König Zahir Schah von seinem Vetter Mohammed Daud Khan abgesetzt und Afghanistan zur Republik erklärt wurde. Währenddessen sollte die bittere Rivalität zwischen Ghilzai- und Durrani-Paschtunen weitergehen und sich im Anschluss an die Sowjetinvasion und die Machtübernahme der Taliban noch verstärken.

Die geschwächten und miteinander im Streit liegenden Durrani-Könige mussten gegen zwei neue Reiche antreten: gegen das britische im Osten und das russische im Norden. Im 19. Jahrhundert bekamen die Briten Angst, das expandierfreudige russische Reich könne von Zentralasien aus die Hand gierig nach Afghanistan ausstrecken, als ersten Vorstoß gegen das britisch-indische Empire. Drei Versuche unternahmen sie, Afghanistan zu erobern, bis sie einsahen, dass die unnachgiebigen Afghanen eher zu kaufen als zu besiegen waren. Die Briten boten Subventionen an, manipulierten die Stammesoberhäupter und schafften es, Afghanistan in eine Abhängigkeit zu bringen. Daraufhin folgte «The Great Game», das große Spiel zwischen Russland und Großbritannien, ein inoffizielles Kräftemessen voller Bestechung und gelegentlichem militärischem Druck, mit dem sich die beiden Mächte gegenseitig auf respektvolle Distanz hielten – mit Afghanistan als Puffer zwischen sich.

Die Fehden unter den herrschenden Durranis, die vom britischen Geheimdienst noch angestachelt wurden, hielten Afghanistans Könige schwach und abhängig von britischer Großzügigkeit. Infolgedessen forderten die Nicht-Paschtunen im Norden zunehmend Autonomie, wollten sich von der zentralen Kontrolle Kabuls abnabeln. Auch waren die Paschtunen durch die britische Eroberung Nordwest-Indiens so geschwächt, dass es zur ersten Zersplitterung der Paschtunenstämme kam. Die Spaltung zwischen Britisch-Indien und Afghanistan wurde von den Briten in einer offiziellen Grenzlinie – der Durand-Linie – 1893 formell legitimiert.

Nach dem zweiten Krieg zwischen Großbritannien und Afghanistan unterstützten die Briten Amir Abdul Rehman, genannt der «Eiserne Amir», in seinem Anspruch auf den Thron. Dadurch sollte der Staat Afghanistan zentralisiert und gestärkt werden. Amir nutzte die Subventionen und Waffenlieferungen der Briten und baute eine effiziente Verwaltung und ein stehendes Heer auf. Er unterwarf die rebellischen Paschtunenstämme und drang nach Norden vor, um der Autonomie der Hasaras und der Usbeken schonungslos ein Ende zu setzen. Dieselben Methoden, die er anwandte, sollten ein Jahrhundert später von den Taliban wiederholt werden – eine Variante des 19. Jahrhunderts zur ethnischen Säuberung. Alle oppositionellen Nicht-Paschtunen wurden niedergemacht, die Paschtunen in den Norden abgeschoben, wo sie sich niederlassen und Gehöfte anlegen durften. So sicherte sich Amir unter den ethnischen Minderheiten die Loyalität wenigstens einer Volksgruppe – die der Paschtunen.

Abdul Rehman schlug während seiner Herrschaft mehr als vierzig Revolten von Nicht-Paschtunen nieder und schuf Afghanistans erste brutale Geheimpolizei – eine Art Vorläufer des kommunistischen Khad der 1980er Jahre. Durch solche Schachzüge wurden zwar Afghanen aller Volkszugehörigkeiten integriert, und der afghanische Staat wurde gefestigt wie nie zuvor, aber es können auch viele spätere Spannungen zwischen den Volksgruppen in Nordafghanistan sowie ethnische Metzeleien nach 1997 auf die

Politik des Eisernen Amir zurückgeführt werden. Seine anderen Hinterlassenschaften, die später die Taliban indirekt beeinflussen sollten, beginnen bei der Isolierung Afghanistans vom Westen, erstrecken sich über die Modernisierung, etwa im Bildungswesen, und die Hervorhebung des Islam durch eine Machterweiterung der Paschtunen-Mullahs bis hin zur Einführung eines Konzepts göttlichen Rechts auf Herrschaft an Stelle der traditionellen Wahl durch die Loya Dschirga.

Die Nachfolger des Eisernen Amir im frühen 20. Jahrhundert waren große Mordernisierer. Es gelang ihnen, 1919 eine vollständige formelle Unabhängigkeit von Großbritannien durchzusetzen, die erste Verfassung des Landes zu erstellen und eine kleine urbane, gebildete Elite zu schaffen. Aber allein die Tatsache, dass zwei afghanische Könige ermordet wurden und periodisch Stammesrevolten ausbrachen, zeigt die Schwierigkeiten, die zu bewältigen waren, wenn es galt, eine Vielvölker-Gemeinschaft in einen modernen Staat zu überführen.

Das Ende der Durrani-Dynastie nahte, als König Zahir Schah, der seit 1933 regierte, von seinem Vetter und Schwager Sardar Mohammed Daud abgesetzt und ins Exil nach Rom abgeschoben wurde. In Afghanistan wurde die Republik ausgerufen und Daud regierte das Land als Präsident. Militäroffiziere der Linken und der kleinen, von Babrak Karmal geführten Parcham-Partei halfen ihm, eine im Entstehen begriffene fundamentalistisch-islamische Bewegung zu zerschlagen. Die Führer dieser Bewegung flohen 1975 nach Peschawar und wurden von Pakistans Premierminister Zulfiquar Ali Bhutto weiter in ihrer Oppositionshaltung zu Daud unterstützt. Dieselben Führer – Gulbuddin Hekmatyar, Burhanuddin Rabbani und Ahmed Schah Masud – sollten später auch die Führung der Mudschaheddin übernehmen.

Daud wandte sich um finanzielle Unterstützung zur Modernisierung der staatlichen Strukturen an die Sowjetunion. Von 1956 bis 1978 wurden Afghanistans Wirtschaft mit 1,26 Milliarden US-Dollar und das Militär mit 1,25 Milliarden US-Dollar von der Sowjetunion finanziert und so, auf dem Höhepunkt des Kalten

Krieges, in ihren Einflussbereich eingeschweißt. Im selben Zeitraum wurde Afghanistan von den USA mit 355 Millionen US-Dollar unterstützt, ehe Washington das Interesse verlor. Bis zur Machtergreifung Dauds war Afghanistan ein Rentierstaat gewesen, dessen Einnahmen zu 40 Prozent aus dem Ausland stammten. Genau wie seine königlichen Vorgänger versäumte es Daud, Institutionen einzurichten. Der Gesellschaft wurde nur ein lose zusammengehaltenes, zentral verwaltetes bürokratisches System mit geringer öffentlicher Präsenz auferlegt – abgesehen von der jetzt sehr erstarkten Loya Dschirga.[6]

Nur fünf Jahre später, im April 1978, wurde Daud von marxistischen Sympathisanten seiner Armee, die in der Sowjetunion ausgebildet worden waren und ihm 1973 zur Macht verholfen hatten, in einem blutigen Putsch gestürzt. Daud, seine Familie und die Leibwächter wurden ermordet. Aber die Kommunisten bestanden aus zwei Gruppen: die Khalq (Massen) und die Parcham (Fahne). Durch ihr Unverständnis der komplexen Stammesgemeinschaften Afghanistans kam es weitverbreitet zu Revolten. Als die Mullahs und Khans den Dschihad – ihren heiligen Krieg – gegen die ungläubigen Kommunisten ausriefen, verstrickte sich die kommunistische Regierungselite selbst in mörderische Gewalttaten. Der erste Khalq-Kommunist, Präsident Nur Mohammed Taraki, wurde ermordet; sein Nachfolger Hafizullah Amin wurde umgebracht, als die sowjetischen Truppen im Dezember 1979 in Afghanistan einmarschierten und den Parcham-Führer Babrak Karmal als Präsidenten einsetzten.

Innerhalb weniger dramatischer Monate wurde Afghanistan das Zentrum eines intensiven Kalten Krieges zwischen der Sowjetunion und den USA. Die afghanischen Mudschaheddin sollten die von den USA unterstützten antisowjetischen Truppen werden. Doch für die Afghanen bedeutete die sowjetische Invasion nur einen weiteren Versuch, sie von außen her unterwerfen zu wollen und ihre altehrwürdige Religion und Gesellschaftsform durch eine fremde Ideologie und Gesellschaftsform zu ersetzen. Der Dschihad bekam neuen Auftrieb, als die USA, China und die arabischen

Staaten die Mudschaheddin mit Waffen geradezu überhäuften. Aus diesem Konflikt heraus, der 1,5 Millionen Afghanen das Leben kostete und erst endete, als die sowjetischen Truppen 1989 aus Afghanistan abzogen, sollte eine zweite Generation von Mudschaheddin entstehen, die sich selbst Taliban nannten – Schüler des Islam.

Teil I
Die Geschichte der Taliban-Bewegung

Kapitel 1
Kandahar 1994: Die Ursprünge der Taliban

Der Taliban-Gouverneur von Kandahar, Mullah Mohammed Hassan Rehmani, hat die etwas nervtötende Angewohnheit, mit seinem verbliebenen heilen Bein ununterbrochen den Tisch vor sich hin und her zu kicken. Bis zum Ende des Gesprächs wird der Holztisch Dutzende Male um seinen Stuhl herumgerückt. Hassans nervöse Zuckungen signalisieren entweder das psychologische Bedürfnis, zu spüren, dass noch ein Bein vorhanden ist, oder sie sind für ihn nur eine Art Fitnesstraining.

An Stelle des verlorenen Beins trägt Hassan eine Holzprothese wie der Pirat Long John Silver in Robert Louis Stevensons *Schatzinsel*. Es ist aber eher ein alter Holzstumpf. Der Lack ist abgeblättert, das Holz zerkratzt und angeknackst – zweifellos durch die mühsame Bewältigung des Geröllbodens. Hassan ist über 40 und damit einer der ältesten Führer der Taliban und auch einer der wenigen, die noch gegen die sowjetischen Truppen gekämpft haben. Er gehört zu den Gründungsmitgliedern der Taliban-Bewegung und wird nach seinem alten Freund Mullah Omar als die Nummer zwei angesehen.

Hassan verlor sein Bein 1989 an der Kandahar-Front, kurz bevor die Sowjettruppen ihren Rückzug aus Afghanistan antraten. Inzwischen haben internationale Hilfsorganisationen für die Millionen im Land, denen Gliedmaßen amputiert werden mussten, neuste künstliche Gelenke zur Verfügung gestellt, aber Hassan beharrt auf seinem alten Holzbein. Auch eine Fingerkuppe fehlt ihm – verloren durch ein Schrapnell. Die Führerschaft der Taliban kann für sich den zweifelhaften Ruhm in Anspruch nehmen, die versehrteste der Welt zu sein, und Besucher wissen meist nicht, ob sie darüber lachen oder weinen sollen. Mullah Omar verlor 1989 sein rechtes Auge, als in seiner Nähe eine Rakete explodierte. Der Justizminister Nuruddin Turabi und der frühere Außenminister Mohammed Ghaus gehören ebenfalls zu den Einäugigen. Abdul Madschid, dem Bürgermeister von Kabul, fehlen ein Bein und zwei Finger. Andere Milizführer und Militärkommandeure sind auf ähnliche Weise versehrt.

Die Wunden der Taliban erinnern ständig an zwanzig Jahre Krieg, in dem mehr als 1,5 Millionen Menschen getötet und das Land verheert wurde. Die Sowjetunion transferierte ungefähr fünf Milliarden US-Dollar pro Jahr nach Afghanistan, um die Mudschaheddin zu unterwerfen – insgesamt also ungefähr 45 Milliarden –, und verlor. Die USA stifteten den Mudschaheddin zwischen 1980 und 1992 vier bis fünf Milliarden US-Dollar an Hilfsgeldern. Hinzu kam ein Fonds aus Saudi-Arabien, und zusammen mit Unterstützungen aus anderen europäischen und islamischen Ländern flossen den Mudschaheddin insgesamt über zehn Milliarden US-Dollar zu.[1] Die meisten dieser Hilfsmittel wurden in Form von tödlichen modernen Waffen geliefert, die man an die einfache Landbevölkerung austeilte – mit verheerenden Folgen.

Die Verstümmelungen der Taliban-Führer spiegeln auch den blutigen, brutalen Krieg wider, der sich in den 1980er Jahren in und um Kandahar abspielte. Die Durrani-Paschtunen im Süden und in Kandahar erhielten weit weniger Hilfsmittel von der CIA und den westlichen Hilfsorganisationen, die die Mudschaheddin mit Waffen, Finanzen und Logistik, beispielsweise medizinischen Einrichtungen, unterstützten, als die Ghilzai-Paschtunen im Osten des Landes und in Kabul. Die Hilfe wurde von Pakistans Interservices Intelligence (ISI) verteilt, der dazu neigte, Kandahar als rückständiges Gebiet anzusehen und die Durranis misstrauisch zu beargwöhnen. Infolgedessen war für einen verwundeten Mudschaheddin in Kandahar die nächstgelegene medizinische Anlaufstelle das pakistanische Quetta, was einen knochenharten zweitägigen Ritt auf dem Kamel bedeutete. Sogar heute noch ist erste Hilfe unter den Taliban selten; es gibt zu wenig Ärzte und überhaupt keine Chirurgen an der Front. Die einzige medizinische Versorgung im

Land findet sich in den Krankenhäusern des Internationalen Roten Kreuzes (ICRC).
Zufällig war ich im Dezember 1979 in Kandahar und sah mit an, wie die ersten sowjetischen Panzer einrollten. Sowjet-Soldaten im Teenageralter waren zwei Tage lang aus der Sowjetrepublik Turkmenistan erst nach Herat gezogen und dann einen Tag lang weiter über die Landstraße nach Kandahar, die in den 60er Jahren von den Russen gebaut worden war. Viele Rotarmisten stammten aus Zentralasien. Sie stiegen aus ihren Panzern, klopften sich den Staub von der Uniform und eilten gleich zum nächsten Stand, um eine Tasse ungezuckerten grünen Tee zu trinken – das diätetische Hauptnahrungsmittel in Afghanistan und Zentralasien. Die Afghanen im Basar standen einfach da und starrten sie an. Am 27. Dezember hatten sowjetische Spezialeinheiten den Palast von Präsident Hafizullah Amin in Kabul gestürmt, diesen getötet, Kabul besetzt und Babrak Karmal zum Präsidenten ausgerufen.
Der Widerstand, der um Kandahar herum begann, gründete sich auf das Stammesnetzwerk der Durranis. Der Kampf gegen die Sowjets war eher ein Stammes-Dschihad, angeführt von den Oberhäuptern der Clans und den *Ulema*, den älteren Koranschülern, und weniger ein von Islamisten geführter ideologischer Dschihad. In Peschawar gab es sieben Mudschaheddin-Parteien, die von Pakistan anerkannt waren und Hilfsgelder aus Mitteln des CIA erhielten. Bezeichnenderweise wurde keine der sieben Parteien von Durrani-Paschtunen geführt. Alle sieben Parteien hatten in Kandahar eine Gefolgschaft, doch die populärsten Parteien im Süden waren die auf Stammesverbindungen basierenden: die Harakat-e-Inquilab Islami (Bewegung der islamischen Revolution), geführt von Maulvi Mohammed Nabi Mohammedi, und die Hizb-e-Islami (Islampartei), geführt von Maulvi Younis Khalis. Beide Führer waren vor dem Krieg im Paschtunengürtel wohlbekannt und leiteten ihre eigenen *Madrassas*.
Für Befehlshaber im Süden hing Parteiloyalität davon ab, welcher Führer in Peschawar Geld und Waffen stellte. Mullah Omar trat Khalis' Hizb-e-Islami bei, Mullah Hassan der Harakat.

«Ich kannte Omar sehr gut, wir kämpften an verschiedenen Fronten und in verschiedenen Gruppen, manchmal aber auch zusammen», sagte Hassan.[2]

Sehr populär war auch die Nationale Islamische Front, geführt von Pir Sayed Ahmed Gailani, der die Rückkehr des ehemaligen Durrani-Königs Zahir Schah befürwortete, um den afghanischen Widerstand anzuführen – ein Ansinnen, das Pakistan und die USA heftig ablehnten. Der ehemalige König lebte in Rom und war nach wie vor bei der Bevölkerung in Kandahar sehr beliebt. Sie hofften, seine Rückkehr würde den Führungsanspruch der Durrani wieder geltend machen.

Die Widersprüche innerhalb der Führungsriege der Paschtunen-Mudschaheddin sollten die Paschtunen im Laufe des Krieges schwächen. Die *Ulema* achteten die historischen Ideale der frühen islamischen Geschichte und stellten traditionelle afghanische Stammesstrukturen wie die Dschirga selten in Frage. Sie verhielten sich auch weit entgegenkommender gegenüber ethnischen Minderheiten. Die Islamisten verunglimpften Stammesstrukturen und verfolgten eine radikalpolitische Ideologie, um in Afghanistan eine Revolution anzuzetteln. Sie schlossen andere aus, und das machte sie den Minderheiten eher verdächtig.

Insofern verfügte Harakat über keine kohärente Parteistruktur und war nur ein loses Bindeglied zwischen Befehlshabern und Stammesoberhäuptern, von denen viele nur eine rudimentäre *Madrassa*-Bildung genossen hatten. Andererseits baute Gulbuddin Hekmatyars Hizb-e-Islami eine geheimnisvolle, zentralisierte politische Organisation auf, deren Kader aus gebildeten, urbanen Paschtunen bestand. Vor dem Krieg hatten die Islamisten kaum über einen Stützpunkt in Afghanistan verfügt, doch mit Hilfsgeldern und Waffennachschub vom CIA und der Unterstützung aus Pakistan konnten sie einen solchen errichten und enorme Schlagkraft entwickeln. Traditionalisten und Islamisten bekämpften einander gnadenlos, sodass die traditionelle Führerschaft in Kandahar 1994 so gut wie eliminiert war und das Feld der neuen Welle weit extremerer Islamisten überließ – den Taliban.

Die Schlacht um Kandahar wurde auch bestimmt von ihrer ganz eigenen Geschichte. Kandahar ist Afghanistans zweitgrößte Stadt. Vor dem Krieg 1979 lebten hier ungefähr 250 000 Menschen, heute sind es doppelt so viele. Die Altstadt ist seit 500 v.Chr. bewohnt, aber nur 35 Meilen entfernt liegt Mundigak, ein Dorf aus der Bronzezeit, ungefähr 3000 v. Chr., das einst zur Zivilisation des Indus-Tals gehörte. Kandaharis sind immer schon großartige Kaufleute gewesen, da die Stadt am Schnittpunkt der alten Handelsrouten lag – zum Osten hin über den Bolanpass nach Sind, das Arabische Meer und Indien und zum Westen hin nach Herat und Iran. Die Stadt war die Kreuzstelle für Handel, Kunst und Kunsthandwerk zwischen Iran und Indien und war jahrhundertelang für ihre Basare berühmt.

Die Neustadt hat nur wenig an den 1761 von Ahmed Schah Durrani, dem Begründer der Durrani-Dynastie, groß angelegten Proportionen verändert. Die Tatsache, dass die Durrani von Kandahar aus den Staat Afghanistan erschufen und 300 Jahre lang über ihn herrschten, verschaffte den Einwohnern einen besonderen Status unter den Paschtunen. Als Konzession an ihre Heimat entbanden die Könige in Kabul sie davon, Männer für das Militär zu stellen. Ahmed Schahs Mausoleum beherrscht den Zentralbasar, und immer noch kommen Tausende Afghanen hierher, um zu beten und dem Begründer der Nation Respekt zu zollen.

Neben seinem Grab befindet sich der Schrein mit dem Umhang des Propheten Mohammed – es ist eine der heiligsten Pilgerstätten Afghanistans. Der Umhang wird nur bei besonderen Anlässen vorgezeigt, etwa als König Amanullah sich 1929 bemühte, die Stämme zusammenzubringen, und als 1935 eine Choleraepidemie in der Stadt ausbrach.[3] Um seine Rolle als Führer des afghanischen Volkes und Gesandter Gottes zu legitimieren, nahm Mullah Omar 1996 den Umhang heraus und präsentierte ihn einer großen Anzahl von Taliban, die ihm daraufhin den Titel Amir-ul Momineen, Führer der Gläubigen, verliehen.

Seinen klangvollen Namen in der Region verdankt Kandahar aber besonders seinen Obstplantagen. Kandahar ist eine Oasenstadt mitten in der Wüste. Die sommerliche Hitze ist mörderisch, doch um die Stadt herum liegen üppige grüne Felder und schattige Obstgärten, in denen Weintrauben, Melonen, Maulbeeren, Feigen, Pfirsiche und Granatäpfel gedeihen, die bis nach Indien und in den Iran hinein berühmt sind. Kandahars Granatäpfel verzierten vor tausend Jahren geschriebene persische Manuskripte und wurden im vergangenen Jahrhundert am Tisch des britischen Generalgouverneurs von Indien serviert. Die Vorfahren der LKW-Fahrer der Stadt, die den Taliban bei ihrer Eroberung des Landes größere finanzielle Unterstützung sichern sollten, begannen ihren Handel im letzten Jahrhundert und transportierten Kandahars Früchte bis nach Delhi und Kalkutta.

Bis zum Krieg wurden die Plantagen von einem komplexen und gut unterhaltenen Bewässerungssystem versorgt, dann unterminierten die Sowjets und die Mudschaheddin die Felder so stark, dass die Landbevölkerung nach Pakistan floh und die Plantagen verwaisen ließ. Kandahar ist immer noch eine der am stärksten verminten Städte der Welt. In dieser vorwiegend flachen Landschaft boten die Obstplantangen mit ihren Wassergräben den Mudschaheddin gute Deckung, und sie gewannen rasch die Kontrolle über die Gegend und isolierten die sowjetische Garnison in der Stadt. Die Sowjets revanchierten sich damit, dass sie Tausende von Bäumen abschlugen und das Bewässerungssystem zerstörten. Als die Flüchtlinge nach 1990 auf ihre verödeten Plantagen zurückkehrten, begannen sie Mohnfelder für die Opiumgewinnung anzulegen, um ihren Lebensunterhalt zu bestreiten, und schufen damit eine bedeutende Einnahmequelle für die Taliban.

Nach dem Rückzug der Sowjets 1989 folgte ein langer Kampf gegen das Regime von Präsident Nadschibullah, bis dieser 1992 zu Fall gebracht wurde und die Mudschaheddin Kabul besetzten. Kabul war an die besser organisierten Tadschiken-Streitkräfte Burhanuddins und seines militärischen Befehlshabers Ahmed Schah Masud sowie die usbekischen Streitkräfte aus dem Norden unter General Rashid Dostum gefallen. Es war ein psychologisch vernichtender Schlag für die Paschtunen, denn zum ersten Mal in 300

Jahren hatten sie die Kontrolle über die Hauptstadt verloren. Fast unverzüglich brach der Bürgerkrieg aus, als Hekmatyar die Paschtunen versammelte, Kabul belagerte und die Stadt gnadenlos mit Granaten beschoss.

Afghanistan befand sich Ende 1994, kurz bevor die Taliban auftauchten, in einem Zustand des Zerfalls. Das Land war in Lehnsgüter für die Kriegsherren aufgeteilt, die verwirrende Bündnisse schlossen, wieder lösten, Blut vergossen, die Seiten wechselten und kämpften. Die Regierung von Präsident Burhanuddin Rabbani kontrollierte Kabul, die nähere Umgebung und den Nordosten des Landes, während drei Provinzen im Westen, mit Herat im Zentrum, von Ismael Khan kontrolliert wurden. Im Osten, an der Grenze zu Pakistan, gab es drei Paschtunen-Provinzen unter der unabhängigen Kontrolle eines Rats (Schura) von Mudschaheddin-Befehlshabern mit Sitz in Jalalabad. Eine kleine Region südlich und östlich von Kabul wurde von Gulbuddin Hekmatyar kontrolliert.

Im Norden hielt der usbekische Kriegsherr General Rashid Dostum sechs Provinzen unter seiner Kontrolle. Im Januar 1994 hatte er sein Bündnis mit der Regierung Rabbanis aufgelöst und sich mit Hekmatyar zusammengetan, um Kabul anzugreifen. In Afghanistans Zentrum kontrollierten die Hasaras die Provinz Bamian. Der Süden des Landes und Kandahar waren unter Dutzenden kleinlicher Milizführer, ehemaliger Mudschaheddin und Banditen, aufgeteilt, die willkürlich die Bevölkerung ausplünderten. Da alle Stammesstrukturen und die Wirtschaft vernichtet waren, es keinen Konsens über eine Führungsrolle der Paschtunen gab und Pakistan nicht willens war, den Durrani militärischen Beistand zu leisten wie zuvor Hekmatyar, bekriegten sich die Paschtunen im Süden untereinander.

Sogar internationale Hilfsorganisationen hatten Angst davor, in Kandahar zu arbeiten, da die Stadt unter sich bekriegenden Gruppen aufgeteilt war. Die Milizführer verkauften alles, was sie ergattern konnten, an pakistanische Kaufleute, zerlegten Telefonmasten, rollten den Draht ein, fällten Bäume, verkauften Fabriken,

Maschinen und sogar Straßenwalzen an Altwarenhändler. Die Kriegsherren beschlagnahmten Häuser und Höfe, warfen die Bewohner hinaus und übergaben sie ihren Anhängern. Die Befehlshaber missbrauchten die Bevölkerung, griffen sich Mädchen und Jungen für sexuelle Vergnügungen, beraubten Händler in den Basaren und randalierten auf den Straßen. Die Flüchtlinge in Pakistan kehrten nicht zurück, stattdessen setzte sich eine neue Welle von Flüchtlingen aus Kandahar in Richtung Quetta in Bewegung.
Für die mächtige Lastwagenmafia in Quetta und Kandahar war dies eine fürs Geschäft nicht zu tolerierende Situation. 1993 reiste ich die 200 Kilometer lange Strecke von Quetta nach Kandahar. Unterwegs wurden wir von mindestens 20 verschiedenen Gruppen angehalten, die quer über die Fahrbahn Ketten gezogen hatten und Wegzoll verlangten.
Insbesondere für die Mudschaheddin, die das Nadschibullah-Regime bekämpft hatten und dann nach Hause oder in ihre *Madrassas* nach Quetta oder Kandahar zurückgekehrt waren, war die Situation bitter.
«Wir kannten uns alle – die Mullahs Omar, Ghaus, Mohammed Rabbani (keine Verbindung zu Präsident Rabbani) und ich –, da wir aus der Provinz Urozgan stammten und zusammen gekämpft hatten», sagt Mullah Hassan. «Ich reiste nach Quetta und unterrichtete in den *Madrassas*. Immer wenn wir zusammenkamen, sprachen wir über das Elend unseres Volkes, unter solchen Banditen leben zu müssen. Wir waren derselben Ansicht und kamen sehr gut miteinander aus. Also war klar, dass wir etwas tun mussten», fügte er hinzu.
Mullah Mohammed Ghaus, der einäugige Außenminister der Taliban, erzählte so ziemlich dasselbe:
«Wir saßen und diskutierten, wie wir die schreckliche Lage ändern könnten. Wir hatten nur vage Ideen, was zu tun sei, und dachten, wir würden es nicht schaffen, glaubten aber auch, wir handelten im Sinne Allahs – als seine Schüler. Wir sind nur so weit gekommen, weil Allah uns beistand.»[4]
Andere Gruppen im Süden sprachen über dieselben Probleme.

«Viele Menschen suchten nach einer Lösung. Ich stamme aus Kalat in der Provinz Zabul (136 Kilometer nördlich von Kandahar) und besuchte eine *Madrassa*, aber die Lage war so schlimm, dass wir uns nicht auf den Unterricht konzentrieren konnten. So verbrachten wir unsere Zeit damit, im Freundeskreis zu diskutieren, was man tun könne und was wir tun sollten», sagte Mullah Mohammed Abbas, der später Gesundheitsminister in Kabul werden sollte.

«Die alte Führerschaft der Mudschaheddin hatte völlig versagt und uns keinen Frieden gebracht. Also begab ich mich mit Freunden nach Herat, um auf den Appell Ismael Khans hin die Schura zu besuchen, aber auch dort fand man keine Lösung und die Dinge verschlimmerten sich noch. Schließlich kamen wir nach Kandahar, um mit Mullah Omar zu sprechen, und schlossen uns ihm an.»

Nach langen Diskussionen fasste diese uneinige, aber zutiefst betroffene Gruppe einen Plan, mit dem noch heute erklärten Ziel, Frieden herzustellen, die Bevölkerung zu entwaffnen, die Scharia geltend zu machen und die Integrität und den islamischen Charakter Afghanistans zu verteidigen. Die meisten von ihnen hatten als Teilzeit- oder Vollzeitschüler die *Madrassas* besucht und so ergab sich der Name, den sie sich zulegten, wie von selbst. Ein *Talib* ist ein Koranschüler, ein nach Wissen Strebender – im Vergleich zum Mullah, der Wissen lehrt. So distanzierten sie sich mit dem Namen «Taliban» (Plural von *Talib*) von der Parteipolitik der Mudschaheddin und signalisierten, dass sie sich als eine Bewegung zur Läuterung der Gesellschaft und nicht als Partei zur Ausübung von Macht verstanden.

Alle, die sich um Omar scharten, waren Kinder des Dschihad, zutiefst desillusioniert durch die Zersplitterung und kriminellen Aktivitäten der einstmals idealisierten Mudschaheddin-Führerschaft. Sie betrachteten sich als Säuberer eines ausgearteten Bürgerkriegs, eines fehlgeleiteten Gesellschaftssystems und eines unislamischen Lebensstils voller Korruption und Exzesse. Viele von ihnen waren in pakistanischen Flüchtlingslagern geboren, in pakistanischen *Madrassas* erzogen worden und hatten ihre kämpferischen Fähigkeiten von in Pakistan operierenden Mudschaheddin-Parteien gelernt. So kannten die jüngeren Taliban ihr eigenes Land und seine Geschichte kaum, aber in den *Madrassas* hatten sie alles über eine ideale islamische Gesellschaft gelernt, die der Prophet Mohammed vor 1400 Jahren erschaffen hatte, und diese wollten sie neu schaffen.

Einige Taliban sagen, Omar sei nicht aufgrund seiner politischen oder militärischen Fähigkeiten zum Führer gewählt worden, sondern wegen seines Mitleids und seines unerschütterlichen Glaubens an den Islam. Andere wiederum behaupten, Gott habe ihn auserwählt.

«Wir wählten Mullah Omar zum Führer unserer Bewegung. Er war der Primus inter pares, und wir überließen ihm die Macht, uns zu führen, und er verschaffte uns Macht und Autorität, um uns der Probleme der Leute annehmen zu können», sagte Mullah Hassan.

Omar selbst gab dem pakistanischen Journalisten Rahimullah Yousufzai eine einfache Erklärung:

«Wir griffen zu den Waffen, um das Ziel des afghanischen Dschihad zu erreichen und unser Volk vor weiterem Leid aus den Händen der so genannten Mudschaheddin zu bewahren. Wir glaubten uneingeschränkt an die Allmacht Gottes. Das haben wir nie vergessen. Er kann uns segnen und den Sieg bescheren, so wie er uns ins Verderben stürzen kann.»[5]

Kein Führer ist heute so von Geheimnissen umgeben wie Mullah Mohammed Omar. Im Alter von 39 Jahren war er noch nie fotografiert worden und hatte noch nie einen westlichen Diplomaten oder Journalisten getroffen. Sein erstes Treffen mit einem Diplomaten der Vereinten Nationen fand im Oktober 1998 statt, vier Jahre nach Erscheinen der Taliban; er traf mit Lakhdar Brahimi, dem UN-Sonderbeauftragten für Afghanistan, zusammen, weil die Taliban einen möglichen verheerenden Angriff Irans erwägen mussten. Omar lebt in Kandahar und hat die Hauptstadt Kabul nur zweimal kurz besucht. Die spärlichen Fakten seines Lebens zusammenzutragen ist sowohl für die meisten Afghanen als auch für ausländische Diplomaten zur Fleißaufgabe geworden.

Omar wurde irgendwann um 1959 im Dorf Nodeh in der Nähe von Kandahar in eine Familie armer, landloser Bauern geboren, die zum Hotaki-Stamm der Ghilzai-Paschtunen gehört. Das Stammesoberhaupt Mir Wais hatte 1721 das iranische Isfahan erobert und das erste Ghilzai-afghanische Reich im Iran etabliert, wurde aber gleich darauf wieder von Ahmed Schah Durrani verdrängt. Omar besaß keinen sozialen Status, weder im Stamm noch in der Gesellschaft, und in Kandahars Gesellschaft wurde behauptet, man hätte von seiner Familie nie gehört. Während des Dschihad in den 80er Jahren zog seine Familie nach Tarinkot in der Provinz Urozgan, eine der abgelegensten und unzugänglichsten Gegenden des Landes, die von den sowjetischen Truppen nahezu verschont blieb. Als sein Vater starb, war er noch ein junger Mann, und so fiel ihm die Aufgabe zu, für seine Mutter und die erweiterte Familie zu sorgen.

Auf der Suche nach Arbeit zog er in das Dorf Singesar im Bezirk Mewand in der Provinz Kandahar, wurde Mullah des Dorfes und eröffnete eine kleine *Madrassa*. Seine eigener Schulbesuch in den *Madrassas* von Kandahar war zweimal unterbrochen worden; zuerst von der sowjetischen Invasion, dann von der Schaffung der Taliban-Bewegung.[6] Omar schloss sich Khalis' Hizb-e-Islami an und kämpfte zwischen 1989 und 1992 unter Kommandant Nek Mohammed gegen das Nadschibullah-Regime. Viermal wurde er verwundet, einmal am rechten Auge, das völlig erblindete.

Trotz des Erfolgs der Taliban ist Singesar wie jedes beliebige Paschtunen-Dorf geblieben. Mit Lehm und Stroh verputzte Backsteinhäuser verschanzen sich hinter hohen Mauern – dem traditionellen Schutzwall der Paschtunen. Enge, staubige Gassen, die bei Regen zu Schlamm aufweichen, verbinden die Behausungen. Omars *Madrassa* steht noch. Es ist eine kleine Lehmhütte mit gestampftem Boden, auf dem Matratzen als Schlafstatt für die Jungen verstreut liegen. Omar hat drei Ehefrauen, die tief verschleiert weiterhin im Dorf leben. Die erste und die dritte Frau stammen aus Urozgan, seine zweite Frau Guljana, die er 1995 minderjährig heiratete, aus Singesar. Insgesamt hat er fünf Kinder, die seine *Madrassa* besuchen.[7]

Omar ist ein großer, stattlicher Mann mit langem schwarzem Bart, trägt einen schwarzen Turban und verfügt über einen trockenen, sarkastischen Humor. Fremden gegenüber bleibt er außerordentlich zurückhaltend, anderen Taliban gegenüber ist er jedoch sehr zugänglich. Am Anfang der Bewegung ging er gern unter Leute, wenn er seine Freitagsgebete in der Hauptmoschee in Kandahar abgehalten hatte, doch im Laufe der Zeit zog er sich immer mehr zurück und verließ seine Regierungsvilla immer seltener. Von Zeit zu Zeit besucht er sein Dorf, stets in Begleitung Dutzender Leibwächter in einem Luxus-Konvoi aus japanischen Jeeps mit verdunkelten Scheiben.

Bei den Zusammenkünften der Schura ergreift Omar selten das Wort, hört lieber den anderen zu. Seine Zurückhaltung in der Öffentlichkeit lässt ihn als nicht sehr redegewandt erscheinen, und er besitzt, trotz des ihn umgebenden Mythos, wenig Charisma. Von seinem kleinen Büro in der Villa aus geht er den ganzen Tag lang seinen Geschäften nach. Zu Anfang saß er zusammen mit den anderen Taliban auf dem Zementboden, jetzt sitzt er auf einem Diwan, während sich die anderen auf dem Boden um ihn scharen – was seinen Status als Führer hervorheben soll. Ihm zur Seite stehen mehrere Sekretäre, die bei seinen Gesprächen mit Befehlshabern, einfachen Soldaten, *Ulema* und Klägern Protokoll führen. Im Hintergrund knacken Funkgeräte, über die er mit Befehlshabern im ganzen Land in Verbindung steht.

Seine Geschäfte bestehen aus langwierigen Debatten und Diskussionen, die immer im Erstellen von «Zetteln» mit Anweisungen enden, die einem Kommandanten einen Angriff gestatten, einem Taliban-Gouverneur befehlen, einem Kläger in Not zu helfen oder einem Mittelsmann der Vereinten Nationen eine Nachricht zukommen zu lassen. Offizielle Mitteilungen an ausländische Botschaften in Islamabad werden meistens von pakistanischen Beratern diktiert.

In den frühen Tagen der Bewegung trug ich zahlreiche dieser «Zettel» bei mir – beschriebene Zigarettenschachteln oder Packpapierfetzen –, die es mir erlaubten, von Stadt zu Stadt zu reisen. Normale Schreibblöcke werden nicht mehr benutzt. Neben Omar steht ein Blechkoffer voller Papierbündel mit Anweisungen. Irgendwann kam ein zweiter Blechkoffer hinzu – voller US-Dollar-Bündel. Diese beiden Blechkoffer gehören zum Schatz der Taliban-Bewegung.

Bei wichtigen Zusammenkünften ist gewöhnlich Omars Vertrauter und offizieller Sprecher Mullah Wakil Ahmed zugegen. Wakil, ein junger *Madrassa*-Schüler aus dem Stamm der Kakar und von Omar unterrichtet, war ihm anfangs Gefährte, Chauffeur, Vorkoster, Übersetzer und Protokollschreiber. Rasch wurden ihm höhere Aufgaben zuteil, beispielsweise der Umgang mit angereisten ausländischen Diplomaten und Beamten von Hilfsorganisationen, die den Kontakt zu Taliban-Befehlshabern und pakistanischen Funktionären suchten. Als offizieller Sprecher Omars ist Wakil der Hauptkontaktmann für die ausländische Presse und auch deren Kritiker, wenn er findet, dass die Journalisten mit den Taliban allzu hart verfahren. Wakil ist Auge und Ohr Omars, außerdem sein Pförtner. Kein Afghane von Rang kommt an Wakil vorbei, wenn er Omar sprechen will.

Eine wahre Mythensammlung versucht zu erklären, wie Omar eine kleine Gruppe Taliban gegen die habgierigen Kriegsherren aus Kandahar mobilisieren konnte. Die glaubwürdigste Geschichte besagt, dass im Frühjahr 1994 Nachbarn aus Singesar gekommen seien, um ihm zu berichten, ein Befehlshaber habe zwei junge Mädchen entführt, ihre Köpfe scheren und in ein Militärlager bringen lassen, wo sie wiederholt geschändet wurden. Omar suchte sich etwa dreißig *Talibs* aus, und mit nur sechzehn Gewehren griffen sie die Militärbasis an, befreiten die Mädchen und hängten den Befehlshaber am Kanonenrohr eines Panzers auf. Sie konfiszierten Unmengen an Waffen und Munition.

«Wir kämpften gegen fehlgeleitete Muslime. Sollten wir etwa ruhig mit ansehen, wie direkt vor unseren Augen Verbrechen an Frauen und armen Leuten begangen wurden?», erzählt Omar.[8]

Ein paar Monate später gerieten zwei Befehlshaber aneinander, die um die sexuelle Gunst eines Jungen stritten. In der darauf folgenden Auseinandersetzung kamen mehrere Menschen ums Leben. Omars Gruppe befreite den Jungen, und es ergingen immer häufiger öffentliche Appelle an die Taliban, Streitigkeiten zu schlichten. Omar war zu einer Art Robin Hood geworden, der den Armen gegen die habgierigen Milizführer beistand. Da er kein Entgelt forderte, sondern nur verlangte, ihm bei der Errichtung des islamischen Systems zu folgen, wuchs sein Ansehen.

Zur selben Zeit erkundeten Omars Emissäre die Stimmungslage der anderen Milizführer. Seine Kollegen besuchten Herat, um sich mit Ismael Khan zu treffen, und im September besuchte Mullah Mohammed Rabbani, ein Gründungsmitglied der Taliban, Kabul zu Gesprächen mit Präsident Rabbani. Die isolierte Regierung in Kabul wollte jede neue Paschtunen-Kraft unterstützen, die sich Hekmatyar entgegenstellte, der noch immer Kabul mit Granaten beschoss; und Rabbani versprach, die Taliban aus Fonds zu unterstützen, wenn sie gegen Hekmatyar vorgingen.

Die meisten Taliban waren eng mit Pakistan verbunden, waren dort aufgewachsen und in *Madrassas* unterrichtet worden, die der sprunghafte Maulana Fazlur Rehman und seine Jamiat-e-Ulema Islam (JUI) leiteten – eine fundamentalistische Partei, die beträchtlich von den Paschtunen in Belutschistan und der Nordwestprovinz unterstützt wurde. Bezeichnenderweise war Maulana Rehman jetzt ein politischer Verbündeter von Premierministerin Benazir Bhutto und hatte freien Zugang zur Regierung, zur Armee und zum Geheimdienst (ISI) Pakistans, dem er die neu in Erscheinung getretene Macht der Taliban vorstellte.

Pakistans Afghanistanpolitik steckte in einer Flaute. Nach dem Zusammenbruch der Sowjetunion 1991 waren die jeweiligen Regierungen verzweifelt darauf aus, direkte Handelsrouten auf dem Landweg zu den Republiken Zentralasiens zu eröffnen. Das größte Hindernis dabei war der anhaltende Bürgerkrieg in Afghanistan. Die Politiker Pakistans standen vor einem strategischen Dilemma. Entweder konnte man weiterhin Hekmatyar unterstützen und ihm anbieten, einer pakistanfreundlichen Paschtunen-Gruppe in Kabul an die Macht zu verhelfen, oder die Richtung ändern und auf eine

Einigung aller afghanischen Gruppierungen drängen – ohne Rücksicht auf eventuelle Konsequenzen für die Paschtunen. Die Straßen nach Zentralasien konnten nur unter einer stabilen Regierung geöffnet werden.

Das pakistanische Militär war davon überzeugt, dass andere Volksgruppen das Angebot nicht akzeptieren würden, und unterstützte weiterhin Hekmatyar. Ungefähr 20 Prozent der pakistanischen Armee bestanden aus pakistanischen Paschtunen, und ihre Lobby sowie die der islamischen Fundamentalisten im ISI und auch das Militär blieben weiterhin entschlossen, den Paschtunen in Afghanistan zum Sieg zu verhelfen. Um 1994 zeichnete sich eine Niederlage Hekmatyars klar ab. Er hatte militärisch an Boden verloren, sein Extremismus hatte die Paschtunen gespalten. Pakistan wollte nicht länger einen Verlierer unterstützen und sah sich nach potenziellen Stellvertretern um.

Als Benazir Bhutto 1993 zur Premierministerin gewählt wurde, war eines ihrer dringlichsten Anliegen, eine Route nach Zentralasien zu öffnen. Die kürzeste führte von Peschawar nach Kabul, über den Hindukusch nach Mazar-i-Sharif und weiter nach Termez und Taschkent in Usbekistan; doch sie war wegen der Kämpfe um Kabul geschlossen. Ein neuer Vorschlag kam ins Spiel, der stark von der frustrierten Transport- und Schmugglermafia, der JUI und den Paschtunen in Militär und Politik unterstützt wurde. Anstatt über die nördliche Route konnte der Weg von Quetta nach Kandahar, Herat und weiter nach Aschchabad, Turkmenistans Hauptstadt, geöffnet werden. Im Süden fanden keine Kämpfe statt, dort galt es nur, die vielen Milizführer angemessen zu bestechen.

Im September 1994 bereisten pakistanische Baugutachter und ISI-Beamte inoffiziell die Straße von Chaman an der pakistanischen Grenze nach Herat, um die Route zu inspizieren. Der paschtunenstämmige Innenminister Naseerullah Babar besuchte in dem Monat auch Chaman. Die Kriegsherren in Kandahar beäugten den Plan argwöhnisch und hegten den Verdacht, Pakistan versuche militärisch zu intervenieren. Kommandant Amir Lalai richtete eine unverblümte Warnung an Babar:

«Pakistan bietet an, unsere Straßen zu reparieren, aber ich glaube nicht, dass auf solche Reparaturen automatisch Frieden folgt. Solange Nachbarländer sich weiterhin in unsere inneren Angelegenheiten einmischen, dürfen wir keinen Frieden erwarten.»[9]

Doch Pakistan begann mit den Milizführern in Kandahar und mit Ismael Khan in Herat zu verhandeln, um einen Durchgangsverkehr nach Turkmenistan zuzulassen. Am 20. Oktober 1994 nahm Babar einfach eine Gruppe von sechs westlichen Botschaftern nach Kandahar und Herat mit, ohne die Regierung in Kabul vorher zu informieren.[10] In der Gruppe befanden sich außerdem ranghohe Beamte aus den Ressorts Transport und Verkehr sowie Energie und Telekommunikation. Babar versprach, 300 Millionen US-Dollar bei internationalen Organisationen aufzutreiben, um die Landstraße von Quetta nach Herat wieder befahrbar zu machen. Am 28. Oktober traf Bhutto mit Ismael Khan und General Rashid Dostum in Aschchabad zusammen und drängte diese, der Öffnung einer südlichen Route zuzustimmen, auf der LKWs eine geringe Maut gegen garantierte Sicherheit zahlen sollten.

Vor dem Treffen jedoch hatte ein bedeutendes Ereignis die Milizen Kandahars erschüttert. Am 12. Oktober 1994 kamen an die 200 Taliban aus den *Madrassas* Kandahars und Pakistans in den kleinen Grenzort Spin Baldak an der pakistanisch-afghanischen Grenze. Die schmutzige Kaschemme mitten in der Wüste war einmal ein bedeutender Rast- und Tankplatz für die Transportmafia gewesen, befand sich aber jetzt in den Händen von Hekmatyars Männern. Dort wurden von pakistanischen LKWs, die nicht die Grenze passieren durften, Güter auf afghanische LKWs geladen und Benzin für die Milizarmeen geschmuggelt. Für die Transportmafia war die Kontrolle der Stadt sehr kritisch. Sie hatte bereits Hunderttausende pakistanische Rupien an Mullah Omar gestiftet und den Taliban ein monatliches Gehalt versprochen, wenn sie die Sperrketten von den Straßen nähmen, Banditen fernhielten und dem LKW-Verkehr Sicherheit garantierten.[11]

Die Taliban-Streitmacht teilte sich in drei Gruppen auf und griff Hekmatyars Garnison an. Nach einer kurzen, heftigen Schlacht floh diese unter dem Verlust von sieben Mann und mehreren Verwundeten. Die Taliban hatten nur einen Toten zu beklagen. Dann kam Pakistan zu Hilfe und gestattete ihnen, ein riesiges Waffendepot außerhalb von Spin Baldak, das von Hekmatyars Männern bewacht wurde, zu erobern. Das Depot war 1990 von Pakistan über die Grenze nach Afghanistan verlegt worden, als das Genfer Abkommen verbot, Waffen für Afghanistan auf pakistanischem Territorium zu lagern. In dem Depot lagerten ungefähr 18 000 Kalaschnikows, dazu Dutzende Artilleriewaffen, ein Riesenvorrat an Munition und jede Menge Fahrzeuge.[12]

Die Einnahme von Spin Baldak bereitete den Milizen Sorgen, und sie klagten Pakistan an, die Taliban zu unterstützen, zankten sich aber untereinander weiter, anstatt einig der neuen Bedrohung entgegenzutreten. Babar war ungeduldig und stellte einen Testkonvoi aus 30 LKWs zusammen, um Medikamente nach Aschchabad zu transportieren.

«Ich sagte zu Babar, wir sollten lieber noch zwei Monate warten, da wir keine Zustimmung der Befehlshaber in Kandahar vorliegen hatten, aber Babar bestand darauf, den Konvoi durchzuführen. Die Befehlshaber hegten den Verdacht, es handele sich um einen Waffentransport für eine zukünftige pakistanische Streitmacht», erzählte mir ein pakistanischer, in Kandahar stationierter Beamter später.[13]

Am 29. Oktober 1994 verließ der Konvoi mit 80 pakistanischen Militärfahrern Quetta, angeführt von der National Logistic Cell (NLC), die 1980 vom ISI aufgestellt worden war, um den Mudschaheddin US-Waffen zuzuschleusen. Mit an Bord war auch Oberst Imam, prominentester Stabsoffizier des ISI, Generalkonsul Pakistans in Herat und Beauftragter für den Süden. Bei ihm waren zwei junge Taliban-Befehlshaber, die Mullahs Borjan und Turabi. (Beide sollten später den ersten Angriff auf Kabul befehligen, bei dem Mullah Borjan den Tod fand.) Bei Takht-e-Pul, in der Nähe des Flughafens, zwanzig Kilometer außerhalb von Kandahar, wurde der Konvoi von einer Gruppe Befehlshaber – Amir Lalai, Mansur Achakzai und Ustad Halim – aufgehalten. Die Wagen mussten in einem nahe gelegenen Dorf abgestellt werden.

Die Befehlshaber forderten Geld, einen Anteil der Güter und die Zusage, dass Pakistan jede Unterstützung der Taliban einstellte. Während der Verhandlungen mit Oberst Imam verhängte Islamabad eine dreitägige Nachrichtensperre über die Entführung des Konvois.

«Wir hatten Angst, Mansur könne Waffen auf die Wagen laden und Pakistan des Waffenschmuggels bezichtigen. Wir erwogen alle militärischen Möglichkeiten, den Konvoi zu retten, unter anderem auch durch einen Angriff der Special Services Group (Armeekommandos Pakistans) oder durch Fallschirmspringer. Doch diese Pläne wurden als zu gefährlich wieder verworfen. Schließlich baten wir die Taliban, den Konvoi zu befreien», erzählte ein pakistanischer Funktionär.

Am 3. November 1994 rückten die Taliban aus. Die befehlshabenden Milizen glaubten an einen Angriff der pakistanischen Armee und flüchteten. Mansur wurde in die Wüste gejagt und von den Taliban zusammen mit zehn seiner Leibwächter erschossen. Seine Leiche hängten sie an ein Panzerrohr, damit alle ihn sehen konnten.

Noch am selben Abend rückten die Taliban weiter vor nach Kandahar, wo sie nach zwei Tagen sporadischer Kämpfe die Miliz-Streitkräfte in die Flucht schlugen. Mullah Naquib, der prominenteste Befehlshaber der Stadt, dem 2500 Männer unterstanden, leistete keinen Widerstand. Einige seiner persönlichen Berater behaupteten später, Naquib habe für sein Aufgeben vom ISI Bestechungsgelder in beträchtlicher Höhe angenommen und die Zusage, auch weiterhin seine Befehlsgewalt ausüben zu können. Seine Männer wurden von den Taliban übernommen, der Mullah in sein Dorf bei Kandahar verbannt. Die Taliban beschlagnahmten Dutzende von Panzern, gepanzerte Autos, Militärfahrzeuge, Waffen und sechs Mig-21-Kampfbomber sowie sechs Transporthubschrauber, die noch aus der Zeit der sowjetischen Besatzung stammten.

In nur zwei Wochen hatten diese unbekannten Streitkräfte die zweitgrößte Stadt Afghanistans besetzt, unter dem relativ geringen Verlust von einem Dutzend Männern. Kein ausländischer Diplomat in Islamabad zweifelte daran, dass sie massive Unterstützung aus Pakistan erhalten hatten. Pakistans Regierung und die JUI feierten den Fall Kandahars. Babar nahm den Erfolg der Taliban für sich in Anspruch und erzählte Journalisten vertraulich, die Taliban seien «unsere Jungs».

Doch die Taliban demonstrierten ihre Unabhängigkeit von Pakistan und gaben zu verstehen, sie seien keine Marionetten. Am 16. November 1994 äußerte Mullah Ghaus, Pakistan dürfe bei künftigen Konvois die Taliban nicht übergehen und keine Abmachungen mehr mit einzelnen Milizführern treffen. Er betonte auch, die Taliban würden nicht gestatten, Güter nach Afghanistan in pakistanischen LKWs zu transportieren – eine Hauptforderung der Transportmafia.[14]

Die Taliban entfernten die Sperrketten von den Straßen, richteten eine einmalige Maut für die LKWs ein, die bei Spin Baldak über die Grenze nach Afghanistan einfuhren, und patrouillierten entlang den Landstraßen. Die Transportmafia war begeistert, und im Dezember kam der erste pakistanische Konvoi, bestehend aus 50 LKWs mit Rohbaumwolle aus Turkmenistan, in Quetta an, nachdem eine Maut von 200 000 Rupien (5000 US-Dollar) an die Taliban entrichtet worden war. Unterdessen brachen Tausende junge afghanische Paschtunen aus Belutschistan und der Nordwestprovinz nach Kandahar auf, um sich den Taliban anzuschließen. Ihnen folgten bald pakistanische Freiwillige aus den *Madrassas* der Jamiat-e-Ulema Islam (JUI), die sich von der islamischen Bewegung in Afghanistan inspirieren ließen. Bis zum Dezember 1994 hatten sich ungefähr 12 000 afghanische und pakistanische Koranschüler den Taliban in Kandahar angeschlossen.

Unter dem zunehmenden internationalen und nationalen Druck auf Pakistan, seine Position zu erklären, leugnete Benazir Bhutto im Februar 1995 erstmals offiziell, dass auch nur ein einziger Pakistani die Taliban unterstütze.

«Wir haben keine Favoriten in Afghanistan und mischen uns nicht ein», sagte sie bei einem Besuch in Manila.[15]
Später erklärte sie, Pakistan könne Rekruten nicht davon abhalten, die Grenze zu überqueren, um sich den Taliban anzuschließen.
«Ich kann nicht den Krieg für Präsident Burhanuddin Rabbani führen. Wenn Afghanen die Grenze passieren wollen, werde ich sie nicht aufhalten. Ich kann sie zwar davon abhalten, wieder einzureisen, aber die meisten von ihnen haben hier ihre Familie zurückgelassen», sagte sie.[16]
Unverzüglich verhängten die Taliban die strengste Auslegung der Scharia, die es je in der muslimischen Welt gegeben hat. Sie schlossen Mädchenschulen und verboten Frauen, außerhalb der eigenen Wohnung zu arbeiten. Sie zertrümmerten Fernseher, verboten eine Reihe von Sportarten und Freizeitbeschäftigungen und ordneten an, alle Männer müssten ihre Bärte wachsen lassen. In den darauf folgenden drei Monaten übernahmen die Taliban die Kontrolle über 12 der 31 afghanischen Provinzen, öffneten die Straßen dem Verkehr und entwaffneten die Bevölkerung. Als die Taliban nach Norden Richtung Kabul marschierten, flohen die jeweiligen Kriegsherren oder schwenkten die weiße Fahne als Zeichen der Aufgabe. Mullah Omar und seine Schülerarmee hatten ihren Marsch quer durch Afghanistan angetreten.

Kapitel 2
Herat 1995: Gottes unbesiegbare Soldaten

Im März 1995 stieg am nördlichen Ende der Dashte-e-Mango – der Todeswüste – feiner weißer Staub über dem engen Asphaltband der Landstraße auf, die Kandahar mit dem 560 Kilometer entfernten Herat verbindet. Die 1950 von den Russen gebaute Straße führt durch den Sand einer der heißesten und wasserärmsten Wüsten der Welt. Nach langen Jahren des Krieges war die Straße jetzt zerfurcht von Panzerspuren, Bombenkratern und zerfallenen Brücken, über die der Verkehr nur langsam mit 30 Stundenkilometern dahinzog.

Die Kriegsfahrzeuge der Taliban – japanische zweitürige Pick-ups mit offenen, Wind und Wetter ausgesetzten Ladeflächen – fuhren voll beladen mit schwer bewaffneten jungen Männern nach Herat, um die Stadt zu erobern. In entgegengesetzter Richtung brachte eine nicht abreißende Fahrzeugkolonne verwundete Taliban zurück. Auf Feldbetten geschnallt, lagen sie auf der Ladefläche neben Gefangenen aus den Streitkräften Ismael Khans, der Herat fest im Griff hielt.

In den ersten drei Monaten nach der Besetzung Kandahars hatten die Taliban das Patt im afghanischen Bürgerkrieg aufgelöst – sie hielten zwölf der 31 Provinzen Afghanistans besetzt und waren im Norden an den Randbezirken Kabuls und im Westen an denen Herats angelangt. Unter den Augen ihrer Befehlshaber wollten die Taliban-Soldaten nicht sprechen, also musste ich per Anhalter bei ihnen mitfahren. Auf dem engen Raum der Pick-ups, wo ein Dutzend Soldaten dicht gedrängt auf Munitionskisten, Raketen, Granatwerfern und Säcken mit Weizen hockten, war jeder nur allzu bereit, sein Leben zu erzählen.

Ich erfuhr, dass seit der Besetzung Kandahars ungefähr 20 000

Afghanen und Hunderte pakistanische *Madrassa*-Schüler aus den Flüchtlingslagern über die Grenze geströmt waren, um sich Mullah Omar anzuschließen. Tausende weitere afghanische Paschtunen taten es ihnen auf ihrem Marsch nach Norden gleich. Die meisten von ihnen waren blutjung – zwischen 14 und 24 Jahre alt – und hatten noch nie gekämpft, konnten aber wie alle Paschtunen mit Waffen umgehen.

Viele von ihnen waren in den Flüchtlingslagern in Belutschistan und der Nordwestprovinz Pakistans aufgewachsen, eingebunden zwischen Arbeit und Koranstudium in den Dutzenden *Madrassas*, die an der Grenze aus dem Boden geschossen waren und von afghanischen Mullahs und pakistanischen Fundamentalisten geleitet wurden. Dort studierten sie die Lehren des Propheten Mohammed und die Grundlagen der islamischen Gesetze – interpretiert von Lehrern, die selbst kaum lesen und schreiben konnten. Weder Lehrer noch Schüler verfügten über mathematische, wissenschaftliche, historische oder geographische Kenntnisse. Kaum einer der jungen Soldaten war über die eigene Geschichte oder gar den Dschihad gegen die Sowjetunion informiert.

Diese jungen Männer entstammten einer anderen Welt als die Mudschaheddin, die ich in den 80er Jahren kennen gelernt hatte und die über ihre Stammes- und Clanherkunft genau im Bilde waren, die sich wehmütig an die verlassenen Gehöfte und Täler ihrer Jugend und die historischen Legenden Afghanistans erinnerten. Diese Jungs hier hatten ihr Land nie im Frieden erlebt. Sie hatten keine Erinnerungen an Stammeszugehörigkeit, Stammesälteste, Nachbarn oder das bunte Völkergemisch des Heimatdorfs. Durch den anhaltenden Krieg waren diese Burschen an den Ufern der Geschichte gestrandet.

Sie hatten weder eine Vergangenheit noch Pläne für die Zukunft – nur die Gegenwart zählte. Sie waren Kriegswaisen im klassischen Sinn: entwurzelt, rast- und arbeitslos, arm und ohne jede Kenntnisse. Ihnen gefiel der Krieg, der möglicherweise die einzige Beschäftigung war, der sie sich anpassen konnten. Ihr schlichter Glaube an einen messianischen, puritanischen Islam, eingetrichtert von einfachen Dorfmullahs, war ihr einziger Halt und gab ihrem Leben eine gewisse Bedeutung. Ohne Ausbildung und ohne Kenntnis traditioneller Beschäftigungen wie Ackerbau, Viehzucht oder Handwerkskunst waren sie, was Karl Marx Lumpenproletariat nannte.

Zudem hatten sie sich freiwillig dieser durchweg männlichen Bruderschaft angeschlossen. Die meisten von ihnen waren Vollwaisen, aufgewachsen ohne jede Frau – ohne Mutter, Schwester oder Cousine. Andere waren unter den strengen Einschränkungen der Flüchtlingslager aufgewachsen, wo ein normales Kommen und Gehen weiblicher Verwandter eher die Ausnahme war. Sogar gemessen an den Normen konservativer Paschtunenstämme, bei denen die Dorfgemeinschaft oder das Nomadenlager immerhin eng verstrickt war und Männer mit ihren Frauen zusammenlebten, führten diese Burschen hier ein raues und hartes Leben. Sie hatten einfach nie die Gesellschaft von Frauen kennen gelernt.

Die Mullahs hatten ihnen erklärt, Frauen stellten eine Versuchung, eine unnötige Ablenkung vom Dienst an Allah dar. Als die Taliban nach Kandahar kamen, die Frauen in ihre Wohnungen verbannten und ihnen jede Arbeit und sogar den Schulbesuch verboten, fand die Mehrheit dieser Jungen an den Maßnahmen nichts Ungewöhnliches. Sie fühlten sich bedroht von dieser anderen Hälfte der Menschheit, von der sie überhaupt nichts wussten. Am einfachsten war, diese Hälfte wegzusperren, zumal dies von den Mullahs mit primitiven Satzungen, die jeder rechtlichen islamischen Grundlage entbehrten, geradezu angeordnet wurde. Die Unterjochung der Frauen wurde zu einer Mission der wahrhaft Gläubigen und ein fundamentaler Wendepunkt, der die Taliban von den Mudschaheddin grundsätzlich unterschied.

Die männliche Bruderschaft bot den blutjungen Burschen nicht nur ein religiöses Ideal, für das es sich zu kämpfen lohnte, sondern einen umfassenden Lebensstil, auf den sie sich völlig einlassen konnten und der ihrem Dasein Bedeutung gab. Ironischerweise wies die Ordnung der Taliban dieselben Merkmale auf wie die des militärisch-religiösen Christentums während der Kreuzzüge: diszipliniert, motiviert und rücksichtslos, um das gesteckte Ziel zu erreichen.[1] In den ersten Monaten, in denen die Taliban ihre rasanten Siege errangen, entstand ein Mythos der Unbesiegbarkeit, die nur Gottes eigene Krieger erlangen konnten. In jenen impulsiven ersten Tagen verstärkte jeder Sieg noch die erkennbare Wahrheit ihrer Mission: Gott stand auf ihrer Seite und ihre Auslegung des Islam war die einzig richtige.

Verstärkt durch immer neue Rekruten, bewegten sich die Taliban nach Norden und besetzten die Provinzen Urozgan und Zabul, ohne einen Schuss abzugeben. Die Paschtunen-Befehlshaber wollten die Loyalität ihrer Parteigänger lieber nicht auf die Probe stellen und hissten die weiße Flagge als Zeichen ihrer Unterwerfung.

Im Süden zogen die Taliban gegen die Streitkräfte von Ghaffar Akhunzadeh zu Felde, dessen Clan die Provinz Helmand und deren lukrative Opium-Mohnfelder seit Beginn der 80er Jahre kontrollierte. Hier stießen sie auf massiven Widerstand, aber durch Unterstützung der kleineren Drogen-Kriegsherren und Bestechung anderer eroberten sie die Provinz im Januar 1995. Sie zogen weiter nach Westen und erreichten über die Kandahar-Herat-Landstraße Dilaram und die Grenze der drei von Ismael Khan kontrollierten Provinzen. Zur selben Zeit bewegten sie sich weiter nach Norden Richtung Kabul und durchschnitten ohne Schwierigkeiten den Paschtunen-Gürtel, wo sie mehr Aufgabewillige vorfanden als Widerständler.

Der chaotische und anarchistische Paschtunen-Süden, wo nur ein kleinlicher Mob von Befehlshabern zugange war, war den Taliban leicht in den Schoß gefallen, aber jetzt stießen sie auf bedeutendere Kriegsherren mit größerer politischer und ethnischer Komplexität, die den Rest des Landes fest im Griff hielten. Im Januar 1995 hatten sich alle Oppositionsgruppen die Hand gereicht, um in Kabul gegen die Regierung von Präsident Rabbani vorzugehen. Hekmatyar hatte sich mit dem usbekischen Kriegsherrn General Rashid Dostum im Norden sowie mit den Hasaras im Zentrum Afghanistans verbündet, die einen Abschnitt Kabuls hielten. Pakistan war dem neuen Bündnis zu Hilfe geeilt, da Hekmatyar immer noch Islamabads klarer Favorit war und zu Beginn des Jahres große Mengen an Raketen aus Pakistan erhalten hatte, um die Hauptstadt zu bombardieren. Doch sogar in Islamabad war man überrascht über das rasche Vorankommen der Taliban. Obwohl Bhuttos Regierung die Taliban voll und ganz unterstützte, blieb der ISI skeptisch und davon überzeugt, sie würden nur eine nützliche, aber periphere Streitmacht im Süden bleiben.

Hekmatyar war ziemlich besorgt wegen dieser Paschtunen-Streitmacht, die da aus dem Süden heranstürmte, und versuchte die Taliban aufzuhalten, während er gleichzeitig massive Raketenangriffe auf Kabul unternahm, die Hunderte Zivilisten töteten und große Teile der Stadt verwüsteten. Am 2. Februar 1995 nahmen die Taliban Wardak ein, nur 35 Meilen südlich von Kabul, und Hekmatyars Stützpunkt bei Kabul war erstmals bedroht. Die Taliban drangen blitzartig weiter vor und besiegten am 10. Februar 1995 nach einem heftigen Gefecht mit 200 Toten Maidan Schahr und am darauf folgenden Tag Mohammed Agha. Hekmatyar saß jetzt in der Falle: Im Norden standen die Streitkräfte der Regierung und im Süden die Taliban; die Moral seiner Truppen sank auf den Nullpunkt.

Am 14. Februar 1995 besetzten die Taliban Hekmatyars Hauptquartier in Charasyab und zwangen seine Truppen, nach Osten Richtung Jalalabad zu fliehen. Präsident Rabbanis Truppen unter dem Befehlshaber Ahmed Schah Masud zogen sich in Kabuls Innenstadt zurück. Daraufhin öffneten die Taliban alle Straßen und ließen zwei Monate nach der von Hekmatyar verhängten Blockade LKW-Konvois mit Nahrung nach Kabul ein. Dieser Schritt machte die Taliban sehr beliebt, hob ihr Ansehen bei den skeptischen Bürgern Kabuls und erfüllte gleichzeitig eine Forderung der Transportmafia.

Die Appelle des UN-Sonderbeauftragten für Afghanistan, des tunesischen Diplomaten Mehmoud Mestiri, das Feuer einzustellen, wurden ignoriert, da jetzt Masud und die Taliban miteinander konfrontiert wurden.

Masud hatte noch ein anderes, seiner Heimat näheres Problem zu lösen. Hekmatyar war zwar zur Flucht gezwungen worden, aber Masud stand immer noch den Streitkräften der schiitischen Hasaras der Hizb-e-Wahadat-Partei gegenüber, die die südlichen Vororte der Hauptstadt fest im Griff hatten. Masud versuchte Zeit zu gewinnen und traf sich zweimal mit den Taliban-Befehlshabern Mullah Rabbani, Borjan und Ghaus in Charasyab. Zum ersten Mal trafen die Taliban ihren größten Rivalen, der sie beharrlich die darauf folgenden vier Jahre lang bestrafen sollte. Die Taliban forderten Rabbanis Rücktritt und Masuds Kapitulation – keine ihnen förderliche Verhandlungsposition. Auch mit den Hasaras traten die Taliban in Verhandlungen.

Sie trafen sich auch mit UN-Vermittler Mestiri und stellten drei Bedingungen für ihre Beteiligung an dem von der UNO finanzierten Friedensprozess. Sie forderten, dass ihre Einheiten eine «neutrale Streitmacht» in Kabul bildeten, dass nur «gute Muslime» in einer Übergangsregierung in Kabul vertreten wären und dass Vertretungen für alle 30 Provinzen im Land gestellt würden. Weil die Taliban hartnäckig darauf bestanden, dass ihre Streitkräfte jede neue Regierung in Kabul dominieren müssten, waren Rabbani und die UNO gezwungen abzulehnen.

Masud beschloss, mit jedem seiner Feinde einzeln abzurechnen. Am 6. März 1995 führte er einen Blitzkrieg gegen die Hasaras; er entsandte Panzer in Kabuls südliche Vororte, schlug die Hasaras nieder und ließ sie aus Kabul vertreiben. In ihrer Verzweiflung schlossen die Hasaras einen Pakt mit den vorstoßenden Taliban und überließen ihnen sowohl ihre schweren Waffen als auch ihre Stellungen. Aber bei der darauf folgenden Übergabe wurde der Führer der Hasaras, Abdul Ali Mazari, im Gedränge getötet, während er noch der Obhut der Taliban unterstand. Daraufhin behaupteten die Hasaras, Mazari sei von den Taliban aus einem Hubschrauber gestoßen worden, weil er versucht habe, ein Gewehr zu ergreifen, als man ihn als Gefangenen nach Kabul bringen wollte.

Der Tod Mazaris, ob nun ein Unfall oder vorsätzlich herbeigeführt, sollte die Taliban in den Augen der afghanischen Schiiten und ihres Hauptförderers Iran für alle Zeiten verdammen. Nie vergaben die Hasaras den Taliban den Tod Mazaris, und zwei Jahre später übten sie Rache, indem sie im Norden Tausende von Taliban niedermetzelten. Jetzt kam die blutige ethnische und konfessionelle Spaltung zwischen Paschtunen und Hasaras, zwischen Sunniten und Schiiten, die im Verborgenen rumort hatte, zum Vorschein.

In der Zwischenzeit wollte Masud nicht zulassen, dass im Süden Kabuls die Taliban an die Stelle der Hasaras traten. Am 11. März unternahm er einen weiteren Vergeltungsangriff und drängte die Taliban in blutigen Straßenschlachten aus der Stadt. Dies war die erste große Schlacht, die die Taliban verloren. Ihre schwache militärische Struktur und mangelhafte Taktik waren schuld an der Niederlage gegenüber Masuds erfahreneren Kämpfern.

Die Taliban hatten gegen die ungebärdigen Paschtunen im Süden gewonnen, weil die kriegsmüde Bevölkerung sie als Retter und Friedensstifter ansah, vielleicht sogar als eine potenzielle Streitkraft, um die Macht der Paschtunen, die durch Tadschiken und Usbeken gedemütigt worden war, neu zu beleben. Bestechungsgelder, die die Befehlshaber zur anderen Seite überlaufen ließen, erleichterten so manche Übergabe; eine Taktik, die Jahre später von den Taliban verfeinert wurde und aufgrund des steigenden Einkommens aus Drogenhandel, Transportgeschäft und Hilfsgeldern aus Pakistan und Saudi-Arabien beibehalten wurde. Bei ihrem Vormarsch hatten sie auch bedeutende Mengen an Kleinwaffen, Panzern und sogar Hubschrauber an sich genommen, waren also imstande, weitere Truppen aufzustellen. In den von ihnen besetzten Gebieten nahmen sie der Bevölkerung die Waffen ab, sorgten für Recht und Ordnung, verhängten eine strenge Scharia und öffneten die Straßen dem Verkehr, was eine unverzügliche Senkung der Lebensmittelpreise zur Folge hatte. Diese Maßnahmen fanden großen Anklang bei der leidgeprüften Bevölkerung. Die Niederlage in Kabul war ein großer Schlag für das Ansehen der Taliban, nicht aber für ihre Entschlossenheit.

Sie richteten daraufhin ihre Aufmerksamkeit nach Westen, um Herat einzunehmen. Gegen Ende Februar 1995 besetzten sie nach schweren Gefechten Nimroz und Farah, zwei der von Ismael Khan kontrollierten Provinzen, und stießen weiter vor auf den ehemaligen sowjetischen Luftwaffenstützpunkt südlich von Herat. Das Regime in Kabul war ziemlich besorgt über diesen Vorstoß sowie über Ismael Khans Unfähigkeit, die Stellung zu halten. Masuds Luftwaffe aus Kabul begann, die Taliban-Fronten zu bombardieren, wobei er 2000 seiner kampferprobten Tadschiken aus Kabul in einer Luftbrücke einsetzte, um bei der Verteidigung von Shindand und Herat zu helfen. Ohne Flugzeuge, mit nur geringer logistischer Unterstützung aus Kandahar und einer schwachen Organisationsstruktur mussten die Taliban bei ihren Angriffen auf die Regierungspositionen um Shindand schwere Verluste in Kauf nehmen.

Ende März 1995 zogen sie sich zurück, verloren den Großteil des besetzten Territoriums und mindestens 3000 Mann. Hunderte Verwundete wurden sterbend in der Wüste zurückgelassen, weil jede medizinische Einrichtung an der Front fehlte. Die mangelhafte Infrastruktur machte es ihnen unmöglich, die Truppen mit Nahrung und Wasser zu versorgen.

«Nie zuvor hatten wir eine solch feindliche Umgebung erlebt. Zehn bis 15 Mal pro Tag wurden Bomben auf uns abgeworfen. Es gab weder Nahrungsmittel noch Wasser, und meine Freunde verdursteten. Wir hatten jede Verbindung mit unseren Befehlshabern verloren, wussten nicht, wo unsere Truppen standen, und die Munition ging uns aus. Es war ein einziges Elend», erzählte mir Saleh Mohammed, ein verwundeter Taliban, als er zurück nach Kandahar transportiert wurde.[2]

Die Taliban waren an zwei Fronten zurückgedrängt worden, und ihre politische und militärische Führung war in Auflösung begriffen. Ihr Image als potenzielle Friedensstifter war heftig angeschlagen, denn in den Augen vieler Afghanen waren sie zu einer weiteren kriegsführenden Gruppe verkommen. Präsident Rabbani hatte vorübergehend seine politische und militärische Position um Kabul und Herat konsolidiert. Im Mai 1995 kontrollierten Regierungstruppen sechs Provinzen um Kabul herum und den Norden, während Ismael Khan die Kontrolle über die drei westlichen Provinzen hatte. Die anfängliche Kontrolle der Taliban über zwölf Provinzen hatte sich nach ihrer Niederlage auf acht verringert. Herat blieb weiterhin eine Verlockung, nicht nur für die Taliban, sondern auch für die Transport- und Drogenmafia der Paschtunen, die mit aller Macht die Straßen nach Iran und Zentralasien für ihre Geschäfte öffnen wollten.

Nur wenige Befehlshaber der Mudschaheddin besaßen das Prestige von Ismael Khan, und wenige hatten mehr Menschen aus Herat im Krieg gegen die Sowjets geopfert. Ismael Khan war Offizier der afghanischen Armee gewesen, als die Russen in Afghanistan einmarschierten, und hatte einen starken Hang zu Islam und Nationalismus. Als die Sowjets Herat besetzten, erschienen ihnen die Persisch sprechenden Einwohner von Herat als fügsam, unkriegerisch und die kultiviertesten aller Afghanen. Der letzte Kampf in Herat lag über ein Jahrhundert zurück; 1837 hatten sie sich einer persischen Invasion entgegengestellt. Da die Sowjets keinen Widerstand befürchteten, bauten sie den Flughafen von Shindand zu ihrem größten Luftstützpunkt in Afghanistan aus und gestatteten, dass sich die Familien ihrer Offiziere in Herat niederließen.

Doch am 15. März 1979 lehnte sich die Bevölkerung der Stadt in einer nie dagewesenen Art und Weise gegen die Sowjets auf. Sie töteten sowjetische Offiziere, die Berater und deren Familien. Ismael Khan putschte in der Stadtgarnison, tötete sowjetische und afghanische Offiziere und teilte Waffen an die Bevölkerung aus. Hunderte Russen wurden umgebracht. Da man in Moskau befürchtete, dieses Beispiel könnte in anderen Städten Afghanistans Schule machen, wurden 300 Panzer aus dem sowjetischen Turkmenistan entsandt, um die Revolte niederzuschlagen – und man zerbombte eine der ältesten Städte der Welt. Selbst fünfzehn Jahre später noch waren weite Teile der Stadt eine einzige Trümmerlandschaft. Über 20 000 Einwohner Herats kamen in wenigen Tagen ums Leben. Ismael Khan entkam mit seiner neuen Militärguerilla aufs Land, und Zehntausende Zivilisten flüchteten in den Iran. Während der kommenden zehn Jahre führte Ismael Khan einen erbitterten Guerilla-Krieg gegen die sowjetische Besatzung und richtete eine effiziente Regierung auf dem Land ein, die den Respekt der Bevölkerung gewann. Das sollte sich als unschätzbar erweisen, als er sich nach dem Abzug der sowjetischen Truppen selbst wieder in Herat niederlassen wollte.

Herat ist die Wiege der Geschichte und Zivilisation Afghanistans. Die Besiedlung der Oasenstadt begann vor 5000 Jahren. Die 5200 Quadratkilometer bewässerten Ackerlandes in einem von Bergen umschlossenen Tal gelten als der fruchtbarste Boden ganz Zentralasiens. «In der gesamten bewohnbaren Welt gibt es keine Stadt wie Herat», schrieb Kaiser Babur in seinen Memoiren. Die Briten verglichen ihre Schönheit mit den Grafschaften daheim in England. «Zwischen den Hügeln liegen kleine, befestigte Dörfer, Gärten, Weinberge und Kornfelder, und diese vielfältige Landschaft wird von vielen kleinen glitzernden Wasseradern erhellt, die in alle Richtungen verlaufen», schrieb der britische Abenteurer und Spion Connolly 1831.[3]

Jahrhundertelang war die Stadt Schnittstelle für die miteinander rivalisierenden Reiche der Turkmenen und Perser, deren Völker früh zum Islam konvertierten. Die Hauptmoschee inmitten der Stadt stammt aus dem siebten Jahrhundert und wurde von der Ghoriden-Dynastie um 1200 neu aufgebaut. Im Mittelalter war sie sowohl ein Mittelpunkt des Christentums unter den Nestorianern als auch ein Zentrum für Sufis – die Anhänger der spirituellen und mystischen Seite des Islam. Die Anhänger der Naqshbandi- und Chishtyia-Sufi-Bruderschaften stellten Premierminister und Minister. Herats Schutzheiliger ist Khawaja Abdullah Ansari, der 1088 starb, ein gefeierter Sufi-Poet und Philosoph, der immer noch eine große Anhängerschaft in Afghanistan hat. Als Dschingis Khan 1222 Herat eroberte, ließ er nur 40 der 160 000 Einwohner am Leben. Doch kaum zwei Jahrhunderte später hatte sich die Stadt erholt und erreichte ihre Blütezeit, als Taimurs Sohn Schah Rukh und seine Königin Gowhar Schad 1405 die Hauptstadt des Timuridenreiches von Samarkand nach Herat verlegten.

Die Timuriden waren die ersten, die die turkische Steppennomadenkultur mit den Verfeinerungen sesshafter Perser verschmolzen, indem sie Kunsthandwerker aus Persien, Indien und Zentralasien holten, die zahlreiche herrliche Monumente bauten. Schah Rukh und Gowhar Schad machten Herat zu einer Riesenbaustelle und errichteten Moscheen, *Madrassas*, öffentliche Bäder, Bibliotheken und Paläste. In den Basaren Herats wurden die feinsten Teppiche, kostbarster Schmuck, die besten Waffen, Rüstungen und Kacheln hergestellt. Bihzad, der als feinster Miniaturen-Maler aller Zeiten galt, arbeitete am Hof.

«Wenn du in Herat die Füße ausstreckst, kannst du sicher sein, einen Dichter zu treten», sagte Ali Scher Nawai, Schah Rukhs Premierminister. Nawai, ebenfalls Künstler, Dichter und Schriftsteller, ist in Herat begraben und wird als Nationaldichter des modernen Usbekistan verehrt.[4] Er gilt als Vater der Turk-Literatur, da er der erste war, der seine Poesie auf Turkisch anstatt Persisch schrieb. Der persische Poet Jami lebte auch am Hof und wurde in Herat begraben, während Schah Rukhs Sohn Ulugh Beg Astronom war, dessen Observatorium in Samarkand die Bewegung der Sterne überwachte. Sein Kalender und seine Sterntabellen wurden 1665 an der Universität Oxford publiziert, und sie sind immer noch erstaunlich akkurat.

1417 vervollständigte Gowhar Schad, die selbst ein Dutzend Moscheen hatte errichten lassen, den Bau eines eindrucksvollen Komplexes am Stadtrand, der aus einer Moschee, einer *Madrassa* und ihrem eigenen Grabmal bestand. Das Grabmal gilt mit seinen Wandverkleidungen aus persischen blauen Kacheln voller edelsteinbesetzter Blumenornamente – gekrönt von einer gerippten blauen Kuppel mit traumhaft schönen Koraninschriften – heute noch als eines der herausragenden Beispiele islamischer Architektur. Als Robert Byron es 1937 erblickte, beschrieb er es als «das schönste Vermächtnis farbenprächtiger Architektur, das je ein Mensch zum Ruhme Gottes und seiner selbst hinterlassen hat».[5] Als Gowhar Schad im Alter von 80 Jahren starb, nachdem sie ungefähr 300 Gebäude in Afghanistan, Persien und Zentralasien erbaut hatte, stand auf ihrem Grab einfach «Die Bilkis der Zeit». Bilkis nannte man die Königin von Schiba.[6] Ein Großteil des Komplexes wurde 1885 von den Briten zerstört, und die Sowjets verminten später das Gelände, um die Mudschaheddin fernzuhalten. Als die Sowjets 1979 Bomben auf Herat warfen, verursachten sie größeren Schaden als die Mongolen. «Herat ist heute die am meisten zerstörte und am stärksten verminte Stadt der Welt», sagte mir Ismael Khan 1993.[7] Trotz der Verheerungen um ihn herum hatte er die Bevölkerung entwaffnet und eine effiziente Regierung mit funktionierendem Gesundheitswesen und Schulen in drei Provinzen etabliert.

Kleinwüchsig und gewitzt, wirkte er mit seinem koboldhaften Grinsen viel jünger als 47 Jahre. 45 000 Kinder gingen unter seiner Ägide in Herat zur Schule, bis 1993 waren davon die Hälfte Mädchen, und 75 000 waren es in allen drei Provinzen. 1993 besichtigte er mit mir die Atun-Heirvi-Schule, in der 1500 Mädchen in zwei Schichten den Unterricht besuchten. Da es keine Klassenräume, Pulte, Bücher, Papier oder Tinte gab, saßen sie unter freiem Himmel und lernten voller Eifer, wie es in der Geschichte Herats von jeher Brauch war. Als hingegen die Taliban Kandahar übernahmen, wurden die 45 betriebsfähigen Schulen geschlossen; nur drei blieben bestehen. Bei der Einnahme Herats schlossen die Taliban dann alle Schulen der Stadt und verboten den Mädchen sogar, zu Hause zu lernen.

Aber 1995 stand Ismael Khan Riesenproblemen gegenüber. Er hatte die Bevölkerung entwaffnet und eine unbeliebte Wehrpflicht eingeführt. Um sich den Taliban zu stellen, musste er die Bevölkerung erneut bewaffnen, während sein Wehrpflichtigenheer durch Korruption, Niedergeschlagenheit und Ressourcenmangel geschwächt war. Bestechlichkeit und Überheblichkeit gegenüber den Zivilisten wucherten in der Stadt, und Zöllner kassierten von den LKWs, die durch Herat kamen, die exorbitante Summe von 10 000 pakistanischen Rupien (300 US-Dollar) – ein todsicherer Weg, sich die Transportmafia zum Feind zu machen. Die Taliban waren über die Probleme, vor denen er stand, bestens informiert.

«Ismael ist schwach, seine Milizen wollen nicht kämpfen, weil er sie nicht bezahlt hat, und aufgrund der Korruption in seiner Verwaltung hat er bei seinen Leuten ziemlich stark an Glaubwürdigkeit verloren. Er steht allein auf verlorenem Posten und muss von Masud gestützt werden», sagte mir Mullah Wakil Ahmed.[8]

Zudem leistete sich Ismael Khan eine ernste militärische Fehleinschätzung. Da er glaubte, die Taliban stünden nach ihrer Niederlage kurz vor dem Zerfall, startete er zu einem ungünstigen Zeitpunkt eine schlecht vorbereitete Offensive gegen sie. Mit einer großen mobilen Streitmacht besetzte er am 23. August 1995 Dilaram und eine Woche später einen Teil von Helmand, woraufhin sich Kandahar bedroht sah. Seine Streitkräfte waren in der feindseligen Umgebung völlig überfordert, während die Taliban den Sommer damit verbracht hatten, ihre Streitkräfte mit Waffen, Munition und Fahrzeugen aus Pakistan und Saudi-Arabien und mit einer neuen Organisationsstruktur, die mit Hilfe von ISI-Beratern erstellt wurde, wieder aufzubauen. Der ISI half auch, eine nie publik gewordene Vereinbarung zwischen den Taliban und General Rashid Dostum zu vermitteln. Dostum schickte seine usbekischen Techniker nach Kandahar, um Mig-Jagdbomber und Hubschrauber, die die Taliban ein Jahr zuvor in Kandahar beschlagnahmt hatten und die die Anfänge ihrer Luftwaffe darstellten, zu reparieren. Währenddessen veranstalteten Dostums Flieger einen Bombenhagel auf Herat.

Als Antwort auf Ismael Khans Drohung mobilisierten die Taliban in aller Eile 25 000 Mann, von denen viele gerade erst als Freiwillige aus Pakistan gekommen waren. Die erfahreneren Kämpfer wurden in mobilen Datsun-Pick-up-Kolonnen eingesetzt, die immer wieder Ismaels Versorgungsstrecken überfielen. Ende August überfielen die Taliban bei Girishk die Eindringlinge aus dem Hinterhalt, und Ismael Khan blies zum allgemeinen Rückzug. Innerhalb weniger Tage drängten die Taliban seine Streitkräfte nach Shindand zurück, wo er aus unerklärlichen Gründen am 3. September kampflos abzog. Zwei Tage später, als seine Truppen wegen der mobilen Taliban-Kolonnen, die um sie herum viel Aufruhr verursachten, in blinde Panik gerieten, verließ Ismael Khan Herat und floh mit seinen Kommandanten und mehreren hundert Männern in den Iran. Am nächsten Tag tobte in Kabul ein aufgebrachter, der Regierung nahe stehender Mob wegen des Verlusts von Herat, griff die pakistanische Botschaft an, plünderte sie und verwundete den pakistanischen Botschafter, während Milizen der Regierung zusahen. Die Beziehungen zwischen Kabul und Islamabad sanken auf einen Tiefpunkt, als Präsident Rabbani Pakistan offen anklagte, man versuche ihn mit Hilfe der Taliban zu entmachten. Jetzt kontrollierten die Taliban den gesamten Westen des Landes – die empfindliche Grenzregion zum Iran – und beherrschten zum ersten Mal ein Gebiet, das nicht vorwiegend von Paschtunen bevölkert war. Die Taliban behandelten Herat als besetzte Stadt, verhafteten Hunderte Einwohner, schlossen alle Schulen und machten nachdrücklich ihre Verbote und die Scharia geltend – grimmiger noch als seinerzeit in Kandahar. Die Stadt wurde mit einer Garnison belegt. Die Besatzer aber waren nicht etwa einheimische Abtrünnige, sondern harte paschtunische Taliban aus Kandahar, und die Verwaltung wurde Durrani-Paschtunen übergeben, von denen viele nicht einmal Persisch sprachen und somit unfähig waren, sich mit den Einheimischen zu verständigen. Über die nächsten Jahre hinweg wurde nicht ein einziger Einheimischer in Herat in die Verwaltung aufgenommen. Der gebildeten Bevölkerung, die jetzt von den als ungebildet und roh angesehenen Paschtunen regiert wurde, die keine Ahnung von der herrlichen Geschichte der Stadt hatten, blieb nur noch, zu Jamis Grabmal zu pilgern und die traurige Inschrift zu lesen:

> Wenn dein Gesicht vor mir verborgen ist
> wie der Mond in einer dunklen Nacht,
> vergieße ich Tränen, die wie Sterne sind,
> und doch bleibt meine Nacht dunkel
> trotz all der glänzenden Sterne.[9]

Der Fall Herats war auch der Anfang vom Ende für Rabbanis Regierung. Mutig geworden durch ihre Siege, unternahmen die Taliban im Oktober und November einen weiteren Angriff auf Kabul, in der Hoffnung, Land zu gewinnen, ehe der winterliche Schnee keine Kämpfe mehr zuließ. Masud unternahm Ende November einen Gegenangriff, drängte sie zurück und hinterließ mehrere hundert Tote. Aber die Taliban gaben nicht klein bei und suchten nach anderen Mitteln, die Stadt zu erobern; sie schwächten Masuds Front jetzt eher durch Bestechung als mit Gewehrfeuer.

Kapitel 3
Kabul 1996: Anführer der Gläubigen

In Jeeps, LKWs und zu Pferd kamen Hunderte von afghanischen Mullahs bei kühlem Frühjahrswetter in Kandahar an. Am 20. März hatten mehr als 1200 religiöse Paschtunen-Führer aus dem Süden, Westen und der Mitte Afghanistans die Stadt erreicht. Unterkunft und Nahrung erhielten sie in Regierungsbüros, dem alten Fort und dem überdachten Basar, der in einen riesigen Schlafsaal verwandelt wurde, indem man für die Mullahs einfach Teppiche auf den Boden legte.

Es war die größte Mullah- und *Ulema*-Versammlung, die je in der modernen Geschichte Afghanistans stattgefunden hatte. Bezeichnenderweise waren die örtlichen militärischen Befehlshaber traditionelle Stammes- und Clanführer, politische Persönlichkeiten aus dem Krieg gegen die Sowjets sowie Vertreter aus dem Norden Afghanistans, die nicht den Paschtunen angehörten. Nur religiöse Führer waren von Mullah Omar herbeigerufen worden, um einen Aktionsplan für die Zukunft zu debattieren, aber auch, was noch wichtiger war, um den Führer der Taliban als mächtigsten Führer im Land zu legitimieren.

Die zehnmonatige Taliban-Belagerung Kabuls hatte nicht ausgereicht, die Stadt einzunehmen, und als die Verluste unter den Taliban zunahmen, verbreitete sich Unruhe in ihren Reihen. In den langen Wintermonaten sprachen die gemäßigteren unter ihnen offen über die Notwendigkeit, mit dem Regime in Kabul zu verhandeln. Jene mit härterer Haltung wollten die Eroberung des gesamten Landes weiterführen.

Es herrschte Uneinigkeit unter den Paschtunen. Die Kämpfer aus Kandahar um Mullah Omar wollten den Krieg fortsetzen, während die aus den erst kürzlich von den Taliban eroberten Gebieten

stammenden Paschtunen Frieden und ein Ende des sich hinziehenden Konflikts herbeisehnten.
Außerhalb des Landes wurde allgemein erkannt, dass die Taliban an einem Scheideweg angekommen waren. «Weder können die Taliban Kabul noch kann Masud Kandahar einnehmen. Wie werden die Taliban weiter vorgehen, wenn ihnen Kabul versagt bleibt, und wie würde der Rest Afghanistans, wenn sie es schaffen sollten, Kabul einzunehmen, auf ihre islamische Auslegung reagieren?», ließ mich der UN-Vermittler Mahmoud Mestiri wissen.[1]
Über zwei Wochen hielt die Schura tage- und nächtelange Versammlungen ab. Separate Diskussionen behandelten die politische und militärische Zukunft. Man debattierte darüber, wie man am besten die Scharia geltend machte, und über die zukünftige Erziehung von Mädchen in den von Taliban besetzten Gebieten. Alle Diskussionen wurden unter strengster Geheimhaltung geführt, und alle Ausländer wurden für diese Zeit aus Kandahar ausgewiesen. Pakistanische Funktionäre waren jedoch anwesend, um die Schura zu überwachen, darunter Qazi Humayun, Pakistans Botschafter in Kabul, und mehrere ISI-Beamte, darunter Oberst Imam, Pakistans Generalkonsul in Herat.
Um die Differenzen zu überdecken, nominierte die Kerngruppe aus Kandahar um Mullah Omar ihn zum «Amir-ul Momineen», zum «Befehlshaber der Gläubigen», und machte Mullah Omar mit diesem islamischen Titel zum unumstrittenen Führer des Dschihad und zum Emir von Afghanistan. (Später sollten die Taliban das Land in Emirat Afghanistan umbenennen.) Am 4. April 1996 erschien Omar auf dem Dach eines Gebäudes im Stadtzentrum mit dem Umhang des Propheten Mohammed über den Schultern, der zum ersten Mal seit 60 Jahren seinem Schrein entnommen worden war. Während Omar sich den Umhang umlegte und ihn im Wind wehen ließ, spendete ihm die im Hof versammelte Heerschar der Mullahs stürmischen Beifall und rief «Amir-ul Momineen».
Dieser Treueid oder «baiat» ähnelte der Prozedur, die bei Kalif Omars Bestätigung als Führer der Muslimgemeinschaft in Arabien nach dem Tod des Propheten Mohammed stattgefunden hat. Sie

war ein politisches Meisterstück, denn durch den übergeworfenen Umhang des Propheten hatte Mullah Omar sich das Recht herausgenommen, nicht nur alle Afghanen, sondern alle Muslime zu führen. Das Treffen endete mit der Erklärung des Dschihad gegen das Regime Rabbani. Die Taliban gelobten, mit keinem ihrer Gegner das Gespräch zu eröffnen, und verkündeten, dass die endgültige Entscheidung darüber, ob Frauen eine Ausbildung erlaubt würde, erst getroffen werden könne, «wenn es eine legitime Regierung in Afghanistan» gebe. Mullah Omar hatte seine harte Haltung durchgesetzt.[2]

Für viele Afghanen und Muslime anderswo war es ein ernster Affront, was sich dieser mittellose Dorfmullah ohne jede Schulbildung, ohne Stammesadel oder Verwandtschaft mit der Familie des Propheten anmaßte. Als letzter Afghane hatte 1834 König Dost Mohammed Khan den Titel für sich in Anspruch genommen, als er den Dschihad gegen das Königreich der Sikhs in Peschawar erklärte. Aber Dost Mohammed hatte gegen Fremde gekämpft, während Omar den Dschihad gegen sein eigenes Volk ausrief. Zudem gäbe es für einen solchen Titel im Islam erst dann eine Zustimmung, wenn alle *Ulema* des Landes diesen einem Führer verliehen hätten. Die Taliban bestanden darauf, dass ihr Treffen dem Anspruch des Koran auf «Leute, die lösen und binden können» entsprach, das heißt, dass die Versammelten die Macht besaßen, im Interesse der islamischen Gemeinschaft legitime Entscheidungen zu treffen.

Der Titel verlieh Omar die dringend benötigte Legitimität und ließ ihn zu einem neuen Mythos der Paschtunen werden, wie ihn kein anderer Mudschaheddin-Führer während des Kriegs erreicht hatte. Er erlaubte ihm, sich von der alltäglichen Politik zu distanzieren, lieferte ihm zusätzliche Entschuldigung dafür, keine ausländischen Diplomaten zu treffen, und gestattete ihm, bei der Erweiterung der Basis und im Gespräch mit der Opposition unflexibler zu sein. Omar konnte sich jetzt jederzeit hinter seinem Titel verstecken und es ablehnen, mit Oppositionsführern auf gleicher Ebene zu verhandeln.

Doch beim Treffen der *Ulema* war man vorsätzlich zu keiner Entscheidung gekommen in den viel sensibleren Fragen, wie die Taliban Afghanistan überhaupt zu regieren gedachten und was sie für die wirtschaftliche und soziale Entwicklung planten. Solche Fragen blieben ständig unbeantwortet, sogar nachdem die Taliban Kabul eingenommen hatten.

«Wir haben unsere Struktur noch nicht publik gemacht, weil wir noch nicht stark genug sind, zu entscheiden, wer Premierminister und wer Präsident wird», sagte Mullah Wakil, der persönliche Berater Omars. «Die Scharia erlaubt keine Politik oder politische Parteien. Darum zahlen wir den Beamten und Milizen auch kein Gehalt, sondern versorgen sie mit Nahrung, Kleidung, Schuhen und Waffen. Wir wollen ein Leben führen wie der Prophet vor 1400 Jahren, und der Dschihad ist unser Recht. Wir wollen die Ära des Propheten neu erschaffen, und wir führen nur aus, was das afghanische Volk in den vergangenen 14 Jahren gewünscht hat.»[3]

Ein anderer Führer der Taliban fasste es noch bündiger: «Wir können unsere Feinde erst dann lieben, wenn wir sie besiegt haben.» Erst einen Tag zuvor hatten Abgesandte der Taliban Mestiri in Islamabad erzählt, sie seien bereit, mit Präsident Rabbani zu sprechen.[4]

«Wenn die Taliban und auch Präsident Rabbani zu Gesprächen bereit sind, dann ist das immerhin ein Anfang», erklärte Mestiri hoffnungsvoll. Das Endergebnis des Treffens der *Ulema* war ein Schlag, von dem sich weder Mestiri noch die Friedensbemühung der UNO erholten, und im Mai trat Mestiri von seinem Amt zurück.

Das Treffen der *Ulema* war auch durch den wachsenden politischen Erfolg des Regimes in Kabul, andere Oppositionsführer für sich zu gewinnen, und aufgrund von Präsident Rabbanis zunehmendem internationalem Ansehen veranlasst worden. Kabuls militärischer Erfolg gegenüber Hekmatyar, den Hasaras und dem Angriff der Taliban hatte schließlich das Regime davon überzeugt, dass dies ein günstiger Moment war, zu versuchen, größere politische Akzeptanz zu erlangen. Präsident Rabbani begann Gespräche mit anderen Kriegsherren, indem er ihnen anbot, eine neue Regierung zusammenzustellen, an der sie teilhaben könnten. Im Januar und Februar 1996 traf sich Rabbanis Abgesandter Dr. Abdur Rehman separat mit Gulbuddin Hekmatyar in Sarobi, mit General Rashid Dostum in Mazar-i-Sharif und der Hizb-e-Wahadat-Führung in Bamian. Im Februar waren sich alle Oppositionsgruppen außer den Taliban einig, einen Rat von zehn Männern zusammenzustellen, um über die Friedensbedingungen mit Kabul zu verhandeln, sogar noch als die Taliban weiter die Kapitulation des Regimes forderten. Ein paar Wochen darauf ermächtigte der Rat der Hizb-e-Islami Hekmatyar, mit Rabbani die Teilung der Macht auszuhandeln.

Pakistan war besorgt über Rabbanis Erfolge und versuchte dieselben Kriegsherren dafür zu gewinnen, sich den Taliban anzuschließen und eine Allianz gegen Kabul zu bilden. Der ISI rief Hekmatyar, Dostum, die Paschtunen-Führer der Jalalabad-Schura und einige Hizb-e-Wahadat-Oberhäupter nach Islamabad, um sie dazu zu überreden, sich mit den Taliban zu verbünden. Während der einwöchigen Verhandlung mit Präsident Faruk Leghari und Armeechef General Jehangir Karamat, die vom 7. bis 13. Februar andauerte, schlug Pakistan eine politische Allianz sowie einen gemeinsamen Angriff auf Kabul vor, bei dem die Taliban vom Süden her, Hekmatyar von Osten und Dostum von Norden angreifen sollten.[5] Um die Taliban bei Laune zu halten, machte ihnen Babar das Angebot, 3 Millionen US-Dollar zu spenden, um die Straße im Süden, die von Chaman nach Torgundi an die Grenze nach Turkmenistan führte, zu reparieren. Aber die Taliban weigerten sich, an dem Treffen teilzunehmen, und schmähten damit erneut ihre pakistanischen Mentoren, trotz der persönlichen Appelle von Innenminister Naseerullah Babar, des JUI-Oberhaupts Fazlur Rehman und des ISI. Die Taliban wollten mit den anderen nicht das Geringste zu tun haben, da sie diese als kommunistische Ungläubige verdammten.

Islamabads misslungener Versuch, eine vereinte Front gegen Kabul zu schaffen, ermutigte Rabbani weiter. Anfang März unternahm er zusammen mit einer Delegation von 60 Mann eine ausgedehnte Reise in den Iran, nach Turkmenistan, Usbekistan und

Tadschikistan, um eine internationale Unterstützung und Aufstockung der Militärhilfe durchzusetzen. Für den Iran, Russland und Indien, die das Regime in Kabul stärkten, schien der Konflikt in eine entscheidende Phase einzutreten, da ein weiterer Kampf um Kabul die politische Instabilität verschlimmern und die Ausbreitung des islamischen Fundamentalismus in Zentralasien beeinflussen könnte. Der Iran war erbost über den Fall Herats an eine Paschtunen-Streitmacht, die sich vehement antischiitisch verhielt und von ihren regionalen Rivalen Pakistan und Saudi-Arabien gestützt wurde. Russland erachtete das Regime in Kabul als moderater und fügsamer als die Taliban, da es sich um die Sicherheit der zentralasiatischen Republiken sorgte. Moskau wollte auch ein Ende des seit vier Jahren andauernden Bürgerkriegs in Tadschikistan zwischen der neokommunistischen Regierung und den islamischen Rebellen, die von Afghanistan gefördert wurden. Indien stellte sich nur deshalb hinter Kabul, weil Pakistan die Taliban unterstützte.

All diese Länder erhöhten ihre Militärhilfe. Russland entsandte technische Hilfe, um die Flughafenanlage Bagram zu überholen, gleichzeitig brachten russische Transportflugzeuge Waffen, Munition und Treibstoff aus Russland, Tadschikistan und der Ukraine nach Kabul. Iran baute eine Luftbrücke von Meshad im Ostiran nach Bagram, über die sie Waffenlieferungen einflogen. Pakistans Geheimdienst berichtete, dass 13 iranische Transportflugzeuge in Bagram gelandet seien. Der CIA hegte den Verdacht, afghanische Schiitenverbündete des Rabbani-Regimes hätten dem Iran fünf Stinger-Luftabwehrraketen für je eine Million US-Dollar verkauft. (Die USA versorgten 1986–87 die Mudschaheddin mit ungefähr 900 Stinger-Raketen, und nach 1992 unternahm der CIA eine heimliche, aber erfolglose Rückkaufaktion der unbenutzten Raketen.)[6] Zudem hatte der Iran bei Meshad fünf Ausbildungslager für 5000 Mann eingerichtet, die von Ismael Khan, dem früheren Gouverneur von Herat, geleitet wurden. Die Hilfe des Iran war bedeutend, da man in Teheran die Verärgerung über Masuds Gemetzel an den schiitischen Hasaras in Kabul im Jahr zuvor noch zu überwinden hatte. Währenddessen half Indien, Ariana – Afghanistans nationale Fluglinie mit einstweiligem Sitz in Neu-Delhi – aufzupolieren, um das Regime mit einem zuverlässigen Waffentransportmittel auszustatten. Zudem lieferte Indien Flugzeugteile, Bodenradar und Geld.

Im Gegenzug stockten Pakistan und Saudi-Arabien ihre Waffenlieferungen an die Taliban auf. Pakistan richtete den Taliban ein neues kabelloses Telefonnetz ein, möbelte den Flughafen in Kandahar auf, half mit Ersatzteilen und Ausrüstung für die Luftwaffe der Taliban aus und versorgte sie mit Lebensmitteln, Treibstoff und Munition, darunter sogar Raketen. Die Saudis lieferten den Taliban Treibstoff, Geld und zahllose neue Pick-ups. Viele dieser Hilfsgüter wurden aus Dubai nach Kandahar eingeflogen.

Das Ausmaß der Einmischung von außen beunruhigte die Amerikaner – zum ersten Mal seit vier Jahren begannen sie sich wieder für den Afghanistankonflikt zu interessieren. Anfang März wurde der Kongressabgeordnete Hank Brown, ein Mitglied der Senatsunterkommission für auswärtige Beziehungen, als erster amerikanischer Vertreter seit sechs Jahren eingeladen, Kabul und andere Machtzentren zu besuchen. Er hoffte, ein Treffen aller afghanischen Gruppen in Washington organisieren zu können.[7]

Die stellvertretende US-Außenministerin für Südasien, Robin Raphel, kam nach Islamabad, um die Afghanistanpolitik der USA zu überprüfen. Am 19. April 1996 begann Raphel, die drei Machtzentren Kabul, Kandahar und Mazar-i-Sharif zu besuchen, anschließend drei zentralasiatische Hauptstädte.

«Wir haben nicht vor, uns in die Angelegenheiten Afghanistans einzumischen, sehen uns aber als Freund Afghanistans; deshalb bin ich gekommen, um die Afghanen zu Gesprächen zu bewegen. Wir sind auch darüber besorgt, dass hier wirtschaftliche Gelegenheiten versäumt werden, solange keine politische Stabilität geschaffen wird», sagte Raphel in Kabul.[8] Sie bezog sich auf die vom amerikanischen Öl-Giganten Unocal geplante Gas-Pipeline quer durch Afghanistan, um Pakistan mit Gas aus Turkmenistan zu versorgen. Die USA erwarteten, dass die Pipeline für alle Gruppen annehmbar war, und drängten Pakistan, sich mit dem Rabbani-Regime auszusöhnen und es zusammen mit den Taliban an den Tisch der Friedensverhandlungen zu bringen.

Die USA wandten sich anderen Fronten zu. Bei einer UN-Sicherheitsdebatte über Afghanistan am 10. April 1996, die erste seit sechs Jahren, schlugen sie ein internationales Waffenembargo für Afghanistan vor. Raphel wollte es als Druckmittel benutzen, um alle in der Region betroffenen Länder zu bewegen, einer Nichteinmischung in Afghanistan zuzustimmen. Gleichzeitig wollte sie den Bemühungen der UNO, alle Gruppen Afghanistans zu einer Konferenz einzuberufen, größeres Gewicht verleihen.[9]

Die Clinton-Regierung war den Taliban deutlich wohlgesinnt, da sie zum einen mit Washingtons Anti-Iran-Politik auf einer Linie waren und zum andern wichtig für den Erfolg einer Pipeline im Süden, die den Iran umging. Der US-Kongress hatte dem CIA ein geheimes Budget in Höhe von 20 Millionen US-Dollar dafür bewilligt, den Iran zu destabilisieren. Teheran hatte Washington beschuldigt, einen Teil dieses Fonds den Taliban zugeschleust zu haben – was von Washington stets bestritten wurde. Bhutto schickte mehrere Abgesandte nach Washington, um die USA zu drängen, öffentlicher auf Seiten Pakistans und der Taliban zu intervenieren, aber trotz der allgemeinen Antipathie dem Iran gegenüber weigerte sich Washington, sich in dem Bürgerkrieg auf eine Seite zu schlagen. Vehement stritt Raphel ab, den Taliban Hilfe zu leisten. «Wir favorisieren keine der Gruppen und unterstützen auch keine Gruppe und kein Individuum», erklärte sie mir.

Darüber hinaus blieb man in den USA skeptisch, ob die Taliban in nächster Zukunft Kabul erobern könnten. Raphel beschrieb die Taliban als hochgradig zersplittert und unerfahren, ohne starke Führung und unfähig in Regierungsfragen, zudem befremdete ihr Starrsinn die anderen Gruppen.

«Die Schwächen der Taliban und Masuds zunehmende Stärke werden sich zu ihren Ungunsten auswirken. Es ist eher unwahrscheinlich, dass sie Kabul erobern. Sie haben offenbar die Grenzen ihrer Ausbreitung erreicht und ihre Position bei den Paschtunen im Süden scheint solide», erklärte sie.[10]

Auch die anderen Kriegsherren wurden von den USA hofiert. Einige von ihnen statteten Washington einen Besuch ab. Den Anfang machte General Dostum. Am 11. April 1996 traf er dort mit Regierungsbeamten zusammen. Afghanische Milizführer aller Gruppierungen, oder ihre Stellvertreter, nahmen an einem ersten Hearing in Washington teil, das von Senator Hank Brown zwischen dem 25. und 27. Juni abgehalten wurde. In dem Jahr standen in Amerika Wahlen an, und die Begeisterung über eine erneute Einmischung in den Schlamassel Afghanistans hielt sich ziemlich in Grenzen. Doch der sich immer stärker ausbreitende Waffen- und Drogenhandel in Afghanistan bereitete Washington durchaus große Sorgen.

Der Widerwillen der USA, die Taliban zu unterstützen, war auch von Pakistans gescheitertem Versuch, eine Allianz gegen Rabbani zu schaffen, beeinflusst. Es wurde für Islamabad sogar noch peinlicher, als im Mai 1000 Mann aus Hekmatyars Truppen nach Kabul kamen, um die Regierung zu stützen und an der Front gegen die Taliban Stellung zu beziehen. Am 26. Juni 1996 betrat Hekmatyar selbst zum ersten Mal seit 15 Jahren wieder Kabul, um den Posten als Premierminister anzunehmen, den ihm das Regime angeboten hatte. Zugleich erhielten neun weitere Mitglieder seiner Partei Posten im Regierungskabinett. Zur Vergeltung dafür starteten die Taliban noch am selben Tag einen massiven Raketenangriff, bei dem 61 Menschen getötet und über 100 weitere verletzt wurden.

Rabbani setzte seinen politischen Durchbruch fort und reiste mit Hekmatyar nach Jalalabad, um die dortige Schura zu überzeugen, sich seiner Regierung anzuschließen. Er erklärte, er sei willens, zugunsten eines anderen Führers zurückzutreten, und schlug eine Allparteien-Konferenz in Jalalabad vor, um ein neues Staatsoberhaupt zu wählen. Im August hatte auch Dostum einem Waffenstillstand zugestimmt und öffnete erneut die Salang-Landstraße, die Kabul jetzt wieder mit dem Norden verband. Rabbani hatte endlich seinen «innerafghanischen Dialog» in Gang gesetzt.

«Diese Allianz kann dadurch konsolidiert werden, dass man noch mehr oppositionelle Persönlichkeiten einbindet und so eine

Friedensachse schafft; und ich appelliere an alle anderen, sich dem Prozess anzuschließen, damit eine Formel für eine Interimsregierung gefunden werden kann», sagte mir Rabbani in Kabul.[11]

Das war ein bedeutender Erfolg, der die Taliban erboste, da ihnen langsam aufging, dass sie schnellstens gegen Rabbani vorgehen mussten, ehe dieser die Allianzen zu konsolidieren vermochte.

Von ihren Lagern vor der Hauptstadt aus hatten die Taliban das ganze Jahr hindurch Kabul gnadenlos beschossen. Allein im April 1996 feuerten sie 866 Raketen ab, töteten 180 Zivilisten, verletzten 550 weitere und zerstörten große Teile der Stadt. Es war eine Wiederholung von Hekmatyars Angriffen zwischen 1993 und 1995. Im Juli 1996 schlugen Raketen der Taliban neben dem neu ernannten UN-Mittelsmann für Afghanistan, dem Deutschen Norbert Holl, ein, der sich gerade zu einem Besuch in Kabul aufhielt. Holl war außer sich.

«Dies ist keine Art, einen Friedensgesandten zu behandeln. Wenn ihr einen Gast in eurem Haus empfangt, bespuckt ihr ihn doch auch nicht. Dieses Verhalten zeigt, wie ihr meine Mission missachtet», teilte er den Taliban mit.[12]

Der Raketenbeschuss der Taliban wurden durch häufige Angriffe auf Masuds Frontlinie südlich und westlich der Stadt unterbrochen. Ende Mai stand ich mit Masuds Truppen auf einem regenunterspülten Hügel außerhalb von Kabul und beobachtete durch ein Fernglas, wie ein Dutzend Taliban in Pick-ups versuchten, auf einer Straße im Tal unter uns, gedeckt von Artilleriefeuer, Masuds Linien zu durchbrechen. Im Gegenzug beschossen Masuds russische D-30-Haubitzen die versteckte Taliban-Artillerie. Der ohrenbetäubende, dumpfe Aufschlag der Granaten erschütterte die Berge. Die Artilleristen waren durch die ständigen Abschüsse ohne Ohrenschützer stocktaub.

Hinter Masuds Linien wühlten sich Wagenladungen mit Truppen- und Munitionsnachschub durch den Schlamm den Berg hinauf. «Die Taliban haben einen Riesenvorrat an Munition, und sie verballern Unmengen davon, aber ihre Artillerieschützen zielen ziemlich schlecht. Immerhin setzen sie ihre Panzer und Pick-ups jetzt besser ein als noch vor einem Jahr», sagte ein General aus Masuds Armee. «Ihre Taktik ist noch immer erbärmlich, zumeist auf Frontalangriffe beschränkt; und eine wirksame Kommandokette scheint es auch nicht zu geben.»

Die Taliban waren unfähig, Menschen und Munition auf eine Stelle zu konzentrieren, um die Linie zu durchbrechen und in die Stadt zu gelangen, und Masud brach ihre Formationen immer wieder auf. Er konnte zwar die Linie um Kabul herum halten, aber es gelang seinen Truppen von nur etwa 25 000 Mann nicht, ihre Positionen auszubauen und durch Offensiven die Taliban weiter nach Süden zu drängen.

Die starrsinnige Weigerung der Taliban, mit anderen Kriegsherren zu verhandeln, frustrierte die Pakistanis, aber schließlich schien es sich doch auszuzahlen, denn es gelang den Taliban, Pakistan und Saudi-Arabien davon zu überzeugen, sie bei einem erneuten Versuch, Kabul noch vor Einbruch des Winters einzunehmen, zu unterstützen. Der Chef des saudischen Geheimdienstes, Prinz Turki al Faisal, besuchte Islamabad und Kandahar im Juli 1996, um mit dem ISI einen neuen Plan zur Einnahme Kabuls zu diskutieren. Beide Länder stockten ihre Lieferungen an die Taliban auf. Binnen zwei Monaten nach Turkis Besuch waren die Taliban auf Achse – nicht Richtung Kabul, sondern ins östliche Jalalabad. Pakistan und Saudi-Arabien halfen bei der Übergabe und flogen Hadschi Abdul Kadir, das Oberhaupt der Jalalabad-Schura, aus. Man versah ihn mit einer hohen Abfindung, afghanischen Berichten zufolge in Höhe von 10 Millionen US-Dollar Bargeld, sowie der Garantie, dass man seine Besitztümer und Bankkonten nicht einfrieren würde.[13]

Am 25. August 1996 unternahmen die Taliban ihren Überraschungsangriff. Als ihre Hauptstreitmacht von Süden her auf die Stadt zumarschierte, ließ Pakistan Hunderte bewaffnete Taliban-Anhänger aus den afghanischen Flüchtlingslagern die Grenze überqueren und von Osten her nach Jalalabad einmarschieren. In der Stadt brach eine Panik aus und die Schura fiel zusammen.

Hadschi Kadir floh am 10. September nach Pakistan, und sein Stellvertreter Gouverneur Mahmud wurde zusammen mit sechs Leibwächtern einen Tag später getötet, als auch er nach Pakistan fliehen wollte. Noch am selben Abend fuhr eine mobile Pick-up-Kolonne der Taliban unter Führung von Mullah Borjan nach einem kurzen Feuerwechsel, bei dem 70 Menschen getötet wurden, in Jalalabad ein.

Innerhalb von wenigen Tagen nahmen mobile Taliban-Kolonnen die drei östlichen Provinzen Nangarhar, Laghman und Kunar ein und rückten in der Nacht zum 24. September nach Sarobi vor, dem Tor zur Hauptstadt, 45 Kilometer vor Kabul. Ihr Blitzangriff aus den verschiedenen Ecken überraschte die Regierungstruppen völlig – sie flohen zurück nach Kabul. Zum ersten Mal war die Hauptstadt nach Osten hin weit geöffnet. Die Taliban legten keine Pause ein, um sich neu zu gruppieren, sondern verfolgten Sarobis Verteidiger bis nach Kabul. Andere Taliban-Kolonnen fuhren von Sarobi weiter nach Norden, um den Flughafen Bagram zu besetzen und damit Masuds einzige Luftverbindung abzuschneiden.

Der rasante Ablauf dieser Offensive verblüffte die Regierung. Am Abend des 26. September 1996 fielen die Taliban-Kolonnen in Kabul ein, ein paar Stunden nachdem Masud einen generellen Rückzug angeordnet hatte, um die Stadt zu evakuieren. Kleine Einheiten blieben zurück, um den Vormarsch der Taliban zu verzögern und Munitionslager zu sprengen, während Masud mit einem Großteil seiner Panzertruppen und Artillerie nach Norden floh. Masud entschied, kampflos aus der Stadt abzuziehen, da er wusste, er würde sie nicht gegen Angriffe aus allen vier Himmelsrichtungen verteidigen können. Er wollte auch nicht die Unterstützung der Bevölkerung Kabuls durch weiteres sinnloses Blutvergießen aufs Spiel setzen. Der Sieg der Taliban war komplett.

«Keine afghanische Streitmacht, weder von Regierungs- noch von Oppositionsseite, hatte je eine so rasante und komplexe Reihe von Einsätzen über ein so weites Gebiet durchgeführt. Es war eine Höchstleistung an mobiler Kriegsführung.»[14]

Die erste und blutigste Tat der Taliban war, dass sie den zu der

Zeit 50-jährigen früheren Präsidenten Nadschibullah, der Afghanistan von 1986 bis 1992 regiert hatte, hängten. Nadschibullah lebte seit 1992 in einer Diplomatensiedlung der UNO im Zentrum Kabuls, als der UN-Friedensplan, eine Interimsregierung zu bilden, scheiterte. Kurz bevor die Mudschaheddin Kabul einnahmen, sollte Nadschibullah vom UN-Vermittler Benon Sevan aus Kabul fortgebracht werden, aber sie wurden im letzten Moment aufgehalten. Alle kriegführenden Gruppen hatten die diplomatische Immunität der UN-Siedlung respektiert. Nadschibullahs Frau und die drei Töchter lebten seit 1992 im Exil in Neu-Delhi.
Patzer von Seiten der UNO waren zum Teil schuld an seinem Tod. An dem Tag, an dem Sarobi fiel, hatte Nadschibullah eine Nachricht an das UN-Hauptquartier in Islamabad geschickt, in der er Norbert Holl bat, ihn und seine drei Gefährten – seinen Bruder Schapur Achmadzai, seinen Privatsekretär und seinen Leibwächter – zu evakuieren. Aber es gab in Kabul keine UN-Funktionäre, die die Verantwortung für Nadschibullah übernehmen konnten. Nur Masud bot ihm an, ihn aus der Stadt mitzunehmen. Am Nachmittag des 26. September 1996 schickte er einen seiner älteren Generäle zu ihm, der ihn aufforderte, sich den zurückziehenden Regierungstruppen anzuschließen, und ihm Sicherheit für die Fahrt in den Norden garantierte, doch Nadschibullah weigerte sich. Er war ein stolzer und sturer Mann und befürchtete wohl, in den Augen seiner Paschtunen-Landsleute für immer erledigt zu sein, wenn er jetzt mit den Tadschiken floh.[15]
Es gab drei eingeschüchterte afghanische, von der UNO dienstverpflichtete Wachen in der Siedlung, die sofort flohen, als sie die Schüsse der Taliban in den Vororten der Stadt hörten. Nadschibullah funkte in den frühen Abendstunden eine letzte Nachricht an die UNO in Islamabad, in der er erneut um Hilfe bat. Aber da war es schon zu spät. Eine für solche Aufgaben vorgesehene Spezialeinheit der Taliban, bestehend aus fünf Mann, vermutlich angeführt von Mullah Abdul Razaq, dem Gouverneur von Herat und nunmehrigen Befehlshaber der Besatzungstruppen Kabuls, kam um ein Uhr morgens, noch ehe die Taliban ins Zentrum Kabuls vorge-

drungen waren. Razaq gab später zu, die Ermordung Nadschibullahs angeordnet zu haben.[16]

Die Taliban traten in Nadschibullahs Zimmer, schlugen ihn und seinen Bruder bewusstlos, warfen sie auf einen Pick-up und fuhren sie zum verdunkelten Präsidentenpalast. Dort kastrierten sie Nadschibullah, schleiften seinen Körper an einen Jeep gebunden mehrmals um den Palast herum und erschossen ihn schließlich. Ähnlich wurde sein Bruder gequält und schließlich erdrosselt. Dann wurden die beiden Toten von den Taliban an einem Zementpfosten zur Verkehrskontrolle vor dem Palast, nur ein paar Häuserblocks von der UN-Siedlung entfernt, aufgehängt.

Im Morgengrauen kamen die ersten Neugierigen, um die beiden geschundenen, aufgedunsenen Leichen, die an einer um den Hals gelegten Stahlschlinge hingen, zu inspizieren. Zwischen ihren Fingern steckten Zigaretten und ihre Taschen waren vollgestopft mit Geldscheinen – klare Hinweise der Taliban auf Ausschweifungen und Korruption. Die beiden anderen Gefährten Nadschibullahs hatten zwar aus der Siedlung fliehen können, waren aber beim Verlassen der Stadt gefasst und ebenfalls gefoltert und gehängt worden.

Nadschibullahs Exekution war der erste symbolische, brutale Akt der Taliban in Kabul – ein vorsätzlicher Mord, um die Bevölkerung zu terrorisieren. Mullah Rabbani, der neu ernannte Chef der Schura Kabuls, ließ verlauten, Nadschibullah sei ein Kommunist und Mörder gewesen und von den Taliban zum Tode verurteilt worden. Das stimmte zwar, doch die Verstümmelung von Nadschibullahs Körper ging entschieden über alle Grenzen islamisch-gesetzlicher Vorgaben hinaus. Hinzu kam die Tatsache, dass es keinen fairen Prozess gegeben hatte. Auch das Zurschaustellen der Leichen hatte viele Einwohner Kabuls aufgebracht. Zudem fanden es die Leute abstoßend, dass die Taliban Nadschibullah ein islamisches Begräbnis versagten, wenngleich am nächsten Tag islamische Gebete für ihn in Quetta und Peschawar abgehalten wurden, wo Pakistans nationalistische Paschtunen seiner gedachten. Schließlich wurden die Leichen abgeknüft und dem Internationa-

len Roten Kreuz übergeben, das diese nach Gardez, Nadschibullahs Geburtsort in der Provinz Paktia, fuhr, wo sie von den Stammesmitgliedern der Ahmadzai, denen er angehört hatte, begraben wurden.
Weltweit verurteilte man den Mord, besonders auf Seiten der Muslime. Die Taliban hatten die UNO und die internationale Gemeinschaft gedemütigt und ihre Verbündeten Pakistan und Saudi-Arabien in eine peinliche Lage gebracht. Schließlich gab die UNO ein Statement ab:
«Die Tötung des früheren Präsidenten ohne jeden legitimen Prozess ist nicht nur eine schwere Verletzung der Immunität des Geländes der Vereinten Nationen, sondern gefährdet darüber hinaus alle bisher unternommenen Bemühungen um eine friedliche Beilegung des Afghanistankonflikts.»
Das hinderte die Taliban keineswegs, Todesurteile über Dostum, Rabbani und Masud zu verhängen.
Seit der Einnahme Kabuls waren noch keine 24 Stunden vergangen und schon hatten die Taliban das strengste islamische System der Welt verhängt. Allen Frauen wurde untersagt zu arbeiten, obwohl ein Viertel aller Beamtenstellen in Kabul, das gesamte Grundschulwesen und ein Großteil des Gesundheitswesens mit Frauen besetzt waren. Mädchenschulen wurden geschlossen, wovon über 70 000 Schülerinnen betroffen waren, und eine strenge Kleiderordnung, die eine Verschleierung von Kopf bis Fuß vorschrieb, wurde verhängt. Es stand zu befürchten, dass die 25 000 Familien der Kriegswitwen, die auf ihre Arbeit und die Gaben der UNO angewiesen waren, verhungern würden. Täglich gab es neue Verkündungen: «Dieben werden die Hände und Füße abgeschlagen, Ehebrecher werden zu Tode gesteinigt und das Trinken von Alkohol wird mit Peitschenhieben geahndet», wurde über Radio Kabul am 28. September 1996 angekündigt.
Fernseher, Videos, Satellitenschüsseln, Musik und alle Spiele einschließlich Schach, Fußball und Drachensteigenlassen wurden untersagt. Radio Kabul wurde in Radio Schariat umbenannt, und alle Musik verschwand. Taliban-Milizen standen auf den Hauptstraßen

und verhafteten Männer ohne Bart. Anders als in Herat waren in Kabul internationale Presse- und Fernsehjournalisten vertreten, und zum ersten Mal wurde ausführlich über die Restriktionen der Taliban berichtet. Die Taliban richteten eine Schura aus sechs Männern ein, um Kabul zu regieren, in der Durrani-Paschtunen vorherrschten und kein einziger Einwohner Kabuls vertreten war. Angeführt von Mullah Mohammed Rabbani, umfasste die Schura Mullah Mohammed Ghaus als Außenminister, Mullah Amir Khan Muttaki als Informationsminister, Mullah Sayed Ghayasuddin Agha, Mullah Mohammed Fazil und Mullah Abdul Razaq.

Keines der Schura-Mitglieder hatte je zuvor in einer großen Stadt gelebt, die meisten waren noch nie in Kabul gewesen und regierten jetzt diese vibrierende, halbmoderne Vielvölkerstadt mit ihren 1,2 Millionen Einwohnern, unter denen die Paschtunen nur eine Minderheit stellten. Während es der neu gebildeten religiösen Taliban-Polizei vorwiegend darum ging, der Scharia Geltung zu verschaffen, wurde Kabul als besetzte Stadt angesehen. Es gab kaum ein Bewusstsein dafür, dass eine Großstadt anders als ein Dorf zu regieren ist. Es schien, als stünde den Taliban zu ihrem völligen Sieg nur noch Ahmed Schah Masud im Wege.

Masud war einer der brillantesten militärischen Befehlshaber und charismatischen Persönlichkeiten, die aus dem Dschihad hervorgegangen waren. Man nannte ihn den «Löwen von Pandschir», nach seinem Geburtsort in seiner tadschikischen Heimat im Pandschirtal nördlich von Kabul, aus dem er entwischt war und sieben sowjetische Großoffensiven gegen den Pandschir in den 1980er Jahren bis zu deren Scheitern bekämpft hatte. Sowjetische Generäle nannten ihn unschlagbar und einen Meister der Guerilla-Kriegskunst. Sein Heer von ungefähr 20 000 Mann verehrte ihn, und sein legendärer Ruf war auf dem Höhepunkt, als er 1992 Kabul einnahm und damit Hekmatyars Plan, ebendies zu tun, wenn das kommunistische System zusammenbrach, zuvorkam. Aber vier Jahre an der Macht in Kabul hatten Masuds Armee zu arroganten Besserwissern werden lassen, die Zivilisten schikanierten, Läden beraubten und Häuser konfiszierten, weshalb die Taliban bei ihrer

Einnahme Kabuls anfangs von der Bevölkerung willkommen geheißen wurden.
Masud wurde 1953 in eine Familie von Militärs geboren, studierte am französischen Lycée Istiqlal in Kabul. Er wurde einer der jungen islamischen Opponenten des Regimes von Präsident Daud und floh 1975 nach Pakistan, nachdem er einen fehlgeschlagenen Aufstand im Pandschir angeführt hatte. Im Exil in Peschawar zerstritt er sich mit seinem Kollegen Gulbuddin Hekmatyar, und die über 20 Jahre andauernde Rivalität zwischen beiden war ein entscheidender Grund dafür, dass die Mudschaheddin sich nie vereinigten, um eine Koalitionsregierung zu bilden. Seine Bitterkeit gegenüber Pakistan, das erst Hekmatyar und dann die Taliban unterstützte, wurde ihm zur Besessenheit. Während des Dschihad argumentierte Masud, dass die Entscheidung über die strategische Führung des Kriegs eher den Afghanen überlassen werden sollte als dem ISI. Aber Pakistan lieferte all die Waffen aus den USA, was zu einer Feindschaft führte, die bis heute anhält. Islamabad war völlig überrascht, als Kabul 1992 nicht von Süden her an die Paschtunen, sondern an die Tadschiken und Usbeken aus dem Norden fiel.
Masud gelang es nie, Frieden zu schließen. Er war kein guter Politiker, war unfähig, andere Kriegsherren, die Hekmatyar hassten, davon zu überzeugen, dass eine Tadschiken-Paschtunen-Allianz der einzig mögliche Weg war. Masud mag ein meisterhafter Militärstratege gewesen sein, aber beim Bilden von Allianzen zwischen den verschiedenen Volksgruppen und Parteien versagte er. Sein größtes Problem war, dass er Tadschike war. Abgesehen von einem gescheiterten Aufstand 1929, hatten die Tadschiken nie zuvor in Kabul regiert und wurden von den Paschtunen misstrauisch beäugt.
Er war in Kabul zurückhaltend, weigerte sich, einen Regierungsposten anzunehmen, und lehnte sogar den Posten als Verteidigungsminister in Präsident Rabbanis Regierung ab, obwohl er dessen Armee befehligte.
«Es gibt ein altes persisches Sprichwort, das besagt: Wenn jeder sich nach einem Stuhl zum Sitzen umsieht, ist es besser, auf dem

Boden zu sitzen», ließ er mich im Mai 1996 wissen, nur ein paar Wochen bevor die Taliban ihn aus Kabul verdrängen sollten. «Pakistan versucht, Afghanistan zu unterjochen und in eine Kolonie zu verwandeln, indem es eine Marionettenregierung einsetzt. Aber das wird nicht klappen, denn das afghanische Volk war stets unabhängig und frei», fügte er hinzu.

Nachdem er täglich 18 Stunden mit seinen zwei militärischen Sekretären gearbeitet hatte, die in Schichten antraten, um mit ihm mitzuhalten, schlief er vier Stunden pro Nacht. Da er befürchtete, man könne ihn ermorden, verbrachte er nie zwei Nächte am selben Ort. Er schlief, aß und kämpfte mit seinen Männern und war im heftigsten Feuergefecht an der Front zu finden. In den darauf folgenden Monaten sollte er seiner größten Herausforderung gegenüberstehen, als ihn die Taliban aus Kabul vertrieben und nahe daran zu sein schienen, das ganze Land zu erobern. Er überlebte, aber 1999, im Alter von 46 Jahren, hatte er rund 25 Jahre lang pausenlos gekämpft.

Masuds Streitkräfte zogen sich über die Salang-Landstraße zum Stützpunkt in den Pandschir zurück. Als die Taliban ihnen nachstellten, sprengten Masuds Männer die Berge und verursachten Erdrutsche, um den Zugang zum Dorf zu sperren. Die Taliban unternahmen einen erfolglosen Angriff auf den Pandschir, aber sie kamen nicht voran. Sie drangen weiter über die Salang-Landstraße vor, besetzten unterwegs die Städte am Straßenrand, bis sie am Salang-Tunnel von Dostums Streitkräften aufgehalten wurden, die von Mazar-i-Sharif nach Süden vorgedrungen waren. Es war immer noch unklar, auf welche Seite sich Dostum schlagen würde, und seine Streitkräfte hielten sich damit zurück, den Kampf gegen die Taliban zu eröffnen.

Am 8. Oktober 1996 kam Mullah Rabbani Dostum mit dem Angebot entgegen, er solle versuchen, die Usbeken zu neutralisieren, während die Taliban Masud nachstellten, aber die Gespräche wurden abgebrochen. Die Taliban verweigerten Dostum Autonomie und Macht im Norden. Auch Pakistan begann ein diplomatisches Tauziehen, um Dostum von Masud loszueisen. Doch dann

erkannte Dostum, dass trotz aller Differenzen mit Masud die große Bedrohung für alle Nicht-Paschtunen von Seiten der Taliban kam. Am 10. Oktober 1996 trafen der abgesetzte Präsident Rabbani, Masud, Dostum und der Hasara-Führer Karim Khalili in Khin Dschan zusammen und bildeten einen «Obersten Rat zur Verteidigung des Mutterlands». Es war der Beginn einer neuen Allianz gegen die Taliban, die den Bürgerkrieg fortführte.
Bei ihrem raschen Vorstoß nach Norden hatten sich die Taliban allzu sehr verteilt, und Masud schlug daraus seinen Vorteil, indem er am 12. Oktober 1996 einen massiven Gegenangriff entlang der Landstraße durchführte. Er nahm mehrere Städte ein, tötete und verhaftete Hunderte Taliban-Milizen, die panisch nach Kabul zu entkommen versuchten. Am 18. Oktober 1996 nahmen Masuds Streitkräfte erneut den Luftwaffenstützpunkt Bagram ein und begannen, den Flughafen von Kabul mit Granaten zu beschießen, während Dostums Luftwaffe Stützpunkte der Taliban in Kabul bombardierte. Die schweren Gefechte endeten mit Tausenden von Toten unter den Zivilisten und zwangen 50 000 Menschen, aus ihren Häusern und Dörfern entlang der Salang-Landstraße zu fliehen. Als diese mittellosen Flüchtlinge nach Kabul kamen, versuchten gerade Tausende Einwohner – vorwiegend Tadschiken und Hasaras – in die andere Richtung zu entkommen; Richtung Osten zur Grenze nach Pakistan, um den Repressalien und Massenverhaftungen der Taliban in der Stadt zu entgehen.
Die Zahl der Opfer stieg. Die Taliban hatten so massive Verluste bei den Kampftruppen, dass sie begannen, junge Männer aus Kabul einzuziehen, indem sie in Moscheen eindrangen, die Betenden packten und mitnahmen. Tausende Freiwillige kamen aus Pakistan, wo einige pakistanische *Ulema* ihre *Madrassas* schlossen, sodass den Schülern keine andere Wahl blieb, als sich bei den Taliban zu melden. Tausende pakistanische Schüler und Afghanen aus den Flüchtlingslagern kamen jetzt täglich in von den islamischen Parteien Pakistans gemieteten Bussen in Kandahar und Kabul an. Pakistan verzichtete ihnen gegenüber auf alle Visa- und Passkontrollen.

Mit dieser neuerlichen Unterstützung wagten die Taliban einen Angriff in Westafghanistan und drangen von Herat aus nördlich in die Provinz Baghdis vor. Ende Oktober 1996 wurden Ismael Khan und 2000 seiner Kämpfer, die im Iran im Exil gewesen waren, in Dostums Flugzeugen nach Maimana geflogen, um die Frontlinie gegen die Taliban in Baghdis zu verteidigen. Iran hatte Ismaels Khans Streitkräfte neu ausgerüstet, um vorsätzlich und provokativ die neue Allianz gegen die Taliban zu stützen. Als im November und Dezember schwere Gefechte in Baghdis stattfanden, unter beträchtlichem Einsatz von Kampfbombern auf beiden Seiten, flohen weitere 50 000 Menschen nach Herat.

Dadurch verstärkte sich die katastrophale Flüchtlingskrise für die UN-Hilfsorganisationen, zumal der harte Winter, starke Schneefälle und die Gefechte jede humanitäre Hilfe behinderten.

Trotz starker Schneefälle drängten die Taliban Masud aus den Vororten Kabuls hinaus. Ende Januar 1997 hatten sie fast alle verlorenen Territorien entlang der Salang-Landstraße wieder eingenommen und übernahmen auch wieder den Luftwaffenstützpunkt Bagram und die Stadt Charikar. Masud zog sich in den Pandschir zurück, als die Taliban die Landstraße heraufdrängten, um Dostum zu stellen.

Der Fall Kabuls und die intensiven Kämpfe, die sich daran anschlossen, lösten in der gesamten Region ernste Befürchtungen aus. Der Iran, Russland und vier Republiken Zentralasiens warnten die Taliban davor, weiter nach Norden vorzurücken. Sie erklärten öffentlich, der Anti-Taliban-Allianz helfen zu wollen. Währenddessen sandten Pakistan und Saudi-Arabien Diplomaten nach Kabul, um herauszufinden, welche Art von Hilfe sie den Taliban anbieten konnten. Appelle von Seiten der UNO und anderer internationaler Körperschaften, die Gefechte einzustellen und nachzudenken, fanden kein Gehör. Die gesamte Region war jetzt zutiefst polarisiert zwischen Pakistan und Saudi-Arabien, die den Taliban verbunden waren, und den anderen Staaten der Region, die die Opposition unterstützten. Noch immer erhielten die Taliban nicht die internationale Anerkennung, nach der sie sich so sehr sehnten.

«Wir haben keinen einzigen Freund in der Welt. Wir haben drei Viertel des Landes und die Hauptstadt erobert, und wir haben nicht eine einzige Gratulation erhalten», klagte Mullah Mohammed Hassan schwermütig.[17]

Und doch schien es, als habe sich Mullah Omars Weigerung, mit der Opposition oder der UNO einen Kompromiss einzugehen, zusammen mit seinem unerschütterlichen Glauben und seiner Entschlossenheit, einen militärischen Sieg zu erringen, letztlich bezahlt gemacht. Die seit 1772 von Paschtunen-Königen regierte Hauptstadt Kabul, die während der vergangenen vier Jahre an Tadschiken-Herrscher verloren gegangen war, lag wieder in Händen der Paschtunen. Viele hatten prophezeit, diese Bewegung aus Koranschülern würde nie imstande sein, die Hauptstadt einzunehmen – doch genau das hatte sie getan. Trotz der enormen Verluste war das Ansehen der Taliban nie höher gewesen. Der Preis für ihren Sieg war allerdings die sich vertiefende ethnische und konfessionelle Teilung, die Afghanistan immer deutlicher spaltete und die Region polarisierte.

«Krieg ist ein heikles Spiel», sagte Omar, der weiter in Kandahar blieb und sich sogar weigerte, Kabul auch nur zu besuchen. «Die Taliban brauchten fünf Monate, um eine Provinz einzunehmen, dann aber fielen in nur zehn Tagen sechs Provinzen an uns. Jetzt haben wir die Kontrolle über 22 Provinzen inklusive Kabul. Inschallah – so Gott will – wird uns ganz Afghanistan in die Hände fallen. Wir haben das Gefühl, eine militärische Lösung hat jetzt bessere Perspektiven, nach so vielen vergeblichen Versuchen, eine friedliche Einigung auszuhandeln», fügte er hinzu.[18]

Der Norden Afghanistans schien jetzt reif für die Eroberung zu sein.

Kapitel 4
Mazar-i-Sharif 1997: Massaker im Norden

Alle erwarteten im Frühjahr eine Offensive der Taliban auf Mazar-i-Sharif, die letzte Festung der Anti-Taliban-Allianz im Norden Afghanistans unter Kontrolle von General Rashid Dostum und seinen Usbeken. In den langen Wintermonaten war eine Panik in Mazar-i-Sharif ausgebrochen, weil aufgrund der Taliban-Blockade langsam die Lebensmittel- und Treibstoffreserven zu Ende gingen. Zunächst verdoppelte sich der Wechselkurs in US-Dollar. Als die wohlhabenderen Einwohner Mazars nach Zentralasien flohen, verdreifachte er sich.

Der größte Teil der Bevölkerung Afghanistans lebt zwar im Süden, der in Händen der Taliban war, doch im Norden des Landes befinden sich 60 Prozent der landwirtschaftlichen Ressourcen und 80 Prozent der ehemaligen Industrie sowie die reichen Mineral- und Gasvorkommen. Im letzten Jahrhundert wurde die Kontrolle Kabuls zunehmend der Schlüssel für die Staatsabsicherung und wirtschaftliche Entwicklung. Für die Taliban, die entschlossen waren, das Land zu erobern und geeint zu halten, hieß dies, die Autonomie der Kriegsherren im Norden zu zerschlagen. Doch als die Taliban-Offensive im Mai schließlich stattfand, war niemand auf das grausame Geschehen – Verrat, Gegenverrat und Blutvergießen – zwischen den Volksgruppen gefasst, das sogar für afghanische Verhältnisse erstaunlich brutal wurde und die gesamte Region Zentralasiens aus dem Gleichgewicht brachte.

Den Winter über hatte sich Dostum im Qila-i-Dschangi, dem Kriegsfort in den Außenbezirken von Mazar, häuslich niedergelassen. Er sah sich plötzlich als Erlöser und letzter Hoffnungsträger der Nachbarstaaten und vieler Afghanen im Kampf gegen die Taliban. Die Stadt Mazar liegt in der Steppe Zentralasiens, die nördlich des Hindukusch beginnt, und ist in kultureller und ethnischer Hinsicht von Kandahar so weit entfernt wie Karatschi. Das Fort aus dem 19. Jahrhundert ist ein skurriler Bau, eine Mischung aus europäischer Schlossanlage mit Wassergräben, einem arabischen Palast mit massiven Schutzwällen aus Lehm und einer mit einer blauen Kuppel gekrönten Zitadelle, die Dostum als Büro diente. Bewacht von Panzern, Artillerie und Dostums tadellosen Truppen, die immer noch die Uniform aus Kommunistentagen trugen, war das eindrucksvolle Fort nicht sein einziger Trumpf, um Besucher für sich zu gewinnen, die, wie jetzt ausländische Diplomaten, um einen Termin bei ihm Schlange standen.

Dostum setzte seine Macht rücksichtslos ein. Als ich ihn das erste Mal im Fort besuchte, sah ich Blutflecken und Fleischstücke auf dem Lehmboden des Hofes. Ahnungslos fragte ich die Wachen, ob gerade eine Ziege geschlachtet worden sei. Sie erwiderten mir, Dostum habe eine Stunde zuvor einen Soldaten für Diebstahl bestraft. Der Mann war unter die Kette eines russischen Panzers gebunden worden, der dann im Hof herumfuhr und ihn zu Hackfleisch zermalmte, während Dostum und die ganze Garnison zusahen. Die Usbeken gelten als das raueste und brutalste Volk Zentralasiens mit einer Vorliebe für Plünderungen und Beutezüge – eine Art Überbleibsel aus den Tagen, in denen die Horden Dschingis Khans ihr Unwesen trieben, und Dostum war eine talentierte Führernatur. Er ist ein Bär von Mann, über einsachtzig groß, hat starke Armmuskeln und ein schroffes Lachen, das, wie einige Usbeken schwören, schon so manchen zu Tode erschreckt hat.

Er wurde 1955 als Sohn einer armen Bauernfamilie in einem Dorf bei Shiberghan geboren, arbeitete als Landarbeiter und Klempner, ehe er 1978 zur afghanischen Armee kam. Er diente sich mühsam empor, bis er schließlich im Rang des Befehlshabers des Panzerkorps war, das die Versorgungsbasis der Sowjetunion für Afghanistan, den Hafen Hairatan am Amu-Darya-Fluss, verteidigte. Nachdem die Sowjets 1989 abgezogen waren, führte Dostum eine blindwütige usbekische Miliz-Streitmacht namens Jowzjan, benannt nach der Provinz ihres Ursprungs, die von Präsident Nad-

schibullah als Sturmtrupp seines Regimes gegen die Mudschaheddin eingesetzt wurde. Die Jowzjans kämpften in ganz Afghanistan und wurden oft als letzte Rettung eingeflogen, um das Niedermetzeln einer Regierungsgarnison zu verhindern.
1992 war Dostum der Erste, der gegen seinen Mentor Nadschibullah rebellierte und dadurch seinen Ruf als Verräter und politischer Opportunist begründete. Dann wurde der starke Trinker Dostum ein «guter Muslim». Seither war er mit jedem irgendwann einmal verbündet – mit Masud, Hekmatyar und den Taliban – und hat jeden unverblümt und gelassen wieder verraten. Auch hat er auf den Gehaltslisten aller Länder gestanden und Bezüge aus Russland, Usbekistan, Iran, Pakistan und seit kurzem auch aus der Türkei erhalten. 1995 schaffte er es, auf den Gehaltslisten sowohl des Iran als auch Pakistans zu stehen, und stand somit mit den Taliban auf Kriegsfuß.[1] Obwohl Dostum nur sechs Provinzen im Norden kontrollierte, hatte er sich für die Nachbarstaaten unentbehrlich gemacht. Der Iran, Usbekistan und Russland, die sich auf Dostum als Puffer gegen den Paschtunen-Fundamentalismus stützten, sahen in ihm den einzigen Führer, der fähig war, den Norden vor den Taliban zu retten.[2] Wenn es überhaupt ein beständiges Charakteristikum an ihm gab, dann seine tiefe Abneigung gegen den extremistischen Fundamentalismus der Paschtunen – noch ehe die Taliban in Erscheinung getreten waren.
Mazar war einst ein geschäftiger Rastplatz auf der alten Seidenstraße gewesen. Nun gewann es eine Bedeutung im außerordentlich aktiven Schmuggelgeschäft zwischen Pakistan, Zentralasien und dem Iran. Dostum hatte seine eigene «Balkh Airlines» gegründet, die geschmuggeltes Gut aus Dubai kaufte, während der LKW-Verkehr nach Zentralasien – nur 70 Meilen von Mazar entfernt – ihm ein ständiges Einkommen in Form von Transitsteuern und Zöllen garantierte. In den Basaren von Mazar gab es Riesenvorräte an russischem Wodka und französischem Parfüm für die heftig trinkenden, den Frauen nachstellenden usbekischen Truppen. Doch im Gegensatz zu den anderen Kriegsherren hielt Dostum eine effiziente Regierung mit funktionierendem Gesundheits- und

Bildungswesen aufrecht. Ungefähr 1800 Mädchen – viele in Röcken und mit hohen Absätzen – besuchten die Balkh-Universität in Mazar, die einzige funktionierende Universität des Landes.

So garantierte er Zehntausenden Flüchtlingen aus Kabul Sicherheit, die seit 1992 in verschiedenen Wellen aus der Hauptstadt flohen und in Mazar Zuflucht suchten, da ihnen die Stadt als letzte Friedensbastion erschien. Berühmte afghanische Sänger und Tänzer, die nicht länger in Kabul auftreten durften, zogen nach Mazar. Auch war Mazar eine Pilgerstadt. Täglich kamen Tausende zum Gebet in die blau gekachelte Grabstätte von Ali, dem Cousin und Schwiegersohn Mohammeds und vierten Kalifen des Islam, den insbesondere die Schiiten verehren. Man glaubt, dass Ali hier, in Afghanistans herrlichster Moschee und größtem Heiligtum, begraben wurde. In der Nähe von Mazar liegen die Ruinen von Balkh, von einfallenden Arabern im 7. Jahrhundert «die Mutter aller Städte» genannt. Hier predigte Zarathustra vor fast 3000 Jahren, schlug Alexander der Große sein Lager auf und wurde der persische Dichter Rumi geboren. Balkh erblühte als Zentrum der Zivilisation, des Zoroastrismus, von Buddhismus und Islam, ehe es 1220 von Dschingis Khan zerstört wurde und Kultur und Handel in Mazar eine neue Heimstätte fanden.

Dostum wurde aufgrund der simplen Tatsache verehrt, dass seine Stadt in den vergangenen 18 Jahren vom Krieg unberührt geblieben war. Die Einwohner von Mazar hatten nie die Verheerungen von Granaten und Straßenschlachten erleben müssen. Aber das sollte sich ändern. Die Geschichte usbekischer Clans ist eine Litanei aus blutigen Fehden, Fememorden, Machtkämpfen, Beutezügen, Plünderungen und Streitigkeiten um Frauen. Der Lieblingssport der Usbeken ist *Buskuschi*, eine Art Polo peitscheschwingender Reiter, die den Kadaver einer geköpften Ziege zu ergattern versuchen; er wird auch heute noch angeführt, um usbekische Politik zu beschreiben. Es gibt bei diesem Sport keine Teams und keine Regeln – eine treffende Analogie zu Dostums brüderlichem Verhältnis zu seinen Offizieren.

Zwischen Dostum und seinem zweiten Befehlshaber General Malik Pahlawan bestand eine bittere Fehde. Dostum wurde verdächtigt, Maliks Bruder, General Rasul Pahlawan, ermordet zu haben, der 1996 zusammen mit 15 Leibwächtern hinterhältig umgebracht worden war. Aufgrund dieser Fehde und der Furcht davor, Dostum könne bereits Maliks Ermordung veranlasst haben, unterstützt durch Bestechung wie auch Versprechungen der Taliban, verriet Malik Dostum am 19. Mai 1997, als er die Taliban aufsuchte, um sie zu bitten, ihm dabei zu helfen, seinen Führer auszuschalten.[3] Drei ältere usbekische Generäle, sein Halbbruder Gul Mohammed Pahlawan, Ghafar Pahlawan und Majid Rouzi, schlossen sich Malik an. Zudem hatte Dostum seinen Truppen seit fünf Monaten keinen Sold gezahlt, sodass sich in ihren Reihen Unfrieden breit machte.

Die Taliban drangen von Herat und Kabul rasch nach Norden vor. Als eine nördliche Provinz nach der anderen an diese ungleiche Allianz aus Paschtunen und Usbeken fiel, floh Dostum mit 135 Männern zunächst nach Usbekistan, dann in die Türkei. Auf dem Weg nach Termez an der Grenze von Afghanistan nach Usbekistan musste Dostum seine eigenen Soldaten mit US-Dollars bestechen, damit sie seinen Konvoi passieren ließen. Für die Taliban war dies eine von Gott gesandte Gelegenheit, aber sie hatten nur wenig aus den Eroberungen der anderen Städte gelernt, wo sie eine Teilung der Macht ablehnten, politisch unflexibel blieben und die Scharia angesichts ethnischer Animositäten nicht im Geringsten lockerten. Wenn Malik glaubte, die Taliban würden ihm die Autonomie im Norden zugestehen, die Dostum seit 1992 genoss, hatte er sich gründlich geirrt. Es wurde stündlich klarer, dass er einen Teufelspakt geschlossen hatte.

Als die 2500 schwer bewaffneten Taliban-Soldaten in ihren Pickups unter Mullah Abdul Razaq (der Nadschibullahs Ermordung angeordnet hatte) in Mazar einrollten, lehnten sie jede Machtteilung ab und boten Malik den bedeutungslosen Posten eines stellvertretenden Außenministers in der Regierung in Kabul an. Die Taliban, von denen die Mehrheit nie zuvor im Norden gewesen war, begannen voller Anmaßung, die usbekischen wie auch die Hasara-Truppen zu entwaffnen, die Moscheen zu besetzen und das Inkrafttreten der Scharia zu verkünden. Sie schlossen alle Schulen, auch die Universität, und trieben die Frauen von den Straßen. So kam es in der Stadt, in der das komplizierte Gemisch ethnischer und religiöser Gruppen am liberalsten im ganzen Land zusammenlebte, zum wahren Desaster.

Pakistanische Diplomaten und ISI-Offiziere flogen in die Stadt und boten den Taliban an, bei den Verhandlungen für eine Übereinkunft behilflich zu sein. Dann verschlimmerte Islamabad die ganze Lage, weil es vorzeitig die Taliban als legitime Regierung Afghanistans anerkannte und Saudi-Arabien und die Vereinigten Arabischen Emirate dazu bewegte, diesem Beispiel zu folgen.[4] Die Usbeken waren in dem Glauben gelassen worden, es handele sich um eine Übereinkunft zur Teilung der Macht – jetzt mussten sie erkennen, dass es sich um eine Machtergreifung der Taliban handelte. Malik war darin bis über beide Ohren verwickelt, und sein Verrat an Dostum wurde noch schlimmer, als er den Taliban auch noch Ismael Khan aushändigte, der gegen sie in Faryab gekämpft hatte.[5]

Am Nachmittag des 28. Mai 1997 brach ein Streit aus, als sich eine Gruppe von Hasaras weigerte, die Waffen abzugeben. Erst revoltierten die Hasaras in Mazar, dann die übrige Bevölkerung. Unerfahren in Straßenschlachten und ortsunkundig, waren die Taliban ein leichtes Opfer. Sie landeten mit ihren Pick-ups ständig in Sackgassen und versuchten verzweifelt, den vernichtenden Schüssen aus den Häusern und von den Dächern herab zu entkommen. Innerhalb von 15 Stunden heftiger Gefechte wurden ungefähr 600 Taliban auf den Straßen niedergemacht und über 1000 Flüchtige am Flughafen festgenommen. Zehn ranghohe politische und militärische Taliban-Führer wurden entweder erschossen oder inhaftiert. Unter den Inhaftierten waren Außenminister Mullah Mohammed Ghaus, Mullah Razaq und der Gouverneur der Zentralbank, Mullah Ehsanullah. Unmittelbar darauf begannen Maliks Männer, die Stadt zu plündern, und machten auch vor den Niederlassungen der UN-Hilfsorganisationen nicht Halt, sodass diese gezwungen waren, die Stadt zu verlassen. Dutzende pakistanischer Schüler wurden ebenfalls getötet.

Maliks Truppen übernahmen rasch wieder vier nördliche Provinzen (Takhar, Faryab, Jowzjan und Sari Pul), die erst fünf Tage zuvor von den Taliban besetzt worden waren, und in drei weiteren nördlichen Provinzen (Balkh, Samangan und Kunduz) entbrannten heftige Gefechte um die Kontrolle. Da ihnen der Fluchtweg abgeschnitten war, wurden Tausende von Taliban-Kämpfern und Hunderte pakistanische Studenten gefangen genommen, erschossen und in Massengräbern verscharrt. Im Süden nutzte Masud die Gelegenheit zu einem eigenen Gegenangriff und nahm Jabalus Seraj am Südeingang des Salangtunnels erneut ein. Er sprengte den Eingang des Tunnels, und so saßen die Taliban, die noch im Norden waren und versuchten, die Straße hinunter nach Kabul zu fliehen, in der Falle.

Masud eroberte weiteres Territorium um Kabul zurück sowie verschiedene Städte im Nordosten Afghanistans, die erst eine Woche zuvor an die Taliban gefallen waren. Hunderte weitere Taliban wurden entweder getötet oder gefangen genommen. Inzwischen hatten die Hasaras, angespornt vom Sieg in Mazar, ebenfalls einen Gegenangriff unternommen und die neunmonatige Taliban-Belagerung ihrer Heimat Hasarajat gebrochen. Die Taliban-Streitkräfte am Zugang zum Bamian-Tal wurden zurückgedrängt, und Khalilis Streitkräfte zogen sich Richtung Kabul zurück, was Tausende von Paschtunen auf dem Land zwang, in die Hauptstadt zu fliehen.

Es war die schlimmste aller bisherigen Niederlagen für die Taliban, seit sie 30 Monate zuvor angetreten waren, das Land zu erobern. In zehn Wochen Kampf hatten sie zwischen Mai und Juli über 3000 Verluste an Verwundeten und Toten zu beklagen und ungefähr 3600 Gefangennahmen.[6] Dem Roten Kreuz zufolge gab es bei den Truppen und in der Zivilbevölkerung auf beiden Seiten über 7000 Verwundete. Noch peinlicher für Islamabad war, dass in dieser Zeitspanne über 250 Pakistanis getötet und 550 gefangen genommen worden waren. Die Stimmung unter den Taliban sank auf einen Tiefpunkt, da sie außerdem einige ihrer erfahrensten Fronteinheiten verloren hatten.

Mullah Omar ließ einen dringenden Ruf an die Koranschüler in Pakistan ergehen, sie sollten den Taliban zu Hilfe kommen. Wieder einmal wurden pakistanische *Madrassas* geschlossen, als sich 5000 neue Rekruten – pakistanische und afghanische – bei den Taliban meldeten. Die Lage wurde als dermaßen ernst erachtet, dass sogar der einsiedlerische Mullah Omar gezwungen war, seine Zufluchtsstätte in Kandahar zu verlassen und zum ersten Mal Kabul zu besuchen, um seine Befehlshaber zu versammeln und die Stimmung bei den Truppen zu heben.

Die Taliban waren auch gezwungen, zunehmend Männer aus den Ghilzai-Paschtunenstämmen aus Ostafghanistan und Pakistan zu rekrutieren. Doch diese verlangten einen politischen Preis, den die Taliban nicht bereit waren zu zahlen. Die Ghilzai, die tonangebend beim kriegerischen Vorstoß gegen die Sowjets gewesen waren, wollten sich auf keinen Fall als Kanonenfutter verheizen lassen, sondern angemessen in den von den Durrani dominierten Taliban-Schuras vertreten sein. Sie würden nur kommen, wenn man sie an der Macht teilhaben ließ. Die befehlshabenden Ghilzai standen der Taktik der Taliban in Mazar extrem kritisch gegenüber.

«In Mazar wurden zu viele Fehler gemacht. Das Anfangsabkommen zwischen Malik und den Taliban kam viel zu überstürzt zustande. Sie hätten länger darüber diskutieren müssen, um einen Dialog aufzubauen. Sie haben sich auch viel zu viele militärische Schnitzer erlaubt», erklärte mir Jalaluddin Haqqani, der führende Ost-Paschtunen-Befehlshaber der Taliban, im Juli 1997 in Kabul.

Haqqani, der Taliban-Truppen an der Front in Kabul kommandierte, war ein Paschtunen-Veteran aus Khost in der Provinz Paktia, der sich 1995 den Taliban angeschlossen hatte. Er war einer der gefeiertsten Befehlshaber im Krieg gegen die Sowjetunion. Obwohl man Haqqani zum Minister in Kabul machte, waren er und andere, die nicht aus Kandahar stammten, extrem verbittert darüber, dass sie aus dem Entscheidungsprozess, der in Kandahar unter

Omar stattfand, ausgeschlossen blieben.[7] Nach der Niederlage in Mazar stellten die Taliban Haqqani eine große Geldsumme zur Rekrutierung von 3000 Ghilzai zur Verfügung. Haqqani kam mit seinen Männern an die Front nach Kabul. Da ohne Einfluss auf militärische Entscheidungen und von Offizieren aus Kandahar befehligt, desertierten sie massenhaft. Nach nur zwei Monaten blieben Haqqani nur noch 300 seiner Rekruten. Noch niederschmetternder war, dass man sich in den Dörfern um Kandahar herum weigerte, die Söhne den Taliban zu überlassen. Zum ersten Mal hatten diese jetzt ein Rekrutierungsproblem – es mangelte ihnen an Männern.

Das Blutvergießen direkt vor ihrer Tür löste in den zentralasiatischen Staaten Angst aus. Sie befürchteten, das Gespenst des Krieges könne auf ihre Territorien übergreifen und Tausende afghanische Flüchtlinge die durchlässigen Grenzen überqueren lassen. Russische Truppen in einer Stärke von 3000 Mann marschierten an der Grenze nach Usbekistan auf, 25 000 russische Soldaten an der Grenze nach Tadschikistan, und bei den russischen Grenzposten in Turkmenistan sowie allen örtlichen Militärdivisionen herrschte höchste Alarmstufe. Usbekistan und Tadschikistan machten die Grenze zu Nordafghanistan dicht. In Termez flogen usbekische Kampfhubschrauber Patrouille, während die Truppen Panzerfallen auslegten und die Brücken über den Amu-Darya stärker bewachten, der Afghanistan von Zentralasien trennt.

Russland erbot sich, zehn Bataillone nach Kirgistan zu entsenden, nachdem der kirgisische Präsident Askar Akaiev um Hilfe gebeten hatte, obwohl das Land gar nicht an Afghanistan grenzt. Russland und Kasachstan riefen eine Krisensitzung der GUS (Gemeinschaft unabhängiger Staaten) ein, auf der der russische Außenminister Jewgeni Primakow «sehr harte und wirkungsvolle Aktionen Russlands» versprach, falls die Taliban weiter vorstoßen sollten. Turkmenistan, das sich selbst für neutral erklärt hatte und an der Westgrenze zu Afghanistan liegt, hatte ein gutes Verhältnis zu den Taliban aufgebaut, doch der Kampf um Mazar hatte die Turkmenen beunruhigt. Es kamen 9000 afghanische Turkmenen über die

Grenze nach Turkmenistan, um Schutz vor den Feuergefechten zu suchen.

Der Iran ließ verlauten, er würde auch weiterhin die Anti-Taliban-Allianz unterstützen, und appellierte an Russland, Indien und die Staaten Zentralasiens, ebenfalls zu helfen. Der iranische Außenminister Ali Akbar Velayati drängte die UNO zu intervenieren. Die Taliban lagen mit allen ihren Nachbarn im Clinch.

«Der Iran und Russland mischen sich ein und unterstützen die Opposition. Sie haben Flugzeuge für Bombardierungen zur Verfügung gestellt. Der Iran fliegt täglich bis zu 22 Waffenlieferungen nach Mazar», sagte mir Mullah Mohammed Abbas, der Gesundheitsminister der Taliban.[8]

Iranische und zentralasiatische Diplomaten beschuldigten Pakistan, nicht nur die Taliban zu unterstützen, sondern auch noch eine feierliche Verpflichtung, die Premierminister Nawaz Sharif genau eine Woche vor der Taliban-Offensive abgegeben hatte, feige zu umgehen. Beim Gipfeltreffen der regionalen Staatschefs in Aschchabad, der Hauptstadt Turkmenistans, hatte Sharif versprochen, die Taliban im Zaum zu halten und zu verhindern, dass sich der Krieg nach Norden ausbreitete.

«Pakistans Glaubwürdigkeit in Zentralasien ist zur Zeit gleich null», sagte mir ein usbekischer Diplomat.[9]

In jedem Fall hatte die Ankunft der Taliban im Norden einen heilsamen Effekt auf den vierjährigen Bürgerkrieg in Tadschikistan, da beide Konfliktparteien aus Angst vor den Taliban gezwungen waren, ihre Verhandlungen rascher voranzutreiben. Schließlich wurde eine von Russland und der UNO vorgelegte Friedensregelung zwischen der Tadschiken-Regierung und der islamischen Opposition am 27. Juni 1997 in Moskau angenommen. Die Regelung gab Masud neuen Auftrieb, da Russland ihn jetzt wieder von Stützpunkten in Tadschikistan aus beliefern konnte. Masud erhielt die Genehmigung, den Flughafen in Kuliab, im südlichen Tadschikistan, für seine Lieferungen aus Russland und dem Iran zu nutzen und sie ins Pandschir-Tal zu fliegen.

Die Anti-Taliban-Allianz versuchte jetzt, ihre Einheit zu festigen, indem sie ihr politisches Bündnis neu formulierte. Darin wurde unter anderem Dostums Abtritt in Betracht gezogen. Am 13. Juni 1997 gründeten sie die «Vereinigte Islamische und Nationale Front zur Rettung Afghanistans» und erklärten Mazar zu ihrer Hauptstadt. Sie ernannten Burhanuddin Rabbani zum Präsidenten und Masud zum neuen Verteidigungsminister und versprachen, eine neue Regierung zu bilden, die Stammes- und Islamführer ebenso einschloss wie Technokraten. Aber der Pakt war zum Scheitern verurteilt, da Differenzen zwischen Malik, Masud und Khalili jede Zusammenarbeit zwischen Usbeken, Tadschiken und Hasaras von vornherein unmöglich machte.

Der Grund lag darin, dass die meisten Führer Malik aufgrund seiner vielen verräterischen Handlungen misstrauten. Malik war unfähig gewesen, eine Streitmacht von etwa 2500 Taliban, die im Norden zurückgeblieben waren, davon abzuhalten, die Stadt Kunduz mit ihrem Flughafen einzunehmen. In diese Enklave flogen sie täglich Männer und Material aus Kabul ein. Während Malik die Taliban nicht aus dem Norden vertreiben konnte oder wollte, bewegte sich Masud immer näher auf Kabul zu.

Mitte Juli brach Masud das militärische Patt nördlich von Kabul, indem er Charikar und den Flughafen Bagram zurückeroberte und dabei Hunderte Taliban tötete. Gegen September bezogen Masuds Streitkräfte wieder einmal nur etwa dreißig Kilometer vor Kabul Position. Beide Seiten beschossen sich gegenseitig mit Artillerie und Raketen, was fast 180 000 Zivilisten zwang, aus dem grünen Shomali-Tal nördlich von Kabul, das jetzt genau die Front bildete, zu fliehen. Als die Taliban aus Shomali abzogen, vergifteten sie alle Brunnen und sprengten die Bewässerungskanäle und Dämme, damit die Tadschiken nicht schnell in ihre Heimat zurückkamen. Der Krieg entwurzelte jetzt nicht nur die Zivilbevölkerung, sondern zerstörte auch jede Art von Lebensunterhalt – Kabuls Kornkammer wurde zu Ödland.

Die Anti-Taliban-Allianz hatte jetzt einen riesigen 180-Grad-Bogen um Kabul gezogen. Im Westen und Norden der Stadt standen Masuds Streitkräfte, im Süden und Osten Khalilis Hasaras.

Spekuliert wurde, sie könnten einen Angriff auf Kabul wagen, aber die Taliban vertrauten auf die Spaltung der oppositionellen Streitkräfte.

«Durch unsere Stellung in Kunduz haben wir die Opposition in zwei Lager gespalten. Die nördlichen Gruppen sind untereinander entzweit. Die anderen usbekischen Generäle können sich nicht auf Malik verlassen. Er hat sie schon einmal betrogen, und jetzt versucht er nur noch, sich selbst zu retten. Keine Gruppe verfügt über genügend Streitkräfte, um allein gegen die Taliban anzutreten, also müssen sie versuchen, sich zu einigen, aber das schaffen sie nie», erklärte Haqqani.[10]

Die Zweifel an Maliks Loyalität gegenüber der Allianz schienen gerechtfertigt zu sein, als ihn im September die Taliban-Streitmacht in Kunduz überraschte. Sie brach aus ihrer Enklave in Kunduz aus und unternahm mit Unterstützung der dort ansässigen Paschtunenstämme einen erneuten Überfall auf Mazar. Am 7. September 1997 nahmen sie die Stadt Taschkhorgan ein und lösten damit in Mazar eine Panik aus. Als die Taliban nach Mazar vordrangen, brachen schwere Gefechte aus zwischen usbekischen Truppen, die Malik loyal verbunden waren, und anderen, die Dostum die Treue hielten. Maliks Haus wurde von Dostums Truppen niedergebrannt. Er floh zu seinem Stützpunkt in der Provinz Faryah, entkam nach Turkmenistan und von dort weiter in den Iran.

Auf dramatischen Umwegen kehrte Dostum aus seinem türkischen Exil nach Mazar zurück und versammelte seine Truppen um sich, um Maliks Unterstützer zu schlagen und die Taliban aus Mazar und Umgebung hinauszudrängen. Mazar versank im Chaos, als die Usbeken erneut Teile der Stadt und die Niederlassungen der UN-Hilfsorganisationen plünderten und die humanitären Helfer zwangen, Mazar zum zweiten Mal in einem Jahr zu verlassen. Auf ihrem Rückzug töteten die Taliban in Qazil Abad mindestens 70 schiitische Hasaras.

«Wie Furien fegten die Taliban durch das Dorf. Sie töteten etwa 70 Menschen. Einigen wurde die Kehle durchgeschnitten, anderen bei lebendigem Leib die Haut abgezogen», erzählte Sohrab Rostam, ein Überlebender des Gemetzels.[11]

Als sich die Taliban nach Kunduz zurückzogen, versuchte Dostum, seine Position zu konsolidieren, aber Mazar war jetzt nahezu vollständig in Händen von Hasara-Gruppen, und Dostum war gezwungen, die usbekische Hauptstadt zu verlassen und seinen Stützpunkt nach Shiberghan zu verlegen. Akute Spannungen zwischen den Usbeken und den Hasaras untergruben die Anti-Taliban-Allianz, und Dostum hatte Maliks Unterstützer noch nicht besiegt. Dies gelang, nachdem er die von Malik begangenen Grausamkeiten dargelegt hatte. Dostums Truppen hoben 20 Massengräber bei Shiberghan in der Dascht-e-Laili-Wüste in der Provinz Jowzjan aus, in denen mehr als 2000 Taliban-Kriegsgefangene massakriert und begraben worden waren. Dostum beschuldigte Malik der Massaker, bot den Taliban Hilfe an, die Leichen zurückzuführen, und forderte die UNO auf, Untersuchungen einzuleiten. Als Zeichen seines guten Willens ließ er 200 Taliban frei.[12]

Ermittlungen der UNO offenbarten, dass man die Gefangenen gefoltert hatte und verhungern ließ. «Die Art und Weise ihres Todes war entsetzlich. Man holte die Gefangenen aus ihrer Zelle, erzählte ihnen, sie würden ausgetauscht, und fuhr dann mit ihnen zu Brunnen, die von Schäfern benutzt wurden und 15 bis 20 Meter tief waren. Man warf sie entweder lebend in diese Brunnen. Wenn sie Widerstand leisteten, erschoss man sie vorher. In die Brunnen wurde geschossen, und man warf Handgranaten hinein, ehe ein Bulldozer sie einebnete», berichtete Choong-Hyun Paik, Sonderberichterstatter der UNO, der die Gräber inspizierte.[13]

Später tauchten Augenzeugenberichte auf, aus denen klar hervorging, dass eine brutale ethnische Säuberung stattgefunden hatte. «Nachts, wenn es dunkel und still war, nahmen wir ungefähr 150 gefangene Taliban, verbanden ihnen die Augen, fesselten ihnen die Hände auf dem Rücken und fuhren sie in LKW-Containern hinaus in die Wüste. Wir stellten sie in Zehnerreihen vor den ausgehobenen Gräben auf und eröffneten das Feuer auf sie – ungefähr sechs

Nächte lang», erzählte General Saleem Sahar, einer von Maliks loyalen Offizieren, der von Dostum festgenommen worden war.[14] Der Einsatz von Containern war besonders entsetzlich und wurde zunehmend zur methodischen Tötung auf beiden Seiten benutzt. «Wenn wir die Körper aus den Containern zerrten, war ihre Haut vor Hitze und Sauerstoffmangel schwarz», erklärte ein anderer von Maliks Generälen, der hinzufügte, dass 1250 Taliban einen solchen Container-Tod erlitten hatten.

Die Katastrophe im Norden und die schweren Gefechte, die den Sommer hindurch stattfanden, verbreiterten die ethnische Kluft in Afghanistan zwischen den Paschtunen- und den Nicht-Paschtunen-Taliban. Das Land war jetzt so ziemlich von Norden nach Süden und zwischen Paschtunen und Nicht-Paschtunen gespalten. Alle Seiten hatten ethnische Säuberungen und religiöse Verfolgungen durchgeführt. Die Taliban hatten schiitische Hasara-Dorfbewohner massakriert und tadschikische Bauern aus dem Shomali-Tal vertrieben. Die Usbeken und Hasaras hatten Hunderte Taliban-Gefangene massakriert und Paschtunen in den Dörfern im Norden und in der Umgebung von Kabul getötet. Schiitische Hasaras hatten auch Paschtunen wegen ihres sunnitischen Glaubens getötet. Mehr als 750 000 Menschen waren durch die Gefechte vertrieben worden – im Norden bei Mazar, an der Front bei Herat und um Kabul – und hatten zu einer Zeit, in der Organisationen der UNO bemüht waren, die noch in Pakistan lebenden Flüchtlinge zur Heimkehr zu bewegen, eine neue Flüchtlingskrise geschaffen. Des Weiteren waren die Gruppen im Innern Afghanistans von ihren Nachbarn manipuliert worden, da alle Länder ihre Hilfeleistungen an ihre afghanischen Stellvertreter verstärkten. Das verschlimmerte die ethnische und konfessionelle Spaltung nur noch.

Der UN-Mittelsmann Norbert Holl schaffte es weder, die Taliban davon zu überzeugen, dass die UNO ein neutraler Friedensvermittler war, noch die Opposition davon, dass die UNO die Interessen ethnischer Minderheiten schützen wollte. Holl war auch nicht imstande, Druck auf die einzelnen Länder in der Region auszuüben, damit sie ihre Waffenlieferungen an die einzelnen Gruppierungen einstellten. Niemand traute der UNO, und alle ignorierten sie. Holl gab eine unverblümte Stellungnahme ab, in der er Außenmächte der kontinuierlichen Einmischung und die kriegführenden Parteien der mangelnden Flexibilität bezichtigte.

«Diese Verhandlungen sind zum Stillstand gekommen. Wir können nicht einfach zum Tagesgeschäft übergehen. Ich sehe die afghanischen Milizführer zwar nicht als Marionetten, aber sie müssen ja von irgendwoher Munition beziehen», sagte Holl.[15] Einen Monat später trat er zurück.

Die Führung der Taliban, nicht vertraut mit dem UN-Procedere, nicht einmal mit der UN-Charta, erwies sich als das größte Hindernis. Mullah Omar weigerte sich, Holl zu Gesprächen zu treffen, und entfachte Groll innerhalb des UN-Teams, während andere Führer der Taliban öffentlich die Bemühungen der UNO, eine Feuerpause herbeizuführen, ad absurdum führten. Der Unmut der Taliban gegenüber der UNO wuchs nach dem Debakel in Mazar und nahm noch zu, als der UN-Sicherheitsrat sich weigerte, etwas gegen die Massaker in Mazar zu unternehmen oder Afghanistans Sitz in der UNO, den immer noch Präsident Rabbani innehatte, neu zu besetzen.

Die Taliban hegten mehrere unrealistische Verdachtsmomente gegen die UNO, die kein noch so großer Aufwand an Diplomatie zu zerstreuen vermochte. Sie waren davon überzeugt, dass die UNO sich in Verbindung mit den Westmächten gegen den Islam und die Verhängung der Scharia verschworen hatte. Auch bezichtigten sie die UNO, von Ländern der Region beeinflusst worden zu sein, die Anerkennung ihrer Regierung zu blockieren. Die Krise innerhalb der UNO kam zu einer Zeit, in der die Mittel für Hilfsprogramme aus den Wohlstandsländern aufgrund von «Spendenmüdigkeit» wegen des anhaltenden Kriegs zusehends geringer wurden. Zudem gingen die Spenden wegen der Diskriminierung von Frauen zurück. Mehrere westliche Nichtregierungsorganisationen (NGOs) setzten ihre Programme in Kabul aus, weil die Taliban es ablehnten, dass damit Frauen unterstützt wurden. Die Kämpfe im Norden hatten die NGOs gezwungen abzuziehen. Sie kehrten nicht zurück.

Darüber hinaus taten die Hardliner der Taliban ihr Möglichstes, eine Krise mit den Hilfsorganisationen der UNO heraufzubeschwören, um sie aus den von ihnen besetzten Gebieten unter dem Vorwand, sie würden der Bevölkerung westliche Werte vermitteln, hinauswerfen zu können. Gegen Ende September wurde den Chefs dreier UN-Hilfsorganisationen in Kandahar befohlen, das Land zu verlassen, nachdem sie dagegen protestiert hatten, dass eine Anwältin des UN-Hochkommissariats für Flüchtlinge (UNHCR) gezwungen war, verborgen hinter einem Vorhang, damit man ihr Gesicht nicht sehen konnte, mit den Taliban zu sprechen. Im November stellte die UNHCR alle Hilfsprogramme ein, als die Taliban vier afghanische UNHCR-Angestellte verhafteten. Es war weitgehend unmöglich geworden, der Bevölkerung irgendwelche humanitäre Hilfe zukommen zu lassen, obwohl der Winter nahte und die Nahrungsmittel immer knapper wurden.

Die Art und Weise, in der die Taliban mit Frauen umgingen, sorgte für große Aufregung und internationale Kritik, als Emma Bonino, EU-Beauftragte für humanitäre Angelegenheiten, zusammen mit neunzehn westlichen Journalisten und Entwicklungshelfern am 28. September 1997 von der Religionspolizei der Taliban in Kabul verhaftet und drei Stunden lang festgehalten wurde. Sie hatten ein von der EU gestiftetes Frauen-Hospital besucht, als man die Journalisten, die Emma Bonino begleiteten, verhaftete, weil sie Fotos von den Patientinnen machten – Fotografieren war von den Taliban strikt verboten worden.

«Dies ist ein Beispiel dafür, wie ein Volk in einem Terrorstaat lebt», sagte Emma Bonino Reportern in Kabul.[16] Die Taliban entschuldigten sich, aber damit war der westlichen Bereitschaft zur Entwicklungshilfe in Afghanistan ein neuer Dämpfer versetzt worden. Dann erklärten die Taliban, sie würden die Krankenhäuser in Kabul nach Geschlechtern trennen und nicht erlauben, dass Frauen und Männer gemeinam behandelt würden – und es gab in der Stadt nur ein einziges Frauen-Hospital.

Es wurde schwierig für die Clinton-Regierung, die anfängliche Sympathie für die Taliban aufrechtzuerhalten. Einflussreiche Feministinnengruppen in den USA setzten sich in Washington für die afghanischen Frauen ein. Im November kritisierte Außenministerin Madeleine Albright die Taliban in der barschesten Weise, die je von Seiten der USA lautbar wurde:

«Wir stellen uns gegen die Taliban aufgrund ihrer Haltung hinsichtlich der Menschenrechte, wegen ihres verächtlichen Umgangs mit Frauen und Kindern und ihrer Respektlosigkeit gegenüber der Menschenwürde», sagte Albright am 18. November 1997 bei einer offiziellen Visite in Islamabad. Ihre Erklärung wurde als ein bedeutsames Zeichen dafür angesehen, dass sich die USA zunehmend von den Taliban und deren Unterstützung durch Pakistan distanzierten. Doch die Taliban blieben unbeeindruckt von diesem internationalen Druck. Die *Ulema* in Pakistan und Kandahar forderten Omar auf, er solle alle Entwicklungshelfer aus Afghanistan hinauswerfen, weil sie Spione und Feinde des Islam seien.[17]

In einem Versuch, neuen Schwung in die UN-Vermittlung zu bringen, beauftragte Generalsekretär Kofi Annan den früheren algerischen Außenminister Lakhdar Brahimi, die Region zu bereisen und dem UN-Sicherheitsrat einen Bericht vorzulegen. Nachdem Brahimi zwischen dem 14. August und 23. September dreizehn Länder, darunter Afghanistan, besucht hatte, kam er zu dem Schluss, größerer internationaler Druck auf Afghanistans Nachbarn würde deren Unterstützung der kriegführenden Parteien beenden. Im Oktober hatte Annan in der UNO eine Gruppe betroffener Länder gebildet, die den Spitznamen «Six plus Two» erhielt, weil sie sechs benachbarte Staaten Afghanistans sowie Russland und die USA umfasste.[18] Brahimi hoffte, dass dieses Forum den Iran ermutigen könnte, mit Pakistan zu sprechen, und Washington erneut für Friedensbemühungen aktivieren würde. Ein weiteres Ziel war, ein Waffenembargo über Afghanistan zu verhängen und Gespräche zwischen den Gruppen des Landes anzuregen.

Annan ließ diesem Schritt im November einen aufrüttelnden Bericht über Afghanistan an den UN-Sicherheitsrat folgen, in dem er zum ersten Mal einen kompromisslosen, harten Ton anschlug und die Länder der Region, insbesondere Pakistan und den Iran, beschuldigte, den Konflikt zu schüren. Er erklärte, diese Länder benutzten die UNO als Feigenblatt, unter dem sie den Gruppierungen ständig weitere Hilfe zukommen ließen.[19]

«Ausländisches Militärmaterial und finanzielle Unterstützung fließen weiter unvermindert ins Land und heizen den Konflikt an. Dies verhindert, dass die kriegführenden Gruppen ein echtes Interesse daran haben, Frieden zu schließen», erklärte Annan. «Die fortwährende Unterstützung durch die Außenmächte, zusammen mit der apathischen Position anderer, nicht unmittelbar betroffener Staaten, lässt jede diplomatische Initiative nahezu bedeutungslos werden.» Auch die Milizen ließ Annan nicht ungeschoren. «Die afghanischen Milizführer weigern sich, über die eigenen Interessen hinauszusehen und damit zu beginnen, gemeinsam an einer nationalen Versöhnung zu arbeiten. Allzu viele Gruppen in Afghanistan – Milizen, Terroristen, Drogenhändler und andere mehr – scheinen viel zu viel beim Krieg zu gewinnen und viel zu viel beim Frieden zu verlieren.»[20]

In Teheran kritisierte Annan auf dem Gipfeltreffen der «Organisation islamischer Staaten» (OIC) unverblümt deren abwartende Haltung im Hinblick auf eine Konfliktlösung. Nach Jahren der Vernachlässigung schien Afghanistan jetzt Thema internationaler Diplomatie zu werden, aber das verschaffte den Taliban nur wenig Befriedigung, denn sie waren viel eher daran interessiert, den Norden und ihre Gegner zu erobern, die ihrerseits fest entschlossen waren, den Taliban Widerstand zu leisten.

Kapitel 5
Bamian 1998/99: Der immerwährende Krieg

Im Hasarajat, dem Land der Hasaras im Zentrum Afghanistans, herrschte eisige Kälte. Im Schatten des sich auftürmenden Schnees, der die Gipfel des Hindukusch um Bamian herum bedeckte, spielten Kinder mit aufgeblähten Bäuchen und ausgemergelten Gesichtern ihre Version von Räuber und Gendarm, die sie «Taliban» nannten. Die Hasaras litten Hunger, und im Spiel ging es um den Überfall auf einen Taliban-Konvoi mit Weizen, den sie ihren hungrigen Familien bringen wollten. Die Kinder lebten von Wurzeln, Beeren und Kartoffeln, die ihre Eltern mühevoll auf winzigen, steinigen Feldern an den steilen Hängen des Tals gezogen hatten. Nur 10 Prozent des Hasarajat sind bebaubar, und die Weizen- und Maisernte war in dem Jahr schlecht ausgefallen.
Aber die Hasaras verhungerten auch einfach deshalb, weil sie Hasaras waren. Seit August 1997 hatten die Taliban, in einem Versuch, sie zur Aufgabe zu zwingen, alle Straßen von Süden, Westen und Osten her geschlossen, die in ihre Bergfestung hineinführten. Vom Norden her, wo der Zusammenbruch von Gesetz und Ordnung, die Lebensmittelknappheit und die im Winter verschneiten Bergpässe es Nahrungsmittelkonvois unmöglich machten, nach Bamian, das auf einer Höhe von etwa 2300 Meter liegt, durchzukommen, war keine Entlastung zu erwarten. In der Provinz Bamian hungerten schon 300 000 Hasaras, während weitere 700 000 in den drei benachbarten Provinzen Ghor, Wardak und Ghazni an Mangel litten – insgesamt also eine Million Menschen.
Monatelang hatten die UNO und ihre Schwesterorganisation World Food Programme (WFP) Verhandlungen mit den Taliban geführt, um Hilfskonvois durchzulassen, aber diese hatten abgelehnt. In der UNO war man zusätzlich frustriert durch die

Tatsache, dass Pakistan den Taliban vertraglich 600 000 Tonnen Weizen ohne jede humanitäre Forderung, die Blockade Bamians aufzuheben, zugesichert hatte. Es war das erste Mal im zwanzigjährigen Konflikt, dass Lebensmittel als Kriegswaffe eingesetzt wurden, und dies zeigte die Eskalation ethnischer und konfessioneller Spaltungen, die Afghanistan auszehrten.

Die stämmigen, untersetzten Menschen mit den unverkennbar mongolischen Gesichtszügen sollen Abkömmlinge der mongolischen Krieger Dschingis Khans und der einheimischen Tadschiken und Turkmenen sein. Im Jahr 1222 wurde Dschingis Khans Enkel von den Verteidigern Bamians getötet, und zur Vergeltung metzelte dieser die Bevölkerung nieder. Tausend Jahre zuvor war Bamian das buddhistische Zentrum Indiens gewesen und ein bedeutender *serai* – Rastplatz für Kamelkarawanen – auf der alten Seidenstraße, die das Römische Reich mit Zentralasien, China und Indien verband. Bamian blieb nach dem Siegeszug des Islam Protektor und Hauptstadt des Buddhismus für Zentralasien und Indien. Der koreanische Mönch Hui-Tschao, der 827 in die Stadt kam, schrieb, der König von Bamian sei immer noch Buddhist, und erst im 11. Jahrhundert sollten die Ghaznaviden den Islam im Tal etablieren können.[1]

Bis zu deren Zerstörung im März 2001 wurde die Stadt von zwei herrlichen, in Sandsteinfelsen gemeißelten Buddha-Kolossen aus dem 2. Jahrhundert beherrscht. Die beiden Statuen – die eine etwa 50 Meter, die andere etwa 35 Meter hoch – waren verwittert. Beiden Buddhas fehlten die Gesichter, was ihrer außerordentlich eindrucksvollen Erscheinung keinen Abbruch tat. Die Figuren wiesen die Züge aller subkontinentalen Buddha-Skulpturen auf, trugen dabei aber griechische Roben. Sie waren die einzige Verbindung von klassischer indischer und zentralasiatischer Kunst mit hellenistischer, die von den Truppen Alexanders des Großen eingeführt wurde. Die Buddhas gehörten zu den alten Weltwundern, zu denen man aus China und Indien pilgerte.

In den Höhlen und Grotten, die neben den Statuen in den Felshang gehauen sind, lebten einst Tausende von Mönchen. Diese mit antikem Stuck verzierten Höhlen waren jetzt das Zuhause von Tausenden von Hasara-Flüchtlingen, die aus Kabul geflohen waren. Die Taliban drohten, die Kolosse zu sprengen, wenn sie erst Bamian eingenommen hätten, was Proteste auf hoher Ebene in Buddhistengemeinden in Japan und Sri Lanka auslöste. Die Taliban hatten die Berge über den Buddhas bereits bombardiert.

Das Hasarajat war weitgehend unabhängig geblieben, bis es 1893 vom Paschtunen-König Abdul Rehman erobert wurde, der Tausende Hasaras tötete und Tausende nach Kabul zwangsumsiedelte, wo sie als Sklaven und Dienstboten ihr Leben fristeten. Ihre Moscheen wurden zerstört. Die geschätzten drei bis vier Millionen Hasaras stellten die größte schiitische Muslimengruppe Afghanistans. Die konfessionelle Feindschaft zwischen den sunnitischen Paschtunen und den schiitischen Hasaras reicht lange zurück, aber die Taliban hatten dem Konflikt eine neue Qualität gegeben, da sie alle Schiiten als *munafaqeen*, also Heuchler, behandelten.

Lästig für die Taliban war, dass die Frauen der Hasaras bei der Verteidigung der Region eine bedeutsame politische, soziale und sogar militärische Rolle spielten. Im 80-köpfigen Zentralrat der Hizb-e-Wahadat-Partei der Hasaras waren zwölf Frauen vertreten, die meisten von ihnen ausgebildet und berufstätig. Frauen betreuten UN-Programme zur Entwicklungshilfe und die Bemühungen der Partei um eine grundlegende Schulausbildung in Lesen und Schreiben sowie Gesundheitswesen und Familienplanung. In militärischen Auseinandersetzungen kämpften die Frauen oft Seite an Seite mit ihren Männern; und im Kampf um Mazar im Mai hatten einige von ihnen Taliban getötet. Professorinnen, die aus Kabul geflohen waren, hatten in Bamian eine Universität eröffnet – mit ihren Wänden aus Lehm und Stroh, ohne Elektrizität, Heizung oder ausreichend Büchern wohl die ärmste der Welt.

«Wir hassen die Taliban, sie stellen sich gegen jede Zivilisation, insbesondere gegen die Kultur Afghanistans und gegen die Frauen. Durch sie haben der Islam und das afghanische Volk einen schlechten Ruf», sagte mir Dr. Humera Rahi, die an der Universität persische Literatur lehrte und als eine bedeutende Dichterin aus dem Widerstand hervorging. Auch die Kleidung der Hasara-Frauen war den Taliban ein Dorn im Auge. Dr. Rahi und ihre Kolleginnen trugen Röcke und hochhackige Stiefel. Humera Rahis Gedichte wirkten wie ein Echo wiedergefundenen Vertrauens der Hasaras nach jahrhundertelanger Paschtunen-Tyrannei.

«Der Sieg ist in deiner Hand, und Gott ist mit dir, siegreiches Heer von Hasarajat. Möge die Brust deines Feindes das Ziel deiner Gewehrläufe sein. Du bist der Gewinner, der Sieger, Gott ist mit dir. Meine Gebete um Mitternacht und meine Tränen in der Dämmerung und die Kinder, die rufen: ‹O Herr, o Herr!›, und die Tränen und Seufzer der Unterdrückten sind mit dir.»[2]

Trotz der Belagerung und der jahrzehntelangen Unterdrückung durch die Paschtunen-Herrscher in Kabul hatten die Hasaras Zuversicht. Sie hatten wesentlich zum Sieg über die Taliban im Mai in Mazara beigetragen und noch einmal im Oktober 1997. Sie hatten auch wiederholt Angriffe der Taliban auf Bamian abgewehrt. Waren die Hasaras einst das dritte und schwächste Glied in der Usbeken-Tadschiken-Hasara-Allianz gegen die Taliban, spürten sie, da die Usbeken zersplittert und in Auflösung begriffen waren und die Tadschiken sich im Patt um Kabul herum befanden, dass ihre Zeit gekommen war.

«Wir stehen mit dem Rücken zum Hindukusch und vor uns sind die Taliban mit ihrer Unterstützung aus Pakistan. Wir werden wohl sterben, aber wir werden niemals aufgeben», erzählte mir Qurban Ali Irfani, der stellvertretende Chef der Wahadat, als wir in einem Raum mit Blick auf die Buddhas, die in dramatisches Mondlicht getaucht waren, vor einem Holzfeuer saßen und versuchten, uns aufzuwärmen.

Man spürte das neu erworbene Vertrauen und den Stolz auf ihre Organisation und ihre kämpferischen Fähigkeiten. «Wir haben den Norden vor den Taliban gerettet», sagte Ahmed Scher, ein 14-jähriger Soldat der Hasaras, der schon zwei kampferprobte Jahre hinter sich hatte und seine Kalaschnikow wie ein Berufssoldat in Händen hielt. Die Hasaras standen nicht ohne Freunde da. Der Iran flog militärisches Material auf einer neu gebauten

Landebahn außerhalb von Bamian ein, und Karim Khalili, der Führer der Wahadat, besuchte im Winter Teheran, Moskau, Neu-Delhi und Ankara auf der Suche nach weiterer militärischer Unterstützung.

Aber die Hasaras hatten sich übernommen. Es gab mehrere Gruppen, die alle um Territorien, Einfluss und Hilfsgelder aus dem Ausland rivalisierten. Jede Fraktion der Hizb-e-Wahadat kontrollierte separat einen Teil von Mazar, und sie bekämpften einander ebenso wie die Usbeken und machten dadurch Mazar zu einem Kriegsfeld und die Allianz gegen die Taliban zu einem heillosen politischen Durcheinander. Iranische und russische Geheimdienstoffiziere unternahmen mehrere Versuche, zwischen Dostum in Shiberghan und den Hasaras zu vermitteln, ebenso wie zwischen den einzelnen Hasara-Gruppen, aber keine Seite wollte einen Kompromiss eingehen. Als im Februar 1998 in Mazar heftige Gefechte zwischen Usbeken und Hasaras ausbrachen, unternahm Masud seine erste Reise nach Teheran, um die Iraner dazu zu überreden, etwas zur Rettung der Anti-Taliban-Allianz zu tun, ehe es zu spät war. Währenddessen saßen die Taliban den Winter aus und sahen zu, wie sich ihre Feinde gegenseitig umbrachten, festigten die Belagerung Bamians und machten sich für einen neuen Angriff auf Mazar bereit.

Die Kämpfe in der westlichen Provinz Faryab dauerten die Wintermonate hindurch an, und die Taliban veranstalteten ein erneutes Massaker im Januar – diesmal an 600 usbekischen Dorfbewohnern. Westliche Entwicklungshelfer, die später den Vorfall untersuchten, berichteten, dass Zivilisten aus ihren Häusern gezerrt, in einer Reihe aufgestellt und erschossen wurden. Die internationale Missbilligung der Taliban-Politik wurde stärker, als diese noch strengere islamische Gesetze und Strafen in Kabul erließen. Das öffentliche Abhacken von Gliedmaßen, Auspeitschen, Steinigen von Frauen und Hinrichtungen wurden zu wöchentlichen Ereignissen in Kabul und Kandahar. Der Internationale Frauentag am 8. März 1998 war der Not der Frauen Afghanistans unter der Taliban-Herrschaft gewidmet. Ein Hearing im US-Senat, das die

Geschlechterrollen in Afghanistan zum Thema hatte, zog weite Kreise in der Öffentlichkeit, ebenso wie die Verurteilung der Taliban-Politik durch Persönlichkeiten wie Hillary Clinton.

Die Taliban erließen neue Edikte, in denen sie die exakte Bartlänge bei den Männern festlegten und eine Liste muslimischer Namen erstellten, nach denen die neugeborenen Kinder benannt werden mussten. Sie schlossen die wenigen Mädchenschulen in Kabul, während die Religionspolizei die Frauen von den Straßen Kabuls verjagte und darauf beharrte, dass alle Haushalte ihre Fenster zu verhängen hatten, damit man die Frauen nicht von außen sehen konnte. Jetzt waren die Frauen gezwungen, Tag und Nacht im Haus zu verbringen, in das nicht einmal mehr Sonnenlicht drang. Hardliner der Taliban waren fest entschlossen, die UN-Hilfsorganisationen aus Afghanistan zu vertreiben, und provozierten eine Reihe von Vorfällen, bei denen die Geduld der UNO an ihre Grenzen stieß.

Am 24. Februar 1998 wurden alle UN-Mitarbeiter aus Kandahar abgezogen und alle Hilfsaktionen gestoppt, nachdem Führer der Taliban sie bedroht und verprügelt hatten. Mullah Mohammed Hassan, der für gewöhnlich eher nachsichtige, einbeinige Gouverneur von Kandahar, warf einem UN-Beamten Tisch und Stuhl an den Kopf und versuchte ihn dann zu erdrosseln, weil dieser es abgelehnt hatte, eine Straße in Hassans Dorf zu pflastern. Im März verweigerten die Taliban Alfredo Witschi-Cestari, dem Chef der humanitären Hilfsorganisation der UNO, einen Besuch zu Gesprächen in Kabul.

«Im Norden herrscht eine vollständige Verunsicherung über unsere Hilfsorganisation, und im Süden haben wir bei unserer Arbeit mit den Taliban die Hölle auf Erden. Im Norden gibt es keine Obrigkeit, und die Obrigkeit im Süden ist ausgesprochen schwierig», erklärte mir Lakhdar Brahimi schon 1997.[3]

Ungeachtet dieser Probleme versuchte Brahimi ein Treffen zwischen den Taliban und der Anti-Taliban-Allianz zu arrangieren. Die Taliban, die um jeden Preis vermeiden wollten, den Oppositionsführer zu treffen und ihm dadurch weitere Legitimität zu verschaffen, schlugen ein Treffen der *Ulema* beider Seiten vor. Mehrere Monate lang zankten sie sich untereinander darüber, wer überhaupt als *Ulema* in Frage käme. Die UNO bekam Hilfe von den USA. Bill Richardson, Präsident Clintons Vermittler und US-Botschafter bei der UNO, besuchte am 17. April 1998 Afghanistan in einer Art Notstandsdiplomatie und überzeugte beide Seiten, das *Ulema*-Treffen einzuberufen.

Beide Seiten versuchten, die USA für sich zu gewinnen, und der extravagante Richardson wurde stürmisch empfangen. Er wurde überhäuft mit Geschenken wie Teppichen, Satteltaschen und Turbanen. Zum ersten Mal erlaubten die Taliban in Kabul den begleitenden amerikanischen Kamerateams, ihre Führer zu filmen, und verschoben aus Höflichkeit gegenüber Richardson ihre regulären öffentlichen Freitagsvorstellungen im Fußballstadion, in denen ausgepeitscht wird und Gliedmaßen abgehackt werden. Doch obwohl die Führer der Taliban in Kabul versprachen, ihre Belagerung im Hasarajat zu lockern und ihre Geschlechterpolitik mit der UNO abzustimmen, wies Mullah Omar die Übereinkunft, nur wenige Stunden nachdem Richardson abgereist war, zurück.

Die *Ulema* trafen sich Ende April unter der Schirmherrschaft der UNO in Islamabad und verständigten sich nach viertägigen Gesprächen darüber, zwanzig Mann aus ihren Reihen für eine Friedenskommission zu nominieren, die über Waffenstillstand, die Aufhebung der Belagerung im Hasarajat und den Austausch von Gefangenen zu entscheiden hätten. Doch dann verweigerten sich die Taliban. Im Mai war auch diese Friedensinitiative fehlgeschlagen – zu dem Zeitpunkt, als die Taliban gerade wieder eine Offensive vorbereiteten.

Dabei kam es zu erneuten Auseinandersetzungen mit der UNO. Im Juni untersagten die Taliban allen Frauen, die allgemeinen Krankenhäuser aufzusuchen, und befahlen allen muslimischen weiblichen UN-Angestellten, Afghanistan nur noch in Begleitung einer Aufsichtsperson, eines *mehram* (Blutsverwandten), zu bereisen – eine unmögliche Forderung, da die UN-Organisationen die Zahl der muslimischen Entwicklungshelferinnen vergrößert hatte, um den Forderungen der Taliban zu entsprechen und auch, um sich den Zugang zu den Frauen Afghanistans zu sichern. Dann bestanden die Taliban darauf, dass alle in Kabul ansässigen, nichtstaatlichen Organisationen ihre Büros verließen und in das zerstörte Gebäude der Polytechnischen Hochschule umzogen. 22 der 30 NGOs drohten damit, Kabul zu verlassen, doch die Taliban ließen nicht mit sich verhandeln.

Als die EU alle humanitäre Hilfe für Gebiete unter Taliban-Kontrolle einstellte, ließ Brahimi eine Bombe platzen, indem er die Enttäuschung der UNO an die Öffentlichkeit brachte:

«Diese Organisation beschert uns nur Erlasse, die uns daran hindern, unsere Arbeit zu tun. Die Taliban sollen wissen, dass es nicht nur für alles Grenzen gibt, sondern auch, dass zunehmender Druck auf uns lastet – insbesondere von Seiten der Spender, die der Ansicht sind, es reiche jetzt.»[4]

Die Taliban weigerten sich einzulenken und schlossen am 20. Juli 1998 gewaltsam alle NGO-Büros; der Exodus der ausländischen Entwicklungshelfer aus Kabul begann. Am selben Tag wurden die Leichen von Mohammed Habibi und Mohammed Bahsaryar, zweier Afghanen, die für UN-Hilfsorganisationen arbeiteten, in Jalalabad gefunden. Die Taliban gaben keine Erklärung über ihren Tod ab.

Über die Hälfte der 1,2 Millionen Einwohner Kabuls hatten auf die eine oder andere Weise von den Spendenverteilungen der NGOs profitiert, jetzt waren Frauen und Kinder die ersten Leidtragenden. Die Nahrungsmittelverteilung, das Gesundheitswesen sowie das empfindliche Wasserversorgungsnetz der Stadt waren ernsthaft betroffen. Die Leute schwenkten ihre leeren Kessel und Eimer den vorüberfahrenden Taliban-Jeeps entgegen, und deren Erwiderung war bezeichnend für ihren totalen Mangel an sozialer Verantwortung.

«Wir Muslime glauben daran, dass Gott der Allmächtige jeden auf die eine oder andere Art ernähren wird. Wenn die ausländischen NGOs fortgehen, dann ist das ihre eigene Entscheidung. Wir haben sie nicht vertrieben», erklärte Planungsminister Qari Din Mohammed stur.[5]

Inzwischen hatten die Taliban Pakistan und Saudi-Arabien überzeugt, sie bei einem weiteren Angriff auf den Norden zu decken. Der Chef des saudischen Geheimdienstes Prinz Turki al Faisal besuchte Mitte Juni Kandahar, woraufhin die Saudis den Taliban 400 Pick-up-Transporter und finanzielle Hilfe zukommen ließen. Pakistans ISI hielt ein Budget von ungefähr 2 Milliarden Rupien (5 Millionen US-Dollar) für die nötige Logistik bereit. ISI-Beamte kamen jetzt öfters nach Kandahar, um den Taliban bei den Vorbereitungen für den Angriff zu helfen. Gleichzeitig schlossen sich Tausende neue afghanische und pakistanische Rekruten aus den Flüchtlingslagern und *Madrassas* den Truppen der Taliban an. Im Iran, in Russland und Usbekistan begann man Waffen, Munition und Treibstoff an die Anti-Taliban-Allianz zu liefern.[6] Während der Iran Waffenladungen direkt von Meshad zu den Hasaras nach Bamian einflog, wurde Masud von den Russen und Iranern über den Flughafen Kuliab im südlichen Tadschikistan mit Waffen versorgt, die von dort nach Afghanistan transportiert wurden.
Im Juli drangen die Taliban von Herat nach Norden vor und nahmen am 12. Juli 1998 Maimana ein. Zuvor hatten sie Dostums Streitkräften eine Schlappe beigebracht und 100 Panzer sowie Fahrzeuge erbeutet und 800 usbekische Soldaten – von denen sie die meisten niedermetzelten – gefangen genommen. Am 1. August 1998 eroberten die Taliban Dostums Hauptquartier in Shiberghan, nachdem sich mehrere seiner Befehlshaber von den Taliban hatten bestechen lassen und die Seiten wechselten. Dostum floh erst nach Usbekistan und später in die Türkei. Von Dostums Fahnenflucht demoralisiert, ließen sich immer mehr usbekische Befehlshaber an der Weststraße nach Mazar bestechen, woraufhin die 1500 Mann starke Hasara-Streitkraft außerhalb der Stadt dem Überraschungsangriff der Taliban ausgeliefert war. Er erfolgte in den frühen Morgenstunden des 8. August 1998. Die Hasaras sahen sich plötzlich umzingelt und kämpften bis zur letzten Patrone – nur hundert überlebten. Gegen zehn Uhr morgens fuhr der erste Taliban-Pick-up in Mazar ein, wo die ahnungslosen Einwohner ihren Tagesgeschäften nachgingen.[7]

Ein Völkermord in seiner ganzen Grausamkeit folgte. Die Taliban rächten sich für ihre im Jahr zuvor erlittenen Verluste. Ein Taliban-Kommandant erklärte später, Mullah Omar habe ihnen die Erlaubnis erteilt, zwei Stunden lang zu morden – daraus wurden dann zwei Tage. Die Taliban verfielen in einen regelrechten Blutrausch, fuhren in ihren Pick-ups die engen Straßen in Mazar auf und ab und feuerten auf alles, was sich bewegte – Ladenbesitzer, einkaufende Frauen, Kinder, Ziegen, Esel. Entgegen den Anordnungen des Islam, die ein unverzügliches Begräbnis vorschreiben, ließ man die Leichen auf den Straßen verrotten.

«Ohne Warnung schossen sie blindlings auf jeden, egal, ob Mann, Frau oder Kind. Bald waren die Straßen von Toten und Blut bedeckt. Sechs Tage lange durften die Toten nicht begraben werden. Hunde fraßen Menschenfleisch, rasten im Blutrausch, und der Gestank war bald nicht mehr zu ertragen», sagte ein Tadschike, der dem Massaker entkommen war.[8]

Leute, die in ihre Häuser flüchteten, um sich in Sicherheit zu bringen, wurden von Taliban-Soldaten verfolgt. Ganze Haushalte der Hasaras wurden niedergemetzelt. «Mit drei Schüssen wurden die Menschen niedergestreckt: einen in den Kopf, einen in die Brust und einen in die Hoden. Die Überlebenden begruben ihre Toten im Garten. Frauen wurden vergewaltigt», erzählte der Zeuge weiter. Eine 40-jährige Tadschikenwitwe berichtete mir: «Als die Taliban unser Haus stürmten, erschossen sie auf der Stelle meinen Mann und meine beiden Brüder. Jeder wurde mit drei Schüssen niedergestreckt und die Kehle wurde auf *halal*-Art durchschnitten.»[9]

Nach dem ersten langen Tag willkürlichen Mordens nahmen die Taliban wieder speziell die Hasaras aufs Korn. Sie wollten nicht denselben Fehler wie vor einem Jahr begehen, als sie ohne jede Ortskenntnis in Mazar umhergeirrt waren. Diesmal hatten sie einheimische Paschtunen eingezogen, die einst Hekmatyar treu ergeben gewesen waren und sich in der Stadt gut auskannten. Diese Krieger aus Balkh führten tagelang die Suchtrupps der Taliban zu den Häusern der Hasaras. Aber die Taliban waren immer noch außer Rand und Band und mordeten willkürlich weiter – egal, ob Hasara oder nicht.

«Ich sah, wie ein Tadschikenjunge erschossen wurde; der Talib stand neben der Leiche. Der Vater weinte. ‹Warum hast du meinen Sohn getötet? Wir sind Tadschiken.› Der Talib antwortete: ‹Warum hast du das nicht gleich gesagt?› Daraufhin der Vater: ‹Du hast ja nicht gefragt, sodass ich antworten konnte.›»[10]

Tausende Hasaras wurden ins Gefängnis von Mazar gesteckt, und als es voll war, stieß man sie in LKWs, verrammelte diese und ließ sie ersticken. Einige fuhren aus Mazar hinaus in die Dascht-e-Laili-Wüste, wo die Insassen massakriert wurden – als Vergeltung für die Behandlung der Taliban 1997.

«Sie fuhren von Mazar nach Shiberghan. Als sie die Tür eines LKW öffneten, waren nur noch drei Menschen am Leben, ungefähr 300 waren tot. Die drei Männer wurden dann ins Gefängnis gebracht. Ich konnte von meinem Platz aus alles genau sehen», erzählte ein Zeuge.[11] Als Zehntausende Zivilisten versuchten, in langen Fußkolonnen aus Mazar zu entkommen, wurden sie von den Taliban aus der Luft bombardiert.

Erklärtes Ziel der Taliban war, den Norden von den Schiiten zu säubern. Mullah Niazi wurde zum Gouverneur von Mazar ernannt. Nach den wenigen Stunden, in denen die Stadt eingenommen wurde, riefen die Mullahs von den Moscheen herab, den Schiiten blieben drei Möglichkeiten: Sie könnten zu den Sunniten konvertieren, in den schiitischen Iran abwandern oder sterben. Alle schiitischen Gottesdienste in den Moscheen wurden verboten.

«Im vergangenen Jahr habt ihr gegen uns rebelliert und uns getötet. Von euren Häusern aus habt ihr auf uns geschossen. Jetzt sind wir hier, um mit euch abzurechnen. Die Hasaras sind keine Muslime, und darum müssen wir sie jetzt töten. Entweder nehmt ihr den Islam an und werdet gute Muslime, oder ihr verlasst Afghanistan. Egal, wohin ihr geht, wir kriegen euch. Wenn ihr in die Luft aufsteigt, werden wir euch an den Füßen herabziehen; wenn ihr euch vergrabt, ziehen wir euch bei den Haaren heraus», verkündete Niazi von Mazaras Zentralmoschee herab.[12] Es war wie der römische Historiker Tacitus über die Eroberung Britanniens sagte: «Die Römer verheerten das Land und nannten es Frieden.»

Da keine unabhängigen Beobachter anwesend waren, ist es schwierig, die Zahl der Toten zu bestimmen, aber von Seiten der UNO und des Internationalen Roten Kreuzes schätzt man 5000 bis 6000. Damit wurde klar, dass auf dem Vormarsch der Taliban ähnliche Massaker an Usbeken und Tadschiken in Maimana und Shiberghan stattgefunden hatten. Meiner eigenen Schätzung nach wurden in den Monaten Juli und August 6000 bis 8000 Zivilisten getötet. Doch das Ziel der Taliban, die Bevölkerung so zu terrorisieren, dass sie nicht wagte, Widerstand zu leisten, wurde nicht erreicht.

Es gab in Mazar noch eine Gruppe, auf die es die Taliban abgesehen hatte, woraufhin internationaler Protest folgte und es fast zum Krieg mit dem Iran kam. Eine Taliban-Einheit, darunter mehrere Mitglieder der pakistanischen militanten antischiitischen Sipah-e-Sahaba-Partei, drang unter Führung von Mullah Dost Mohammed in das iranische Konsulat ein, trieb 11 iranische Diplomaten, Geheimdienstoffiziere und einen Journalisten in den Keller, wo sie alle erschossen wurden. Zuvor hatte Teheran mit der Regierung Pakistans Kontakt aufgenommen, um die Sicherheit seines Konsulats zu gewährleisten, denn im Iran wusste man, dass Beamte des ISI zusammen mit den Taliban nach Mazar gefahren waren. Anfangs hatten die Iraner geglaubt, Dost Mohammeds Einheit sei geschickt worden, um sie zu schützen, und hatten sie freundlich willkommen geheißen.[13] Zudem nahmen die Taliban 45 iranische LKW-Fahrer gefangen, die den Hasaras Waffen bringen wollten.

Zunächst weigerten sich die Taliban, Angaben über den Verbleib der Diplomaten zu machen, doch als der internationale Protest und die Wut der Iraner zunahmen, gaben sie bekannt, diese seien von ein paar abtrünnigen Taliban getötet worden. Aus zuverlässiger Quelle hingegen war zu hören, Dost Mohammed habe über Funk mit Mullah Omar Kontakt gehalten und ihn gefragt, ob die

Diplomaten nun getötet werden sollten oder nicht, und Omar habe ihn dazu angewiesen. Dies war jedenfalls die Version der Geschichte, an die man im Iran glaubte. Eine Ironie des Schicksals wollte es, dass Dost Mohammed später im Gefängnis von Kandahar landen sollte, als er zwei Hasara-Konkubinen zurückbrachte, weil seine Frau in Kandahar sich bei Mullah Omar beschwert hatte. Ungefähr 400 Frauen der Hasara waren von den Taliban entführt worden und wurden als Konkubinen gehalten.[14]

Der Sieg der Taliban, ihre Kontrolle über fast ganz Afghanistan und die Erwartung, internationale Anerkennung zu erlangen, die von pakistanischen Funktionären angestachelt wurde, waren zum Teil Grund für den saudischen Dissidenten Osama Bin Laden, unverfrorener seinen Dschihad gegen die USA und die saudische Königsfamilie fortzusetzen. Am 7. August 1998 detonierten von Sympathisanten Bin Ladens gelegte Bomben in den US-Botschaften in Kenia und Tansania, wobei 224 Menschen getötet und 4500 verletzt wurden. Dies war Anlass für die USA, am 20. August 1998 auf Bin Ladens Ausbildungslager im Nordosten Afghanistans Bomben abzuwerfen. Gezielt schlugen Dutzende Cruise Missiles an sechs Stellen ein und hinterließen etwa 20 Tote und 30 Verletzte. Von US-Seite verlautete, Bin Laden sei zwar zunächst anwesend gewesen, habe aber vor dem Angriff flüchten können. Tatsächlich waren nur wenige der Opfer Araber. Die meisten Toten waren Pakistanis und Afghanen, die für den Kampf im von Indien kontrollierten Kaschmir ausgebildet worden waren.

Die Taliban waren außer sich und veranstalteten in den Städten Afghanistans Protestmärsche gegen die Angriffe. Mullah Omar erschien persönlich, um seine Wut auf Clinton zu bekunden.

«Wenn der Angriff auf Afghanistan Clintons persönliche Entscheidung ist, dann tut er dies, um die Welt und das amerikanische Volk von der beschämenden Affäre im Weißen Haus abzulenken, die bewiesen hat, dass er ein Lügner ist und ohne jeden Anstand und Ehre», erklärte Omar in Anspielung auf die Monica-Lewinsky-Affäre. Omar bestand darauf, dass Bin Laden ein Gast nicht nur der Taliban, sondern des afghanischen Volkes sei und die

Taliban ihn niemals an die USA ausliefern würden. «Amerika selbst ist der größte Terrorist der Welt», fügte er noch hinzu.[15]
Als UN-Beamte aus Sicherheitsgründen Kabul evakuierten, wurden ein italienischer Offizier erschossen und ein französischer Diplomat verletzt. Die beiden Mörder, Haq Nawaz und Salim aus Rawalpindi, die von den Taliban festgenommen und ins Gefängnis gebracht wurden, waren beide pakistanische militant-islamische Anhänger der Harkat-ul-Ansar-Gruppe.
Anstatt die internationale Kritik und den Iran zu beschwichtigen, unternahmen die Taliban eine Offensive aus drei Richtungen auf Bamian. Die Stadt fiel am 13. September 1998, als die Hasara-Kommandanten aufgaben. Karim Khalili und andere Führer der Wahadat zogen sich zusammen mit einem Großteil der Bevölkerung in die Berge zurück, bevor die ersten Taliban-Truppen eindrangen. Aufgrund der internationalen Appelle, die Menschenrechte zu respektieren, befahl Omar seinen Truppen, sich diesmal den Hasara-Zivilisten gegenüber zurückzuhalten. Doch ein paar Wochen nachdem die Taliban Bamian in ihre Gewalt gebracht hatten, begannen die Tötungsaktionen. In einem nahe gelegenen Dorf wurden 50 alte Männer, die zurückgelassen worden waren, von den Taliban erschossen.[16]
Eine weitere Tragödie ereignete sich am 18. September, nur fünf Tage nach der Besetzung Bamians, als Taliban-Krieger den Kopf eines der Buddha-Kolosse mit Dynamit sprengten. Sie feuerten Raketen auf die Statue, beschädigten die üppig eingemeißelten Falten und zerstörten die aufwändigen Stuckarbeiten der Nische, in der sie stand. Afghanistans größtes archäologisches Erbe hatte fast 2000 Jahre überdauert und sogar den Angriffen der Mongolen widerstanden. Jetzt wurde es von den Taliban zerstört – ein Vergehen, das durch keinen Bezug auf den Islam zu rechtfertigen war.
Der Fall Bamians war für die Iraner der Gipfel. Unter Bezugnahme auf internationales Recht und die UN-Charta erklärte der Iran, er habe ein Recht auf Selbstverteidigung und würde jetzt alle notwendigen Aktionen gegen die Taliban unternehmen – genau dasselbe Argument, das Washington für seinen Missile-Angriff in An-

spruch genommen hatte. Eine Woche später warnte Irans oberster Führer, Ayatollah Ali Khamenei, vor einem Krieg, der die gesamte Region verschlingen könnte. Er bezichtigte die Regierung Pakistans, für die Einnahme von Bamian Truppen und Flugzeuge eingesetzt zu haben, was aus Islamabad bestritten wurde. Die Beziehungen zwischen dem Iran und Pakistan sanken erneut auf einen Tiefpunkt, als Teheran die Muskeln spielen ließ und 70 000 iranische Revolutionswachen mit Panzern und Kampfbombern an der Grenze zu Afghanistan ihr größtes Manöver abhielten. Im Oktober begannen iranische Truppen mit ungefähr 200 000 Mann eine neue Serie von Manövern entlang der afghanischen Grenze, woraufhin die Taliban 5000 Soldaten mobilisierten, um einer eventuellen iranischen Invasion zu begegnen.

Da aus dem UN-Sicherheitsrat Befürchtungen über einen Angriff des Iran verlauteten, wurde Lakhdar Brahimi zurück in die Region geschickt. Die militärischen Spannungen zwischen dem Iran und den Taliban flauten erst wieder ab, nachdem sich Brahimi mit den Taliban am 14. Oktober 1998 in Kandahar getroffen hatte. Zum ersten Mal war Omar mit einem ausländischen, nichtpakistanischen Diplomaten zusammengetroffen. Omar willigte ein, alle iranischen LKW-Fahrer freizulassen und die Leichen der iranischen Diplomaten freizugeben, und er versprach, die Beziehungen zur UNO zu verbessern.

Die Konfrontation der Taliban mit dem Iran hatte Masud Zeit und Spielraum gelassen, seine Streitkräfte und die verbliebenen usbekischen und Hasara-Kampftruppen, die nicht aufgegeben hatten, neu zu formieren. Gleichzeitig erreichten ihn aus Russland und dem Iran größere Waffenlieferungen, darunter Fahrzeuge und Hubschrauber. Masud startete eine Serie gut koordinierter Blitzangriffe im Nordosten, durch die er ein ziemlich großes Territorium zurückeroberte, insbesondere entlang Afghanistans empfindlicher Grenze zu Tadschikistan und Usbekistan. Im Oktober und November fielen ungefähr 2000 Mann auf Seiten der Taliban, da die demoralisierten und spärlich versorgten Taliban-Garnisonen nur kurz Widerstand leisteten und sich dann Masud ergaben. Am

7. Oktober 1998 berief Masud im Pandschir-Tal ein Treffen aller Feld-Kommandanten der Opposition ein. Der Zusammenbruch der Hasara- und der usbekischen Führung hatte Masud und seine Tadschiken als unangefochtene Herrscher zurückgelassen, und die Kommandanten, darunter mehrere prominente Paschtunen, ernannten Masud zum militärischen Befehlshaber der gesamten Anti-Taliban-Streitkräfte.

Die Taliban-Offensive, das Massaker an den Hasaras und die Konfrontation mit dem Iran untergruben, zusammen mit dem Cruise-Missiles-Angriff der USA, dramatisch das zerbrechliche Gleichgewicht der Mächte in der Region. Die Säuberungsaktionen der Taliban verärgerten auch Russland, die Türkei und die Staaten Zentralasiens zutiefst, die Pakistan und Saudi-Arabien beschuldigten, die Taliban zu unterstützen. Der verschärfte verbale Krieg verstärkte die regionale Polarisierung zwischen beiden Staatenblöcken. Die Außen- und die Verteidigungsminister von Kasachstan, Kirgistan, Usbekistan und Tadschikistan und russische Beauftragte trafen sich am 25. August 1998 in Taschkent, um gemeinsame militärische und politische Pläne zu koordinieren und den Vormarsch der Taliban zu stoppen.

Die regionale Eskalation hatte enorme Folgen: Es bestand die Gefahr eines Krieges zwischen dem Iran und den Taliban, der auch Pakistan – auf Seiten der Taliban – einbeziehen konnte. Westliche Investoren und Ölfirmen wurden vorsichtiger mit ihren Zukunfts-Investitionen. Die Gefahr eines islamischen Fundamentalismus, der sich über die bereits wirtschaftlich verarmten Staaten Zentralasiens auszubreiten drohte, nahm zu, und eine antiamerikanische Haltung erfasste die ganze Region.

International blieb man angesichts der Unnachgiebigkeit der Taliban, eine Regierung auf breiter Grundlage zu bilden, die Einstellung in der Geschlechterfrage zu ändern und diplomatische Verhaltensnormen einzuhalten, weiterhin auf Distanz. Hilfsorganisationen der UNO konnten nicht nach Kabul zurückkehren. In Washington war man jetzt voll und ganz mit Bin Ladens Verhaftung und der Weigerung der Taliban, ihn auszuliefern, beschäftigt.

Sogar der nahe Verbündete Saudi-Arabien, der sich durch den Schutz, den die Taliban Bin Laden gewährten, beleidigt fühlte, zog seine diplomatischen Vertreter aus Kabul ab und stellte alle offiziellen Finanzhilfen ein. Somit blieb Pakistan die einzige Versorgungsquelle der Taliban.

Aus dieser internationalen Enttäuschung resultierte am 8. Dezember die bis heute härteste Resolution des UN-Sicherheitsrats für Afghanistan. Darin wurde mit nicht näher spezifizierten Sanktionen gegen die Taliban gedroht, weil sie internationalen Terroristen Unterschlupf boten, die Menschenrechte verletzten, den Drogenhandel unterstützten und einen Waffenstillstand ablehnten.

«Der von Afghanistan ausgehende Terrorismus ist zur Seuche geworden», sagte die UN-Gesandte Nancy Soderberg.[17] Pakistan unterstützte als einziges Land diese Resolution nicht, bezeichnete sie als voreingenommen und war deshalb international ebenso isoliert wie die Taliban.

Unter dem zunehmenden Druck der UNO, der USA und anderer Staaten waren Anfang 1999 beide Seiten gezwungen, an den Verhandlungstisch zurückzukehren. Unter UN-Schirmherrschaft trafen sich am 11. März 1999 Delegationen der Taliban und der Opposition zu Gesprächen in Aschchabad. Die Gespräche endeten mit einem Hoffnungsschimmer, da beide Seiten übereinkamen, Gefangene auszutauschen und die Verhandlungen fortzusetzen. Doch im April behauptete Mullah Omar, Masud betriebe doppeltes Spiel, und schloss künftige Gespräche aus. Tatsächlich hatten beide Seiten diese Ruhepause und die Gespräche dazu genutzt, sich auf eine erneute Frühjahrs-Offensive vorzubereiten. Am 7. April 1999 traf Masud mit dem russischen Verteidigungsminister Igor Sergeijeff in Duschanbe zusammen, der bekannt gab, Russland plane, einen neuen Militärstützpunkt in Tadschikistan zu bauen. Das würde eine deutlich verbesserte militärische Unterstützung für Masud bedeuten. Die Taliban rüsteten wieder auf und rekrutierten neue Schüler aus den *Madrassas* in Pakistan. Masud und die Hasaras unternahmen eine Reihe von Angriffen im Nordosten und im Hasarajat. In einer dramatischen Umkehrung der Lage eroberten Wahadat-

Truppen am 21. April Bamian zurück. Die Kämpfe breiteten sich aus, und wieder einmal stand der Norden in Flammen, und die Friedensbemühungen der UNO blieben ohne Ergebnis.
Anfang 1998 hatte Kofi Annan festgestellt: «In einem Land mit 20 Millionen Menschen halten 50 000 bewaffnete Männer die Bevölkerung als Geiseln.» [18] Ende 1998 warnte Annan vor «der Aussicht auf eine tiefere Regionalisierung des Konflikts», in dem Afghanistan zur «Bühne für eine neue Variante des ‹Großen Spiels›» geworden war.[19] Anstatt Frieden zu schaffen, hatten die Taliban mit ihren Siegen und Massakern im Norden Afghanistans die ethnische Zersplitterung nur noch vorangetrieben.
Annans schreckliche Voraussage schien sich gegen Ende des Jahres zu bestätigen, als UN-Vermittler Lakhdar Brahimi sein Amt niederlegte. Er beklagte die Unnachgiebigkeit der Taliban und die Unterstützung Tausender pakistanischer *Madrassa*-Schüler sowie die kontinuierliche Einmischung von außen. Seinem Rücktritt folgten zwei Taliban-Offensiven im Juli und September, die Masuds Streitkräfte aus der Region um Kabul herausdrängen und die nördliche Transportverbindung nach Tadschikistan abschneiden sollten.
Beide Offensiven waren erfolglos, doch die Taliban betrieben nördlich der Hauptstadt eine grausame Politik der verbrannten Erde, die 200 000 Menschen zur Flucht veranlasste und eine Verwüstung des Shomali-Tals – eine der einstmals fruchtbarsten Regionen des Landes – zur Folge hatte. Als der Winter einsetzte, litten Zehntausende Flüchtlinge, die bei Masuds Streitkräften im Pandschir-Tal Zuflucht gefunden hatten, unter akuter Lebensmittelknappheit und Obdachlosigkeit.
Auf Brahimis Rücktritt folgte eine härtere internationale Reaktion auf die Taliban. Der UN-Sicherheitsrat verhängte am 15. Oktober einstimmig eingeschränkte Sanktionen: Der zivile Flugverkehr nach Afghanistan wurde eingestellt, und die Bankkonten der Taliban wurden weltweit eingefroren. Washington verstärkte den Druck, Bin Laden auszuliefern.
Am 6. Februar 2000 gerieten die Taliban erneut unter internatio-

nalen Druck, als verzweifelte afghanische Zivilisten ein Passagierflugzeug der Afghan Airlines auf einem Inlandsflug von Kabul nach London entführten, wo sie dann um Asyl baten. Die Entführung endete vier Tage später friedlich. Anfang März 2000 unternahmen die Taliban mehrere Offensiven gegen Masuds Streitkräfte, die fehlschlugen. Zwei Führern der Nordallianz, die drei Jahre in einem Taliban-Gefängnis in Kandahar gesessen hatten, gelang am 27. März die Flucht in den Iran. Einer von ihnen war Ismail Khan, der 1980 den Mudschaheddin-Widerstand gegen die sowjetischen Besatzungstruppen geführt und dann die Taliban bekämpft hatte.

Im April richteten die Taliban mehrere Appelle an die internationale Gemeinschaft, Dürreopfern in drei Südprovinzen sowie bei der Heuschreckenplage in der Provinz Baghlan Hilfe zu leisten. Die Dürre wurde im Laufe des Sommers immer schlimmer und betraf bald das ganze Land, doch da die Taliban weiterhin jeden Waffenstillstand ablehnten, blieb die internationale Hilfe eher zurückhaltend. Nach drei Monaten hatten die Hilfsorganisationen der UNO nur 8 Millionen der 67 Millionen US-Dollar eingenommen, die für die Dürrehilfe veranschlagt worden waren. Als die Dürre schlimmer wurde, stiegen die Nahrungsmittelpreise zwischen Januar und Juli um über 75 Prozent, und die afghanische Währung verlor 50 Prozent ihres Wertes. Doch das konnte die Taliban nicht aufhalten, ihre Sommer-Offensive gegen die NA am 1. Juli durchzuführen. Tausende Soldaten der Taliban und Dutzende Panzer griffen aus fünf Richtungen an und versuchten sich durch die nur 30 Kilometer nördlich von Kabul gelegenen NA-Stellungen hindurch Bahn zu brechen. Sie wurden von Masuds Streitkräften zurückgeschlagen und verloren 400 Mann.

Als die Gefechte um Kabul herum abklangen, führten die Taliban am 28. Juli im Nordosten des Landes eine Offensive durch, um Masuds Versorgungswege nach Tadschikistan abzuschneiden. Sie bombardierten gezielt zivile Einrichtungen, während sie sich langsam auf Talogan, das politische Hauptquartier der NA, zubewegten. Nach einer vierwöchigen Belagerung und schweren Gefechten fiel Talogan am 5. September, nachdem Masud einen strategischen Rückzug aus der Stadt angetreten hatte, um Opfer unter den Zivilisten zu vermeiden. Ziel war die Grenze zu Badachschan, der letzten Provinz unter seiner Kontrolle. 150 000 Menschen aus Talogan flohen vor der Taliban-Vorhut und drängten nach Tadschikistan, um dort Zuflucht zu erbitten. Auch an der Grenze zu Tadschikistan eroberten die Taliban mehrere Städte und lösten dadurch in Zentralasien Panik aus.

Das ganze Jahr 2000 über gab es zunehmende Anzeichen für Probleme zwischen den Führern der Taliban. Wachsenden Unmut über die Korruption der Taliban sowie deren Mangel an Betroffenheit über die Leiden der Bevölkerung bekundeten die Paschtunenstämme. Am 13. Januar wurden die Geldwechsler in Kabul von den Taliban ausgeraubt, die dabei etwa 200 000 US-Dollar erbeuteten. Aus Protest blieben die Wechselstuben deshalb mehrere Tage lang geschlossen, und der Kurs des Afghani fiel gegenüber dem US-Dollar ins Bodenlose. Am 25. Januar zwangen 400 Stammesführer aus vier östlichen Provinzen – Paktia, Khost, Paktika und Gardez – die Taliban, wieder Ortsgouverneure aufzustellen, als sie gegen die Wehrpflicht und die massive Steuererhöhung protestierten, deren Erträge direkt nach Kabul gingen, anstatt für Erleichterungen vor Ort eingesetzt zu werden. Am 27. Januar demonstrierten in Khost über 2000 Menschen gegen die Taliban. Die Dürre und die Beharrlichkeit der Taliban, die Gefechte weiterzuführen, hatte die öffentliche Kritik an ihrer Kaltblütigkeit gegenüber der Zivilbevölkerung anwachsen lassen. Schmuggler und Transporteure warfen den Taliban vor, Bin Laden Unterschlupf zu gewähren, was zu UN-Sanktionen geführt und einen starken Rückgang im Schmugglergewerbe zur Folge hatte. Ende April verhafteten die Taliban in Kandahar den Oberbefehlshaber ihrer Luftwaffe, General Akhtar Mansuri, und zehn andere Beamte, weil sie Ismael Khan zur Flucht verholfen hätten.

Auch die Kritik gegenüber der zunehmenden Unterstützung islamischer Fundamentalisten und Terroristen durch die Taliban nahm in den Nachbarländern zu, besonders in Zentralasien. Die Taliban beherbergten Extremistengruppen aus Zentralasien, Iran,

Kaschmir, China und Pakistan, deren militante Anhänger auf ihrer Seite kämpften. Die Islamische Bewegung Usbekistan (IMU), die im Sommer 1999 und 2000 erneut fehlgeschlagene Offensiven gegen das Regime Usbekistans geführt hatten, besitzt Stützpunkte im Norden Afghanistans. Über ein Drittel der 15 000 Mann starken Taliban-Streitkräfte, die Talogan erobert hatten, waren keine Afghanen, sondern etwa 3000 militante Pakistanis, 1000 Angehörige der IMU, mehrere hundert Araber unter Bin Laden sowie Männer aus Kaschmir, Tschetschenien, den Philippinen und Muslime aus China.

Die internationalen Bemühungen der USA, Russlands und der Regionalstaaten, antiterroristische Maßnahmen zu koordinieren, wurden verstärkt. Russlands Klagen gegen die Taliban nahmen dramatisch zu, als Kabul die Regierung der abtrünnigen Republik Tschetschenien anerkannte und am 16. Januar 2000 eine tschetschenische Botschaft in Kabul eröffnet wurde. Nach dem Militärputsch in Islamabad am 12. Oktober 1999 verstärkte Pakistan seine Unterstützung der Taliban und leistete ihnen zunehmend militärische Hilfe. Pakistan blieb das einzige Land der Welt, das die Taliban unterstützte, während die anderen Länder in der Region dem Militärregime zunehmend feindselig gegenüberstanden.

Mehrere Versuche der UNO und der Organisation islamischer Staaten (OIC), die sich bekriegenden Gruppen an einen Verhandlungstisch zu holen, scheiterten. Der spanische Diplomat Francesc Vendrell wurde am 18. Januar zum neuen Sonderbeauftragten für Afghanistan des UN-Generalsekretärs ernannt. Im März und erneut im Mai organisierte die OIC indirekte Gespräche zwischen den Taliban und der NA in Dschidda, die ergebnislos endeten. Sogar als sie offenkundig die Kontrolle über das gesamte Land erlangt hatten, blieben die Taliban international isoliert und wurden von allen Nachbarn als Paria-Bewegung abgestempelt.

Teil 2
Der Islam und die Taliban

Kapitel 6
Herausforderung Islam: Der neuartige Fundamentalismus der Taliban

Der Islam hat eine zentrale Stellung im Leben der einfachen afghanischen Bevölkerung. Egal, ob bei den fünf Tagesgebeten, beim Fasten während des Ramadan oder beim Spenden von *Zakat* – dem islamischen Beitrag an die Armen –, es gibt nur wenige Muslimvölker auf der Welt, die den Ritualen und der Frömmigkeit des Islam so regelmäßig und inbrünstig nachkommen wie die Afghanen. Der Islam ist der Kern für die Einheit von Afghanistans Volksgruppen, während der Dschihad den prinzipiell mobilisierenden Faktor für Afghanistans nationalistischen Widerstand gegen die Briten und die Russen bildete.

Ob arm oder reich, Kommunist, König oder Mudschaheddin, es macht wenig Unterschied. Als ich mich mit dem bejahrten ehemaligen König Zahir Schah 1988 in Rom traf, unterbrach er das Interview, um im Nebenzimmer zu beten. Kommunistische Minister beteten in ihren Büros. Mudschaheddin-Krieger unterbrachen ihre Gefechte, um zu beten. Mullah Omar verbringt Stunden auf seinem Gebetsteppich und nimmt im Anschluss an seine Gebete meist auch noch strategische Überlegungen vor. Ahmed Schah Masud unterbrach seine Schlachtenführung, um zu beten, und verfiel dann in ein tiefes spirituelles Schweigen, während Gewehrfeuer und Funksprüche die Luft erfüllten.

Aber kein Afghane besteht darauf, dass sein Muslimbruder es ihm gleichtut. Traditionsgemäß ist der Islam in Afghanistan anderen Muslimsekten, anderen Religionen und modernen Lebensweisen gegenüber unglaublich tolerant gewesen. Die Mullahs Afghanistans waren nicht dafür bekannt, den Islam dem Volk aufzuzwingen, die jeweilige Konfession war bis vor kurzem kein

Thema. Bis 1992 spielten Hindus, Sikhs und Juden eine bedeutende Rolle in der Wirtschaft des Landes. Traditionsgemäß kontrollierten sie den Geldmarkt in den Stadtzentren, und wenn Afghanistans König in den Krieg zog, borgte er sich von ihnen Geld.

Nach 1992 zerstörte der brutale Bürgerkrieg die uralte Toleranz und den Konsens der Afghanen. Der Bürgerkrieg hat islamische Sekten und Volksgruppen in einer Weise gespalten, die zuvor für jeden einfachen Afghanen einfach unvorstellbar gewesen wäre. Masuds Massaker 1995 an den Hasaras in Kabul, das Massaker der Hasaras 1997 an den Taliban in Mazar und das Massaker der Taliban 1998 an den Hasaras und Usbeken kennen in der Geschichte Afghanistans nicht ihresgleichen und haben wahrscheinlich die nationale und religiöse Seele des Landes irreparabel beschädigt. Das sorgfältig durchdachte Pogrom gegen die Schiiten hat den Islam und die Einheit des Landes verunglimpft, da Minderheiten in Massen aus dem Land zu fliehen versuchten. In Afghanistan ist der vereinende Faktor Islam in den Händen von Extremisten zur tödlichen Waffe geworden, eine Kraft, die Spaltung, Fragmentierung und enormes Blutvergießen nach sich zieht.

Achtzig Prozent der Afghanen gehören der sunnitischen Hanafi-Sekte an, der liberalsten aller vier sunnitischen Schulen.[1] Es gab nur wenige minoritäre Sekten an den Rändern des Landes. Der schiitische Islam herrscht bei den Hasaras im Hasarajat, einer Handvoll Paschtunenstämmen, einigen Tadschiken-Clans und ein paar Bewohnern Herats vor. Die Ismaeliten mit ihrem Oberhaupt Agha Khan folgen einer Richtung der Schia. Sie haben immer im unzugänglichen Nordosten gelebt, an der Grenze zu den Pamir-Bergen, heute Ost-Tadschikistan und Nord-Pakistan. Der afghanische Ismaelitenführer Sayed Nadir Schah Hussein, der 1971 starb, war vom Agha Khan zum Oberhaupt der Gemeinde ernannt worden. Seitdem haben seine Söhne die Ismaeliten-Gemeinde geführt und eine bedeutende Rolle in der Anti-Taliban-Allianz gespielt. Hindus und Sikhs, die im 19. Jahrhundert mit den Briten als Lagerhelfer gekommen waren, hatten bis 1998 das Land zum größten Teil ebenso verlassen wie die Juden aus Buchara, von denen nur ein paar Dutzend blieben.

Das Glaubensbekenntnis der sunnitischen Hanafi ist grundsätzlich nicht hierarchisch, sondern dezentralisiert, was den Herrschern des 20. Jahrhunderts die Eingliederung religiöser Führer in das stark zentralisierte Staatssystem erschwerte. Jahrhundertelang hatte dies dem losen Staatenbund Afghanistans entsprochen. Der traditionelle Islam in Afghanistan wollte nur ein Minimum an Staat; der Staat sollte sich so wenig wie möglich in den Alltag einmischen. Die täglichen Entscheidungen wurden innerhalb der Stämme und Gemeinden getroffen. Bei den Paschtunen sorgten die Dorfmullahs dafür, dass die Moschee das Zentrum dörflichen Lebens war, obwohl sie keine Schulbildung hatten. Die Koranschüler wurden in überall verstreuten, kleinen *Madrassas* unterrichtet. Im Mittelalter war Herat Afghanistans *Madrassa*-Zentrum, aber vom 17. Jahrhundert an reisten die afghanischen Schüler nach Zentralasien, Ägypten und Indien, deren *Madrassas* einen besseren Ruf hatten, um in den Stand eines *Alim* zu gelangen.[2]

Der Islam war in Afghanistan auch deshalb so tief verwurzelt, weil alles gesetzlich nach der Scharia geregelt wurde, bis König Amanullah 1925 zum ersten Mal Zivilgesetze einführte und der Staat die Rolle übernahm, *Ulema* zu *Qazis* – islamischen Richtern – auszubilden. Im Jahr 1946 wurde an der Universität Kabul eine Scharia-Fakultät eingerichtet, als Hauptzentrum zur Eingliederung der neuen Zivilgesetze in die Scharia. Diese Verschmelzung von Tradition und Moderne verkörperte der letzte Premierminister in der Monarchie, Mohammed Musa Schafiq, der 1973 gestürzt wurde. Schafiq war Schüler einer *Madrassa*, studierte an der Scharia-Fakultät in Kabul und erwarb später ein Diplom an der Columbia-Universität in New York. Als er 1979 von den Kommunisten hingerichtet wurde, betrauerte man weltweit seinen Tod.[3]

Somit war es nicht verwunderlich, dass die Mullahs sich 1979 nicht den radikalen islamischen Mudschaheddin-Parteien anschlossen, sondern den eher traditionellen wie der Harakat-e-Inquilab-Islami, der Maulana Mohammed Nabi Mohammedi vorstand, und der Hizb-e-Islami, geführt von Maulvi Younis Khalis. Beide Männer waren Maulvis, die eine Zeit lang in der *Madrassa* im pakistanischen Haqqania unterrichtet worden waren und dann ihre eigenen *Madrassas* in Afghanistan eröffnet hatten. Nach der Invasion der Sowjets bildeten sie lockere, dezentralisierte, unideologische und unhierarchische Organisationen, die rasch wieder von der Bildfläche verschwanden, als die Waffen von CIA und ISI die radikaleren islamischen Parteien unterstützten.

Ein weiterer Faktor für den moderaten Islam in Afghanistan war der außerordentlich beliebte Sufismus, die mystische Seite des Islam, der in Zentralasien und Persien seinen Ursprung hat. Sufi ist das arabische Wort für Wolle, und die Sufis erhielten ihren Namen aufgrund der Wollumhänge, die sie in früheren Zeiten trugen. Die Sufi-Orden oder *Tariqah* (der Weg) waren im Mittelalter eine Reaktion auf Autorität, Intellektualismus, das Gesetz und die Mullahs und insofern ungeheuer ansprechend für arme, machtlose Leute. Die Sufis bauten ihren Glauben auf Gebet, Kontemplation, Tanz, Musik und Sitzungen, bei denen man den Körper schüttelte – immer auf der Suche nach Wahrheit. Diese Rituale schaffen im Innern des Menschen einen spirituellen Raum, in den man von außen eindringen kann. Vor sieben Jahrhunderten beschrieb der berühmte arabische Reisende Ibn Battuta den Sufismus so: «Das grundsätzliche Ziel der Sufis ist, den Schleier menschlicher Sinne, die ihn vom Göttlichen trennen, zu durchlöchern und so Gemeinschaft und Vereinigung mit Gott zu empfangen.»[4]

Die beiden Hauptorden der afghanischen Sufis in Naqschbandiah und Quaderiah spielten eine bedeutende Rolle bei der Vereinigung des Widerstands gegen die Sowjets, da sie ein Netzwerk von Vereinen und Allianzen boten, abseits der Mudschaheddin-Parteien und Volkszugehörigkeiten. Die Führer dieser Orden waren auf derselben Rangstufe. Die Familie Mudschaddedi führte den Orden in Naqschbandiah und war jahrhundertelang Königsmacher in Kabul. In einem brutalen Akt töteten die Kommunisten im Januar 1979 in Kabul 79 Mitglieder dieser Familie, um potenzielle Rivalen zu eliminieren. Doch Sibghatullah Mudschaddedi überlebte als

Einziger, gründete in Peschawar seine eigene Widerstandspartei, die Jabha-i Najat Milli Afghanistan (Nationale Befreiungsfront Afghanistan) und wurde ein grimmiger Kritiker radikal-islamischer Parteien. Er wurde 1989 Präsident der afghanischen Interimsregierung und 1992 der erste Mudschaheddin-Präsident Afghanistans.
Pir Sayed Ahmed Gailani, Kopf des Ordens in Quaderiah und durch Heirat mit dem ehemaligen König Zahir Schah verwandt, gründete in Peschawar die Mahaz-e-Milli (Nationale Islamische Front Afghanistan). Beide Parteien unterstützten Zahir Schah und blieben die gemäßigsten aller Mudschaheddin-Parteien. Zudem standen ihnen die Verknüpfung von CIA und ISI sowie Hekmatyar, Masud und später die Taliban zur Seite. 1999 kehrten sie mit der Gründung der Friedens- und nationalen Einheitspartei (Peace and National Unity) in die Politik zurück, die zwischen den Taliban und ihren Gegnern zu vermitteln versuchten.
Vor den Taliban fand islamischer Extremismus in Afghanistan keinen Nährboden. Die Wahabbiten, die der strengen und entsagenden Wahabbi-Glaubenslehre Saudi-Arabiens folgen, stehen in sunnitischer Tradition. Die Bewegung begann mit Abdul Wahab (1703–1792) und sollte arabische Beduinen vom Einfluss des Sufismus läutern; nach dem Ölboom in den 1970ern wurde die Unterstützung des Wahabbismus zum Schwerpunkt saudischer Außenpolitik. Nach Zentralasien kamen die Wahabbiten zuerst 1912, als der aus Medina stammende Sayed Schari Mohammed in Taschkent und im Ferghana-Tal Wahabbi-Gruppen initiierte. Von dort und aus Britisch-Indien breitete sich die Glaubenslehre bis nach Afghanistan aus, wo sie vor dem Krieg nur geringe Unterstützung fand.
Als jedoch saudische Waffen und Geld an die in Saudi-Arabien trainierten Wahabbi-Führer der Paschtunen flossen, entstand eine kleine Gefolgschaft. Im Frühstadium des Kriegs entsandten die Saudis den seit langem in Saudi-Arabien angesiedelten Afghanen Abdul Rasul Sayyaf, um eine Wahabbi-Partei, die Ittehad-e-Islami (Islamische Einheit), in Peschawar aufzubauen. Die Wahabbi-

Afghanen, auch Salafis genannt, wurden aktive Opponenten sowohl der Sufis als auch der traditionellen Stammesparteien, doch die Glaubenslehre wurde von den einfachen Leuten Afghanistans nicht angenommen, da man sie als eine ausländische ansah. Arabische Mudschaheddin, die sich dem Dschihad anschlossen, wie auch Bin Laden, gewannen eine kleine Paschtunen-Gefolgschaft vor allem dank der üppigen Geldmittel und Waffen, die man ihnen zur Verfügung stellte.

Die Rüstungslieferungen des CIA an den pakistanischen Geheimdienst ISI waren für die radikalen islamischen Parteien der Motor des Dschihad. Hekmatyar und Masud hatten beide 1975 an einem erfolglosen Aufstand gegen Präsident Mohammed Dostum teilgenommen. Diese islamischen Radikalen waren dann nach Pakistan geflohen, wo sie gönnerhaft von Islamabad unterstützt wurden, um zukünftige Regierungen Afghanistans unter Druck zu setzen. Insofern hatte Pakistan bereits 1979, als die Sowjets Afghanistan besetzten, islamische Radikale unter ihrer Kontrolle, die den Dschihad führen konnten. Präsident Zia ul-Haq bestand darauf, dass der Großteil der CIA-Militärhilfe an diese Parteien ging, bis Masud unabhängig wurde und Pakistans Kontrolle aufs schärfste kritisierte.

Die islamischen Führer wurden gefordert von einer neuen Bildungselite aus Universitätsstudenten – Hekmatyar studierte Maschinenbau an der Universität Kabul, Masud war am Französischen Lycée in Kabul –, die ihre Inspiration aus der radikalsten und politisiertesten islamischen Partei in Pakistan bezogen: der Jamaat-e-Islami. Die pakistanische Jamaat ihrerseits ließ sich von der Ikhwan ul Muslimeen, der Muslim-Bruderschaft, inspirieren, die 1928 in Ägypten gegründet worden war mit dem Ziel, eine islamische Revolution anzuzetteln und einen islamischen Staat zu schaffen. Der Gründer dieser Bruderschaft war Hassan al-Banna (1906–1949), der bedeutenden Einfluss auf Abul-Ala Maududdi (1903–1979) hatte, der 1941 die pakistanische Jamaat gründete.

Die alten Ikhwan-Bewegungen in der muslimischen Welt waren eher auf eine islamische Revolution aus als auf eine nationalistische oder kommunistische Revolution, um den Kolonialismus zu stürzen. Im Gegensatz zu den traditionellen Mullahs weigerten sich diese Islamisten, Kompromisse mit der einheimischen neokolonialen Elite einzugehen, und wollten radikale politische Veränderungen, die eine wahre islamische Gesellschaft, wie sie der Prophet Mohammed in Mekka und Medina aufgebaut hatte, schaffen sollten – zugleich wollten sie die Herausforderungen der modernen Welt annehmen. Sie lehnten Nationalismus, ethnische Splitterung, Stammessegmentierung und feudale Klassenstrukturen ab zugunsten eines neuen muslimischen Internationalismus, der die gesamte islamische Welt, die *Ummah*, vereinen sollte.[5] Um dies zu erreichen, gründeten die pakistanische Jamaat und Hekmatyars Hizb-e-Islami stark zentralisierte, moderne Parteien, die sich an kommunistischen Richtlinien mit Zellensystem, Abschottung nach außen, politischer Indoktrination und militärischem Training orientierten.

Der Schwachpunkt am Ikhwan-Modell eines politischen Islam ist die Abhängigkeit von einem einzigen, charismatischen Führer, einem Amir, an Stelle einer demokratisch organisierten Verfassung. Der radikale Islam ist nicht versessen auf die Bildung von Institutionen, sondern will tugendhaften Charakter und Reinheit seines Führers, die mit denen des Propheten Mohammed vergleichbar sein sollen. Insofern setzen diese Bewegungen islamische Tugenden beim Individuum voraus, wenngleich sie logischerweise nur erworben werden können, wenn die Gesellschaft bereits wahrhaftig islamisch ist.[6] Wie man am Beispiel Hekmatyar sehen kann, lässt dieses Modell Diktaturen bestens gedeihen.

Und doch waren diese radikalen Islamisten im Vergleich zu den Taliban relativ modern ausgerichtet. Sie unterstützten die Bildung der Frauen und deren Teilnahme am gesellschaftlichen Leben. Sie entwickelten – versuchten es zumindest – Theorien für eine islamische Wirtschaft, ein Bankensystem, Auslandsbeziehungen und ein gerechteres soziales System. Doch der Diskurs der Islamisten litt unter ähnlichen Schwächen und Beschränkungen wie der der afghanischen Marxisten: Als allumfassende Ideologie wies der Islamismus die großen sozialen, religiösen und ethnischen Identitäten der Gesellschaft Afghanistans eher zurück, anstatt sie zu integrieren. Sowohl die afghanischen Kommunisten als auch die Islamisten wollten einer traditionellen Sozialstruktur radikale Veränderungen durch eine Revolution von oben aufzwingen. Sie wollten Stammeszugehörigkeiten und Volksgruppierungen qua Befehl ein Ende setzen – eine unmögliche Aufgabe –, und sie waren nicht gewillt, die komplexen Realitäten als Tatsachen zu akzeptieren.

Das politische Scheitern der afghanischen Islamisten und ihre Unfähigkeit, Theorien auf realer Grundlage zu entwickeln, ist ein weitverbreitetes Phänomen in der muslimischen Welt. Der französische Gelehrte Olivier Roy hat es «das Scheitern des politischen Islam» genannt.[7] Die muslimischen Gesellschaften des 20. Jahrhunderts sind zwischen zwei widersprüchlichen Strukturen hin- und hergerissen. Auf der einen Seite stehen der Clan, der Stamm, die ethnische Gruppe, auf der anderen Staat und Religion. Der kleinen Gruppe statt dem großen Glauben und dem Stamm statt der *Ummah* galt alle hauptsächliche Loyalität, nicht so sehr dem Staat.[8] Afghanistans Islamisten waren nicht imstande, diesen Zwiespalt aufzulösen.

Die Taliban hatten eine islamische Reformbewegung in Gang gesetzt. In der Geschichte des Islam haben Reformbewegungen immer sowohl das Wesen des Glaubens als auch das politische und gesellschaftliche Leben umgestaltet. Muslimische Nomadenstämme zerstörten fremde muslimische Reiche, gestalteten sie um, wurden selber sesshaft und später ebenfalls zerstört. Dieser politische Wandel wurde durch das Konzept des Dschihad ermöglicht. Die westliche Vorstellung vom Dschihad ist stark beinflusst von den mittelalterlichen christlichen Kreuzzügen und wird als islamischer Krieg gegen Ungläubige angesehen. Doch im Wesentlichen ist der Dschihad der innere Kampf eines Muslims, ein besserer Mensch zu werden und seiner Gemeinde hilfreich zu dienen. Der Dschihad ist auch ein Test für den eigenen Gehorsam gegenüber Gott und der Erfüllung seiner Gebote auf Erden. «Der Dschihad ist der innere Kampf um moralische Disziplin, Pflichterfüllung gegenüber dem Islam und politisches Handeln.»[9]

Der Islam sanktioniert auch den Aufstand gegen einen ungerechten Herrscher, egal, ob Muslim oder nicht, und der Dschihad ist der mobilisierende Mechanismus, um Veränderungen herbeizuführen. Insofern ist das Leben des Propheten Mohammed das Vorbild für den Dschihad, für das einwandfreie Leben eines Muslims und für politische Veränderung, denn der Prophet selbst hat aus tief empfundener Religiosität und moralischem Unmut heraus gegen die korrupte arabische Gesellschaft rebelliert, in der er lebte. Die Taliban gingen also ganz im Sinne des Dschihad vor, als sie die habgierigen Kriegsherren um sich herum angriffen. Doch der Dschihad sanktioniert nicht das Töten eines Muslim-Bruders wegen ethnischer oder religiöser Verschiedenheit. Während die Taliban behaupten, sie kämpften einen Dschihad gegen böse, korrupte Muslime, meinen ihre Kontrahenten, dass die Berufung auf den Islam vorgeschoben und dazu missbraucht wird, alle Nicht-Paschtunen auszurotten.

Die Taliban-Interpretation von Islam, Dschihad und gesellschaftlichen Veränderungen ist also eine Anomalie in Afghanistan, weil der Aufstieg der Bewegung keine der traditionellen islamistischen Tendenzen, die im Krieg gegen die Sowjetunion aufgekommen waren, widerspiegelte. Die Taliban waren weder von Ikhwan inspirierte radikale Islamisten noch mystische Sufis oder Traditionalisten. Sie passten nicht in das islamische Ideen- oder Bewegungsspektrum, das in Afghanistan zwischen 1979 und 1994 entstanden war. Man könnte behaupten, dass zunehmende Degenerierung und schließlich ein Kollaps der Legitimität aller drei Tendenzen (radikaler Islamismus, Sufismus und Traditionalismus) in einem Machtkampf voller Habgier ein ideologisches Vakuum geschaffen hatten, das die Taliban ausfüllten. Sie stellten ausschließlich sich selbst dar und akzeptierten keinen anderen Islam als ihren eigenen. Dabei hatten sie sehr wohl eine ideologische Grundlage: eine extreme Form von Deobandismus, der von pakistanischen Islamparteien in afghanischen Flüchtlingslagern in Pakistan gepredigt wurde. Die Deobandis, ein Nebenzweig der sunnitischen Hanafis, haben eine Geschichte in Afghanistan, aber die religiöse Auslegung der Taliban hat nirgendwo in der muslimischen Welt Parallelen.

Die Deobandis entstanden in Britisch-Indien. Sie waren keine reaktionäre, sondern eine zukunftsorientierte Bewegung, deren Anliegen es war, die muslimische Gesellschaft in ihrem ständigen Kampf gegen die koloniale Unterdrückung nicht-muslimischer Herrscher zu reformieren und zu einigen. Ihre Hauptideologen waren Mohammed Kasim Nanautawi (1833–1877) und Rashid Ahmed Gangohi (1829–1905), der die erste *Madrassa* in Deoband bei Neu-Delhi gründete. Der Sepoyaufstand von 1857 war ein Wendepunkt für Indiens Muslime, die die Revolte gegen die Briten angeführt und eine schwere Niederlage erlitten hatten. Aus den Nachwirkungen der Meuterei ergaben sich mehrere philosophische und religiöse Tendenzen unter den indischen Muslimen bei dem Versuch, ihre Stellung neu zu beleben. Die Spanne reichte von den Deobandis bis zu pro-westlich eingestellten Reformern, die Hochschulen wie die Aligarh Muslim University nach britischem Modell erbauten, an denen der Islam, die schönen Künste und die Wissenschaften gelehrt wurden, damit die Muslime auf das Niveau ihrer britischen Besatzer kamen und mit der anwachsenden Hindu-Elite mithalten konnten.

Alle diese Reformer sahen in der Bildung den Schlüssel zum Erschaffen eines neuen, modernen Islam. Die Deobandis zielten darauf ab, eine neue Generation gelehrter Muslime auszubilden, um die islamischen Werte, basierend auf Intellektualität, spiritueller Erfahrung, der Scharia und dem *Tariqah* (Weg), neu zu beleben. Damit sie ihre Studenten in der Auslegung der Scharia besser unterrichten konnten, unterlegten sie die klassischen Schariatexte mit aktuellen Ereignissen. Die Deobandis definierten die Rolle der Frauen restriktiv, stellten sich gegen jede Form von Hierarchie in der muslimischen Gemeinschaft und lehnten die Scharia ab – doch die Taliban sollten diese Glaubensfragen zu einem Extrem führen, das die ursprünglichen Deobandis niemals anerkannt hätten. Die Deobandis richteten in ganz Indien *Madrassas* ein, und junge Afghanen kamen, um zu lernen und ein besseres Verständnis dafür zu bekommen, wie der Islam mit dem Kolonialismus zurechtkam. Bis 1879 gab es in Indien 12 *Madrassas* mit zahlreichen afghanischen Schülern, die als rüpelhaft und aufbrausend erachtet wurden.[10] Als man in Deoband 1967 den hundertsten Jahrestag feierte, gab es in Südasien 9000 Deobandi-*Madrassas*.

Im frühen 20. Jahrhundert suchte die afghanische Regierung die Zusammenarbeit mit Deoband, um die eigenen Versuche, moderne, staatlich kontrollierte *Madrassas* einzurichten, auszuweiten. *Ulema* der *Madrassa* Deobands besuchten 1933 Kabul, um an der Krönung von König Zahir Schah teilzunehmen, und erklärten, Deoband würde «*Ulema* auf die veränderten Umstände der Zeit vorbereiten, damit sie voll und ganz dem Ziel und dem Zweck der freien Regierungen in der Welt des Islam entsprachen und sich als aufrichtige Arbeiter für den Staat erwiesen».[11] Einige Deobandi-*Madrassas* waren vom Staat Afghanistan eingerichtet worden, erfreuten sich aber keiner großen Beliebtheit – nicht einmal im Paschtunen-Gürtel.

Die Deobandi-*Madrassas* in Pakistan entwickelten sich nach ihrer Gründung 1947 viel schneller. Die Deobandis gründeten die JUI (Jamiat-e-Ulema Islam), eine rein religiöse Bewegung, die ihre Glaubenslehren propagierte und die Gemeinde der Gläubigen mobilisierte. Ihr Führer in der Nordwestprovinz (NWFP) Maulana Ghulam Ghaus Hazarvi machte aus ihr eine politische Partei, die rasch in verschiedene Gruppen zerfiel. Der dynamische Maulana Mufti Mahmud übernahm die Führung der Paschtunen der JUI in der NWFP und gab ihr eine populistische Form. Mufti Mahmuds JUI spielte bei den Wahlen 1970 eine führende Rolle, weil er Unterstützung gegen die Militärherrschaft mobilisierte. Er vertrat ein islamisches 22-Punkte-Programm, das einen progressiven Sozialplan und eine strenge antiamerikanische, antiimperialistische Haltung beinhaltete. Die JUI-Kampagne stand im Zeichen einer bitteren Fehde mit der Jamaat-e-Islami, und der Bruch zwischen den beiden größten islamischen Parteien besteht bis zum heutigen Tag.[12]

Die Geschichte der JUI in Pakistan ist hier nicht relevant, aber die

Glaubenslehre der Deobandis hatte den primären religiösen und ideologischen Einfluss auf die Taliban ausgeübt. In den 1980ern betrieb Pakistan seine Afghanistanpolitik unter Mithilfe der Jamaat-e-Islami und Hekmatyars Hizb-e-Islami, die auch die Hauptrivalen der JUI in Pakistan waren. Die ISI-Verbindung mit der Jamaat-e-Islami war ein bedeutendes politisches Instrument bei der Verteilung von Entwicklungshilfe an die Mudschaheddin. Die JUI, die jetzt von Mufti Mahmuds Sohn Maulana Fazlur Rehman geleitet wurde, bekam keine politische Rolle übertragen, und die kleinen pro-Deobandi eingestellten afghanischen Mudschaheddingruppen wurden weitestgehend ignoriert.

Die JUI nutzte die Zeit, um Hunderte *Madrassas* entlang des Paschtunen-Gürtels in der Nodwestprovinz und Belutschistan einzurichten, wo den jungen pakistanischen und afghanischen Flüchtlingen unentgeltlich Bildungsmöglichkeiten, Essen und Unterkunft sowie militärisches Training geboten wurden – *Madrassas* für die neue Generation von Afghanen nach der Sowjet-Besatzung. 1971 gab es nur 900 *Madrassas* in Pakistan, 1988 hingegen, am Ende der Zia-ul-Haq-Ära, bereits 8000 offizielle *Madrassas* und 25 000 nicht registrierte, die insgesamt über eine halbe Million Schüler unterrichteten. Das instabile staatliche Bildungssystem Pakistans hatte in den *Madrassas* Konkurrenz – sie waren der Anlaufpunkt für Jungen aus armen Familien, um eine elementarste Bildung zu erhalten.[13]

Die meisten *Madrassas* befanden sich in ländlichen Gebieten und afghanischen Flüchtlingslagern, geführt von halbgebildeten Mullahs, die weit vom ursprünglichen Reformprogramm der Deobandi-Schule entfernt waren. Ihre Auslegung der Scharia war stark beeinflusst vom Paschtunwali, dem Stammesgesetz der Paschtunen, während die saudi-arabischen Finanzmittel für *Madrassas* eher denen zukamen, die – wie die Deobandis – der Wahabbi-Glaubenslehre anhingen und militante junge Männer heranzogen, die sich zynisch von all jenen abhoben, die im Dschihad gegen die Sowjets engagiert gewesen waren. Nach der Einnahme von Kabul 1992 durch die Mudschaheddin fuhr die ISI fort, den wachsenden

Einfluss des JUI auf die Paschtunen im Süden zu ignorieren. Die JUI war zu Hause politisch isoliert und verblieb in Opposition zur ersten Regierungsperiode Benazir Bhuttos (1988–90) und der Regierung Nawaz Sharifs (1990–93).

Bei den Wahlen 1993 verbündete sich die JUI mit der Gewinnerpartei, der Pakistanischen Volkspartei (Pakistan People's Party – PPP), geführt von Benazir Bhutto, und wurde so ein Teil der Regierungskoalition.[14] Der Zugang der JUI zu den Korridoren der Macht gewährte ihr zum ersten Mal eine engere Verbindung zum Militär, zum ISI und zum Innenminister, dem pensionierten General Naseerullah Babar. Babar war auf der Suche nach einer neuen Paschtunen-Gruppe, die das Paschtunen-Erbe in Afghanistan erneuern konnte und den Handel mit Pakistan nach Zentralasien über Südafghanistan ermöglichen würde – die JUI bot ihm diese Gelegenheit. JUI-Führer Maulana Fazlur Rehman wurde Vorsitzender des ständigen Komitees der Nationalversammlung für auswärtige Angelegenheiten, eine Position, die ihm ermöglichte, Einfluss auf die Außenpolitik zu nehmen. Er nutzte das, um Washington und Europas Hauptstädte zu besuchen, wo er sich für die Taliban einsetzte, und um nach Saudi-Arabien sowie in die Golfstaaten zu reisen, deren finanzielle Unterstützung er absichern wollte.

Ohne jede zentralisierte Hierarchie und ohne die Fähigkeit eines anerkannten, gelehrten Mullahs, der wusste, wie man eine *Madrassa* gründete, endete die Deobandi-Tradition in vielfachem Desaster, und aus der JUI heraus entwickelten sich extremistische Gruppen. Die bedeutendste wurde von Maulana Samiul Haq geführt, einem religiösen und politischen Führer, einst Mitglied der Nationalversammlung, dessen *Madrassa* ein Hauptausbildungslager für die Führerschaft der Taliban wurde. Mindestens acht Taliban-Kabinettsminister in Kabul hatten ihren Abschluss an der Dar-ul-Uloom Haqqania bestanden, und Dutzende weitere Absolventen waren Provinzgouverneure, Militärbefehlshaber, Richter und Bürokraten der Taliban.[15] Younis Khalis und Mohammed Nabi Mohammedi, die Führer der traditionellen Mudschaheddin-Parteien, waren beide Absolventen von Haqqania.

Haqqania befindet sich in Akhora Khatak in der Nordwestprovinz. Die Schule besteht aus einer ausladenden Gebäudeansammlung an der Landstraße zwischen Islamabad und Peschawar. Sie umfasst ein Internat für 1500 Schüler, eine höhere Schule für 1000 Tagesschüler sowie zwölf angeschlossene kleinere *Madrassas*. Sie wurde 1947 von Samiul Haqs Vater Maulana Abdul Haq ins Leben gerufen, der selbst Schüler und Lehrer in Deoband gewesen war. Haqqania bietet ein Islamstudium an, das nach acht Jahren mit einem Master of Art (Magister) und nach zwei zusätzlichen Jahren mit einem PhD (Dr. phil.) abgeschlossen werden kann. Die Studenten brauchen nichts zu bezahlen, da die Schule sich aus öffentlichen Spenden finanziert.

Im Februar 1999 gab es allein 15 000 Anwärter auf die 400 neu geschaffenen Plätze, was sie zur beliebtesten *Madrassa* Nordpakistans machte. Samiul Haq, ein jovialer, frommer Mann mit viel Humor und hennagefärbtem Rauschebart, erzählte mir, dass seine *Madrassa* stets 400 Plätze für afghanische Studenten und Schüler bereithielt. Seit 1991 werden 60 Studenten aus Tadschikistan, Usbekistan und Kasachstan angenommen, die zumeist der islamischen Opposition ihres Landes angehören und ohne Pass oder Visum in Pakistan einreisen dürfen.

Haq ist immer noch verbittert darüber, wie lange er von der ISI ignoriert wurde. «Die ISI unterstützte immer Hekmatyar und Qazi Hussain Ahmed [Führer der Jamaat-e-Islami], während sie uns ignorierte, obwohl 80 Prozent der Befehlshaber, die gegen die Russen in Paschtunen-Gebieten kämpften, in Haqqania studiert haben», erzählte er mir, während wir auf dem rauen Teppich in seinem Arbeitszimmer saßen, umgeben von bärtigen Studenten, die für das Studienjahr 99 angenommen wurden waren.[16] «Hekmatyar wurde von fünf Prozent der Bevölkerung unterstützt, bekam aber 90 Prozent der ISI-Militärhilfe. Wir wurden nie anerkannt, aber als die Taliban kamen, fiel es uns zu, das Volk Afghanistans zu unterstützen», meinte er lachend.

«Vor 1994 kannte ich Mullah Omar gar nicht, weil er nicht in Pakistan studiert hatte, doch alle um ihn herum waren Haqqania-

Studenten und kamen oft zu mir, um zu diskutieren, was zu tun war. Ich riet ihnen, keine Partei zu gründen, da der ISI immer noch eine Mudschaheddin-Partei gegen die andere ausspielte. Ich sagte ihnen, sie sollten eine Studentenbewegung ins Leben rufen. Als die Taliban-Bewegung in Gang kam, forderte ich den ISI auf: ‹Lasst die Studenten Afghanistan übernehmen›», erzählte Haq.

Samiul Haq hat tiefen Respekt vor Mullah Omar. «Das erste Mal traf ich Omar 1996 in Kandahar und war stolz, dass man ihn zum Amir-ul Momineen erkoren hatte. Er hat weder Geld noch einen Stamm oder eine noble Herkunft, wird aber über alle anderen hinaus verehrt, und so erwählte Allah ihn zu ihrem Führer. Dem Islam nach kann der Mann, der Frieden bringt, zum Amir gewählt werden. Wenn die islamische Revolution nach Pakistan kommt, kann sie nicht von altersschwachen Führern wie mir geleitet werden, sondern von einem ähnlich unbekannten Mann, der sich aus den Massen erhebt.»

Samiul Haq ist in ständigem Kontakt mit Omar, hilft ihm bei Fragen im Bereich internationaler Beziehungen und erteilt ihm Ratschläge in wichtigen Fragen der Scharia. Er ist auch Organisator für die Rekrutierung pakistanischer Studenten für den Kampf der Taliban. Nach der Niederlage der Taliban 1997 in Mazar erhielt er einen Telefonanruf von Omar, in dem der ihn um Hilfe bat. Haq schloss seine *Madrassa* und entsandte seine gesamte Studentenschaft in den Kampf an der Seite der Taliban. Nach der Schlacht um Mazar 1988 organisierte Haq ein Treffen zwischen den Führern der Taliban und zwölf *Madrassas* in der NWFP, um eine Verstärkung der Taliban-Armee zu organisieren. Alle *Madrassas* erklärten sich einverstanden, einen Monat lang zu schließen, und entsandten 8000 Schüler und Studenten nach Afghanistan. Die Unterstützung der Taliban aus den Deobandi-*Madrassas* Pakistans ist eine wichtige Hilfe, auf die sie sich verlassen können – abseits der Regierungsinstitutionen und des Geheimdienstes.

Eine andere JUI-Splittergruppe leitet die Jamiat-ul Ulumi Islameya in Karatschis Vorort Binori. Sie wurde von Maulvi Mohammed Yussuf Binori gegründet und hat 8000 Studenten, darunter Hunderte Afghanen. Mehrere Taliban-Minister haben dort studiert. Die Schule wird auch von muslimischen Stiftungen aus 45 Ländern unterhalten.

«Unsere finanzielle Unterstützung ist ein Segen Allahs», erklärte Mufti Jamil, einer der Lehrer. «Wir sind stolz darauf, die Taliban zu unterrichten, und wir beten immer für sie, denn sie haben es geschafft, strenge islamische Gesetze zu verhängen.»[17] 1997 wurden den Taliban aus Binori 600 Studenten geschickt. Im November fuhren Studenten aus Binori zum Randalieren nach Karatschi, nachdem drei ihrer Lehrer ermordet worden waren. Sie bekämpften die Polizei, zerstörten Fahrzeuge und Videoläden und schlugen sich mit Fotografen. Es war das erste Mal, dass Pakistans größte und kosmopolitischste Stadt Taliban-Unruhen erfahren musste.

Eine andere Splittergruppe der JUI ist die Sipah-e-Sahaba Pakistan (SSP), die virulenteste Anti-Schiiten-Gruppe in Pakistan, die von den Taliban unterstützt wird. Als die Regierung 1998 gegen die SSP scharf durchgriff, nachdem Hunderte Schiiten von ihnen niedergemetzelt worden waren, flohen ihre Anführer nach Kabul, wo man ihnen Zuflucht bot. Hunderte militante SSP-Mitglieder waren in dem von den Taliban und Bin Laden geleiteten Ausbildungslager Khost, das die USA 1998 mit Cruise Missiles bombardierten, ausgebildet worden, und Tausende von ihnen hatten Seite an Seite mit den Taliban gekämpft.

Die JUI sollte von ihren Taliban-Schützlingen außerordentlich profitieren. Als bedeutender Schutzherr islamischen Radikalismus kam sie zu internationalem Ansehen und Einfluss. Die Regierungen Pakistans und der ISI konnten die Partei nicht länger ignorieren, ebenso wenig wie Saudi-Arabien oder die Golfstaaten. Die Lager in Afghanistan, die für militärisches Training und als Zufluchtsstätten für nicht-afghanische Mudschaheddin genutzt und früher einmal von Hekmatyar geleitet worden waren, hatten die Taliban übernommen und JUI-Gruppen wie der SSP übergeben. 1996 übergaben die Taliban das Lager Al Badr an der pakistanisch-afghanischen Grenze in der Nähe von Khost der Harkat-ul-Ansar, geführt von Fazlur Rehman Khalil. Sie war eine weitere JUI-

Splittergruppe, bekannt für ihre extreme Militanz, die ihre Anhänger nach Afghanistan, Kaschmir, Tschetschenien und Bosnien in den Kampf schickte.[18] Zwei Jahre darauf wurde das Lager mit US-amerikanischen Cruise Missiles bombardiert.

Die Verbindungen zwischen den Taliban und einigen extremen pakistanischen Deobandi-Gruppen sind aufgrund des gemeinsamen Territoriums solide. Mehrere Deobandi-Führer auf beiden Seiten der Grenze stammen von den Durrani-Paschtunenstämmen um Kandahar und dem pakistanischen Chaman ab. Die Deobandi-Tradition steht in Opposition zu allen Stammes- und Feudalstrukturen – von daher das Misstrauen der Taliban gegenüber Stammesstruktur und Clan-Chefs, die sie aus jeder Führungsrolle eliminiert haben. Taliban wie auch die Deobandis sind sich in ihrer vehementen Opposition gegen die Schiiten und den Iran einig. Jetzt streben die pakistanischen Deobandis eine islamische Revolution nach Art der Taliban in Pakistan an.

Die Taliban haben mit ihrer Sturheit eindeutig die Deobandi-Tradition des Lernens und der Reform verlassen, denn sie akzeptieren kein Konzept von Zweifel, es sei denn als Sünde, und erachten Debatten fast als Ketzerei. Dadurch haben sie ein neues, radikales und für die Regierungen der Region extrem bedrohliches Modell für eine islamische Revolution entwickelt. Hekmatyar und Masud stehen der westlichen Moderne keinesfalls ablehnend gegenüber. Im Gegensatz dazu bekämpfen die Taliban alles Moderne und verspüren nicht den geringsten Wunsch, moderne Fortschrittsideen oder wirtschaftliche Entwicklungspläne anzunehmen.

Von islamischer und afghanischer Geschichte, der Scharia, dem Koran und den politischen Entwicklungen der islamischen Welt im 20. Jahrhundert haben die Taliban so gut wie keine Ahnung. Während islamischer Radikalismus im 20. Jahrhundert auf eine lange Geschichte gelehrter Schriften und Debatten zurückblicken kann, sind den Taliban solche historischen Perspektiven und Traditionen gänzlich fremd. Es gibt kein Taliban-Manifest und keine intellektuelle Analyse islamischer oder afghanischer Geschichte.

Sie haben mit den weltweiten radikalen islamischen Debatten kaum Kontakt, und über einen Sinn für ihre eigene Geschichte verfügen sie schon gar nicht. Das hat zu einer Verworrenheit geführt, die nicht einmal unter muslimischen Brüdern Raum für Diskussionen lässt.

Das neue Modell der Taliban für eine puristische islamische Revolution hat in Pakistan und, in begrenzterem Ausmaß, in den Republiken Zentralasiens immense Auswirkungen. Der ohnehin zerbrechliche Staat Pakistan, heimgesucht von Identitätskrise, wirtschaftlichem Niedergang, ethnischer und konfessioneller Zersplitterung sowie einer habgierigen herrschenden Elite, unfähig zu jeder Art von Regierung, muss sich jetzt dem Gespenst einer neuen islamischen Welle stellen, die nicht mehr von den älteren, reiferen und moderateren islamischen Parteien angeführt wird, sondern von Neo-Taliban-Gruppen.

Die pakistanischen Taliban verboten 1998 in den Städten entlang des Paschtunen-Gürtels Fernsehen und Video, verhängten Strafen nach der Scharia wie Steinigung und das Abhacken von Gliedmaßen unter Missachtung der Gesetze, töteten pakistanische Schiiten und zwangen den Menschen, insbesondere den Frauen, Kleiderordnung und Lebensart der Taliban auf. Damit hat der Spuk, den Pakistan so engagiert unterstützt, auf das eigene Land übergegriffen – doch führende Köpfe Pakistans scheinen der Herausforderung völlig ahnungslos zu begegnen, denn sie unterstützen die Taliban weiterhin. In Zentralasien, besonders in Tadschikistan und Usbekistan, werden militante Neo-Taliban im Ferghana-Tal, das an beide Länder grenzt, von der Polizei gejagt.

Die Taliban und ihre Unterstützer präsentieren der muslimischen Welt und dem Westen einen neuen Stil des islamischen Extremismus, bei dem muslimische Mäßigung und Annäherung an den Westen abgelehnt werden. Die Weigerung der Taliban, mit den humanitären Organisationen der UNO oder ausländischen Spendern Kompromisse einzugehen oder für eine internationale Anerkennung ihre Prinzipien zu mäßigen, und die Ablehnung einer herrschenden Elite, die sie als korrupt ansehen, hat in der muslimischen Welt eine heftige Debatte entfacht und eine jüngere Generation militanter Islamisten inspiriert. Die Taliban haben dem islamischen Fundamentalismus des kommenden Jahrtausends ein neues Gesicht und eine neue Identität gegeben – eine Identität, die jeden Kompromiss und jedes politische System, abgesehen vom eigenen, strikt ablehnt.

Kapitel 7
Geheime Gesellschaft: Die politische und militärische Organisation der Taliban

Hoffnung auf Frieden durch die Taliban hegten die Afghanen aufgrund der Tatsache, dass sie von einer kollektiven politischen Führung regiert wurden, die beratend und konsensbildend war und nicht so sehr von einem Individuum beherrscht wurde. Die Taliban-Schura in Kandahar nahm für sich in Anspruch, sie folge dem ursprünglichen islamischen Modell, bei dem auf Diskussionen ein Konsens «der Gläubigen» folgt und Sensibilität und Zugänglichkeit zur Öffentlichkeit für wichtig erachtet werden. Das Schura-Modell basiert zudem stark auf der *Dschirga* der Paschtunen, einem Rat, an dem alle Clan-Chefs teilnehmen, um über wichtige Anliegen des Stammes zu entscheiden. Bei einem meiner ersten Besuche in Kandahar war ich beeindruckt von den Debatten, die manchmal die ganze Nacht über andauerten und zu denen Befehlshaber, Mullahs und ganz gewöhnliche Krieger einberufen wurden, um ihren Standpunkt vorzutragen, ehe Mullah Omar dann eine Entscheidung traf.

Viele Afghanen waren auch von der Tatsache beeindruckt, dass die Taliban anfangs keine Macht für sich selbst beanspruchten. Vielmehr beharrten sie darauf, Recht und Ordnung wiederherzustellen, ehe sie dann die Macht einer Regierung übergeben wollten, die nur aus «guten Muslimen» bestehen sollte. Doch zwischen 1994 und der Einnahme Kabuls 1996 sollte sich der Entscheidungsprozess verändern – er wurde stark zentralisiert, nicht öffentlich, diktatorisch und unzugänglich.

Als Mullah Omar immer mächtiger und eigenbrötlerischer wurde und sich weigerte, sich vor Ort zu informieren, wies die Machtstruktur der Bewegung dieselben Fehler auf wie die der Mudschaheddin und ihrer kommunistischen Vorgänger. Darüber hinaus gaben die Taliban nach 1996 ihren Wunsch bekannt, allein, ohne Beteiligung anderer Gruppen, das Land zu regieren. Sie behaupteten, die ethnische Vielfalt des Landes sei in der Taliban-Bewegung selbst ausreichend vertreten, und sie würden es dadurch beweisen, dass sie auch den Rest des Landes in ihre Gewalt brächten.

Die anfänglichen Hoffnungen, die von den Taliban geweckt wurden, hatten ihre Wurzeln in der früheren Mudschaheddin-Herrschaft. Während des Dschihad war diese höchst zersplittert und persönlichkeitsorientiert. Die Parteien wurden von charismatischen Führern und Milizen zusammengehalten, nicht durch eine funktionierende Organisation. Im Verlauf des Krieges wurden diese immer abhängiger von den Waffen und der finanziellen Unterstützung aus dem Westen, damit ihre Feldkommandanten und Guerilla-Kämpfer nicht abtrünnig wurden. Sie verbrachten viel Zeit damit, sich innerhalb Afghanistans Unterstützung zu erkaufen, während sie in Peschawar weiter miteinander zankten.

Pakistan trug zu diesen Uneinigkeiten das Seine bei. General Zia ul-Haq hatte 1970 in Jordanien pakistanische Truppen kommandiert und König Hussein geholfen, die Palästinenser niederzuschlagen. Er hatte aus erster Hand erlebt, was für eine Bedrohung eine einige Guerilla-Bewegung für den Staat sein konnte, der ihr Zuflucht gewährt hatte. Durch diese willkommene Uneinigkeit ohne einen gemeinsamen Führer war Zia ul-Haq imstande, die Mudschaheddin-Führer pakistanischer und westlicher Unterstützung zu versichern. Als Islamabad aber eine geschlossene Mudschaheddin-Führung verzweifelt benötigte, um dem kommunistischen Regime in Kabul 1989, als die Sowjettruppen abzogen, und noch einmal 1992, als das Nadschibullah-Regime zusammenbrach, eine politische Alternative zu präsentieren, war die Entzweiung der Mudschaheddin-Führer viel zu weit fortgeschritten, um noch aufgehoben zu werden – nicht einmal durch beträchtliche Bestechungsgelder. Diese Entzweiung hatte eine tiefgreifende Wirkung auf Afghanistans Unfähigkeit, eine Konsens-Regierung zu stellen.

Das zweite Element in der Führung des Widerstands gegen die

Sowjets waren die Feldkommandanten, die durch die Uneinigkeit und Korruption ihrer Führer in Peschawar zunehmend frustriert waren. Die Härte des Krieges erforderte Kooperation untereinander trotz aller Fehden, die die Parteichefs in Peschawar miteinander ausfochten.

Die Feldkommandanten wünschten sich sehnlichst eine verbesserte strukturelle Einheit. Im Juli 1987 hielt Ismael Khan ein erstes Treffen der Feldkommandanten in der Provinz Ghor ab, zu dem ungefähr 1200 Kommandanten aus ganz Afghanistan kamen. Sie nahmen 20 Resolutionen an, deren wichtigste war, dass sie die politische Bewegung an Stelle der Führer in Peschawar befehligten. «Das Recht auf Bestimmung des künftigen Schicksals Afghanistans liegt bei den Erben der Märtyrer und bei den Muslimen in den Schützengräben, die an blutigen Fronten kämpfen und bereit sind zu sterben. Niemand anderem ist es erlaubt, Entscheidungen zu fällen, die das Los der Nation bestimmen.»[1]

Ungefähr 300 Kommandanten trafen sich erneut im Juli 1990 in der Provinz Paktia und im Oktober in Badachschan. Doch die ethnischen Differenzen, persönlichen Rivalitäten und der Drang, als erster in Kabul zu sein, zerbrach den Konsens, als die Mudschaheddin 1992 darin wetteiferten, die Hauptstadt einzunehmen. Die Schlacht um Kabul brachte die Teilung in Nord und Süd, in Paschtunen und Nicht-Paschtunen, klar zutage. Ahmad Schah Masuds Unfähigkeit, mit Paschtunen-Kommandanten, die gegen Hekmatyar opponierten, Kompromisse einzugehen, sogar als Masud 1992 Kabul einnahm, schädigte seinen Ruf als Politiker erheblich. Er sollte das Vertrauen der Paschtunen erst wieder zurückgewinnen, als die Taliban 1998 den Norden erobert hatten.

Eine dritte Ebene der Führerschaft innerhalb des Widerstands bildeten die Gelehrten, Intellektuellen, Geschäftsleute und Technokraten, die aus Kabul nach Peschawar geflüchtet waren. Viele von ihnen verfochten die Einheit aller Widerständler. Aber dieser Gruppe gebildeter Afghanen wurde weder von den Parteien in Peschawar noch von Pakistan je eine ernst zu nehmende politische Rolle zugestanden. Infolgedessen verließen nicht wenige Peschawar und gingen ins Ausland in die ständig anwachsende Diaspora afghanischer Fachleute. Sie verloren bei der Einflussnahme auf die politischen Ereignisse in ihrer Heimat an Bedeutung, und als sie nach 1992 plötzlich gebraucht wurden, um das Land wieder aufzubauen, waren sie nicht mehr verfügbar.[2] Die Paschtunen-*Ulema* und -Lehrer in den *Madrassas* waren überall in der Widerstandsbewegung verstreut; einige als Parteiführer in Peschawar, andere als Feldkommandanten, aber sie bildeten keine geeinte Macht innerhalb des Widerstands und sogar ihr individueller Einfluss war bis 1992 beträchtlich geschwunden. Die *Ulema* waren reif, von einer Bewegung wie den Taliban abgelöst zu werden.

Als die Taliban 1994 in Erscheinung traten, war nur die alte, verzankte Führerschaft des Widerstands geblieben, und Präsident Burhanuddin Rabbani hatte es nicht geschafft, sie zu einigen. In den Paschtunen-Gebieten herrschte ein völliges Führungsvakuum, als die kriegführenden Parteien die Hand nach dem Süden ausstreckten. Zu Recht erachteten die Taliban die früheren Mudschaheddin-Führer als überflüssig und korrupt. Obwohl die Taliban einige Führer der *Ulema* verehrten, die immerhin ihre früheren Mentoren gewesen waren, überließen sie ihnen keine politische Verantwortung. Auch fanden die Taliban kein großes Gefallen an den unabhängigen Feldkommandanten, die sie für das Paschtunen-Debakel nach 1992 verantwortlich machten. Wichtige Feldkommandanten, die sich den Taliban ergaben, erfuhren innerhalb der Militärhierarchie der Taliban keine Beförderung. Auch die Intellektuellen und Technokraten Afghanistans wurden von den Taliban abgelehnt und als Ableger der westlichen oder sowjetischen Bildungssysteme angesehen, die sie verachteten.

Das Erscheinen der Taliban fand zu einem historisch günstigen Zeitpunkt statt: Der Zerfall der kommunistischen Machtstruktur war abgeschlossen, die Mudschaheddin-Führer waren unglaubwürdig und die traditionellen Stammesführer ausgemerzt worden. Es war daher für die Taliban relativ leicht, das Wenige, was von der alten Paschtunen-Führerschaft übriggeblieben war, aus dem Weg zu räumen. Danach stellte sich der Taliban-Herrschaft kein politischer Herausforderer mehr. Sie hatten jetzt Gelegenheit, eine eher stammesgebunden-demokratische, dörfliche Organisation zu bilden. Erfüllt vom legitimierenden Faktor Islam, hätte eine solche den Bedürfnissen der Bevölkerung entsprechen können, aber die Taliban erwiesen sich als unfähig und unwillig.

Sie weigerten sich, Vertreter von Volksgruppen, die nicht den Paschtunen angehörten, mit einzubeziehen. Im Gegenteil, sie entwickelten eine Geheimgesellschaft, die vorwiegend von Leuten aus Kandahar geleitet wurde und auf ihre Art ebenso mysteriös, geheimnisvoll und diktatorisch war wie Kambodschas Rote Khmer oder Saddam Husseins Irak.

Höchste Entscheidungsinstanz der Taliban ist die Oberste Schura, mit Basis in Kandahar, der Stadt, die Mullah Omar nur einmal (1996 zu einem Besuch in Kabul) verlassen hat und die er zum neuen Machtzentrum Afghanistans machte. Vorherrschend in der Schura waren Omars alte Freunde und Kollegen, hauptsächlich Durrani-Paschtunen, die so genannten «Kandaharis», obwohl sie aus den drei Provinzen Kandahar, Helmand und Urozgan stammten. Die Schura bestand ursprünglich aus zehn Mitgliedern (siehe Anhang 2), aber militärische Befehlshaber, Stammesälteste und *Ulema* nahmen an den Schura-Treffen teil.

Von den zehn ursprünglichen Schura-Mitgliedern waren sechs Durrani-Paschtunen, und nur einer, Maulvi Sayed Ghiasuddin, war ein Tadschike aus Badachschan (er hatte lange im Paschtunen-Gürtel gelebt). Das reichte, solange die Taliban im Paschtunen-Gürtel vorankamen, aber nach der Einnahme von Herat und Kabul war die Schura nicht mehr repräsentativ. Die Schura in Kandahar hat ihre Basis nie ausreichend erweitert, um Ghilzai-Paschtunen oder Nicht-Paschtunen einzubinden. Sie hat in ihrer Enge verharrt, unfähig, die Interessen der gesamten Nation zu vertreten.

Zwei andere Schuras geben mittlerweile Berichte an die Schura in Kandahar ab. Die eine ist das Kabinett der amtierenden Minister in Kabul, die Kabul-Schura; die zweite ist der Militärrat, die Militär-Schura. Von den 17 Mitgliedern der Kabul-Schura waren 1998 mindestens acht Durrani, während drei Ghilzai und nur zwei

Nicht-Paschtunen sind (siehe Anhang 2). Die Kabul-Schura behandelt die alltäglichen Probleme der Regierung, der Stadt und der Militärfront Kabuls, aber wichtige Fragen werden an die Schura in Kandahar weitergeleitet, wo dann entschieden wird. Sogar geringfügigere Beschlüsse, die von der Kabul-Schura unter Mullah Mohammed Rabbani getroffen wurden – beispielsweise eine Reiseerlaubnis für Journalisten oder neue Projekte der UN-Entwicklungshilfe –, wurden von der Kandahar-Schura oft widerrufen. Bald war es der Kabul-Schura, die als Regierung Afghanistans fungierte, unmöglich, Entscheidungen zu treffen ohne langwierige Konsultationen mit Kandahar.

In Kabul, Herat und später in Mazar – wo es keine Paschtunen-Mehrheit gibt – sind die Bevollmächtigten der Taliban, beispielsweise der Gouverneur, der Bürgermeister, die Polizeichefs und andere behördliche Vertreter, durchweg Paschtunen aus Kandahar, die entweder kein oder nur mangelhaftes Dari sprechen – die Amtssprache in diesen Städten. In keiner dieser örtlichen Schuras ist ein prominenter Einheimischer vertreten. Ein einziges Mal haben die Taliban Flexibilität bewiesen: bei der Ernennung der Provinzgouverneure. Von den elf Gouverneuren stammten 1998 nur vier bekanntermaßen aus Kandahar.[3] In der Vergangenheit gehörten Gouverneure und ranghöhere Beamte gewöhnlich der ortsansässigen Elite an und spiegelten die ethnische Zusammensetzung der Bevölkerung wider. Die Taliban brachen mit dieser Tradition und ernannten Außenseiter.

Allerdings wurde die politische Macht der Taliban-Gouverneure beträchtlich eingeschränkt. Der Mangel an finanziellen Mitteln, ihre Unfähigkeit, eine seriöse Entwicklung der Wirtschaft in die Wege zu leiten oder aus Pakistan und dem Iran heimkehrende Flüchtlinge einzugliedern, minderte die Rolle der Gouverneure politisch, wirtschaftlich und gesellschaftlich. Mullah Omar hielt die Gouverneure unter Kontrolle und ließ nicht zu, dass sie eine örtliche Machtposition aufbauten. Fortwährend verlegte er sie von einem Ort zum anderen oder schickte sie als Kommandanten zurück an die Front.

Nach der Niederlage von Mazar gab es zunehmend Kritik von Seiten der Ghilzai-Paschtunen-Kommandanten, weil man sie nicht bei militärischen und politischen Fragen einbezog, ungeachtet der Tatsache, dass sie den Großteil der Militärmacht stellten. In Mazar verloren die Taliban ungefähr 3000 Mann ihrer besten Truppen, 3600 wurden gefangen genommen und zehn Führer getötet oder verhaftet. Insofern waren die Taliban gezwungen, sich auf neue Rekruten aus den Ghilzai-Stämmen Ostafghanistans zu stützen, waren aber nicht bereit, ihnen politische Macht zu überlassen oder sie in die Kandahar-Schura aufzunehmen. Immer weniger waren die Ghilzai willens, sich von den Taliban als Kanonenfutter missbrauchen zu lassen, und widersetzten sich der Rekrutierung.

Die militärische Struktur der Taliban ist undurchsichtig. Oberhaupt der bewaffneten Streitkräfte ist Mullah Omar, wenngleich seine Position oder Rolle eigentlich gar nicht genau definiert ist. Omar unterstehen ein allgemeiner Stabschef sowie Stabschefs für das Heer und die Luftwaffe. Es gibt mindestens vier Militärdivisionen und eine Panzerdivision in Kabul. Aber eine klare Struktur mit einer Hierarchie aus Offizieren und Kommandanten gibt es nicht; zudem werden die Befehlshaber von Einheiten ständig an verschiedenen Orten eingesetzt. Beispielsweise erlebte das Kunduz-Expeditionskorps, das nach dem Debakel von Mazar 1997 die einzige Militärgruppe im Norden stellte, mindestens drei Kommandoänderungen in drei Monaten, bei denen über die Hälfte der Truppen abgezogen, an die Front nach Herat geflogen und durch weit weniger erfahrene pakistanische Soldaten ersetzt wurde. Die Militär-Schura ist eine lose Körperschaft, in der Strategien geplant und taktische Entscheidungen durchgesetzt werden können, die aber anscheinend keine Vollmachten hat, strategische Entscheidungen zu treffen. Militärstrategien, bedeutende Vereinbarungen und die Zuteilung von Geldern für Offensiven werden allein von Omar entschieden.

Neben der von den Taliban forcierten allgemeinen Wehrpflicht sind einzelne Kommandanten aus speziellen Paschtunen-Gebieten dafür verantwortlich, Männer zu rekrutieren, zu bezahlen und

für ihre Bedürfnisse im Feld zu sorgen. Alles Notwendige dazu erhalten sie von der militärischen Schura: Geld, Treibstoff, Nahrung, Transportmittel, Waffen und Munition. Es herrscht ein ständiges Kommen und Gehen, da Familienmitglieder von Soldaten einspringen, damit diese mal längere Zeit nach Hause fahren können. Eigentlich umfasste die Taliban-Armee nie mehr als 25 000 bis 30 000 Mann, wenngleich die Zahl vor neuen Offensiven rasant ansteigen konnte. Gleichzeitig leisteten auch pakistanische *Madrassa*-Schüler für kurze Zeitabschnitte Militärdienst, ehe sie wieder nach Hause zurückkehren durften und neue Rekruten geschickt wurden – sie stellten ungefähr 30 Prozent der militärischen Stärke der Taliban. Doch solch willkürliche Einberufungen, die in scharfem Kontrast zu Masuds 12 000 bis 15 000 Mann regulärer Truppenstärke stehen, bilden natürlich keine disziplinierte Armee. Die Taliban-Kämpfer ähneln eher einer *Lashkar*, einer traditionellen Stammesmiliz, die bei den Paschtunenstämmen lange Tradition hat. Eine *Lashkar* wurde rasch auf Befehl des Monarchen mobilisiert, entweder um das Stammesgebiet zu verteidigen oder um sich einer Fehde zu stellen. Alle, die sich der *Lashkar* anschlossen, waren Freiwillige, denen kein Sold gezahlt wurde, die aber ihren Anteil an der Beute erhielten. Den Taliban-Truppen hingegen war jedes Beutemachen untersagt, und in den Anfangszeiten bewiesen sie auch eine bemerkenswerte Disziplin bei der Eroberung neuer Städte, doch nach der Niederlage in Mazar 1997 zerfiel diese.
Der Mehrheit der Taliban-Kämpfer wird kein Sold bezahlt, und es liegt in Händen des Kommandanten, seinen Männern eine angemessene Geldsumme zu geben, wenn sie nach Hause zurückkehren. Die regulär Besoldeten sind ehemalige Berufssoldaten aus der früheren kommunistischen Armee. Diese Panzerfahrer, Artilleristen, Piloten und Mechaniker sind eher söldnerische Paschtunen, die jedem, der bislang in Kabul an der Macht war, gedient haben.
Mehrere Mitglieder der Militär-Schura sind auch amtierende Minister, die in der Regierung in Kabul für noch größeres Chaos sorgen. Der Gesundheitsminister Mullah Mohammed Abbas war der zweite Befehlshaber des Taliban-Expeditionskorps, das nach der

Niederlage von Mazar 1997 im Norden in der Falle saß. Er wurde daraufhin abgezogen und nach Herat geschickt, um eine neue Offensive zu organisieren. Sechs Monate später trat er schließlich wieder seinen alten Job als Minister an; zurück blieben bestürzte UN-Hilfsorganisationen. Mullah Ehsanullah Ehsan, Gouverneur der Staatsbank, kommandierte eine Elitetruppe von ungefähr 1000 Männern aus Kandahar, und der Erledigung seines Finanzjobs wurde nur wenig Aufmerksamkeit geschenkt, bis er 1997 in Mazar getötet wurde. Mullah Abdul Razaq, der Gouverneur von Herat, der 1997 in Mazar gefangen genommen und später befreit wurde, hatte seit 1994 überall im Land militärische Offensiven durchgeführt. Fast alle Mitglieder der Kandahar- und der Kabul-Schura, ausgenommen die körperlich Behinderten, sind zu irgendeiner Zeit militärische Befehlshaber gewesen.

In gewisser Hinsicht sorgt dies für eine bemerkenswerte Flexibilität in der Taliban-Hierarchie: Da alle zugleich Regierungsbeamte und Generäle sind, bleiben sie in Verbindung mit ihren Soldaten. Die Taliban-Regierung leidet jedoch, besonders in Kabul, schwer darunter. Solange ein Minister an der Front ist, kann im Ministerium keine Entscheidung getroffen werden. Das System stellt sicher, dass kein Taliban-Minister Profit aus seinem Job schlagen oder eine Machtbasis vor Ort durch Klientelbeziehungen errichten kann. Jeden Minister, der politisch zu mächtig wurde, schickte Mullah Omar im Handumdrehen zurück an die Front. Das Ergebnis dieser Wirrungen waren ein Land ohne Regierung und eine Bewegung ohne klar definierte Führungspositionen.

Die zwanghafte Geheimnistuerei der Taliban wirkte abschreckend und verhinderte, das Vertrauen der Öffentlichkeit, der ausländischen Medien, der Hilfsorganisationen und des Auslands zu gewinnen. Sogar nachdem die Taliban Kabul eingenommen hatten, weigerten sie sich, ein politisches Programm vorzustellen, wie sie gedachten, die wirtschaftliche Entwicklung voranzubringen. Die Beharrlichkeit der Taliban, mit der sie um internationale Anerkennung rangen, obwohl es überhaupt keine Regierung gab, verstärkte im Ausland die Zweifel an ihrer Regierungsfähigkeit. Der

Sprecher der Kabul-Schura, Scher Mohammed Stanakzai, ein relativ umgänglicher Ghilzai-Taliban aus der Provinz Logar, der Englisch sprach und in Indien als Polizist ausgebildet worden war, fungierte als Sprachrohr der Taliban gegenüber den UN-Hilfsorganisationen und den ausländischen Medien. Doch es war bald klar, dass Stanakzai keine wirkliche Macht besaß und nicht einmal direkten Zugang zu Mullah Omar hatte. Also war seine Stelle bedeutungslos, denn die Hilfsorganisationen wussten nie, ob Nachrichten überhaupt an Omar weitergegeben wurden.

Mit einer Säuberung der Bürokratie Kabuls, deren untere Chargen seit 1992 in den Ämtern saßen, sorgten die Taliban für weitere Verwirrung. Alle dienstälteren Tadschiken, Usbeken und Hasaras wurden durch Paschtunen ersetzt, ungeachtet ihrer Qualifikation. Das Ergebnis dieses Verlustes an Sachkenntnis war, dass die Ministerien im Großen und Ganzen nicht mehr funktionierten.

Die Arbeitsauffassung der Taliban innerhalb der Ministerien ist unbeschreiblich. Wie bedeutend und dringlich die militärische oder politische Krise auch immer sein mag, die Büros der Regierung in Kabul und Kandahar sind nur vier Stunden am Tag, von acht bis zwöf Uhr, geöffnet. Dann werden eine Pause für Gebete und eine lange Siesta eingelegt. Später am Abend kommt man dann gesellig zusammen. In den Schreibtischen der Ministerien gibt es keine Akten, und in den Regierungsstuben gibt es keine Besucher. Während Hunderte Taliban-Kader und -Bürokraten an Aktionen teilnahmen, um die männliche Bevölkerung zu zwingen, sich Bärte wachsen zu lassen, gab es in den Ministerien niemanden, der Auskunft geben konnte. In der Öffentlichkeit erwartet man nichts mehr von den Ministerien; die mangelnde Präsenz lässt die Taliban eher als eine Besatzungsmacht erscheinen denn als Regierungsbeamte.

Bis heute haben die Taliban nichts davon verlauten lassen, wie und wann sie eine repräsentative Regierung zu bilden gedenken, ob es eine Verfassung geben und wie politische Macht aufgeteilt werden soll. Jeder der Taliban-Führer hat diesbezüglich unterschiedliche Ansichten.

«Die Taliban sind willens, mit der Opposition zu verhandeln, aber nur unter der Bedingung, dass keine politischen Parteien an den Diskussionen teilnehmen. Die meisten Taliban stammen aus politischen Parteien, und wir kennen die Konflikte, die sie schaffen. Der Islam ist gegen alle politischen Parteien», erklärte mir ein Minister. «Wenn endlich Frieden herrscht, können sich die Leute ihre eigene Regierung aussuchen, aber erst muss jetzt die Opposition entwaffnet werden», sagte ein anderer Minister. Andere wiederum wollen eine ausschließliche Taliban-Regierung.[4]

Nach 1996 lag die gesamte Macht in den Händen von Mullah Omar, während die Kandahar-Schura immer weniger konsultiert wurde. Mullah Omars Vertrauter Wakil machte dies ganz deutlich: «Alle Entscheidungen basieren auf dem Rat des Amir-ul Momineen. Konsultation ist für uns nicht nötig. Wir glauben, dass dies im Einklang mit der Scharia steht. Wir halten uns an die Sicht des Amir, auch wenn er allein diese vertritt. Ein Staatsoberhaupt wird es nicht geben. Stattdessen gibt es einen Amir-ul Momineen. Mullah Omar wird die höchste Autorität sein. Auch die Regierung ist nicht fähig, eine Entscheidung, der er nicht zustimmt, durchzusetzen. Allgemeine Wahlen vertragen sich nicht mit der Scharia, darum lehnen wir sie ab.»[5]

Um seine Entscheidungen durchzusetzen, verließ sich Mullah Omar weniger auf die Regierung in Kabul als vielmehr auf die *Ulema* in Kandahar und die Religionspolizei in Kabul. Maulvi Sayed Mohammed Pasanai, der Justizchef des Islamischen Obersten Gerichtshofes in Kandahar, der Omar während des Dschihad die grundlegenden Gesetze der Scharia beigebracht hatte, wurde ein wichtiger Ratgeber Omars. Er nahm die Verantwortung auf sich, die Gesetzlosigkeit im Land durch islamische Strafen zu beenden.

«Wir haben Richter, die 13 Hohen Gerichten in 13 Provinzen vorsitzen, und dort herrscht überall Frieden und Sicherheit für die Menschen», erzählte er mir 1997.[6] Pasanai, der über 80 ist, erzählte, er habe auf den Dörfern fast ein halbes Jahrhundert lang islamische Strafen verhängt und die Mudschaheddin bei der Anwendung der Scharia während des Dschihad geleitet.

Der Islamische Oberste Gerichtshof in Kandahar wurde das bedeutendste Gericht im Land wegen der räumlichen Nähe zu Omar. Der Gerichtshof ernannte *Qazis,* islamische Richter, und stellvertretende Qazis in den Provinzen und berief ein, zwei Mal pro Jahr alle nach Kandahar ein, um bestimmte Fälle und die Anwendung der Scharia zu besprechen. Ein paralleles System gibt es in Kabul, wo das Justizministerium und der Oberste Gerichtshof Afghanistans ihren Sitz haben. Der Oberste Gerichtshof in Kabul behandelt in der Woche ungefähr 40 Fälle. Er umfasst acht Abteilungen, die rechtliche Fragen zu Wirtschaft, Kommerz, Kriminalität und Öffentlichkeit behandeln, hat aber eindeutig nicht dieselben Machtbefugnisse wie der Oberste Gerichtshof in Kandahar. Laut Generalstaatsanwalt Maulvi Jalilullah Maulvizada «werden alle Gesetze islamisiert. Die im Widerspruch zum Islam stehenden Gesetze werden beseitigt. Wir werden mehrere Jahre brauchen, alle alten Gesetze durchzugehen, sie zu verändern oder zu beseitigen.»

Eine sich verschlechternde Wirtschaftslage und die politische Entfremdung in Taliban-kontrollierten Gegenden zusammen mit den erlittenen massiven militärischen Verlusten führten zunehmend zu interner Uneinigkeit. Im Januar 1997 standen die Taliban in der Region Kandahar wegen der Zwangswehrpflicht fast vor einer Revolte. Mindestens vier Taliban-Rekrutierer wurden von Dorfbewohnern getötet, die sich weigerten, in die Armee einzutreten. Aus mehreren Dörfern um Kandahar wurden die Taliban mit Gewehrschüssen vertrieben. Es gab Opfer auf beiden Seiten.[7] Die Dorfältesten erklärten den jungen Männern, sie begäben sich in Lebensgefahr, wenn sie der Armee beiträten. «Die Taliban haben uns den Frieden versprochen, stattdessen haben sie uns nur Krieg beschert», erklärte ein Dorfältester.[8] Im Juni richteten die Taliban 18 Armeedeserteure im Gefängnis von Kandahar hin.[9] Ähnliche Spannungen wegen der Wehrpflicht gab es in den Provinzen Wardak und Paktia. Die Wehrpflicht hatte die Taliban noch unbeliebter gemacht und gezwungen, mehr Rekruten aus den pakistanischen *Madrassas* mit den dort angesiedelten afghanischen Flüchtlingen auszuheben.

Währenddessen eskalierten die schwelenden Differenzen zwischen den Schuras in Kandahar und Kabul im April 1998 nach dem Besuch des US-Gesandten Bill Richardson in Kabul. Mullah Rabbani, das Oberhaupt der Schura in Kabul, willigte in Richardsons Punkteplan ein, doch am nächsten Tag wurde die Übereinkunft von Mullah Omar aus Kandahar verworfen. Rabbani verschwand in einen seiner regelmäßigen, langen Urlaube, und es gab Gerüchte, dass man ihn verhaftet hatte. Im Oktober 1998 verhafteten die Taliban über 60 Leute in Jalalabad, Ostafghanistans größter Stadt, mit der Behauptung, ehemalige Militäroffiziere, die General Schahnawaz Tanai – dem Paschtunen-General, der 1990 aus Nadschibullahs Armee desertiert war und sich den Mudschaheddin angeschlossen hatte – die Treue hielten, planten einen Putsch.[10] Im Dezember erschossen die Taliban einen Studenten und verwundeten mehrere andere bei Unruhen an der medizinischen Fakultät der Nangarhar-Universität in Jalalabad. Es kam in der Stadt zu Streiks und Protesten gegen die Taliban.

Der wachsende Unmut in Jalalabad schien von Anhängern des gemäßigteren Mullah Rabbani angezettelt worden zu sein, der sich in der Stadt eine politische Basis geschaffen hatte. Jalalabads einflussreiche Kaufleute, die den Schmuggelverkehr aus Pakistan kontrollierten, verlangten von den Taliban eine liberalere Haltung. Nach den Vorfällen in Jalalabad wurde Mullah Rabbani wieder einmal von Kabul nach Kandahar beordert und verschwand mehrere Monate lang von der Bildfläche. Gegen 1998 war die Kabul-Schura erpicht darauf, die Politik der Taliban zu mäßigen, damit die UN-Organisationen nach Afghanistan zurückkehren und mehr internationale Hilfsgelder in die Städte fließen konnten. Führer der Taliban in den Schuras von Kabul und Jalalabad spürten die Unzufriedenheit der Öffentlichkeit über die steigenden Preise, die Nahrungsmittelknappheit und die geringe humanitäre Hilfe. Doch Mullah Omar und die Führung in Kandahar weigerten sich, umfassendere UN-Hilfen zu genehmigen, und zwangen die UNO schließlich, ganz aufzugeben.

Im Winter 1998/99 kam es zu Plünderungen und Überfällen durch

Taliban-Soldaten, in denen sich eine aus wirtschaftlicher Not erwachsene Disziplinlosigkeit widerspiegelte. Beim schlimmsten Vorfall im Januar 1999 in Kabul wurden sechs Taliban-Soldaten der rechte Arm und der linke Fuß wegen Plünderung abgehackt. Dann hängten die Behörden diese Gliedmaßen öffentlich im Stadtzentrum an einen Baum aus, bis sie verfault waren. Obwohl interne Differenzen die Spekulation über eine tiefgreifende Schwäche innerhalb der Taliban schürten, die leicht zu gewalttätigen Auseinandersetzungen führen konnten, hielt Omar an seinen Auffassungen fest, und die erweiterten Machtbefugnisse erlaubten ihm, die Bewegung völlig unter Kontrolle zu halten.

Die Taliban hatten sich, genau wie die Mudschaheddin vor ihnen, auf eine Ein-Mann-Herrschaft verlegt, ohne dass diese einen Mechanismus besäße, anderen ethnischen Gruppen oder Standpunkten Rechnung zu tragen. Der Kampf zwischen gemäßigten und radikalen Taliban wurde unter der Hand ausgetragen, da keiner Omar zu widersprechen wagte. Eine solche Situation kann schlussendlich die Paschtunen nur in tiefen Zwist führen und weiteres Leid über die Bevölkerung bringen.

Kapitel 8
Das verschwundene Geschlecht: Frauen, Kinder und die Kultur der Taliban

Niemand wird das karge Innere von Maulvi Qalamuddins Büro im Zentrum Kabuls gerne sehen wollen. Für die Hälfte der Bevölkerung kommt dies sowieso nicht in Frage, weil der Maulvi Frauen den Zugang zum Gebäude verwehrt. Der Paschtune ist groß, hat riesige Hände und Füße, eine lange, dicke Nase, schwarze Augen und einen buschigen, langen Bart, der bis auf den Schreibtisch vor ihm reicht. Er ist der Chef der Religionspolizei der Taliban, und der Strom an Regelungen, die er von seinem Büro aus veranlasst, hat das Leben von Kabuls einst unbeschwerten Einwohnern dramatisch verändert und die Frauen gezwungen, völlig aus der Öffentlichkeit zu verschwinden.

Maulvi Qalamuddin leitet die Amar Bil Maruf Wa Nahi al-Munkar, die Abteilung für die Pflege der guten Sitten und Verhütung von Lastern. Er selbst zieht die Übersetzung «Abteilung für das Einhalten religiöser Regeln» vor. Auf der Straße nennen die Leute die vielen jungen Fanatiker, die mit Peitschen, langen Stöcken und Kalaschnikows herumlaufen, einfach die Religionspolizei, abgesehen von diversen Schimpfnamen. Als ich ihn im Sommer 1997 für eines der selten gegebenen Interviews aufsuchte, hatte er gerade neue Regelungen verabschiedet, denen zufolge den Frauen das Tragen von hochhackigen Schuhen, das Verursachen von Geräuschen mit den Schuhen beim Gehen und das Auflegen von Make-up verboten war. «Elegante Aufmachung und Schmuck bei Frauen ist in Krankenhäusern verboten. Es ist unbedingte Pflicht der Frauen, sich würdig zu verhalten, ruhig zu gehen und mit den Schuhen nicht zu stark aufzutreten, um Lärm zu vermeiden», stand in dem Edikt. Wie diese Fanatiker überhaupt sehen konnten, ob eine Frau Make-up aufgelegt hatte oder was für Schuhe sie trug, war in Anbetracht der Kluft, die sie von Kopf bis Fuß bedeckte – der *burkha* –, völlig rätselhaft (siehe Anhang 1).

Die neuen Verordnungen vereinheitlichten vorangegangene Restriktionen, den Frauen keine Arbeitserlaubnis zu erteilen – jetzt war für sie auch die Arbeit für westliche humanitäre Hilfsorganisationen, ausgenommen auf medizinischem Sektor, verboten. «Frauen ist es nicht erlaubt, zu arbeiten, ausgenommen im medizinischen Sektor. Frauen, die im medizinischen Sektor arbeiten, ist es nicht gestattet, in Fahrzeugen neben dem Fahrer zu sitzen. Keine afghanische Frau darf im selben Wagen mit einem Ausländer gefahren werden», hieß es weiter. Auch die Schule für Jungen findet zur Zeit in Kabul nicht statt, weil in der Hauptsache Lehrerinnen unterrichteten, die jetzt nicht mehr arbeiten dürfen. Eine ganze Generation afghanischer Kinder wächst ohne jede Schulbildung heran. Um ihren Kindern ein solches Los zu ersparen, sind Tausende Familien nach Pakistan geflüchtet.

Ich fragte Qalamuddin, wie die Taliban das Arbeits- und Schulverbot für Frauen rechtfertigten. «Unser Volk wird uns schelten, wenn wir unseren Frauen keine Schulbildung gewähren, und wir werden ihnen eine solche auch irgendwann gewähren, aber im Moment haben wir ernstere Probleme», entgegnete er. Wie so viele Mullahs spricht er trotz seiner Körpergröße erstaunlich leise, und ich hatte Mühe, seine Worte zu verstehen. «Es gibt Sicherheitsprobleme. Separater Transport, separate Schulgebäude und Einrichtungen für Frauen können im Moment nicht gestellt werden. Frauen müssen völlig von Männern getrennt werden. Und dann haben wir auch noch Männer unter uns, die nicht anständig mit Frauen umgehen können. Wir verloren im Krieg gegen die Sowjets zwei Millionen Menschen, weil wir keine Scharia hatten. Wir haben für die Scharia gekämpft, und wir sind die Organisation, die dafür sorgt, dass sie eingehalten wird. Ich werde dafür sorgen, komme, was da wolle», erklärte Qalamuddin begeistert.

Als die Taliban nach Kabul kamen, haben sie Männer und Frauen öffentlich geschlagen, wenn der Bart nicht lang genug oder die *burkha* nicht vorschriftsmäßig angezogen war. «Wir raten unseren Beamten nicht, die Leute auf der Straße zu schlagen. Wir raten unserem Volk nur, wie es sich im Sinne der Scharia anständig zu benehmen hat. Wenn zum Beispiel jemand seinen Wagen gerade zurücksetzt und dabei gegen einen anderen Wagen fährt, raten wir ihm nur, dies nicht zu tun», erklärte Qalamuddin mit einem breiten Grinsen, offensichtlich sehr zufrieden mit seiner modernen Metapher.

Die Abteilung ist nach saudischem Vorbild eingerichtet und hat Tausende junge Männer rekrutiert, von denen viele kaum eine minimale *Madrassa*-Bildung aus Pakistan vorweisen können. Sie ist zugleich der effektivste Geheimdienst der Taliban – eine recht merkwürdige Variante des KHAD, des riesigen Geheimdienstes des kommunistischen Regimes in den 1980ern. Der KHAD, der später seinen Namen in WAD abänderte, beschäftigte 15 000 bis 30 000 Berufsspione und besaß zudem 10 0000 bezahlte Informanten.[1] Qalamuddin gab zu, dass er Tausende Informanten in Armee, Regierungsministerien, Krankenhäusern und westlichen Hilfsorganisationen hatte. «Unsere Mitarbeiter sind in Religionsfragen sehr erfahren. Wir sind eine unabhängige Organisation, und wir lassen uns aus dem Justizministerium oder vom Obersten Gerichtshof keine Ratschläge erteilen. Wir gehorchen den Befehlen von Amir Mullah Mohammed Omar.»

Qalamuddins Edikte werden regelmäßig über Radio Schariat (vormals Radio Kabul) gesendet und beziehen sich auf alle Aspekte sozialen Verhaltens für die Bevölkerung (siehe Anhang 1). Einer davon betrifft die öffentliche Teilnahme an Sportereignissen, die von den Taliban anfangs verboten worden war. «Alle Zuschauer haben zur Ermunterung der Sportler im Sprechchor ‹Allahu Akbar› [Gott ist groß] anzustimmen und das Klatschen zu unterlassen. Wenn das Spiel in die Zeit für das Gebet fällt, muss es unterbrochen werden. Spieler und Zuschauer haben sich zum Gebet zu versammeln», befiehlt das Edikt. Drachen steigen lassen, einst eine der beliebtesten Freizeitbeschäftigungen der Einwohner Kabuls, ist noch immer verboten, ebenso wie jeder Sport für Frauen.

Jeder, der diese Edikte, die sich an keiner Stelle im Koran nachweisen lassen, hinterfragt, stellt für die Taliban den Islam in Frage – obwohl das erste Anliegen des Propheten Mohammed war, Frauen zu emanzipieren. «Die höchste unverkennbare Prüfung des Islam war die Emanzipation der Frauen, die damit begann, dass man sie proklamierte, dann – langsamer – in die Tat umsetzte», sagte Fernand Braudel.[2] Aber die Taliban erlaubten nicht einmal Journalisten, diese Verordnungen oder Auslegungen des Koran zu diskutieren. Den ausländischen Entwicklungshelfern wurde schlicht mitgeteilt: «Du bist kein Muslim, du hast kein Recht, den Islam zu diskutieren.» Die Taliban allein hatten Recht, ihre Auslegung des Islam war rechtens, alles andere war falsch und ein Ausdruck menschlicher Schwäche und Pietätlosigkeit. «Unsere Verfassung ist die Scharia, eine andere brauchen wir nicht. Das Volk liebt den Islam, und aus diesem Grund unterstützen alle die Taliban, und allen gefällt, was wir tun», erklärte Generalstaatsanwalt Maulvi Jalilullah Maulvizada.[3]

Doch die Not der Frauen, der Gesellschaft Afghanistans insgesamt, begann schon vor den Taliban. Zwanzig Jahre ununterbrochener Krieg hatten die Zivilgesellschaft des Landes, die Clans, die Gemeinschafts- und Familienstrukturen, die für ein Leben in schwierigen Verhältnissen so wichtig sind, zerstört. Die Kindersterblichkeitsrate liegt bei 18 Prozent und ist damit die höchste der Welt, verglichen mit der Durchschnittsrate von sieben Prozent anderer Entwicklungsländer. Ein Viertel aller Kinder stirbt, ehe es das Alter von fünf Jahren erreicht. In anderen Entwicklungsländern ist die Sterblichkeit um das Zehnfache niedriger. Die Lebenserwartung für Männer und Frauen beträgt nur rund 44 Jahre, im Vergleich zu 61 Jahren in anderen Entwicklungsländern. Nur 29 Prozent der Bevölkerung haben Zugang zu medizinischen Einrichtungen und nur zwölf Prozent zu sauberem Wasser, im Vergleich zu jeweils 80 und 70 Prozent in anderen Entwicklungsländern. Kinder sterben an vermeidbaren Krankheiten wie Masern und Durchfall, einfach weil es keine gesundheitlichen Einrichtungen und kein sauberes Wasser gibt.[4]

Analphabetentum war ein großes Problem, ehe die Taliban auftauchten, es betraf etwa 90 Prozent der Mädchen und 60 Prozent der Jungen. In weiten Landstrichen waren die Schulen im Krieg zerstört worden. Insofern verschlimmerte die Geschlechterpolitik der Taliban nur die vorhandenen Probleme. Innerhalb von drei Monaten seit der Einnahme Kabuls schlossen die Taliban 63 Schulen in der Stadt, wovon 103 000 Mädchen, 148 000 Jungen und 11 200 Lehrer – darunter 7800 Lehrerinnen – betroffen waren.[5] Sie schlossen die Universität Kabul und schickten 10 000 Studenten, darunter 4000 Frauen, nach Hause. Im Dezember 1998 berichtete UNICEF, dass das Schulsystem des Landes kurz vor dem Kollaps stand, da neun von zehn Mädchen und zwei von drei Jungen keine Schule besuchten.[6]

Die Not des afghanischen Volkes wurde von der Außenwelt weitgehend ignoriert. Während der Krieg in den 1980ern noch Aufmerksamkeit erregt hatte und Hilfsgelder fließen ließ, verschwand Afghanistan aus dem Blickfeld des Weltinteresses, als die Sowjets 1989 ihre Truppen abzogen hatten. Die immer geringeren Hilfsgelder der wohlhabenden Spenderländer wurden zum Skandal. 1996 hatte die UNO 124 Millionen US-Dollar für ihr jährliches Hilfsprogramm für Afghanistan gefordert, aber am Ende des Jahres nicht einmal 65 Millionen erhalten. 1997 forderte sie 133 Millionen und erhielt nur 56. Im darauf folgenden Jahr erhielt sie an Stelle der verlangten 157 Millionen nur 53 Millionen US-Dollar – das sind 34 Prozent. Bis 1999 hatte die UNO ihr Gesuch drastisch auf 113 Millionen US-Dollar heruntergeschraubt. Barnett Rubin fand dafür folgende Worte: «Wenn die Lage in Afghanistan heute hässlich ist, dann nicht deshalb, weil die Menschen in Afghanistan hässlich sind. Afghanistan ist nicht nur der Spiegel der Afghanen, es ist der Spiegel der Welt. Ein altes persisches Sprichwort sagt: ‹Wenn dir dein Spiegelbild nicht gefällt, zerschlag nicht den Spiegel, sondern zerschlag dein Gesicht.›»[7]

1996 traf ich Bibi Zohra in einer winzigen Bäckerei in Kabul. Sie war Witwe und leitete eine Gruppe junger Frauen an, *Nan*, das ungesäuerte Brot aller Afghanen, für Witwen, Waisen und Körperbehinderte zu backen. Ungefähr 400 000 Menschen in Kabul waren von diesen Bäckereien abhängig, die vom World Food Programme (WFP) finanziert wurden und 25 000 Familien umfassten, denen Kriegswitwen vorstanden, sowie 7000 Familien, die von kriegsversehrten Männern geführt wurden. Zohras Schlammhütte war durchlöchert von Gewehrkugeln. Von Hekmatyars Raketen wurde sie 1993 zerstört, um 1995 erneut unter Beschuss zu geraten – unter den der Taliban. Sie hatte sechs Kinder und ihre Eltern zu ernähren und stiftete das winzige Stückchen Land, auf dem einst ihr Haus gestanden hatte, dem WFP für eine Bäckerei. «Schau mir ins Gesicht, siehst du nicht, wie es gezeichnet ist von der Tragödie unseres Lebens und unseres Landes?», sagte sie. «Tag für Tag wird die Lage schlimmer. Wir sind Bettler geworden, deren Überleben von der UNO abhängt. Das ist nicht die afghanische Art. Die Frauen sind müde, deprimiert und erschöpft. Jede Minute des Tages beten wir für Frieden.»

Die Not von Bibi Zohras Kindern und der anderen war sogar noch schlimmer. Auf einem von der Hilfsorganisation «Save the Children» gebauten Kinderspielplatz inmitten der halb zerstörten Siedlung spielten spindeldürre Kinder freudlos mit den neuen Schaukeln. Auf dem Spielplatz lagen Erinnerungsstücke an den Krieg verstreut: leere Hülsen von Artilleriegeschossen, ein zerstörter Panzer mit einem klaffenden Loch, wo einst der Gefechtsturm war, von Raketen umgeknickte Bäume. «Frauen und Kinder haben das meiste vom Krieg abgekriegt», berichtete mir Sofie Elieussen, die Leiterin von «Save the Children». «Die Frauen müssen sich damit abfinden, dass es nichts zu essen gibt und ihre Kinder unterernährt sind. Sie leiden an Hysterie, sind traumatisiert und depressiv, weil sie nicht wissen, wann der nächste Raketenangriff erfolgt. Wie können sich Kinder auf die Disziplin und Zuneigung ihrer Mütter verlassen, wenn sie gesehen haben, wie sich die Erwachsenen gegenseitig töten? Ihre Mütter können sie nicht mit dem Grundlegendsten versorgen. Der Stress ist so groß, dass die Kinder nicht einmal untereinander Vertrauen haben. Eltern haben die Kommunikation mit ihren Kindern aufgegeben, weil sie ihnen gar nicht mehr erklären können, was da vor sich geht.»

Ein Gutachten der UNESCO über die Kinder Kabuls, durchgeführt von Dr. Leila Gupta, befand, dass die meisten Kinder extreme Gewalt miterlebt haben und nicht damit rechnen, lange zu überleben. Zwei Drittel der befragten Kinder haben mit ansehen müssen, wie ein Mensch von Raketen zerfetzt wurde. Über 70 Prozent von ihnen haben einen Familienangehörigen verloren und trauen keinem Erwachsenen mehr. «Sie alle leiden unter bösen Erinnerungen, Albträumen und Einsamkeit. Viele von ihnen sagten, es habe gar keinen Sinn mehr weiterzuleben», resümiert Dr. Gupta. Jede Norm des Familienlebens ist vom Krieg zerstört worden. Wenn Kinder ihren Eltern nicht mehr trauen, und Eltern ihren Kindern keine Sicherheit mehr geben, sind die Kinder in der Welt nicht wirklich verankert.

Die Kinder wurden in den Krieg weit tiefer verstrickt als in jeden anderen Zivilkonflikt. Alle Kriegsherren hatten Jungen eingesetzt, von denen manche erst zwölf Jahre alt waren. Viele waren Waisen ohne jede Hoffnung auf Familie, Schulbildung oder Job, das Soldatendasein ausgenommen. Die Taliban mit ihren Verbindungen zu den pakistanischen *Madrassas* ermutigten Tausende Kinder, in die Armee einzutreten und zu kämpfen. Ganze Einheiten bestanden aus Kindern, die Artilleriebatterien luden, Munition holten, militärische Anlangen bewachten und kämpften. Bezeichnenderweise widersetzten sich 1998 die USA, Pakistan, Iran und Afghanistan den internationalen Bemühungen, das Mindestalter für Soldaten von 15 auf 18 Jahre heraufzusetzen. Ein Bericht von Amnesty International 1999 führt aus, dass weltweit über 300 000 Kinder als Soldaten eingezogen waren.[8]

Jede Frau Kabuls, die ich zwischen 1995 und 1996 traf – zu der Zeit war es für Reporter noch leicht, auf der Straße, in Läden und Büros Frauen zu befragen –, wusste, dass ihr ohnehin unsicheres Leben sich nur verschlimmern würde, wenn die Taliban Kabul eroberten. Eine jener Frauen war Nasiba Gul, eine schöne, unverheiratete 27-Jährige, die gerne an der modernen Welt teilgehabt hätte. Sie hatte 1990 ihren Abschluss an der Universität gemacht und übte einen guten Job bei einer Nichtregierungsorganisation

(NGO) aus. Bekleidet mit langem Rock und hochhackigen Schuhen, gab sie sich keine große Mühe, ihr Gesicht zu bedecken, sondern warf sich nur einen kleinen Schal um, wenn sie durch die Stadt fuhr.

«Die Taliban wollen die Frauen in den Staub treten. Keine einzige Frau, auch nicht die ärmste oder konservativste, will, dass die Taliban Afghanistan regieren», sagte Nasiba. «Der Islam sagt, die Frauen sind den Männern gleich und man soll ihnen Respekt entgegenbringen. Doch die Taten der Taliban bringen die Leute sogar gegen den Islam auf.»

Als die Taliban Kabul einnahmen, musste Nasiba ihre Arbeit aufgeben und nach Pakistan fliehen.

Die Taliban stammten aus der ärmsten, konservativsten und ungebildetsten Paschtunen-Provinz im Süden Afghanistans. In Mullah Omars Heimatdorf waren die Frauen immer völlig verschleiert gewesen, und kein Mädchen hatte je eine Schule besucht, denn es gab keine. Omar und seine Kollegen übertrugen ihr eigenes Milieu, ihre eigenen Erfahrungen mit Frauen – oder vielmehr den Mangel an solchen – auf das ganze Land und rechtfertigten ihre Politik mit dem Koran. Eine Zeit lang behaupteten Hilfsorganisationen, dies sei traditionelle afghanische Kultur, die man respektieren müsse. Aber für ein in ethnischer Hinsicht und auf dem Entwicklungsniveau so vielfältiges Land wie Afghanistan gab es keinen einheitlichen Standard für die Rolle der Frau in der Gesellschaft. Zudem hatte kein Herrscher Afghanistans vor den Taliban auf einer Kleiderordnung mit Bärten für Männer und der *burkha* für Frauen bestanden.

Das übrige Afghanistan war nicht annähernd wie der Süden. Die Paschtunen im Osten waren stolz darauf, ihre Töchter in die Schule zu schicken, und viele ließen sich auch nicht von den Taliban davon abhalten, betrieben die Dorfschulen entweder weiter oder schickten ihre Familien nach Pakistan. Dort unterstützten Hilfsorganisationen wie das Schwedische Komitee ungefähr 600 Grundschulen mit rund 150 000 Schülern, davon 30 000 Mädchen. Als die Stammesältesten der Paschtunen eine Schulausbildung für

Mädchen forderten, konnten die Gouverneure keine Einwände erheben und taten es auch nicht.[9] In den afghanischen Flüchtlingslagern in Pakistan wurden Zehntausende Mädchen unterrichtet. Außerhalb des Paschtunen-Gürtels wurde der Schulunterricht für Mädchen von allen ethnischen Gruppen stark befürwortet. Afghanistans Stärke lag in seiner ethnischen Vielfalt, und die Frauen hatten ebenso viele Rollen, wie es Stämme und Volkszugehörigkeiten gab.

In den Städten Afghanistans war die Vielfalt deutlich sichtbar. Kandahar war immer eine konservative Stadt gewesen, aber die Zweitsprache von Herats weiblicher Elite war früher Französisch, und die Frauen ahmten die Mode am Hofe des Schahs von Persien nach. Vierzig Prozent der Frauen in Kabul waren sowohl unter dem kommunistischen Regime als auch unter der Mudschaheddin-Regierung nach 1992 berufstätig. Sogar Frauen mit geringer Bildung und einem Job tauschten ihre traditionellen Kleider gegen Röcke, Stöckelschuhe und Make-up. Sie gingen ins Kino, trieben Sport und tanzten und sangen auf Hochzeiten. Allein gesunden Menschenverstands hätte es bedurft, um zu verstehen, dass die Taliban eine entspanntere Geschlechterpolitik, die eher der Realität entsprach, betreiben mussten, um Herz und Verstand des Volkes zu gewinnen. Stattdessen sahen diese in Kabul eine Lasterhöhle, ein Sodom und Gomorrha, wo die Frauen in die Taliban-Standards hineingeprügelt werden mussten. Und sie sahen die Menschen des Nordens als unreine Muslime an, die erst zwangsislamisiert werden mussten.

Die kompromisslose Haltung der Taliban wurde auch von ihrer internen politischen Dynamik und der Art und Weise, wie sie ihre Mitglieder rekrutierten, gefördert. All die Waisen, die Entwurzelten, das Lumpenproletariat aus dem Krieg und den Flüchtlingslagern waren in einer völligen Männergesellschaft aufgewachsen. In den *Madrassas* waren die Kontrolle über die Frauen und ihr praktischer Ausschluss ein starkes Symbol von Männlichkeit und für die Studenten eine Bestärkung, sich dem Dschihad zu verpflichten. «Dieser Frauenkonflikt ist in politischem Glauben und Ideologien verwurzelt, nicht im Islam oder in kulturellen Normen. Die Taliban sind eine neue Generation von Muslimen, Produkt einer Kriegskultur, die ihr Erwachsenenleben weitestgehend in völliger Trennung von ihrer eigenen Gemeinschaft verbracht haben. In der Gesellschaft Afghanistans wurden Frauen traditionell instrumentalisiert, um soziales Verhalten zu regeln, und sind deshalb mächtige Symbole der Kultur des Landes», erklärt Simi Wali, Chef einer afghanischen NGO.[10]

Wiederholt erzählten mir Führer der Taliban, wenn sie Frauen größere Freiheiten einräumten oder die Schule besuchen ließen, würden sie sich selbst gefährden, weil diejenigen, die sie stützten, sich von einem Führer abwenden würden, der wegen äußeren Drucks Kompromisse eingegangen war. Sie behaupteten auch, ihre Rekruten würden durch Möglichkeiten sexueller Gunst geschwächt werden und nicht mehr mit vollem Eifer kämpfen. So wurde die Unterdrückung der Frauen zu einer Richtschnur für den islamischen Radikalismus der Taliban mit dem Ziel, die Gesellschaft zu «säubern» und die Moral ihrer Truppen hoch zu halten. Der Geschlechterkonflikt wurde zum Symbol für den Widerstand der Taliban gegen die Versuche der UNO und der westlichen Regierungen, sie zum Kompromiss und zur Mäßigung ihrer Politik zu bewegen. Einen Kompromiss mit dem Westen einzugehen bedeutete eine Niederlage, mit dem Eingeständnis, die eigene Sicht wäre falsch gewesen, während ihr trotziges Beharren Sieg signalisierte.

Die Radikalen unter den Taliban verdrehten die Argumente der Außenwelt. Sie beharrten darauf, dass es am Westen liege, seine Position zu mäßigen und den Taliban entgegenzukommen, nicht an den Taliban, die allgemeinen Menschenrechte anzuerkennen. «Stellen wir doch einmal fest, was für eine Art von Bildung der Westen will. Es geht dabei um die große Politik der Ungläubigen, die den Frauen obszöne Freiheiten gewährt, die zum Ehebruch führen – ein Vorbote der Zerstörung des Islam. Jedes islamische Land, in dem Ehebruch an der Tagesordnung ist, wird zerstört und fällt unter die Herrschaft der Ungläubigen, weil ihre Männer wie

Frauen werden und Frauen sich nicht selbst verteidigen können. Jeder, der mit uns spricht, sollte dies im Rahmen des Islam tun. Der Heilige Koran kann sich nicht den Wünschen anderer Menschen anpassen, die Menschen sollten sich den Wünschen des Heiligen Koran anpassen», erklärte Generalstaatsanwalt Maulvi Jalilullah Maulvizada.[11] Die Taliban konnten nicht erklären, wie eine so tief verwurzelte Religion wie der Islam von Ehebrechern untergraben werden sollte.

Alle Paschtunenstämme folgten auch dem Paschtunwali, einem Sozialkodex, der dem *Dschirga*, dem Stammesrat, das Recht gab, von einem traditionellen Pantheon von Gesetzen und Strafen herab Urteile zu fällen, besonders wenn es um Streitigkeiten ging, die Landbesitz, Frauen und Mord betrafen. Die Grenze zwischen dem Paschtunwali und der Scharia war für die Paschtunen immer sehr verschwommen. Die Strafen der Taliban resultierten in der Tat größtenteils aus dem Paschtunwali und weniger aus der Scharia. Doch der Paschtunwali wurde in unterschiedlichem Maß im gesamten Paschtunen-Gürtel angewandt und regelte keinesfalls die Praktiken anderer ethnischer Gruppen. Die Tatsache, dass die Taliban entschlossen waren, die Paschtunwali-Scharia-Gesetze allen ethnischen Gruppen aufzuzwingen, vertiefte nur die Kluft im Land.

Nach jeder militärischen Niederlage zogen sie noch grimmiger an der Kandare der Geschlechterpolitik, in der Annahme, dass barschere Maßnahmen gegen Frauen die Moral ihrer Soldaten nur stärken würden. Jeder Sieg zog eine noch strengere Haltung nach sich, um der Bevölkerung die Macht der Taliban aufzuzeigen. Die internationale «Versöhnungspolitik» gegenüber den Taliban, um diese zu mäßigen, machte sich nicht bezahlt. Und ihr beharrliches Versprechen, dass sie den Frauen nach dem Krieg eine Ausbildung zugestehen würden, wurde zunehmend bedeutungslos. Die Einnahme Herats 1995 war für die Afghanen und die Außenwelt das erste Anzeichen dafür, dass sie in der Geschlechterfrage nie einen Kompromiss eingehen würden. Herat war das Herz des mittelalterlichen Islam der gesamten Region, voller Moscheen und *Mad-*

rassas, aber es herrschte dort die altislamische, liberale Tradition. Die Stadt war ein Ursprungsort islamischen Kunsthandwerks – Miniaturmalerei, Musik, Tanz, Teppichweberei – und ein Hort zahlreicher Geschichten über ihre schönen, respektgebietenden Frauen.

Die Einwohner Herats erzählen sich noch heute die Geschichte von Königin Gowhar Schad, der Schwiegertochter des Eroberers Taimur, die 1405 nach Taimurs Tod die Hauptstadt der Timuriden von Samarkand nach Herat verlegte. Eines Tages inspizierte die Königin in Begleitung von zweihundert schönen Hofdamen mit «Rubinlippen» einen Moscheen-Komplex mit *Madrassa*, den sie in einem Vorort von Herat bauen ließ. Die *Madrassa*-Schüler (oder Taliban) waren aufgefordert worden, das Gelände während des Besuchs der Königin mit ihrem Hofstaat zu verlassen, aber einer der Schüler war in seinem Zimmer eingeschlafen. Er wurde von einer liebreizenden Hofdame geweckt. Als diese sich wieder zu ihrer Königin gesellte, war sie recht atemlos und zerzaust aufgrund ihres leidenschaftlichen Schäferstündchens. Doch anstatt sie oder den Schüler dafür zu bestrafen, befahl die Königin ihren Hofdamen, die Schüler in einer Gruppenhochzeit zu ehelichen, um sie zu segnen und vor künftigen Versuchungen zu bewahren. Sie versorgte die Schüler mit Kleidern und einem Gehalt und ordnete an, dass Mann und Frau einmal die Woche zusammenkommen müssten, solange die Schüler intensiv lernten. Dies war die Art von Geschichte, die die liberale, humane Tradition von Islam und *Madrassa*-Bildung in Herat verkörperte.

Die Taliban hatten keine Ahnung von Herats Geschichte oder Traditionen. Sie waren gekommen, um Herats Frauen ins Haus zu verweisen. Leuten, die sich die Sufi-Schreine ansehen wollten, von denen es in Herat eine Unmenge gab, wurde der Weg versperrt. Mit einem Schlag machten die Taliban die jahrelangen Bemühungen des Mudschaheddinführers Ismael Khan, der Bevölkerung Bildung zu vermitteln, zunichte, als sie die Mädchenschulen schlossen. Die meisten Jungenschulen mussten auch schließen, weil in ihnen nur Lehrerinnen unterrichteten. Sie trennten die wenigen

Krankenhäuser, die noch in Betrieb waren, nach Geschlecht, schlossen Badehäuser und verboten den Frauen den Zugang zum Basar. Das führte dazu, dass die Frauen die Ersten waren, die sich gegen die Ausschreitungen der Taliban auflehnten. Am 17. Oktober 1996 protestierten über hundert Frauen vor dem Sitz des Gouverneurs gegen die Schließung der Badehäuser der Stadt. Die Frauen wurden geschlagen und von der Religionspolizei verhaftet, die von Haus zu Haus zog, um die Männer zu verpflichten, ihre Frauen im Haus zu halten.

Die internationalen Medien und die UNO zogen es weitgehend vor, diese Ereignisse in Herat zu ignorieren, aber mehrere westliche NGOs erkannten ihre tiefere Bedeutung für künftige Aktivitäten. Nach einer langen internen Debatte und fruchtlosen Verhandlungen mit den Taliban in Herat strichen die UNICEF und «Save the Children» ihre Bildungsprogramme in Herat, weil die Mädchen von ihnen ausgeschlossen waren.[12] Die Einstellung dieser Hilfsprogramme konnte die Taliban nicht abschrecken, die schnell erkannten, dass andere UN-Hilfsorganisationen nicht bereit waren, sich wegen der Geschlechterfrage gegen sie zu stellen. Darüber hinaus war es ihnen gelungen, die Hilfsorganisationen zu spalten. Die UN-Politik war ein einziges Chaos, weil es den UN-Organisationen nicht gelungen war, von einer gemeinsamen Plattform aus zu verhandeln. Da jede von ihnen versuchte, ihr eigenes Abkommen mit den Taliban zu treffen, schadete die UNO ihren Prinzipien, während die Taliban den Frauen immer weitere Beschränkungen auferlegten.

«Die UNO befindet sich auf einem gefährlichen Weg, wenn sie glaubt, dass sie durch kleine Kompromisse die internationale Gemeinschaft und die Taliban zufriedenstellen kann. In Wahrheit sind beide unzufrieden», sagte mir der Chef einer europäischen NGO.[13]

Erst mit der Einnahme Kabuls 1996 wurde die Weltöffentlichkeit auf die Geschlechterpolitik der Taliban aufmerksam. Da alle internationalen Medien ausführlich berichteten, wie die Taliban den früheren Präsidenten Nadschibullah gehängt hatten und wie sie die Frauen in Kabul behandelten, konnte auch die UNO nicht mehr einfach darüber hinwegsehen.

Proteste von führenden Köpfen wie UN-Sekretär Boutros Boutros-Ghali, den Leitern von UNICEF, UNESCO, UNHCR und dem EU-Kommissar für Menschenrechte ließen die Taliban unerwidert.[14] Nach den Badehäusern – den einzigen Orten, in denen es warmes Wasser gab – wurden in Kabul alle Schönheits- und Frisiersalons für Frauen geschlossen. Die Schneider wurden angewiesen, bei ihren Kundinnen kein Maß mehr zu nehmen, sondern die Maße ihrer Stammkundinnen im Kopf zu behalten. Modemagazine wurden vernichtet.

«Wer seine Nägel bemalt, einen Freund fotografiert, auf der Flöte spielt, rhythmisch in die Hände klatscht oder einen Ausländer zum Tee einlädt, hat ein Gebot der Taliban gebrochen», schrieb eine amerikanische Reporterin.[15]

Bis zur Einnahme Kabuls war die unheilvolle UN-Politik ignoriert worden, doch dann wurde sie zum Skandal und schonungslos von Feministinnengruppen kritisiert. Schließlich waren die UN-Organisationen zu einer gemeinsamen Stellungnahme gezwungen. In dieser Stellungnahme war von «Unterstützung und Stärkung der allen Menschen eigenen Gleichheit und Würde» die Rede und davon, dass «nicht nach Geschlecht, Rasse, ethnischen Gruppen oder Religionen zu unterscheiden» sei.[16] Aber im selben UN-Dokument stand auch, dass «internationale Organisationen hohen Respekt vor regionalen Gebräuchen und Kulturen bewahren». Es war ein klassischer UN-Kompromiss, der den Taliban den Hebel in die Hand gab, wie bisher weiterzumachen und Zeit herauszuschinden mit dem Versprechen, den Frauen wieder Bildung zu gewähren, wenn erst Frieden eingetreten sei. Doch im November 1996 war die UNO gezwungen, acht Frauen-Projekte einzustellen, weil Frauen Arbeitsverbot hatten.

Während der nächsten 18 Monate fand zwischen den Taliban und der UNO, den NGOs und westlichen Regierungen eine Verhandlungsrunde nach der anderen statt – ergebnislos. Es wurde klar, dass die Hardliner der Taliban-*Ulema* in Kandahar fest entschlossen waren, sich der UNO völlig zu entledigen. Die Taliban zogen die Schraube weiter an. Sie schlossen die Home Schools für Mädchen, die bislang noch zugelassen waren, und hinderten Frauen daran, allgemeine Krankenhäuser aufzusuchen. Im Mai 1997 verprügelte die Religionspolizei fünf weibliche Angestellte des amerikanischen Care International und forderte dann, dass für alle Hilfsprojekte nicht nur Genehmigungen vom jeweils zuständigen Ministerium, sondern auch vom Innen-, Gesundheits- und Polizeiministerium sowie von der Abteilung für die Pflege der guten Sitten und Verhütung von Lastern einzuholen wären. Daran schloss sich die Forderung an, dass alle muslimischen humanitären Arbeiterinnen, die nach Afghanistan kamen, von einem männlichen Verwandten begleitet werden müssten. Schließlich beharrten die Taliban im Juli 1997 darauf, dass alle 35 UN- und Hilfsorganisationen aus ihren Büros in die zerstörten Gebäude der Polytechnischen Hochschule umzuziehen hätten. Als die Europäische Union weitere humanitäre Hilfe einstellte, verließen die Organisationen Kabul.

Die Not der Frauen Afghanistans verbirgt oft die Tatsache, dass es den Männern Kabuls nicht viel besser erging, insbesondere den Nicht-Paschtunen. Allen Männern der Stadt wurden gerade sechs Wochen gewährt, um sich einen Vollbart wachsen zu lassen, obwohl einige Volksgruppen wie die Hasaras nur spärlichen Bartwuchs haben. Bärte durften nicht kürzer gestutzt werden als die Breite einer Männerfaust, was zu Scherzen führte, Afghanistans größtes Import-Export-Geschäft sei männliche Gesichtsbehaarung und Männer bräuchten kein Visum, um durchs Land zu reisen, sondern nur einen Bart. An den Straßenecken stand die Religionspolizei mit Scheren, um langes Haar abzuschneiden und den Übeltäter zu verprügeln. Sie mussten ihre weiten Hosen, die *schalwars*, bis über den Knöchel tragen, und alle hatten fünfmal am Tag zu beten.

Auch bei Homosexualität griffen die Taliban rigoros durch. Die Paschtunen Kandahars waren bekannt für ihre Liebe zu Knaben, und die Vergewaltigung junger Burschen war einer der Hauptgründe für Mullah Omar gewesen, die Taliban zu mobilisieren.

Doch Homosexualität gab es weiterhin, und die Strafen dafür waren seltsam und unmenschlich. Zwei in Kabul im April 1998 in flagranti ertappte Soldaten wurden gnadenlos verprügelt, gefesselt und mit ölgeschwärzten Gesichtern auf einem Pick-up durch die Stadt gefahren. Der Sodomie angeklagte Männer mussten mit der nie zuvor vernommenen «islamischen» Strafe rechnen, unter einer einstürzenden Mauer begraben zu werden.

Im Februar 1998 wurden in Kandahar drei wegen Sodomie zum Tode verurteilte Männer vor eine hohe Ziegelmauer gestellt, die man mit einem Panzer zum Einsturz brachte. Sie blieben eine halbe Stunde lang unter dem Schutt begraben, einer überlebte. «Seine Eminenz Amir-ul Momineen wohnte der Veranstaltung zur Bestrafung der drei Sodomiten bei», stand in der Taliban-Zeitung *Anis* zu lesen.[17] Im März 1998 wurden in Kabul zwei Männer auf gleiche Weise getötet. «Unsere religiösen Gelehrten sind sich in der Art der Bestrafung für Homosexualität nicht ganz einig», erklärte Mullah Mohammed Hassan und zeigte damit deutlich, mit welcher Art von Debatten die Taliban beschäftigt waren. «Einige sagen, wir sollen diese Sünder auf ein hohes Dach stellen und hinunterstoßen, während andere meinen, wir sollen ein Loch neben einer Mauer graben, sie hineinstoßen und sie dann von der Mauer begraben lassen.»[18]

Jede Form der Unterhaltung war von den Taliban verboten worden, und in einem armen, bedürftigen Land wie Afghanistan war sie ohnehin nie besonders entwickelt. Die Afghanen liebten das Kino, aber Filme, Fernsehen, Videos, Musik und Tanz waren jetzt völlig verboten. «Natürlich ist uns klar, dass die Menschen ein wenig Unterhaltung brauchen, aber sie können doch in die Parks gehen und sich die Blumen ansehen und so etwas über den Islam lernen», erklärte mir Mullah Mohammed Hassan. Laut Aussage des Erziehungsministers Mullah Abdul Hanifi stellen sich die Taliban gegen Musik, weil sie «Kopfschmerzen verursacht und vom Studium des Islam ablenkt».[19] Singen und Tanzen auf Hochzeiten – jahrhundertelang die große Gelegenheit gesellschaftlicher Gemeinsamkeit und Existenzsicherung für Hunderte von Musikern

und Tänzern – wurde verboten. Die meisten Künstler flohen nach Pakistan.
Niemandem war es gestattet, bei sich zu Hause Malereien, Porträts oder Fotos aufzuhängen. Der fortschrittlichste Maler Afghanistans, Mohammed Mashal, der die 500-jährige Geschichte Herats auf eine riesige Mauer gemalt hatte, musste im Alter von 82 Jahren mit ansehen, wie die Taliban diese weiß übertünchten. Kurz gesagt, die Taliban hatten keine Vorstellung von Kultur. Das traditionelle afghanische Neujahrsfest Nawroz wurde als antiislamisch verboten. Nawroz ist der erste Tag des persischen Sonnenkalenders, an dem die Gräber der Angehörigen besucht werden. Mit Gewalt hielt man die Menschen davon ab. Der Tag der Arbeit am 1. Mai wurde als kommunistischer Feiertag angesehen und verboten. Eine Zeitlang wurde auch der schiitische Trauermonat Aschura verboten und sogar jede festliche Vorstellung während des Haid, des wichtigsten islamischen Jahresfestes.
Die meisten Afghanen waren demoralisiert angesichts der Tatsache, dass die islamische Welt es ablehnte, den Extremismus der Taliban zu verurteilen. Pakistan, Saudi-Arabien und die arabischen Golfstaaten haben nie auch nur eine Stellungnahme zur Notwendigkeit der Schulbildung von Frauen oder zu den Menschenrechten in Afghanistan abgegeben. Auch stellten sie die Taliban-Auslegung der Scharia nie in Frage. Alle muslimischen Länder Asiens schwiegen. Überraschenderweise übernahm der Iran die schärfste Verteidigung islamischer Frauenrechte. «Durch ihre verkrustete Politik halten die Taliban Mädchen vom Schulbesuch ab, hindern Frauen daran, außerhalb ihrer Häuser zu arbeiten – all das im Namen des Islam. Gibt es Schlimmeres als die Ausübung von Gewalt und Engstirnigkeit, eine Einschränkung der Frauenrechte und die Diffamierung des Islam?», verkündete Ayatollah Ahmad Jannati bereits 1996.[20]
In Mazar steht das Grabmal von Rabia Balkhi, einer schönen, tragischen Dichterin des Mittelalters. Sie war die erste Frau ihrer Zeit, die Liebesgedichte auf Persisch schrieb. Sie starb einen tragischen Tod, als ihr Bruder ihr die Handgelenke aufschlitzte, um sie

für ihre Liebesaffäre mit einem Sklaven zu bestrafen. Ihr letztes Liebesgedicht schrieb sie sterbend mit ihrem Blut. Jahrhundertelang wurde ihr Grab von jungen Usbeken wie das einer Heiligen besucht. Sie knieten davor und baten um Glück in der Liebe. Nachdem die Taliban Mazar eingenommen hatten, verlegten sie das Grab an einen unerreichbaren Ort.

Kapitel 9
Vom Heroin berauscht: Die Wirtschaft der Taliban und die Drogen

Nur zwei Meilen vom Stadtzentrum Kandahars entfernt erstrecken sich Mohnfelder bis zum Horizont. Im Frühjahr 1997 kümmerten sich die Bauern voller Sorgfalt um die jungen grünen, salatähnlichen Blätter der Pflanze, die sie ein paar Wochen zuvor gepflanzt hatten. Vorsichtig harkten sie den Boden auf, um das Unkraut zu jäten, brachten Dünger aus und reparierten die Bewässerungsgräben, die von der Sowjetarmee 1980 zerstört worden waren. Nach wenigen Wochen spross aus den Blättern eine leuchtend rote Blüte, um dann eine harte Kapsel zum Vorschein zu bringen.

Vier Monate nach Aussaat der Mohnsamen sind die Kapseln so weit, dass man sie mit selbst gemachten Klingen aufschneiden und ihr flüssiges Gold entnehmen kann. Jede einzelne Kapsel drückt der Bauer mit den Fingern aus, bis er sie ganz von ihrem milchig weißen, klebrigen Saft befreit hat. Am nächsten Tag ist aus dem Opium ein braunes Stück Gummi geworden, das man mit einer Kelle abkratzen kann. Dieser Vorgang wird alle paar Tage wiederholt, bis die Pflanze kein Gummi mehr abgibt. Das Rohopium wird angehäuft, zu einer Masse verknetet und in Plastikbeuteln feucht gehalten, bis die Händler kommen. Das qualitativ beste Opium, das man im allgemeinen aus gut bewässertem Boden gewinnt, ist dunkelbraun und klebrig. Man nennt es *Tor*; es ist die Substanz, die das Finanzwesen aller afghanischen Kriegsherren, insbesondere das der Taliban, schmiert.[1]

«Wir können den Taliban gar nicht dankbar genug sein», erzählte mir Wali Jan, ein zahnloser älterer Bauer, während er sein Feld jätete. «Die Taliban haben uns Sicherheit gebracht, sodass wir in Frieden unseren Mohn anbauen können. Ich brauche die

Mohnernte, um meine 14 Familienmitglieder zu ernähren», fügte er hinzu. Das Ziel der Taliban, auf dem Lande Frieden und Sicherheit herzustellen, hat sich zu einem wahren Segen für den Anbau von Opium erwiesen. Auf seinem kleinen Landstück produziert Wali Jan jedes Jahr 45 Kilo Rohopium und verdient damit ungefähr 1300 US-Dollar – für afghanische Bauern ein kleines Vermögen. Wali Jan weiß, dass feines Heroin in London oder New York das 50-Fache dieses Preises erzielt, aber er ist überglücklich mit dem, was er bekommt. Die Konsequenzen dieses Geldflusses sind nicht zu übersehen: In den Dörfern um Kandahar findet weit mehr Wiederaufbau statt als irgendwo sonst in Afghanistan.

Die Taliban haben Bauern wie Wali Jan eine islamische Billigung erteilt, noch mehr Opium anzubauen, obwohl der Koran den Muslimen Anbau und Konsum von Rauschmitteln verbietet. Abdul Rashid, Chef der Anti-Drogen-Kontrollmacht der Taliban in Kandahar, verdeutlicht das Wesen seines einzigartigen Jobs. Er ist für ein striktes Verbot von Haschischanbau, «weil es von Afghanen und Muslimen konsumiert wird. Opium hingegen», erzählt mir Rashid ohne eine Spur von Ironie, «ist erlaubt, weil es von Ungläubigen, von *Kafirn*, im Westen und nicht von Afghanen und Muslimen konsumiert wird.» Es gibt weitere politische Argumente, um den Anbau von Opium florieren zu lassen: «Wir lassen die Bauern Mohn anbauen, weil sie dafür gute Preise erzielen. Wir können die Leute unmöglich zu Weizen zwingen, da es sonst einen Aufstand gegen die Taliban gäbe. Also lassen wir weiterhin Opium zu und beziehen unseren Weizen aus Pakistan.»[2]

Diese einzigartige Politik rechtfertigt Gouverneur Mohammed Hassan mit einem weiteren Argument: «Drogen sind böse, und wir würden gern den Mohn durch eine andere Frucht ersetzen, aber das ist im Moment nicht möglich, weil wir international nicht anerkannt sind.» Im Laufe der folgenden zwei Jahre bot Mullah Omar den USA und der UNO wiederholt an, den Mohnanbau einzustellen, wenn man die Taliban international anerkannte – es war das erste Mal, dass eine Bewegung, die 90 Prozent eines Landes kontrolliert, der internationalen Gemeinschaft ein solches Angebot unterbreitete.

Bei der Einnahme Kandahars hatten sie erklärt, sie würden alle Drogen abschaffen. Diese Ankündigung reichte den US-Diplomaten, um sofort den Kontakt mit den Taliban zu suchen. Doch innerhalb weniger Monate wurde den Taliban klar, dass sie die Einkünfte aus der Mohnernte unbedingt brauchten und mit ihrem Verbot die Bauern nur verärgerten. Sie erhoben eine islamische Steuer, die *Zakat*, die alle Opiumhändler zu zahlen hatten. Laut Koran sollen Muslime 2,5 Prozent ihres verfügbaren Einkommens als *Zakat* den Armen geben, aber die Taliban hatte keinerlei religiöse Skrupel, 20 Prozent vom Wert einer LKW-Ladung Opium als *Zakat* zu verlangen. Hinzu kamen Steueransprüche einzelner Kommandanten und Provinzgouverneure, um deren Säckel zu füllen und ihre Soldaten zu ernähren. Einige von ihnen wurden selbst zu Drogenhändlern oder benutzten Verwandte als Mittelsmänner.

In zwei Lagerhäusern in Kandahar lagen Hunderte Säcke mit Haschisch, die man von Bauern und Dealern konfisziert hatte. Die einfachen Leute behaupteten, sie hätten zu viel Angst, Haschisch zu konsumieren, nachdem es von den Taliban verboten worden war. Für all diejenigen, die dies weiterhin heimlich taten, hatten die Taliban sich etwas Neues ausgedacht, um sie von der Sucht zu heilen.

«Wenn wir Haschischschmuggler oder Süchtige fassen, werden diese gnadenlos verhört und verprügelt, um die Wahrheit herauszufinden», erklärte Abdul Rashid. «Dann setzen wir sie zwei, drei Mal täglich für viele Stunden in kaltes Wasser. Das ist eine sehr gute Heilmethode.»[3]

Mit großen Schritten eilte Rashid durch das Gefängnis und zerrte mehrere verstörte süchtige Häftlinge heraus, mit denen ich sprechen durfte. Ohne zu zögern stimmten sie zu, dass die Schocktherapie der Taliban wirksam war. «Wenn man mich verprügelt hat oder ich in kaltem Wasser sitze, vergesse ich das Haschisch völlig», teilte mir Bakht Mohammed mit, ein Ladenbesitzer und Haschischdealer, der drei Monate im Gefängnis absaß.

Von 1992 bis 1995 hatte Afghanistan zwischen 2200 und 2400 Tonnen Opium pro Jahr produziert. Es wetteiferte mit Burma, dem weltweit größten Hersteller von Rohopium. 1996 produzierte Afghanistan 2250 Tonnen. Beamte des United Nations Drugs Control Programme (UNDCP) erklärten, dass 1996 allein in der Provinz Kandahar 120 Tonnen Opium, geerntet auf 3160 Hektar Mohnfeldern, produziert wurden – eine unglaubliche Steigerung gegenüber 1995, als nur 79 Tonnen auf 2460 Hektar Land gewonnen wurden. Als sich die Kontrolle der Taliban 1997 über Kabul hinaus nordwärts erweiterte, stieg Afghanistans Opiumproduktion um weitere beeindruckende 25 Prozent auf 2800 Tonnen. Zehntausende Paschtunen-Flüchtlinge, die aus Pakistan in die von den Taliban kontrollierten Gebiete kamen, bewirtschafteten ihr Land für die leichteste und lukrativste Ernte der Welt.
Laut UNDCP erhielten die Bauern weniger als ein Prozent des Gesamtprofits aus dem Opiumhandel, weitere 2,5 Prozent verblieben in Afghanistan und Pakistan in Händen der Händler, während fünf Prozent für die Länder, durch die das Opium in den Westen gebracht werden musste, ausgegeben wurden. Den restlichen Profit steckten sich die Händler in Europa und den USA in die Tasche. Sogar bei dieser niedrigen Rückflussrate gehen vorsichtige Schätzungen davon aus, dass ungefähr eine Million afghanische Bauern mit ihrem Mohnanbau über 100 Millionen US-Dollar pro Jahr verdienen. Insofern streichen die Taliban mindestens 20 Millionen US-Dollar an Steuern ein, wahrscheinlich noch mehr.
Seit 1980 verwandten alle kriegführenden Mudschaheddin Drogengelder für ihre Militäraktionen und wirtschafteten in die eigene Tasche. Sie hatten Häuser und Geschäfte in Peschawar und neue Jeeps gekauft und unterhielten Bankkonten im Ausland. Offiziell weigerten sie sich zuzugeben, dass sie in den Drogenhandel verwickelt waren, und bezichtigten ihre jeweiligen Rivalen. Keiner war so dreist oder ehrlich wie die Taliban, die erklärten, sie hätten keine Absicht, Drogen zu kontrollieren. 1997 kamen nach Schätzungen von UNDCP und den USA 96 Prozent des afghanischen Heroins aus den von den Taliban beherrschten Gebieten.

Die Taliban hatten nicht nur die Anbaugebiete für Opium ausgeweitet, ihre Eroberungen hatten auch Handel und Verkehr gestärkt. Mehrmals im Monat verließen schwer bewaffnete Toyota-Konvois die Provinz Helmand, wo über 50 Prozent des afghanischen Opiums angebaut werden, und begaben sich auf lange, staubige Reisen. Einige Konvois fuhren nach Süden durch die Wüsten Belutschistans zu den Hafenstädten an Pakistans Makranküste, andere in den westlichen Iran, um Teheran herum in die östliche Türkei. Andere zogen nordwestwärts nach Herat und Turkmenistan. 1997 begannen einige Händler, Opiumladungen per Flugzeug aus Kandahar und Jalalabad an die Golfküste nach Abu Dhabi und in andere Hafenstädte zu transportieren.

Zentralasien war am stärksten von der Opiumexplosion in Afghanistan betroffen. Die Russenmafia, die während der Sowjetbesatzung enge Beziehungen zu Afghanistan geknüpft hatte, nutzte diese, um Heroin durch Zentralasien, Russland und das Baltikum bis nach Europa zu schaffen. Tadschikistan und Kirgistan bauten regelrechte Opiumrouten aus und wurden selbst Hersteller von Opiaten. Das afghanische Rohopium wurde anfänglich in Labors in Pakistan verfeinert, nach dem verschärften Vorgehen der pakistanischen Behörden begannen die Händler, eigene Labors in Afghanistan einzurichten. Über Zentralasien wurde Essigsäure, die für die chemische Umwandlung von Opium in Heroin nötig ist, ins Land geschmuggelt.

Mit circa 800 Tonnen Opiumproduktion pro Jahr – das entsprach 70 Prozent des weltweiten Heroinbedarfs bis 1989 – war Pakistan in den 1980ern zu einem der bedeutendsten Opiumproduzenten geworden. Die Rauschgifthändler hatten unter dem Schutz von CIA und ISI verstohlene Kontakte zu afghanischen Mudschaheddin aufgebaut. «Während der Korruption in den 1980ern waren geheime Operationen und Rauschgift in einer Weise miteinander verknüpft, die es schwierig machte, Pakistans Rauschgifthandel von den komplizierten Fragen regionaler Sicherheit und kriegerischer Aufstände zu trennen», heißt es 1992 in einer Studie über das Scheitern der US-amerikanischen Drogenpolitik.[4] Genau wie

in Vietnam, wo es der CIA vorzog, den Drogenhandel antikommunistischer Guerillas, die vom CIA finanziert wurden, zu ignorieren, entschlossen sich die USA auch in Afghanistan, die geheimen Absprachen zwischen den Mudschaheddin, den pakistanischen Drogenhändlern und Militärkreisen zu ignorieren.
Beispiele dieser geheimen Absprachen, die in den 1980ern zutage kamen, waren nur die Spitze des Eisbergs. 1983 musste der ISI-Chef General Akhtar Abdur Rehman sämtliche Mitarbeiter des ISI in Quetta entlassen, weil sie in den Drogenhandel und den Verkauf der vom CIA gelieferten, eigentlich für die Mudschaheddin bestimmten Waffen verwickelt waren.[5] 1986 wurde Major Zahooruddin Afridi auf der Fahrt von Peschawar nach Karatschi mit 220 Kilo erstklassigem Heroin geschnappt – der größte Drogenfang in der Geschichte Pakistans. Zwei Monate später wurde der Luftwaffen-Geschwaderoffizier Lieutenant Khalilur Rehman auf derselben Route mit ebenfalls 220 Kilo Heroin geschnappt. Seelenruhig gestand er, dass dies seine fünfte Tour gewesen sei. Der Straßenwert allein dieser beiden Ladungen betrug in den USA ungefähr 600 Millionen US-Dollar, das Äquivalent der gesamten US-Entwicklungshilfe an Pakistan in dem Jahr. Beide Offiziere wurden in Karatschi festgehalten, bis sie unter geheimnisvollen Umständen aus dem Gefängnis entkamen. «Die Fälle Afridi und Rehman deuten auf ein Heroin-Syndikat innerhalb der Armee und dem ISI, das mit Afghanistan in Verbindung steht», schrieb Lawrence Lifschultz.[6]
Die Drugs Enforcement Administration der USA (DEA) hatte in den 1980ern 17 vollbeschäftigte Beamte in Pakistan, die 40 größere Heroin-Syndikate ausmachten, darunter einige, an deren Spitze ranghöchste Regierungsbeamte standen. Nicht ein einziges Syndikat wurde in dem Jahrzehnt zerschlagen. Es gab ganz offensichtlich einen Interessenkonflikt zwischen der DEA und dem CIA, der jede peinliche Enthüllung über Drogenverbindungen zwischen den «heroischen» Mudschaheddin und pakistanischen Beamten und Drogenhändlern und der eigenen Organisation meiden wollte. Mehrere DEA-Beamte baten um Versetzung und zumindest einer

trat zurück, weil der CIA es ihnen nicht gestattete, ihre Pflicht zu erfüllen.

Während des Dschihad nutzten sowohl die Mudschaheddin als auch die Offiziere der kommunistischen Armee in Kabul die Gelegenheit. Die Logistik war bemerkenswert einfach. Die Esel- und Kamelkarawanen sowie die LKW-Konvois, die Waffen nach Afghanistan transportiert hatten, kamen leer zurück. Jetzt führten sie Rohopium aus. Die Bestechungsgelder, die CIA und ISI den Paschtunen-Oberhäuptern zahlten, um die Waffen-Konvois durch ihre Stammesgebiete fahren zu dürfen, galten auch für die Herointransporte, die auf derselben Route zurück nach Pakistan gingen. Die National Logistics Cell, eine vom Militär geleitete LKW-Firma, die CIA-Waffen aus dem Hafen von Karatschi nach Peschawar und Quetta transportierte, wurde oft von Händlern benutzt, um Heroin für den Export zurück nach Karatschi zu transportieren. Die Heroin-Pipeline in den 1980ern hätte nicht ohne das Wissen und das stillschweigende Einverständnis ranghöchster Militär- und Regierungsbeamte und des CIA funktionieren können. Alle zogen es vor wegzuschauen, denn vorrangig war, die Sowjetunion zu besiegen. Drogenkontrolle stand bei niemandem auf dem Programm.

Erst als General Asif Nawaz 1992 Pakistans Armeechef wurde, unternahm das Militär eine konzertierte Anstrengung, die Rauschgiftmafia, die sich in den pakistanischen Streitkräften entwickelt hatte, an den Wurzeln zu bekämpfen. Doch inzwischen waren Heroingelder in Pakistans Wirtschaft, Politik und Gesellschaft eingedrungen. Westliche Rauschgiftbekämpfungs-Organisationen in Islamabad blieben den Drogenbaronen auf der Spur, die während der Regierungszeiten von Premierministerin Benazir Bhutto (1988–90) und Nawaz Sharif (1990–93) Mitglieder der Nationalversammlung wurden. Drogenbarone bezahlten Anwärter auf hohe Ämter sowohl in Bhuttos pakistanischer Volkspartei als auch in Sharifs pakistanischer Muslim-Liga. Industrie und Handel wurden zunehmend mit gewaschenen Geldern aus dem Drogenhandel und der Schattenwirtschaft gestützt, die zwischen 30 bis 50 Prozent von Pakistans Gesamtwirtschaft ausmachten.

Erst nach dem Abzug der Sowjets aus Afghanistan übten die USA und der Westen Druck auf Islamabad aus, um die Opiumproduktion Pakistans zu verringern. Im Laufe des folgenden Jahrzehnts (1989–99) flossen 100 Millionen US-Dollar westlicher Hilfsgelder für den Kampf gegen das Rauschgift nach Pakistan. Der Mohnanbau wurde 1997 drastisch von 800 auf 24 Tonnen und 1999 auf zwei Tonnen reduziert. Projekte für den Anbau anderer Früchte in der Nordwestprovinz waren außerordentlich erfolgreich. Doch die Händler und die Transportmafia verschwanden nie völlig und erhielten großen Auftrieb, als die Taliban kamen und die Heroinproduktion in Afghanistan anstieg. Pakistan war kein heroinproduzierendes Land mehr, sondern wurde zur bedeutenden Transportroute.

Im Februar 1998 beschuldigte die Clinton-Regierung Islamabad, nur wenig zu tun, um die Produktion und den Export von Heroin zu reduzieren. Die USA weigerten sich, Pakistan zu bescheinigen, dass es seine Rauschgiftproduktion einschränkte, verzichteten aber auf Gegenmaßnahmen wegen nationaler Sicherheitsinteressen.[7] Aber das Drogenproblem war jetzt nicht mehr nur auf Pakistan und Afghanistan beschränkt. Es gab einen dramatischen Anstieg des Drogenkonsums in der gesamten Region. Bis 1998 wurden 58 Prozent der Opiate in der Gegend selbst konsumiert und nur 42 Prozent tatsächlich exportiert.[8] In Pakistan, wo es 1979 keine Heroinsüchtigen gegeben hatte, gab es 1986 650 000 Süchtige, 1992 drei Millionen und 1999 geschätzte fünf Millionen. Die Heroinsucht und die Drogengelder trieben die Kriminalitäts- und die Arbeitslosenrate in die Höhe und gaben ethnischen und sektiererischen Extremistengruppen einen Vorwand, sich zu bewaffnen.

Im Iran wurden 1998 von der Regierung 1,2 Millionen Süchtige eingestanden, aber leitende Beamte in Teheran erzählten mir, die Zahl liege eher bei drei Millionen – obwohl der Iran über einen der schärfsten Polizeiapparate der Welt zur Drogenbekämpfung verfügt, wo jeden, der mit ein paar Gramm Heroin aufgegriffen wird, automatisch die Todesstrafe erwartet.[9] Der Iran hatte viel intensiver als Pakistan versucht, der Drogengefahr zu begegnen. Seit den 1980ern hatte der Iran bei militärischen Einsätzen gegen die Drogenkonvois aus Afghanistan 2500 Mann seiner Sicherheitsstreitkräfte verloren. Nachdem der Iran im September 1998 aufgrund der Spannungen mit den Taliban seine Grenzen zu Afghanistan geschlossen hatte, fielen den iranischen Sicherheitsbeamten an der Grenze in wenigen Wochen fünf Tonnen Heroin in die Hände. Die Taliban standen vor einem großen Finanzproblem, als die geschlossenen Grenzen Einbrüche im Heroinexport und damit an Steuereinnahmen nach sich zogen.

Auch in den Ländern Usbekistan, Tadschikistan, Turkmenistan und Kirgistan stieg die Zahl der Heroinsüchtigen, da sie Teil der Heroin-Exportkette geworden waren. 1998 konfiszierten die Beamten an der Grenze von Tadschikistan nach Afghanistan eine Tonne Opium und 200 Kilo Heroin. Im Januar 1999 teilte Tadschikistans Präsident Imomali Rachmanow einer internationalen Konferenz mit, dass täglich eine Tonne Drogen aus Afghanistan in sein Land geschmuggelt würde und die Zahl der Süchtigen ständig ansteige. Usbekistan erklärte, 1998 sei der Drogenschmuggel aus Afghanistan um elf Prozent gestiegen.

Ich sah, wie in Aschchabad, der Hauptstadt Turkmenistans, vor Fünf-Sterne-Hotels ganz offen Heroin verkauft wurde, während im Hotel auffällige Turkmenen und Russenmafiosi mit ihren noch auffälligeren Freundinnen saßen und sich über Fahrten an die afghanische Grenze unterhielten, um «Geschäfte abzuwickeln». 1997 wurden zwei Tonnen Heroin und 38 Tonnen Haschisch von den Behörden beschlagnahmt. Turkmenistan wurde 1999 wegen seiner versöhnlichen Haltung gegenüber den Taliban die Hauptexportroute für Afghanistan, wovon korrupte turkmenische Beamte stark profitierten.[10] Kirgistans Präsident Askar Akaiev erzählte mir im Januar 1999, dass sein Land jetzt eine Hauptverkehrsstrecke für Drogen sei, die die Schuld an der wachsenden Kriminalität trügen. Akaiev sagte, der Krieg gegen die Drogen könne nicht gewonnen werden, solange in Afghanistan kein Frieden herrsche. Der

Bürgerkrieg sei zum destabilisierendsten Faktor in der Region geworden.[11]
Die von Afghanistan ausgehende Heroinexplosion beeinflusst Politik und Wirtschaft der gesamten Region. Sie beeinträchtigt die Wirtschaft der ohnehin zerbrechlichen Staaten und schafft eine neue Elite, die in scharfem Kontrast zu der immer größer werdenden Armut der Bevölkerung steht. «Die Politik dieser Region hängt von Drogen ab wie nie zuvor», erklärte ein westlicher Botschafter in Islamabad. «Wir setzen dies gleich mit anderen Bedrohungen wie islamischem Fundamentalismus, Terrorismus und dem potenziellen wirtschaftlichen Kollaps in einigen dieser Länder.»[12]
Diese sich verschlimmernde Situation veranlasste die internationale Gemeinschaft, Gespräche mit den Taliban aufzunehmen. Nach sechs Monaten heimlicher Verhandlungen verabschiedete das UNDCP im Oktober 1997 eine Vereinbarung. Die Taliban erklärten sich bereit, die Mohnernten zu vernichten, wenn die internationale Gemeinschaft ihnen finanzielle Unterstützung für die Bauern zusicherte. Pino Arlacchi, Chef des UNDCP, forderte 25 Millionen US-Dollar für ein Zehnjahresprogramm, um den Mohnanbau in den von den Taliban beherrschten Gebieten zu eliminieren. «Afghanistans Heroin stellt 80 Prozent des Heroinkonsums Europas und 50 Prozent des weltweiten Konsums. Es geht hier darum, die Hälfte des Heroins auf der Welt zu beseitigen», erklärte Arlacchi enthusiastisch.[13] Das UNDCP erklärte sich bereit, andere Feldfrüchte als Ersatz einzuführen, die Bewässerung zu verbessern, neue Fabriken zu bauen und für die Bekämpfung von Kriminalität zu sorgen.
Aber die Übereinkunft wurde von den Taliban nie eingehalten, und nach dem Abzug der UN-Organisationen aus Afghanistan 1998 war sie obsolet. Sechs Monate später meinte Arlacchi: «Afghanistan ist eine der schwierigsten und wichtigsten Regionen der Welt, aber eine weiter gefasste politische Regelung ist nötig, ehe die Drogenproduktion kontrolliert werden kann.»[14] Die Bilanz der Wohlstandsländer, von denen die Initiativen der UNDCP finanziert wurden, war auch nicht sonderlich hoffnungsvoll.

Zwischen 1993 und 1997 hatte die UNDCP 16,4 Millionen US-Dollar für Rauschgiftbekämpfung in Afghanistan gefordert und nur die Hälfte erhalten.

Die Steuern auf den Opiumexport wurden zum Hauptanteil des Einkommens der Taliban und ihrer Kriegswirtschaft. Das UNDCP schätzte 1995, dass die Drogenexporte aus Pakistan und Afghanistan ungefähr 50 Milliarden Rupien (1,35 Milliarden US-Dollar) im Jahr einbrachten. Bis 1998 hatte sich der Wert des Heroinexports auf 3 Milliarden US-Dollar verdoppelt. Die Drogengelder finanzierten Waffen, Munition und Treibstoff für den Krieg. Mit ihnen wurden Nahrung und Kleidung der Soldaten bezahlt sowie deren Sold, Transport und kleine Vergünstigungen, die die Taliban ihren Soldaten gewährten. Das Einzige, was zugunsten der Taliban gesagt werden kann, ist, dass sie anscheinend nicht wie bislang alle anderen das Geld in die eigenen Taschen stopften, denn sie lebten nach wie vor ein extrem genügsames Leben. Aber die Drogenhändler Afghanistans und Pakistans wurden schwerreich.

Parallel zum Drogenhandel erweiterte sich der traditionelle afghanische Schmuggel aus Pakistan und richtete verheerenden Schaden in den Nachbarstaaten an. Der Afghan Transit Trade (ATT), der in Kapitel 15 näher ausgeführt wird, ist die größte offizielle Einnahmequelle für die Taliban und beschert der afghanischen Wirtschaft schätzungsweise drei Milliarden US-Dollar. Zollbeamte in Kandahar, Kabul und Herat weigern sich, ihren täglichen Verdienst anzugeben, aber mit ungefähr 300 LKWs pro Tag, die Kandahar auf ihrem Weg nach Iran und Zentralasien via Herat, und weiteren 200 LKWs, die Jalalabad und Kabul auf dem Weg nach Norden durchqueren, ist der Tagesverdienst beträchtlich. Der illegale Handel mit Konsumgütern, Nahrung und Treibstoff lässt die Industrie verkümmern, mindert das Staatseinkommen und schafft Lebensmittelknappheit in allen Nachbarstaaten; er trifft ihre Wirtschaft in einer Weise, die es während des Dschihad nicht gegeben hatte.

Die Zolleinkünfte der Taliban aus dem Schmuggelgeschäft werden durch die Staatsbank Afghanistans gewaschen, die sich bemüht, in allen Provinzhauptstädten Filialen zu eröffnen. Aber es gibt keine Buchhaltung, aus der zu ersehen wäre, was an Geld hereinkommt und wohin es geht. Diese «offiziellen» Einkünfte legen keine Rechenschaft über das Kriegsbudget ab, das direkt von Mullah Omar in Kandahar angehäuft und ausgegeben wird und aus Drogeneinkünften, Hilfsgeldern aus Pakistan und Saudi-Arabien und von anderen Spendern abgezweigt wurde.

«Wir haben Einkommen aus Zollgebühren, Bergbau und *Zakat*, daneben gibt es aber auch noch andere für den Krieg bestimmte Einkünfte, die nicht über die Staatsbank Afghanistans laufen», bekannte Maulvi Arifullah Arif, der stellvertretende Finanzminister.[15]

Durch den Krieg, den Mullah Omar aus den mit Geld vollgestopften Blechkisten unter seinem Bett finanziert, ist das Zustandekommen eines nationalen Budgets so gut wie unmöglich – selbst bei guter Sachkenntnis, die sowieso nicht vorhanden ist. Das Finanzministerium hat keinen qualifizierten Wirtschaftsexperten oder Banker. Der Minister und seine Abgeordneten sind Mullahs mit *Madrassa*-Bildung, und sachverständige Bürokraten wurden eliminiert. Den Mangel an öffentlichen Geldern zeigt allein die Tatsache, dass 1997 das Finanzministerium ein Budget von 100 000 US-Dollar für die gesamten Verwaltungs- und Entwicklungsprogramme des Landes für das afghanische Finanzjahr Februar 1997 bis Januar 1998 festsetzte. Dieser Betrag reichte gerade einmal für die Beamtengehälter.

Einige der Mullahs bemühen sich, die Industrie und ausländische Investitionen anzukurbeln, aber offenbar gibt es für diese Bemühungen von oben her keine ernsthafte Unterstützung.

«Wir wollen Afghanistan zu einem modernen Staat machen. Wir haben riesige Mineral-, Öl- und Gasressourcen, die ausländische Investoren interessieren könnten», sagte Maulvi Ahmed Jan, der Minister für Bergbau und Industrie, der seinen Teppichhandel in Saudi-Arabien im Stich ließ, um sich den Taliban anzuschließen und Afghanistans Industrien zu leiten. «Als wir die Kontrolle im Süden übernahmen, standen alle Fabriken im Lande still. Mit

Hilfe von pakistanischen und afghanischen Händlern haben wir jetzt den Bergbau und die Teppichfabriken wieder eröffnet.» Er stimmte zu, dass nur wenige Mitglieder der mächtigen Schura in Kandahar an wirtschaftlichen Fragen interessiert seien, da sie allzu sehr mit dem Krieg beschäftigt waren.[16]

Als Anreiz für ausländische Investoren, insbesondere für pakistanische Händler, bot Ahmed Jan jedem, der eine Fabrik bauen wollte, gratis Land an. Da jedoch die gesamte Infrastruktur brachliegt, müsste jeder Investor seine eigenen Straßen bauen und für Elektrizität und Unterkünfte sorgen. Nur ein paar Transporteure aus Quetta und Peschawar, die bereits in Schmuggelgeschäfte und den lukrativen illegalen Holzhandel verwickelt waren, schienen sich für Projekte wie den Bergbau zu interessieren.

Es gibt keine gebildete oder fachkundige Schicht mehr im Land. Unter den Flüchtlingen, die seit 1992 in Schüben die Städte verlassen haben, befanden sich alle Facharbeiter wie Elektriker und Mechaniker. Die meisten Taliban, die die Ressorts für Finanzen und Wirtschaft sowie den sozialen Sektor lenken, sind geschäftetreibende Mullahs – Geschäftsleute, LKW-Fahrer und Schmuggler –, deren Staatsführung mit einer Markterweiterung der Schmuggel- und Transportgeschäfte einhergeht.

Einer von ihnen ist Mullah Abdul Rashid, ein grimmig dreinblickender Militärkommandant der Taliban aus Helmand, der im April 1997 zu traurigem Ruhm gelangte, als er eine pakistanische Militärpatrouille festhielt, die aus Belutschistan auf afghanisches Territorium gefahren kam, um eine Bande Drogenschmuggler zu jagen. Rashid verhaftete die Soldaten und sandte sie nach Kandahar, wodurch er einen Riesenkrach mit Pakistan auslöste. Er leitet auch den Marmorabbau in Helmand, der im Besitz der Taliban ist. Im Abbau sind 500 Männer angestellt, die nur mit Spitzhacken arbeiten – ohne Bergbauingenieur, Ausrüstung, Elektrizität oder Fachkenntnisse. Rashids Techniker beschränken sich auf Sprengungen, um den Marmor freizulegen (und zu zerstören).

Der Hunger der Taliban auf ausländische Investitionen wurde durch den Wettbewerb zwischen den beiden Ölfirmen Bridas of

Argentina und der US-Firma Unocal stimuliert, die um die Gunst der Taliban buhlten, um eine Gas-Pipeline von Turkmenistan durch Südafghanistan nach Pakistan zu legen (siehe Kapitel 12 und 13). Die Pipeline interessierte ein paar verwegene, risikofreudige Geschäftsleute. Darunter afghanische und pakistanische Händler, die in Kandahar und entlang der Strecke nach Herat Tankstellen aufgemacht hatten. Sie versprachen, Straßen zu bauen. Eine US-Firma versorgte die Taliban 1999 mit einem mobilen Telefonnetz zwischen Kabul und Kandahar. Solche Aktivitäten trugen nur wenig dazu bei, eine normale Wirtschaft zu errichten. Sie zielten darauf ab, das Schmuggelgeschäft der Taliban zu verbessern und den Händlern und Transportunternehmern das Leben zu erleichtern.

Seriöse ausländische Investitionen oder auch Hilfsgelder zum Wiederaufbau wird es erst geben, wenn der Krieg zu Ende ist und die Regierung ein Minimum an Stabilität und Loyalität garantieren kann. In der Zwischenzeit ist Afghanistan wirtschaftlich gesehen ein schwarzes Loch, das Wellen von Unsicherheit und Chaos über eine Region ausstrahlt, die ohnehin schon mit zahlreichen Wirtschaftskrisen zu kämpfen hat. Afghanistans Infrakstruktur liegt in Trümmern. Grundlegende öffentliche Einrichtungen, wie es sie in anderen unterentwickelten Ländern gibt, sind nicht vorhanden. Es gibt kein fließendes Wasser, kaum Elektrizität, wenige Telefone, wenige befahrbare Straßen und kaum Energieversorgung. Es herrscht großer Mangel an Wasser, Nahrung, Behausungen und anderen grundlegenden Notwendigkeiten. Das Wenige, das es gibt, ist für die meisten Menschen viel zu teuer.

Millionen von Minen bedeuten in den Städten schwere Probleme für eine Neubesiedlung, auch auf dem Land sind die fruchtbarsten Äcker minenverseucht. Seit 1997 wurden 400 000 Afghanen durch Minenexplosionen getötet, weitere 400 000 verletzt. 13 Prozent aller afghanischen Familien haben einen Angehörigen, der bei einem Minenunfall getötet oder verstümmelt wurde, und weiterhin sind jeden Monat über 300 Menschen betroffen. Obwohl 4000 Minenentschärfer im Auftrag der UNO und anderer Organisationen bemüht sind, das Land so schnell wie möglich von den Minen zu befreien, kann es noch einmal zehn Jahre dauern, bis wenigstens die größeren Städte frei sind. Allein in Kabul sind von den 500 Quadratmeilen der Stadt 200 immer noch vermint.[17]

Abgesehen von den Minen besteht der tägliche Kampf für die meisten Einwohner Kabuls darin, genügend der schmuddeligen Geldscheine aufzutreiben, um sich Lebensmittel kaufen zu können. Die Läden sind zwar voll von geschmuggelten Nahrungsmitteln aus Iran und Pakistan, aber kaum jemand kann sie sich leisten. Die Gehälter für afghanische Chirurgen, die nicht aus Kabul geflohen sind, betragen etwa fünf US-Dollar monatlich. Sie überleben nur, weil sie von der ICRC subventioniert werden. Durchschnittliche Gehälter liegen bei ein bis drei US-Dollar im Monat. Infolge der drückenden Armut und des Mangels an Arbeitsstellen hängt das Überleben eines Großteils der Stadtbevölkerung völlig von den UN-Organisationen ab. Die Hälfte von Kabuls 1,2 Millionen Einwohnern ist auf die Hilfe westlicher humanitärer Organisationen und ihrer Lebensmittelspenden angewiesen.

So ergibt sich für die UNO immer wieder das Dilemma der Frage, ob ihre humanitäre Hilfe nicht den Krieg weiter aufrechterhält, weil sich dadurch die Kriegsherren aus der Verantwortung für die Zivilbevölkerung stehlen können. Die Taliban haben von Anfang an hartnäckig die Ansicht vertreten, sie seien für die Bevölkerung nicht verantwortlich – Allah würde sich schon ihrer annehmen. Auf jeden Fall würde sich das Leiden der einfachen Bevölkerung vergrößern, wenn die UNO und die anderen Organisationen ihre lindernden Hilfsaktionen ganz einstellten – insbesondere das der Schwachen wie Witwen und Waisen.

1998 verschlechterte sich die Wirtschaftslage erheblich. Der Norden Afghanistans wurde von drei verheerenden Erdbeben heimgesucht, die Taliban-Belagerung im Hasarajat führte zu einer großen Hungersnot im Zentrum des Landes, Hochwasser in Kandahar überschwemmte Dörfer und Äcker, und das Leben der Stadtbevölkerung wurde schier unerträglich, als die Hilfsorganisationen nach dem US-Raketenangriff im August 1998 abzogen. Auf den Straßen Kabuls waren im eisigen Winter 1998/99 die Auswirkungen der Unterernährung deutlich sichtbar. Nur wenige konnten es sich leisten, einmal am Tag etwas zu essen und ihre Wohnung zu heizen. Doch gab man die Hoffnung nicht auf – wenn nur erst Frieden herrschen würde. Das World Food Programme (WFP) schätzte, dass die Getreideernte für 1998 ein Volumen von 3,85 Millionen Tonnen betragen würde, das wären fünf Prozent mehr als 1997 und somit das ertragreichste Jahr seit 1978.

Darin spiegelte sich wider, wie sich in den von den Taliban beherrschten ländlichen Regionen die strenge Ordnung, das Einstellen der Kämpfe und die Rückkehr der Flüchtlinge zu ihren Äckern bezahlt machten. Zwar gibt es noch 1,2 Millionen afghanische Flüchtlinge in Pakistan und 1,4 Millionen im Iran, aber über vier Millionen kehrten zwischen 1992 und 1999 in ihre Heimat zurück. Jedenfalls mussten die Taliban und die UN-Organisationen 1998 noch 750 000 Tonnen Weizen einführen, um die Städte zu versorgen. Eindeutig sind nicht die Taliban für das wirtschaftliche Desaster in Afghanistan verantwortlich zu machen. Aber auch die Taliban schenkten den Bedürfnissen der Zivilbevölkerung nicht die geringste Beachtung.

Die «Spendenmüdigkeit» des Westens überrascht nicht – ein Widerstreben, immer noch mehr Geld für humanitäre Zwecke aufzubringen, während der Bürgerkrieg unvermindert weiterwütet und die Kriegsherren sich jeder Verantwortung entziehen.

«Das Ausmaß des Leidens in der afghanischen Bevölkerung ist wirklich entsetzlich», teilte Alfredo Witschi-Cestari, der UN-Koordinator für Afghanistan bis 1998, mit. «Im Laufe der Jahre tröpfeln die Gelder immer spärlicher. Wir haben weniger als die Hälfte der Summe erhalten, um die wir ersucht haben.»[18] Die Kriegsherren haben nicht das geringste Interesse daran, den Wiederaufbau des Landes zu planen. Afghanistans ökonomisches schwarzes Loch wird größer und größer und verschlingt immer mehr die eigene Bevölkerung und die Völker der Region.

Kapitel 10
Weltumfassender Dschihad: Die Araber-Afghanen und Osama Bin Laden

In Torkham, dem Grenzposten zwischen Afghanistan und Pakistan auf der Spitze des Khaiberpasses, sind die beiden Länder nur durch eine Kette voneinander getrennt. Auf der pakistanischen Seite stehen die tadellos gekleideten Frontier Scouts – paramilitärische Einheiten in grauen Shalwar Kameezes und mit Turban. Es war April 1989, und die Sowjets hatten gerade Afghanistan verlassen. Ich wollte aus Kabul kommend über die Landstraße nach Pakistan, aber die Grenze war geschlossen. Erschöpft von der Fahrt, legte ich mich auf der afghanischen Seite ins Gras und wartete.

Plötzlich kam mit röhrendem Motor ein LKW voller Mudschaheddin auf der Straße herangefahren und hielt. Aber die Männer auf der Ladefläche waren keine Afghanen. Gebräunte Araber, blauäugige Männer aus Zentralasien und dunkelhäutige chinesische Gesichter blinzelten unter schlampig gewickelten Turbanen und aus schlecht sitzenden Shalwar Kameezes hervor. Sie hatten Munitionsgurte umgehängt und trugen Kalaschnikows. Abgesehen von einem Afghanen, der als Dolmetscher und Führer fungierte, sprach kein einziger Puschto, Dari oder auch Urdu. Während wir gemeinsam darauf warteten, dass die Grenze geöffnet wurde, kamen wir ins Gespräch.

Die Gruppe bestand aus Filipinos, Usbeken aus dem sowjetischen Zentralasien, Arabern aus Algerien, Ägypten, Saudi-Arabien und Kuwait sowie Uiguren aus China. Ihr Begleiter war ein Anhänger von Gulbuddin Hekmatyars Hizb-e-Islami. Die Männer wurden in einem Lager nahe der Grenze ausgebildet und fuhren jetzt übers Wochenende nach Peschawar, wo auf sie Post von Zuhause, saubere Kleidung und anständiges Essen warteten. Sie waren gekommen, um den Mudschaheddin beim Dschihad beizustehen und sich an den Waffen, im Herstellen von Bomben und in militärischer Taktik ausbilden zu lassen; anschließend wollten sie den Dschihad in ihrer Heimat weiterführen.

An dem Abend gab Premierministerin Benazir Bhutto in Islamabad ein Abendessen für Journalisten. Unter den Gästen war Lieutenant General Hamid Gul, Chef des ISI und leidenschaftlicher Islam-Ideologe der Armee nach Zia ul-Haqs Tod. General Gul triumphierte über den Abzug der Sowjets. Ich fragte ihn, ob er nicht mit dem Feuer spiele, wenn er radikale Muslime aus islamischen Ländern einlud, die mit Pakistan verbündet waren. Würden diese Radikalen nicht in ihren eigenen Ländern Kontroversen auslösen und Pakistans Außenpolitik gefährden?

«Wir kämpfen den Dschihad, und dies ist die erste internationale Brigade der modernen Zeit. Die Kommunisten haben ihre Brigaden, der Westen hat die NATO, warum sollen wir Muslime uns nicht zu einer gemeinsamen Front vereinen?», entgegnete der General. Dies war die erste und einzige Rechtfertigung, die ich je für die so genannten Araber-Afghanen erhielt, von denen niemand Afghane und viele gar keine Araber waren.

1986, drei Jahre zuvor, hatte der CIA-Chef William Casey den Krieg gegen die Sowjetunion verstärkt, indem er entscheidende, zu der Zeit streng geheime Maßnahmen umsetzte. Er hatte den US-Kongress davon überzeugt, den Mudschaheddin amerikanische Stinger-Flugabwehrraketen zu liefern für den Kampf gegen die sowjetischen Flugzeuge sowie US-Ratgeber für die Ausbildung der Guerilla zur Verfügung zu stellen. Bis dahin war noch keine in den USA hergestellte Waffe oder US-Personal in diesem Krieg direkt eingesetzt worden. Der CIA, der britische MI 6 und der ISI stimmten dem Plan eines Guerilla-Angriffs auf die Sowjetischen Republiken Tadschikistan und Usbekistan, die empfindliche muslimische Stelle der Sowjetunion, zu, von wo aus die sowjetischen Truppen in Afghanistan versorgt wurden. Die Aufgabe wurde dem ISI-Favoriten und Mudschaheddinführer Gulbuddin Hekmatyar übertragen. Im März 1987 überquerten kleine Einheiten der Militärbasen im Norden Afghanistans den Amu-Darya-Fluss und starteten ihre ersten Raketenangriffe auf Dörfer in Tadschikistan. Casey war erfreut über diese Neuigkeiten, und bei seiner nächsten Reise nach Pakistan überquerte er die Grenze nach Afghanistan mit Präsident Zia ul-Haq, um die Mudschaheddingruppen zu inspizieren.[1]

Danach verpflichtete Casey den CIA, eine für längere Zeit beabsichtigte ISI-Initiative zu unterstützen, bei der radikale Muslime aus der ganzen Welt rekrutiert und nach Pakistan gebracht werden sollten, um auf Seiten der afghanischen Mudschaheddin zu kämpfen. Der ISI hatte dies seit 1982 angeregt, und inzwischen hatten alle anderen Parteien ihre eigenen Gründe, diese Idee zu unterstützen. Präsident Zias Ziel war, die islamische Einheit zu festigen, Pakistan zum Führer der muslimischen Welt zu machen und eine islamische Opposition in Zentralasien zu fördern. Washington wollte demonstrieren, dass die gesamte muslimische Welt an der Seite von Afghanistan und seinen amerikanischen Wohltätern gegen die Sowjetunion kämpfte. Und die Saudis sahen eine Gelegenheit, den Wahabbismus voranzubringen und sich der eigenen Radikalen zu entledigen. Keiner der Beteiligten rechnete damit, dass diese Freiwilligen ihre ureigenen Pläne verfolgten und letzten Endes ihren Hass gegen die Sowjets, gegen ihre eigenen Regimes und gegen die Amerikaner richten würden.

Pakistan hatte bereits alle Botschaften im Ausland instruiert, jedem, der kommen wollte, mit den Mudschaheddin zu kämpfen, ohne große Fragen Visa auszustellen. Im Mittleren Osten organisierten die Muslim-Bruderschaft, die in Saudi-Arabien stationierte World Muslim League und die Palestinian Islamic Radicals ihre Rekruten und stellten den Kontakt zu den Pakistanis her. Empfangskomitees des ISI und Pakistans Jamaat-e-Islami begrüßten die ankommenden Militanten, sorgten für Unterbringung, Ausbildung und ermunterten diese Männer, sich den Mudschaheddingruppen, vor allem der Hizb-e-Islami, anzuschließen. Die Gelder für dieses Unternehmen stammten aus dem saudischen Geheimdienst. Der französische Experte Olivier Roy beschreibt es als «ein Joint Venture zwischen den Saudis, der Muslim-Bruderschaft und der Jamaat-e-Islami, zusammengestellt vom ISI».[2]

Zwischen 1982 und 1992 erhielten ungefähr 35 000 radikale Muslime aus 43 islamischen Ländern des Mittleren Ostens, aus Nord- und Ostafrika, Zentralasien und dem Fernen Osten ihre Feuertaufe bei den afghanischen Mudschaheddin. Zehntausende weitere radikale Muslime kamen, um die neuen *Madrassas* zu besuchen, die Zias Militärregierung in Pakistan und an der Grenze nach Afghanistan einzurichten begann. Am Ende hatten über 100 000 radikale Muslime direkten Kontakt mit Pakistan und Afghanistan und unterstanden dem Einfluss des Dschihad.

In den Lagern bei Peschawar und in Afghanistan trafen diese Radikalen zum ersten Mal aufeinander und lernten, trainierten und kämpften Seite an Seite. Für die meisten von ihnen war dies die erste Gelegenheit, etwas über die islamischen Bewegungen in den anderen Ländern zu erfahren, und sie knüpften taktische und ideologische Verbindungen, die ihnen in Zukunft zugute kommen sollten. Die Lager wurden buchstäblich zu Universitäten für den künftigen islamischen Radikalismus. Keiner der Geheimdienste schien sich über die Konsequenzen im Klaren zu sein, die sich aus dem Zusammenkommen von Tausenden islamischen Radikalen aus der ganzen Welt ergaben.

«Was war wohl in weltgeschichtlicher Hinsicht wichtiger: die Taliban oder der Fall des Sowjetreiches? Ein paar krausköpfige Muslime oder die Befreiung Mitteleuropas und ein Ende des Kalten Krieges?», gab Zbigniew Brzezinski, ein ehemaliger US-Berater für Nationale Sicherheit, zu bedenken.[3]

Die amerikanische Öffentlichkeit wurde erst wachgerüttelt, als für Afghanistan ausgebildete islamische Fanatiker im New Yorker World Trade Center 1993 eine Bombe hochgehen ließen, die sechs Menschen tötete und 1000 weitere verletzte.

«Der Krieg», schrieb Samuel Huntington, «hinterließ eine angespannte Koalition islamistischer Organisationen, deren Absicht es war, den Islam gegen alle nicht-muslimischen Mächte voranzutreiben. Er hinterließ auch zahlreiche Experten und erfahrene Kämpfer, Trainingslager und logistische Einrichtungen, hoch entwickelte transislamische Netzwerke aus persönlichen und organisatorischen Verbindungen, eine große Menge an militärischer Ausrüstung, darunter 300 bis 500 Stinger-Raketen, und, vielleicht am wichtigsten, einen Machtrausch und ein Selbstvertrauen angesichts dessen, was geleistet worden war, und eine dringliche Sehnsucht nach neuen Siegen.»[4]

Viele dieser Radikalen hofften darauf, dass der afghanische Dschihad, nachdem schon der Supermacht Sowjetunion eine Schlappe beigebracht wurde, auch andere Supermächte wie die USA und die eigenen Regimes besiegen konnte. Die Hoffnung basierte auf der einfachen Prämisse, dass es allein der afghanische Dschihad war, der die Sowjetunion in die Knie gezwungen hatte. Die zahlreichen internen Faktoren, die zum Kollaps des Sowjetregimes führten, von denen der Dschihad nur einer gewesen war, wurden ignoriert. Während die USA den Zusammenbruch des Sowjetreiches als ein Versagen des kommunistischen Systems ansahen, hielten ihn viele Muslime einzig und allein für einen Sieg des Islam. Diese Vorstellung war inspirierend und beschwor Erinnerungen an die großen muslimischen Siegeszüge im 7. und 8. Jahrhundert herauf. Eine neue islamische *Ummah*, so argumentierten sie, konnte durch die Opfer und das Blut einer neuen Generation von Märtyrern und noch mehr Siege geschmiedet werden.

Unter diesen Tausenden ausländischer Rekruten war ein junger Saudi namens Osama Bin Laden, Sohn des jemenitischen Baulöwen Mohammed Bin Laden, der ein enger Freund von König Faisal war und dessen Firma durch Restaurierung und Ausbau der heiligen Moscheen in Mekka und Medina zu sagenhaftem Reichtum gelangt war. Der ISI hatte schon seit langem Prinz Turki al Faisal, den Chef des saudischen Geheimdienstes *Istakhbarat*, ersucht, einen Prinzen aus der Königsfamilie als Führer des saudischen Kontingents zu stellen, um den Muslimen zu demonstrieren, wie verpflichtet sich die Königsfamilie dem Dschihad sah. Bislang waren nur arme Saudis, Studenten, Taxifahrer und Beduinen gekommen, um zu kämpfen. Aber von den verwöhnten Saudi-Prinzen war keiner auf das harte Leben in den Bergen Afghanistans erpicht. Bin Laden war zwar kein Königskind, stand der königlichen Familie aber nahe genug und war zweifellos reich genug, das saudische Kontingent zu führen. Bin Laden, Prinz Turki und General Gul wurden enge Freunde und Verbündete für die gemeinsame Sache.

Das Zentrum der Araber-Afghanen waren die Büros der World Muslim League und der Muslim-Bruderschaft in Peschawar, die von Abdullah Azam geführt wurden, einem jordanischen Palästinenser, den Bin Laden an der Universität von Dschidda kennen gelernt hatte und als seinen Führer verehrte. Azam wurde zusammen mit seinen beiden Söhnen 1989 in Peschawar bei einem Bombenattentat getötet. In den 1980ern hatte Azam enge Verbindungen zu Hekmatyar geknüpft sowie auch zu Abdul Rasul Sayyaf, dem afghanischen islamischen Gelehrten, den die Saudis nach Peschawar geschickt hatten, um den Wahabbismus zu verbreiten. Saudi-Gelder flossen an Azam und das Versorgungszentrum Makhtab al-Khidmat, das er 1984 für die neuen Rekruten geschaffen hatte und um Spenden islamischer karitativer Organisationen zu empfangen. Auch Spendengelder des saudischen Geheimdienstes, des saudischen Roten Halbmonds, der World Muslim League und aus den Privatschatullen saudischer Prinzen und Moscheen flossen durch dieses Zentrum. Zehn Jahre später sollte es sich als Hauptquartier radikaler Organisationen entpuppen, die an der Bombenlegung im World Trade Center und in den US-Botschaften in Afrika 1998 beteiligt waren.

Bis Bin Laden in Afghanistan ankam, war sein Leben kaum besonders auffallend verlaufen. Er wurde ungefähr 1957 als 17. von 57 Kindern des jemenitischen Bauunternehmers und einer saudischen Mutter, einer von Mohammed Bin Ladens zahlreichen Ehefrauen, geboren. Er absolvierte ein Studium der Betriebswirtschaft an der König-Abdul-Universität in Dschidda, wechselte dann aber zum Studium des Islam. Er ist schlank, über einsneunzig groß, schlaksig, trägt einen wallenden Bart und überragte alle Kommilitonen, die ihn als stillen, frommen Mann ohne besondere Merkmale in Erinnerung haben.[5]

Sein Vater unterstützte den Kampf in Afghanistan auch finanziell, sodass die Familie begeistert reagierte, als er sich ihm anschloss. 1980 reiste Bin Laden nach Peschawar und traf sich mit den Führern der Mudschaheddin. Er kam dann immer öfter mit saudischen Spendengeldern wieder und ließ sich 1982 schließlich ganz in Peschawar nieder. Er brachte Ingenieure seiner Firma und schwere Ausrüstung mit, um Straßen und Depots für die Mudschaheddin zu bauen. 1986 half er beim Bau des Khost-Tunnel-Komplexes, den der CIA als bedeutendes Waffendepot, Trainingsanlage und medizinisches Zentrum für die Mudschaheddin in den Bergen nahe der pakistanischen Grenze finanzierte. In Khost errichtete er zum ersten Mal sein eigenes Ausbildungslager für Araber-Afghanen, die den schlaksigen, reichen und charismatischen Saudi als Führer ansahen.

«Um diese sowjetischen Atheisten zu kontern, wählten mich die Saudis zu ihrem Vertreter in Afghanistan», sagte Bin Laden später. «Ich ließ mich in Pakistan an der afghanischen Grenze nieder. Dort empfing ich Freiwillige aus dem Königreich Saudi-Arabien und aus allen arabischen und muslimischen Ländern. Ich errichtete mein erstes Lager, wo diese Freiwilligen von pakistanischen und amerikanischen Offizieren ausgebildet wurden. Die Waffen wurden von den Amerikanern geliefert, das Geld stammte von den Saudis. Ich sah, dass es nicht ausreichte, in Afghanistan zu kämpfen, sondern dass wir an allen Fronten gegen kommunistische oder westliche Unterdrückung kämpfen mussten.»[6]

Bin Laden behauptete später, er habe an Hinterhalten für Sowjettruppen teilgenommen, aber hauptsächlich nutzte er seinen Reichtum und die saudischen Spenden, um die Projekte der Mudschaheddin zu verwirklichen und den Wahabbismus unter den Afghanen zu verbreiten. Nach Azams Tod 1989 übernahm er dessen Organisation und richtete die Militärbasis Al-Qaida als Servicezentrum für Araber-Afghanen und ihre Familien ein. Mit Bin Ladens Hilfe hatten Tausende arabische Militante in den

Provinzen Kunar, Nuristan und Badachschan militärische Stützpunkte errichtet, aber ihre extremen Wahabbi-Praktiken machten sie bei der Mehrheit der Afghanen unbeliebt. Darüber hinaus trieben sie einen Keil zwischen sich und die Nicht-Paschtunen sowie die Schiiten, weil sie sich mit den extrem pro-Wahabbi eingestellten Paschtun-Mudschaheddin verbündeten.

Ahmed Schah Masud kritisierte später die Araber-Afghanen. «Meine Dschihad-Fraktion hatte kein gutes Verhältnis zu den Araber-Afghanen während des Dschihad. Hingegen hatten sie ein sehr gutes Verhältnis zu den Gruppen von Abdul Rasul Sayyaf und Gulbuddin Hekmatyar. Als wir 1992 in Kabul eindrangen, kämpften die Araber-Afghanen in den Reihen Hekmatyars gegen uns. Wir werden sie auffordern, unser Land zu verlassen. Bin Laden richtet mehr Schaden an, als er Gutes tut», erklärte Masud 1997, nachdem er von den Taliban aus Kabul verdrängt worden war.[7]

1990 war Bin Laden durch das interne Gezänk der Mudschaheddin desillusioniert und kehrte nach Saudi-Arabien zurück, um im Familienunternehmen zu arbeiten. Er gründete eine Wohlfahrtsorganisation für Veteranen der Araber-Afghanen, von denen sich allein 4000 in Mekka und Medina niedergelassen hatten, und unterstützte die Familien der Gefallenen finanziell. Nach der Invasion des Irak in Kuwait versuchte er die königliche Familie zu überreden, eine Volksverteidigung des Königreichs zu organisieren und aus den afghanischen Kriegsveteranen eine Streitkraft zu bilden, mit der der Irak bekämpft werden konnte. Stattdessen holte König Fahd die Amerikaner ins Land. Das versetzte Bin Laden einen Riesenschock. Als die 540 000 US-Soldaten nach und nach eintrafen, kritisierte Bin Laden offen die königliche Familie und beeinflusste die saudische *Ulema*, Fatwas (religiöse Entscheide) gegen im Lande stationierte Nicht-Muslime auszusprechen.

Bin Laden äußerte heftige Kritik, als nach der Befreiung Kuwaits ungefähr 20 000 Mann US-Besatzung in Saudi-Arabien stationiert blieben. 1992 hatte er eine glühende Debatte mit Innenminister Prinz Naif, den er als Verräter am Islam bezeichnete. Naif beschwerte sich bei König Fahd, und Bin Laden wurde zur Persona non grata. Doch hatte er weiterhin Verbündete in der königlichen Familie, die Naif ebenfalls nicht ausstehen konnten. Seine Verbindungen zum saudischen Geheimdienst und der ISI hielt er aufrecht.

1992 ging Bin Laden in den Sudan, um an der islamischen Revolution teilzunehmen, die unter dem charismatischen sudanesischen Führer Hassan Turabi im Entstehen war. Bin Ladens fortgesetzte Kritik an der königlichen Familie verärgerte diese am Ende so sehr, dass sie ihm 1994 die Staatsbürgerschaft entzog – eine erstmalige Maßnahme. Mit seinem Vermögen und seinen Kontakten gelang es Bin Laden im Sudan, Veteranen aus dem Afghanistankrieg um sich zu scharen, die alle über den Sieg Amerikas über den Irak und über die anmaßende Haltung der arabischen Herrscherelite, dem amerikanischen Militär die Stationierung am Golf zu gestatten, entsetzt waren. Als der Druck auf den Sudan von Seiten der USA und Saudi-Arabien zunahm, weil sie Bin Laden Unterschlupf gewährten, forderten ihn die sudanesischen Behörden auf, das Land zu verlassen.

Im Mai 1996 reiste Bin Laden zurück nach Afghanistan und kam in einem Charterflugzeug in Begleitung von Dutzenden arabischer Kämpfer, Leibwächter und Familienmitglieder – drei Ehefrauen und 13 Kinder – in Jalalabad an. Hier lebte er unter dem Schutz der Jalalabad-Schura bis zur Eroberung von Kabul und Jalalabad durch die Taliban im September 1996. Im August 1996 erklärte er zum ersten Mal den Dschihad gegen die Amerikaner, die, wie er behauptete, Saudi-Arabien besetzten.

«Die Mauern von Unterdrückung und Demütigung können nur durch einen Kugelhagel zerstört werden», hieß es in der Erklärung. Nachdem er Freundschaft mit Mullah Omar geschlossen hatte, zog er 1997 nach Kandahar und stand fortan unter dem Schutz der Taliban.

Inzwischen hatte der CIA eine Spezialeinheit geschaffen, die all seine Aktivitäten und Verbindungen zu anderen islamischen Militanten überwachte. In einem Bericht des US-Außenministeriums hieß es, Bin Laden sei «einer der bedeutendsten Finanzgeber für den weltweiten islamischen Extremismus». Der Bericht besagte, dass Bin Laden Terroristenlager in Somalia, Ägypten, Sudan, Jemen und Afghanistan finanzierte. Im April 1996 unterzeichnete Präsident Clinton die Anti-Terrorismus-Akte, die den USA gestattete, die Vermögen terroristischer Organisationen zu blockieren. Als erstes wurde Bin Ladens Vermögen in geschätzter Höhe von 250 bis 300 Millionen US-Dollar blockiert.[8] Einen Monat darauf erklärte der ägyptische Geheimdienst, Bin Laden bilde 1000 Kämpfer aus, eine zweite Generation von Araber-Afghanen, um eine islamische Revolution in den arabischen Ländern anzuzetteln.[9]

Anfang 1997 entsandte der CIA ein Kommando nach Peschawar, das versuchen sollte, in einer Entführungsaktion Bin Laden aus Afghanistan herauszuholen. Die Amerikaner verpflichteten Afghanen und Pakistanis zur Hilfeleistung, brachen die Aktion dann aber ab. Die US-Aktion in Peschawar überzeugte Bin Laden schließlich, in die sichereren Gefilde von Kandahar zu übersiedeln.

Bei einem Treffen am 23. Februar 1998 im Khost-Lager verabschiedeten alle mit Al Qaida assoziierten Gruppen ein Manifest unter der Ägide der «Internationalen islamischen Front für den Dschihad gegen Juden und Kreuzritter». In dem Manifest stand: «Seit mehr als sieben Jahren besetzen die USA Grund und Boden des Islam an den heiligsten Orten der arabischen Halbinsel, plündern seinen Reichtum, befehligen seine Herrscher, demütigen seine Bewohner, terrorisieren seine Nachbarn und machen ihre Militärbasen auf der Halbinsel zu einer Speerspitze, mit der die umliegenden muslimischen Völker bekämpft werden sollen.»

Es wurde eine Fatwa erlassen. «Der Entscheid, die Amerikaner und ihre Verbündeten – Zivilisten und Militärs – zu töten, ist die Pflicht eines jeden Muslims; in jedem Land, in dem es ihm möglich ist.» Damit hatte Bin Laden eine Politik formuliert, die nicht nur auf die saudische Königsfamilie und die Amerikaner abzielte, sondern nach der Befreiung des gesamten muslimischen Mittleren Ostens rief. Als die amerikanischen Luftangriffe auf den Irak 1998 zunahmen, rief Bin Laden alle Muslime auf, Amerikaner und Briten «zu stellen, zu bekämpfen und zu töten».[10]

Durch die Bombenattentate im August 1998 auf die US-Botschaften in Kenia und Tansania, bei denen 220 Menschen ums Leben kamen, wurde Bin Laden in der muslimischen Welt und im Westen zum Begriff. Genau 13 Tage nachdem die USA Bin Laden der Attentate bezichtigt hatten, übten sie Vergeltung und feuerten 70 Cruise Missiles auf dessen Lager bei Khost und Jalalabad. Mehrere Lager, die von den Taliban an radikale Araber-Afghanen und pakistanische Gruppen übergeben worden waren, wurden getroffen. Das von Bin Laden kontrollierte Lager Al Badr und die von der pakistanischen Harkat-ul-Ansar geleiteten Lager Khalid Bin Walid und Muawia waren die Hauptziele. Harakat bildete in den Lagern Kämpfer gegen die indischen Truppen in Kaschmir aus. Sieben Ausländer wurden bei dem Anschlag getötet – drei Jemeniten, zwei Ägypter, ein Saudi und ein Türke. Zudem starben sieben Pakistanis und 20 Afghanen.
Im November 1998 setzten die USA für Bin Ladens Gefangennahme eine Belohnung in Höhe von 5 Millionen US-Dollar aus. Die Amerikaner waren wie elektrisiert, als Bin Laden verkündete, es sei seine heilige islamische Pflicht, chemische und nukleare Waffen zu erwerben und gegen die USA einzusetzen.
«Es wäre für Muslime eine Sünde, nicht zu versuchen, in den Besitz von Waffen zu gelangen, die Ungläubige davon abhalten können, Muslimen Schaden zuzufügen. Feindschaft gegenüber Amerika ist unsere religiöse Pflicht, und wir hoffen, dafür von Gott belohnt zu werden», erklärte er.[11]
Innerhalb weniger Wochen nach den Bombenattentaten in Afrika hatte die Clinton-Regierung Bin Laden so sehr dämonisiert, dass er schlichtweg für jede Grausamkeit, die von Seiten der muslimischen Welt gegen die USA begangen worden war, verantwortlich gemacht wurde. In einer Anklageerhebung vor einem New Yorker Gericht wurden Bin Laden folgende Verbrechen zur Last gelegt: die Ermordung von 18 amerikanischen Soldaten in Mogadischu, Somalia, 1993; der Tod von fünf Militärangehörigen durch ein Bombenattentat in Riad 1995 sowie der Tod von weiteren 19 US-Soldaten 1996 in Dhahran. Er wurde auch verdächtigt, bei den

Bombenattentaten 1992 in Aden und im World Trade Center 1993, beim Mordanschlag auf Präsident Clinton 1994 auf den Philippinen und bei den geplanten Anschlägen auf ein Dutzend amerikanischer Zivilflugzeuge 1995 seine Hände im Spiel gehabt zu haben.[12] Selbst US-Experten betrachteten all diese Anklagepunkte eher skeptisch.[13]

Aber die Clinton-Regierung suchte händeringend nach einer Ablenkung von der Schlammschlacht in der Monica-Lewinsky-Affäre und brauchte zugleich eine zweckdienliche, einfache Erklärung für ungeklärte terroristische Akte. Bin Laden wurde zum Mittelpunkt dessen, was Washington als eine weltweite Verschwörung gegen die USA bezeichnete. Allerdings gestand Washington nicht ein, dass der afghanische Dschihad mit Unterstützung des CIA Dutzende von Fundamentalisten-Gruppen in der gesamten muslimischen Welt gegründet hatte, die von militanten Moslems geführt wurden, deren Groll weniger gegen Amerika gerichtet war als vielmehr gegen ihr eigenes korruptes, inkompetentes Regime. Bereits 1992/93 hatten ägyptische und algerische Führer Washington geraten, sich erneut diplomatisch in Afghanistan zu engagieren, um Frieden zu schaffen und die Präsenz der Araber-Afghanen zu beenden. Washington ignorierte die Warnungen und ignorierte auch weiterhin Afghanistan, selbst als der Bürgerkrieg dort eskalierte.[14]

Die Algerier behielten Recht mit ihren Befürchtungen, denn der erste größere Auftritt der Araber-Afghanen erfolgte in Algerien. Die Islamische Heilsfront (ISF) gewann die erste Runde in den Parlamentswahlen mit etwa 60 Prozent der Sitze im ganzen Land. Das algerische Militär erklärte die Ergebnisse für ungültig, und innerhalb von zwei Monaten begann ein grausamer Bürgerkrieg, der bis 1999 ungefähr 70 000 Opfer forderte. Die ISF wurde vom extremeren islamischen Dschihad ausmanövriert, der sich 1995 in Bewaffnete Islamgruppe (GIA) umbenannte. Die GIA wurde von Algerier-Afghanen geführt – algerischen Veteranen aus dem Afghanistankrieg –, Neo-Wahabbis, die den Plan verfolgten, Algerien in ein Blutbad zu stürzen, Nordafrika zu destabilisieren und den islamischen Extremismus in Frankreich anzustacheln. Algerien war nur ein Vorgeschmack dessen, was noch folgen sollte. Auch die von islamischen Gruppen in Ägypten verübten Bombenattentate konnten auf in Afghanistan ausgebildete ägyptische Veteranen zurückgeführt werden.

Bin Laden kannte viele der Verbrecher, die hinter all diesen Gewaltakten standen, weil sie zusammen in Afghanistan gelebt und gekämpft hatten. Seine Organisation, die in der Hauptsache Veteranen des Afghanistankriegs und ihre Familien unterstützte, hielt den Kontakt zu ihnen. Er mag einige ihrer Aktionen finanziert haben, aber es ist recht unwahrscheinlich, dass er in alle Pläne eingeweiht war. Bin Laden bewegte sich von Anfang an unsicher im Gefüge des Islam. Er ist weder ein islamischer Gelehrter noch ein Lehrer und insofern nicht befugt, eine Fatwa zu verhängen – auch wenn er dies tut. Seine «Tod den USA»-Appelle sind im Westen immer als Fatwa bezeichnet worden, obwohl sie in der muslimischen Welt kein moralisches Gewicht haben.

Araber-Afghanen, die ihn während des Dschihad kannten, behaupten, er sei weder in seinen Auffassungen noch in seinen Äußerungen auf die Bedürfnisse der muslimischen Welt eingegangen. In dem Sinne war er kein Lenin der islamischen Revolution und auch kein internationalistischer Ideologe einer islamischen Revolution wie etwa Che Guevara für die Revolution in der Dritten Welt.

Bin Ladens frühere Komplizen beschreiben ihn als leicht zu beeindruckenden Mann, der immer einen Mentor brauchte – Männer, die mehr über den Islam und die moderne Welt wissen als er. Zu der Liste der Mentoren in seiner Jugend kamen später Dr. Aiman al-Zawahiri, das Oberhaupt des verbotenen Dschihad in Ägypten, sowie die beiden Söhne von Scheich Omar Abdel Rehman hinzu, dem blinden ägyptischen Prediger, der wegen des Bombenattentats auf das World Trade Center in einem US-amerikanischen Gefängnis sitzt und die verbotene El-Gamaa Islamiya in Ägypten angeführt hat. Durch den afghanischen Dschihad kannte er auch ranghöhere Figuren der Nationalen Islamischen Front im Sudan, der Hisbollah im Libanon und der Hamas, der radikalen islamischen Palästinenserbewegung im Gazastreifen und auf der West Bank. In Kandahar hatte Bin Laden Männer aus Tschetschenien, Bangladesch, den Philippinen, Algerien, Kenia, Pakistan und afroamerikanische Muslime um sich – von denen viele wesentlich belesener und besser informiert waren als er, aber Afghanistan nicht verlassen konnten, da sie in Amerika steckbrieflich gesucht wurden. Sie brauchten finanzielle Unterstützung und einen Zufluchtsort, und beides konnte Bin Laden ihnen geben.

Nach den Bombenattentaten in Afrika starteten die USA eine weltweite Aktion. Mehr als 80 islamische Fundamentalisten wurden in einem Dutzend verschiedener Länder festgenommen. Im Dezember 1998 nahmen indische Behörden Muslime aus Bangladesch in polizeilichen Gewahrsam, weil sie ein Bombenattentat auf das US-Konsulat in Kalkutta geplant hatten.[15] Sieben Afghanen mit falschen italienischen Pässen wurden in Malaysia wegen versuchter Bombenlegung festgenommen.[16] Nach Angaben des FBI wurden die Kämpfer im Jemen, die im Dezember 1998 sechzehn westliche Touristen entführten, von Bin Laden finanziert.[17] Im Februar 1999 erklärten die Behörden in Bangladesch, Bin Laden habe eine Million US-Dollar an den Harkat ul-Jihad (HJ) in Dhaka geschickt, von denen ebenfalls Anhänger in Afghanistan ausgebildet worden waren. Führer des HJ erklärten, sie wollten Bangladesch in einen islamischen Staat nach Vorbild der Taliban verwandeln.[18]

Tausende von Meilen entfernt in Nouakchott, der Hauptstadt Mauretaniens, wurden mehrere Fundamentalisten verhaftet, die ebenfalls unter Bin Laden in Afghanistan ausgebildet worden waren und im Verdacht standen, Bombenattentate zu planen.[19] Während 107 Al-Dschihad-Mitglieder vor einem Militärgericht in Kairo standen, bezeugten ägyptische Geheimdienstoffiziere, dass Bin Laden dem Al-Dschihad Geld zukommen ließ.[20] Im Februar 1999 behauptete der CIA, dass er durch Satellitenüberwachung von Bin Ladens Kommunikationsnetz sieben Bombenattentate auf US-Einrichtungen in Saudi-Arabien, Albanien, Aserbaidschan, Tadschikistan, Uganda, Uruguay und an der Elfenbeinküste verhindert habe – und hob dadurch den Einflussbereich der afghanischen Veteranen hervor. 1999 genehmigte die Clinton-Regierung 6,7 Milliarden US-Dollar, um den Terrorismus zu bekämpfen, gleichzeitig stiegen die Mittel des FBI-Programms gegen Terrorismus von 118 Millionen auf 286 Millionen US-Dollar an, und 2650 Agenten – doppelt so viele wie 1998 – wurden mit dieser Aufgabe betraut.

Aber die ursprünglichen Förderer der Araber-Afghanen, Pakistan und Saudi-Arabien, waren auch von diesen Aktionen betroffen. Im März 1997 wurden in einem afghanischen Flüchtlingslager bei Peschawar drei militante Araber und zwei Tadschiken nach einem 36-stündigen Feuergefecht von der Polizei erschossen. Sie gehörten der radikalen Wahabbi-Tafkir-Gruppe an und hatten ein Bombenattentat auf das Treffen islamischer Staatschefs in Islamabad geplant.

Ermutigt von Pakistan, den Taliban und Bin Laden, hatten sich die Araber-Afghanen der pakistanischen Partei Harkat-ul-Ansar angeschlossen, um in Kaschmir gegen indische Truppen zu kämpfen. Durch diese Araber, die ihre Wahabbi-Regeln mit ins Kaschmir-Tal brachten, fühlten sich die echten Kaschmir-Kämpfer brüskiert. Die US-Regierung hatte Ansar 1996 zur Terrororganisation erklärt, woraufhin diese ihren Namen in Harkat-ul-Mudschaheddin umänderte. All die pakistanischen Opfer des US-Raketenangriffs auf Khost gehörten zu Ansar. 1999 erklärte Ansar, sie würde eine strenge Wahabbi-Kleiderordnung im Kaschmir-Tal einführen, und verbot Jeans und Jacketts. Am 15. Februar schossen sie auf drei Mitarbeiter des Kabelfernsehens in Kaschmir, weil sie westliche Satellitenprogramme gesendet hatten. Anfangs hatte Ansar die liberalen Traditionen der Kaschmir-Muslime respektiert, doch die Aktionen der radikalen Araber-Afghanen verletzten die Legitimität der Kaschmir-Bewegung und gaben Indiens Propaganda Auftrieb.[21]

Als Premierminister Nawaz Sharif von Washington gedrängt wurde, bei der Verhaftung von Bin Laden behilflich zu sein, stand Pakistan vor einem Problem. Der enge Kontakt des ISI mit Bin Laden und die Tatsache, dass er die Militanten in Kaschmir finanzieren und ausbilden half, brachten Sharif in ein Dilemma, als er im Dezember 1998 zu einem Besuch nach Washington kam. Er wich der Thematik aus, doch andere Pakistanis waren dreister und erinnerten ihre amerikanischen Partner an die Geburtshelferrolle, die sie in den 1980ern für Bin Laden und für die Taliban in den 1990ern gespielt hatten. Bin Laden selbst wies in einem Interview auf die beständige Unterstützung von Teilen des pakistanischen Geheimdienstes hin:

«Es gibt in Pakistans Regierung einige Ressorts, die durch Gottes Gnade auf die islamischen Gefühle des pakistanischen Volkes reagieren. Das spiegelt sich wider in Sympathie und Kooperation. Doch andere Ressorts der Regierung sind in die Falle der Ungläubigen getappt. Wir beten zu Gott, er möge sie wieder auf den rechten Pfad geleiten.»[22]

Die Unterstützung Bin Ladens durch Kreise des Establishments war ein weiterer Widerspruch in Pakistans Afghanistanpolitik (siehe Kapitel 14). Die USA waren Pakistans engste Verbündete mit guten Beziehungen zu Militär und ISI. Doch die Taliban und Bin Laden boten den Militanten in Kaschmir, die von Pakistan gedeckt wurden, Zuflucht und militärische Ausbildung, und in Islamabad hatte man wenig Interesse daran, dies zu ändern. Zwar versuchten die Amerikaner wiederholt, den ISI zur Kooperation zu bewegen und Bin Laden auszuliefern, aber der lehnte ab und half nur, einige von Bin Ladens Helfern gefangenzunehmen. Ohne Hilfe Pakistans konnten die USA nicht an den Einsatz von US-Kommandos oder an gezielte Bombenangriffe denken – denn dafür benötigten sie unbedingt pakistanisches Territorium. Gleichzeitig wagten die USA nicht, Pakistans Unterstützung der Taliban an die große Glocke zu hängen, weil sie immer noch auf die Kooperation des ISI für die Auslieferung Bin Ladens hofften.

Das saudische Problem war noch komplizierter. Im Juli 1998 hatte Prinz Turki Kandahar besucht, und ein paar Wochen später kamen in Kandahar 400 neue Pick-ups für die Taliban an – mit Nummernschildern aus Dubai. Die Saudis gaben auch Geld für die Bestechungsaktionen der Taliban im Norden. Bis zu den Bombenattentaten in Afrika und ungeachtet des Drucks von Seiten der

USA hielten die Saudis ihre Unterstützung der Taliban aufrecht und schwiegen sich über eine notwendige Auslieferung Bin Ladens aus.[23] Sie zogen es vor, Bin Laden in Afghanistan in Ruhe zu lassen, denn seine Verhaftung und ein Prozess in den USA konnte das enge Verhältnis offenbaren, das Bin Laden weiterhin zu sympathisierenden Mitgliedern der königlichen Familie und Teilen des saudischen Geheimdienstes pflegte, was außerordentlich peinlich werden könnte. Die Saudis wollten Bin Laden entweder tot oder als Gefangenen der Taliban – aber keinesfalls in Händen der Amerikaner.

Nach den Bombenattentaten im August 1998 in Afrika nahm der Druck der USA auf die Saudis zu. Erneut besuchte Prinz Turki Kandahar, diesmal um die Taliban zu überreden, Bin Laden auszuhändigen. Mullah Omar weigerte sich und beschuldigte Prinz Turki, die saudische Königsfamilie auszunutzen. Bin Laden selbst beschrieb, was geschah:

«Er [Prinz Turki] forderte Mullah Omar auf, uns nach Hause auszuliefern oder aus Afghanistan auszuweisen. Es war keine Angelegenheit des Saudi-Regimes, um die Auslieferung von Osama Bin Laden zu ersuchen. Es war, als wäre Turki als Gesandter der amerikanischen Regierung gekommen.»[24]

Wütend über die Beschimpfung, brachen die Saudis alle diplomatischen Beziehungen mit den Taliban ab und stellten ostentativ alle Hilfen ein, zogen aber nicht ihre Anerkennung der Taliban-Regierung zurück.

Inzwischen übte Bin Laden beachtlichen Einfluss auf die Taliban aus, was nicht immer der Fall gewesen war. Der Kontakt der Taliban mit den Araber-Afghanen und deren panislamischer Ideologie hatte bis zur Einnahme Kabuls durch die Taliban 1996 nicht bestanden. Pakistan war stark an der Zusammenführung Bin Ladens mit den Führern der Taliban in Kandahar beteiligt, weil man die Übungslager bei Khost, die jetzt in Händen der Taliban waren, für die eigenen Kämpfer in Kaschmir zurückhaben wollte. Die etwas gebildeteren Kader der Taliban, die selbst panislamische Vorstellungen hegten, ließen sich von Pakistan überreden; zudem lockten finanzielle Vorteile durch Bin Laden. So kam es zu einem Treffen zwischen ihm und den Taliban, bei dem sie die Khost-Lager zurückgaben.

Teils zur eigenen Sicherheit, teils, um ihn unter Kontrolle zu halten, brachten die Taliban Bin Laden 1997 nach Kandahar. Erst lebte er als zahlender Gast. Er baute Mullah Omars Familie ein Haus und unterstützte die anderen Führer der Taliban finanziell. Er versprach, die Straße zu Kandahars Flughafen zu verbessern und Moscheen, Schulen und Staudämme zu bauen, aber diese Projekte wurden gar nicht erst begonnen, weil sein Vermögen eingefroren war.

Bin Laden machte sich bei den Führern weiter beliebt, als er ein paar hundert Araber-Afghanen zu den Offensiven im Norden 1997 und 1998 mit den Taliban mitschickte. Diese Wahabbis halfen den Taliban tatkräftig bei den Gemetzeln an den schiitischen Hasaras im Norden. Ein paar hundert Araber-Afghanen kämpften an der Front in Kabul gegen Masud. Zunehmend schien Bin Ladens Sicht der Dinge das Denken der ranghöheren Taliban-Führer zu beeinflussen. Die nächtelangen Sitzungen und Gespräche zahlten sich aus. Bis zu seiner Ankunft waren die Taliban-Führer den USA und dem Westen nicht sonderlich feindlich gesonnen, sie wollten nur von ihnen anerkannt werden. Doch nach den Bombenattentaten wetterten die Taliban immer lauter gegen die USA, die UNO, die Saudis und die muslimischen Regime rund um die Welt. Dabei bedienten sie sich zunehmend der trotzigen Sprache Bin Ladens. Als der Druck der USA auf die Taliban, Bin Laden auszuliefern, größer wurde, erklärten sie, er sei ein Gast, und es verstoße gegen afghanische Tradition, einen Gast, auszuliefern. Als es den Anschein hatte, als plane Washington einen erneuten militärischen Angriff auf Bin Laden, versuchten die Taliban einen Kuhhandel mit den Amerikanern: Sie wollten ihm erlauben, das Land zu verlassen, wenn sie die Taliban-Regierung anerkannten. So sahen die Taliban bis zum Winter 1998 Bin Laden als ihre Trumpfkarte an, als einen Chip im Spiel mit den Amerikanern, um den sich feilschen ließ.

Das US-Außenministerium stellte eine Telefonverbindung über Satellit her, um direkt mit Mullah Omar zu sprechen. Die afghanischen Kontakter führten mit Hilfe von Puschto-Übersetzern lange Gespräche mit Omar, bei denen beide Seiten verschiedene Möglichkeiten erwogen, jedoch vergeblich.[25] Anfang 1999 begann den Taliban zu dämmern, dass es mit den USA keinen Kompromiss geben könne, und sie betrachteten Bin Laden eher als Belastung. Das US-Ultimatum, bis Februar 1999 entweder Bin Laden auszuliefern oder die Konsequenzen zu tragen, zwang die Taliban, Bin Laden heimlich aus Kandahar verschwinden zu lassen. So gewannen sie zwar etwas Zeit, doch das Problem war damit nicht im mindesten zu einer Lösung gebracht.

Für die Araber-Afghanen hatte sich der Kreis geschlossen. Als ehemaliges Anhängsel des afghanischen Dschihad und des Kalten Krieges in den 1980ern standen sie in den 1990ern im Scheinwerferlicht Afghanistans, der benachbarten Länder und des Westens. Damit bezahlten die USA den Preis dafür, dass sie Afghanistan zwischen 1992 und 1996 einfach ignoriert hatten, während die Taliban den feindseligsten und militantesten islamischen Fundamentalisten der Welt nach dem Kalten Krieg die Tür geöffnet hatten. Jetzt war Afghanistan ein wahrer Zufluchtsort für islamische Internationalisten und Terroristen geworden, und die Amerikaner und der Westen wussten nicht, wie sie damit umgehen sollten.

Teil 3
Das neue große Spiel

Kapitel II
Diktatoren und Ölbarone: Die Taliban und Zentralasien, Russland, die Türkei und Israel

In Aschchabad, der Hauptstadt Turkmenistans, wurde 1996 ein neuer internationaler Flughafen fertiggestellt. Den riesigen, luxuriösen Terminal hatte man gebaut, um dem erwarteten Flugverkehr der westlichen Airlines in die gas- und erdölreiche Wüstenrepublik zu entsprechen, doch zu hören war nur der Widerhall der Stille. Nach wenigen Monaten war der Flughafen zur Hälfte wieder geschlossen, weil es zu teuer war, ihn zu unterhalten, und der Rest wurde auch 1999 kaum genutzt, da es nur wenige Flüge in der Woche gab.

In Sarachs, an der Grenze von Turkmenistan und dem Iran, wurde 1995 ein funkelnagelneuer Bahnhof mit marmorverkleideten Wänden und Fahrkartenschaltern vollendet. Der rote Sand und die Wanderdünen der Karakumwüste pfiffen um das Gebäude und die Hitze war zermürbend. Dieser Bahnhof war das turkmenische Ende einer von den Iranern gebauten neuen Zugstrecke, die Meschad im Nordosten des Iran mit Aschchabad verbindet; die erste Direktverbindung zwischen Zentralasien und den muslimischen Ländern, nachdem sie 70 Jahre lang voneinander abgeschnitten waren. Doch abgesehen von den zwei Güter- und Personenzügen, die jede Woche aus dem Iran kommen, ist der Bahnhof die meiste Zeit geschlossen.

Verbindungen zur Außenwelt hatten für alle Republiken Zentralasiens nach ihrer Unabhängigkeit im Dezember 1991 oberste Priorität, aber fast ein Jahrzehnt später scheint es, als habe es einst auf der legendären Seidenstraße mehr Verkehr gegeben als heute. Diese Monumente extravaganten Ehrgeizes und großer Träume sind das Werk des turkmenischen Präsidenten Saparmurad Niyazov,

der nur einen geringen Teil der dahinschmelzenden Finanzen auf den Unterhalt der 4,2 Millionen Menschen seines Landes verwendet, hingegen sehr viel mehr für einen prächtig entwickelten Persönlichkeitskult. Diese Trugbilder der Wüste stehen aber auch für die noch unerfüllten Hoffnungen Turkmenistans, das «neue Kuwait» zu werden, wie es Niyazov im Dezember 1991 formulierte.[1]
Seit der Unabhängigkeit hat Turkmenistan wie andere erdölreiche Republiken Zentralasiens vergebens darauf gehofft, seinen Gas- und Ölreichtum auf die internationalen Märkte zu bringen. Als Binnenstaaten und umgeben von neidischen, feindseligen Mächten – Russland, Iran, Afghanistan und Usbekistan – haben sich die zentralasiatischen Staaten intensiv um Pipelines bemüht, die ihrer Isolierung ein Ende setzen und sie von der wirtschaftlichen Abhängigkeit Russlands befreien würden. Sie könnten mit harter Währung rechnen und ihre durch den Bruch mit der Sowjetunion so verheerende Wirtschaft wieder in Gang bringen. 70 Jahre lang waren alle Verbindungen – Straßen, Zugstrecken und Pipelines – Richtung Russland gebaut worden. Jetzt wollten sie Verbindungen zum Arabischen Meer, Indischen Ozean, Mittelmeer und nach China schaffen.
Die Energieressourcen des Kaspischen Meeres und Zentralasiens (im Folgenden Kaspische Region genannt, die Kasachstan, Turkmenistan, Aserbaidschan und Usbekistan umfasst) wurden in den letzten Jahren in Superlativen beschrieben. Anfang der 1990er schätzten die USA die kaspischen Ölreserven auf 100 bis 150 Milliarden Barrels. Die Zahlen waren ziemlich übertrieben, und die möglichen Reserven werden jetzt auf weniger als die Hälfte geschätzt, möglicherweise sind es sogar nur 50 Milliarden Barrels. Nachweisbar sind in der kaspischen Region Reserven in Höhe von 16 bis 32 Milliarden Barrels, verglichen mit 22 in den USA und 17 in der Nordsee.
Doch wahrscheinlich gibt es in der kaspischen Region das letzte unerforschte und ungenutzte Ölvorkommen der Welt, und dessen mögliche Nutzung sorgte bei den internationalen Erdölfirmen für große Aufregung. Die westlichen Erdölfirmen hatten ihr Augen-

merk zuerst 1991/92 auf Westsibirien gerichtet, dann 1993/94 auf Kasachstan, 1995–97 auf Aserbaidschan und schließlich 1997–99 auf Turkmenistan. Zwischen 1994 und 1998 unterzeichneten 24 Firmen aus 13 Ländern Verträge in der kaspischen Region. Über die größten Ölreserven verfügt Kasachstan mit geschätzten 85 Milliarden Barrels, aber nur 10–16 nachgewiesenen. Aserbaidschan hat mögliche Ölreserven von 27 Milliarden Barrels, aber nur 4–11 nachgewiesene, während Turkmenistan über mögliche 32 Milliarden Barrels, aber nur 1,5 nachgewiesene verfügt. Usbekistans geschätzte Ölreserven betragen 1 Milliarde Barrels.
Die nachweisbaren Gasreserven in der kaspischen Region liegen bei 66 Milliarden Kubikmeter, verglichen mit den 84 Milliarden Kubikmetern in den USA. Turkmenistan hat mit seinen geschätzten 45 Milliarden Kubikmetern die elftgrößten Gasreserven der Welt; Usbekistan hat 30,8, Kasachstan 25, Aserbaidschan und Usbekistan je 10 Milliarden.[2]
Die Führer Zentralasiens sind geradezu besessen von all den Pipeline-Projekten, potenziellen Straßen und der Geopolitik um sie herum. 1996 produzierte die kaspische Region eine Million Barrels Erdöl pro Tag, wovon nur 300 000 exportiert wurden – hauptsächlich aus Kasachstan. Nur die Hälfte davon (140 000 Barrels) wurden nicht in die Sowjetunion exportiert. Noch beträgt die kaspische Produktion nur vier Prozent der gesamten Weltproduktion. Die Gasproduktion belief sich 1996 auf insgesamt 9,24 Milliarden Kubikmeter, von denen nur etwa ein Viertel in Länder außerhalb der früheren Sowjetunion exportiert wurde – meistens aus Turkmenistan. Es bestand ein dringender, fast verzweifelter Bedarf an Pipelines.
Das Gerangel um Öl und Einfluss, das die Großmächte in der kaspischen Region veranstalteten, ähnelte dem im Mittleren Osten in den 1920er Jahren. Großmächte wie Russland, China und die USA, die Nachbarstaaten Iran, Pakistan, Afghanistan und die Türkei, die Staaten Zentralsiens selbst und die wohl mächtigsten von allen, die Ölkonzerne, rivalisieren im «neuen großen Spiel», wie ich es 1997 in einem Zeitschriftenartikel nannte. Der Begriff blieb

haften und wurde von Regierungen, Experten und Ölkonzernen übernommen.[3]

Zum ersten Mal besuchte ich Zentralasien 1989 während Präsident Michail Gorbatschows Perestroika-Programm. Überzeugt davon, dass die ethnische Problematik in Afghanistan nach dem Abzug der Sowjettruppen explosiv zu werden drohte, wollte ich die Ursprünge der afghanischen Usbeken, Turkmenen und Tadschiken verstehen und ihre ehemaligen Heimatländer sehen. Ich kam des Öfteren in die Region, in der die Lage zunehmend komplizierter und brisanter wurde, als die Sowjetunion auseinander brach. Zufällig war ich gerade in Aschchabad, als die Staatsoberhäupter Zentralasiens am 12. Dezember 1991 zusammentrafen, um die Zersplitterung der Sowjetunion und ihre Unabhängigkeit zu diskutieren.

Sie alle waren widerwillige Nationalisten, voller Angst im Hinblick auf den Verlust an Sicherheit und Unterstützung durch das sowjetische Staatensystem und die plötzliche Konfrontation mit der Außenwelt. Innerhalb weniger Monate zerbröckelte ihre Wirtschaft, und der Bedarf an Pipelines war offenkundig. Sie suchten das Gespräch mit westlichen Ölkonzernen. Meine nachfolgenden Besuche schlugen sich in einem Buch über Zentralasien nieder, doch da sich Afghanistan im Bürgerkrieg aufrieb, kam ich zu dem Schluss, dass dies ein Nachspiel für Zentralasien haben und Pipelines die künftige Geopolitik der Region bestimmen würden.[4]

«Das neue große Spiel» hatte als Label historischen Klang. Im ausgehenden 19. Jahrhundert fochten die Briten in Indien und das zaristische Russland einen unerklärten Wettbewerbs- und Einflusskrieg miteinander aus, um einander in Zentralasien und Afghanistan unter Kontrolle zu halten.

«Turkestan, Afghanistan, Transkaspia, Persien – zu viele dieser Worte verströmen nur noch den Hauch völliger Abgeschiedenheit oder eine Erinnerung an seltsamen Wandel und eine unglückliche Liebe. Für mich sind sie, das muss ich eingestehen, Stücke auf einem Schachbrett, auf dem das Spiel um die Weltherrschaft ausgetragen wird», schrieb Lord Curzon, ehe er 1898 Vizekönig von

Indien wurde.[5] Beide Reiche expandierten: Die Briten drängten von Indien aus nach Afghanistan hinein, während die Heere des Zaren Zentralasien eroberten.

Afghanistan war der Dreh- und Angelpunkt für beide Mächte. Die Briten befürchteten, dass ein Vorstoß der Russen aus der turkmenischen Region Richtung Herat das britische Belutschistan bedrohen könnte, während Gold aus Moskau die Herrscher in Kabul gegen die Briten wenden konnte. Die Russen fürchteten, dass die Briten sie in Zentralasien gefährden könnten, indem sie Revolten muslimischer Stämme und die Herrscher von Buchara und Kokand unterstützten. Genau wie heute ging die wahre Schlacht um Verbindungswege, denn beide Reiche träumten von groß angelegten Eisenbahnprojekten. Die Russen verlegten Schienen durch Zentralasien an ihre Grenzen zu Afghanistan, Persien und China, während die Briten Schienen durch Indien an die Grenze nach Afghanistan verlegten.

Auch das große Spiel heute findet zwischen expandierenden und schrumpfenden Reichen statt. Während ein schwaches, korruptes Russland versucht, die Grenzen in Zentralasien, die es immer noch als die eigenen ansieht, in den Griff zu bekommen und das kaspische Öl durch Pipelines, die Russland durchqueren, kontrolliert, stoßen die USA in die Region mit Hilfe von Pipeline-Angeboten vor, die Russland umgehen würden. Der Iran, die Türkei und Pakistan bauen ihre eigenen Verbindungen in der Region aus, um zukünftig bei möglichen Pipelines nach Osten, Westen oder Süden ausgewählt zu werden. China will gesicherte Stabilität für seine aufsässige Xinjiang-Region, deren Bevölkerung aus denselben muslimischen ethnischen Gruppen, die in Zentralasien leben, besteht; es will die für seine rasch wachsende Wirtschaft nötige Energie sichern und seinen politischen Einfluss in der kritischen Grenzregion ausweiten. Die Staaten Zentralasiens haben ihre eigenen Rivalitäten, Präferenzen und strategischen Überlegungen. Und über alledem braut sich der grimmige Wettbewerb zwischen amerikanischen, europäischen und asiatischen Ölkonzernen zusammen.

Aber wie bereits im 19. Jahrhundert schufen Afghanistans Instabilität und nunmehr auch die vordringenden Taliban eine neue Dimension in dieser globalen Rivalität und wurden zum Dreh- und Angelpunkt für das neue große Spiel. Die Staaten und die Konzerne mussten entscheiden, ob sie den Taliban entgegentreten oder sie für sich gewinnen wollten und ob die Taliban für Pipelines von Zentralasien zu den neuen Märkten Südasiens hinderlich oder hilfreich sein könnten.

Afghanistan hat Zentralasien jahrhundertelang eisern im Griff gehabt. Das Gebiet, das das heutige Tadschikistan, das südliche Usbekistan und den Norden Afghanistans umfasst, war über Jahrhunderte ein Zusammenschluss benachbarter Territorien, der periodisch von einem Amir oder König in Buchara oder Kabul regiert wurde. Der Amir von Buchara war auf afghanische Söldner in seinem Heer angewiesen. Verfolgte Stammesoberhäupter, Banditen und Mullahs suchten Zuflucht im jeweils anderen Territorium und überquerten dazu eine nicht vorhandene Grenze. (Insofern war Tadschikistans Entscheidung 1997, die Luftbasis Kuliab Ahmad Schah Masud zu übergeben, damit er militärisch aus dem Iran und Russland beliefert werden konnte, nur eine Fortsetzung der Verbindungen aus der Vergangenheit.) Afghanistans unmittelbare Nachbarschaft zu Zentralasien fand nach der Russischen Revolution 1917 ein Ende, als die Sowjetunion die Grenze zu den muslimischen Nachbarn im Süden hermetisch schloss. Die Wiedereröffnung dieser Grenzen 1991 war der Startschuss für das neue große Spiel.

Heute grenzt Afghanistan an Turkmenistan, Tadschikistan und Usbekistan, aber nur Turkmenistan verfügt über große Energieressourcen. Entlang des Pamirgebirges verläuft die über 1000 Kilometer lange Grenze Tadschikistans zu Afghanistan, geteilt durch den Amu-Darya-Fluss. Ein Viertel der Bevölkerung Afghanistans sind Tadschiken. Weitere Tadschiken leben über die anderen Staaten Zentralasiens verstreut, 200 000 von ihnen in der chinesischen Provinz Xinjiang. Sie sind die einzige ethnische Gruppe in Zentralasien, die nicht von den Turkstämmen abstammt, sondern von den

ersten persischen Stämmen, die Zentralasien zwischen 1500 und 1000 v. Chr. bewohnten, wurden später aber von einer Reihe Turk-Invasoren aus der Mongolei an den Rand gedrängt.
In früheren Zeiten war Tadschikistan militärisches und wirtschaftliches Zentrum der Region. Es war das Tor zur Seidenstraße und Eingang für die Turk-Invasoren gen Westen zum Iran, nach Russland und Europa und gen Süden nach Afghanistan und Indien. Russland annektierte den nördlichen Teil des heutigen Tadschikistan 1868. Es wurde ein Teil der von Russland kontrollierten Provinz Turkestan. Als das große Spiel heftiger wurde, zogen Briten und Russen 1884 eine Demarkationslinie zwischen Afghanistan und Zentralasien, als Russland das südliche Tadschikistan annektierte.
Als Stalin 1924/25 auf der Landkarte mit willkürlichem Strich die fünf Republiken Zentralasiens schuf, überließ er Usbekistan die beiden bedeutendsten Zentren tadschikischer Kultur: Buchara und Samarkand. Dadurch verursachte er eine bis heute schwelende Rivalität zwischen den beiden Republiken. Das heutige Tadschikistan hat mit dem Ruhm der alten Tadschiken nichts mehr gemein. Stalin schuf auch die Autonome Region Gorno-Badachschan im Pamirgebirge, die 44 Prozent der Landfläche Tadschikistans, aber nur drei Prozent der Bevölkerung von fünf Millionen Menschen umfasst. Die Tadschiken sind Sunniten, während in Gorno-Badachschan verschiedene Volksgruppen leben, von denen viele Schiiten sind, darunter die Ismaeliten, eine schiitische Sekte mit dem Oberhaupt Agha Khan.
Einige Monate nach der Revolution von 1917 tauchten überall in Zentralasien muslimische Guerilla-Gruppen auf, um den Bolschewiken Widerstand zu leisten. Diese Rebellen wurden von den Bolschewiken Basmachis genannt, ein Schimpfname, der für Banditen steht. Die Bewegung stand für Islam, Nationalismus und Anti-Kommunismus. Sechzig Jahre später leitete dieselbe Idee die Mudschaheddin in Afghanistan. Entschlossen, die Sowjetmacht zu stören, halfen die Briten 1919 den Basmachis, indem sie den Herrschern in Kabul Geld gaben, damit diese ihnen mit Waffen und

Munition beladene Kamele schickten. Tausende Tadschiken-Basmachis fanden im Norden Afghanistans Zuflucht, als die Auseinandersetzungen 1929 mit dem Sieg der Bolschewiken ein Ende fanden. In einer Art Wiederholung ermunterten die USA in den 1980ern afghanische Mudschaheddin, nach Zentralasien einzumarschieren und sowjetische Militärposten anzugreifen. Und in Anspielung auf die Vergangenheit nannten die Sowjets die Mudschaheddin in Afghanistan manchmal «Basmachis».

Tadschikistan blieb eine unterentwickelte, arme Republik am äußeren Rand der Sowjetunion. Ihr Haushaltsbudget hing von den Subventionen aus Moskau ab. Nach 1991 kam es zu Spannungen zwischen Usbeken und Tadschiken, und unter den tadschikischen Clans kam es zu Rivalitäten. Der daraus resultierende Bürgerkrieg (1992–97) zwischen der neokommunistischen Regierung und islamischen Streitkräften, verwüstete das Land. Wieder einmal fanden Tausende tadschikischer Rebellen und Flüchtlinge Zuflucht im Norden Afghanistans, während tadschikische Regierungsstreitkräfte von russischen Truppen gedeckt wurden. 1993 erklärte Präsident Boris Jelzin, dass die tadschikisch-afghanische Grenze eigentlich «Russlands Grenze» sei, die von 25 000 Mann starken Truppen Russlands verteidigt würde.[6] Dies war ein nachdrücklicher Hinweis auf die Rolle, die Moskau in Zentralasien spielte.

Letzten Endes willigten die neokommunistische Regierung und die islamische Opposition in Tadschikistan in eine von den USA herbeigeführte Friedensregelung ein, aber keine Seite war imstande, für die zersplitterten Tadschiken-Clans eine nationale Identität zu finden. Diese internen Klüfte und die Tatsache, dass «eine einheimische Intelligenzija fehlte, um einen Nationalismus zu propagieren, der die Menschen mit dem Land und miteinander verband», machte das Land anfällig für Einflüsse aus Afghanistan.[7] Letztlich kooperierten beide Seiten im Bürgerkrieg mit Masud, der für viele Tadschiken ein Symbol für tadschikischen Nationalismus wurde, da er gegen die Taliban kämpfte. Zu diesem Image trugen die Taliban das ihrige bei, indem sie behaupteten, Masud versuche Afghanistan zu spalten und ein «Groß-Tadschikistan» zu schaffen.

Masud leugnete dies. Die Taliban waren für die Tadschiken islamische Fundamentalisten, die nichts für den gemäßigten Spiritualismus der Sufis Zentralasiens übrig hatten, während die expansionistischen Paschtunen nichts für die Anliegen der Tadschiken übrig hatten.

Die Usbeken – die größte, aggressivste und einflussreichste ethnische Gruppe in der Region – stellen heute das Herzstück des Islam und das politische Nervenzentrum Zentralasiens dar. Usbekistan hat Grenzen zu allen Republiken Zentralasiens und Afghanistan. Die Städte Samarkand und Buchara haben in der über 2500-jährigen Geschichte zahllose Zivilisationen beherbergt und wurden nach Arabien zum zweiten Zentrum für islamische Lehren. Im mittelalterlichen Buchara gab es 360 Moscheen und 113 *Madrassas,* und noch 1900 besuchten mehr als 10 000 Schüler die 100 aktiven *Madrassas.* Das 250 Meilen lange Ferghana-Tal mit seinen traditionellen islamischen Instituten und aufmüpfigen Basmachis ist die landwirtschaftlich reichste Region Zentralasiens und das Zentrum von Karimovs islamischer Opposition.

Die Usbeken führen ihre Abstammung auf die Mongolen Dschingis Khans zurück, deren Shaybani-Clan 1500 das heutige Usbekistan und den Norden Afghanistans eroberte. Mahmud Ibn Wali, ein Historiker aus dem 16. Jahrhundert, beschreibt die Usbeken als «bekannt für ihren schlechten Charakter, ihre Gewandtheit, Kühnheit und Unverblümtheit», die zudem ihren Ruf als Gesetzesbrecher genießen.[8] Nur wenig hat sich seitdem im Streben Usbekistans nach Macht und Einfluss geändert. Mit einer Bevölkerungszahl von 22 Millionen ist Usbekistan die größte Republik Zentralasiens. Weitere 6 Millionen Usbeken leben verteilt in anderen Republiken. In Tadschikistan, Turkmenistan und Kasachstan bilden sie eine substantielle Minderheit. So hat Karimov ethnische Verbündete zur Ausführung seines Plans, die Gegend zu beherrschen. Ungefähr zwei Millionen Usbeken leben im Norden Afghanistans, eine Folge der Auswanderungen vor und während der Basmachi-Rebellion; weitere 25 000 Usbeken leben in der chinesischen Provinz Xinjiang.

Lange bevor die Sowjettruppen aus Afghanistan abgezogen sind, nutzten Moskau und Taschkent die afghanischen Usbeken als Kordon gegen die Mudschaheddin. General Rashid Dostum kontrollierte sechs Provinzen und hielt dank der militärischen Unterstützung von außen den Mudschaheddin und später auch den Taliban für längere Zeit stand. Währenddessen versuchte Karimov ab 1994, eine Anti-Taliban-Allianz aus den Republiken Zentralasiens sowie Russland zusammenzuschmieden. Doch mit dem Fall Mazars 1998 brach Karimovs Politik zusammen und die Taliban wurden unmittelbare Nachbarn Usbekistans. Seidem hat Usbekistans Einfluss auf Afghanistan wesentlich abgenommen – Karimov wollte den Tadschiken Masud nicht unterstützen.
Karimov hatte auch erfolglos versucht, sich in Tadschikistan ins Spiel zu bringen, wo 24 Prozent der Bevölkerung Usbeken sind. 1992 unterstützte er die tadschikische Regierung militärisch bei ihrem Kampf gegen die islamischen Rebellen. Als es 1996 zu Friedensgesprächen zwischen beiden Seiten kam, bemühte sich Karimov, diese dazu zu bewegen, der usbekischen Minderheit eine größere Rolle einzuräumen, indem er kleineren usbekischen Aufständen im Norden Tadschikistans Unterstützung gewährte. Karimov stellte sich nach wie vor gegen den Versuch der Tadschiken, eine Koalition aus Regierung und Rebellen zu bilden, weil eine solche die Islamisten in ein freundliches Licht rücken würde – er fürchtete die Folgen bei der von ihm unterdrückten Bevölkerung Usbekistans.
Karimov regiert einen streng kontrollierten, autoritären Polizeistaat und benützt die Bürgerkriege in Afghanistan und Tadschikistan als Alibi. Die wichtigste Opposition für ihn waren die radikalen islamischen Gruppen im Untergrund, darunter die Wahabbis, die sich im Ferghana-Tal verschanzten. Viele dieser militanten Usbeken hatten in Saudi-Arabien oder Pakistan studiert oder wurden in den 1980ern in afghanischen Mudschaheddin-Lagern ausgebildet, bis sie schließlich Verbindung zu den Taliban aufnahmen.
Karimov hat die strengsten Gesetze aller Republiken Zentralasiens

gegen islamischen Fundamentalismus erlassen – angefangen von einer Einschränkung der *Madrassas* bis hin zum Verbot, Bart zu tragen – und gibt den Wahabbis alle Schuld am Unfrieden. Da jedoch die Hälfte der usbekischen Bevölkerung unter 18 ist und Arbeitslosigkeit und Inflation ständig zunehmen, werden die Jugendlichen zunehmend unruhig. Die soziale und wirtschaftliche Unzufriedenheit unter den jungen Leuten wird vom Regime aber nicht zur Kenntnis genommen. Obwohl Usbekistan wohl der mächtigste Staat Zentralasiens ist, ist er politisch und religiös am stärksten polarisiert. Karimovs Versagen beim Einfall in Afghanistan und Tadschikistan haben die islamische Militanz nur ermutigt. Dennoch ist Usbekistan weiterhin ein bedeutender Faktor im großen Spiel geblieben. Es produziert genügend Öl und Gas für den Hausverbrauch und wird wohl bald exportieren können. Anfangs wurde Usbekistan von den Ölkonzernen ignoriert, die sich um Vertragsabschlüsse mit den Nachbarn drängelten. Karimov war neidisch auf deren Erfolg, ausländische Investoren anzuziehen, weigerte sich aber, die staatliche Kontrolle in der Wirtschaft für westliche Konzerne zu lockern. Sobald Usbekistan zum Energie-Exportland wird, wächst sicherlich das Interesse an Pipeline-Strecken in Taschkent.

Turkmenistan ist ein ödes Wüsten- und Bergland, bewohnt von nomadischen Turkstämmen, die den Persern, Türken und Russen erst grimmig Widerstand leisteten, aber dann doch von ihnen erobert wurden. Vor dem 19. Jahrhundert hatten Grenzen für die Turkmenen keinerlei Bedeutung – sie zogen frei durch die gesamte Region. Es leben noch ungefähr 300 000 Turkmenen im Iran, 170 000 im Irak, 80 000 in Syrien und mehrere tausend in der Türkei.

Die Tekke sind der größte Stamm der Turkmenen. Sie widersetzten sich 1870 Russlands Vorstößen in ihr Territorium und vernichteten 1881 ein russisches Heer an der Geok-Tepe-Oase. Ein Jahr später wurden sechstausend turkmenische Reiter in einem russischen Vergeltungsschlag getötet. 1916 leisteten die Turkmenen unter dem charismatischen Führer Mohammed Qurban

Junaid Khan erneut langen und blutigen Widerstand gegen das zaristische Russland und später gegen die Bolschwiken, der bis 1927 andauerte.

All die Jahre über hat die Sowjetunion Turkmenistan ignoriert. Die Republik hat die höchste Arbeitslosenrate, die höchste Säuglingssterblichkeit und neben Tadschikistan die geringste Industrialisierung aller Sowjetrepubliken.[9] Als Moskau in die Öl- und Gasindustrie Sibiriens investierte, wurden Turkmenistans potenzielle Öllager ignoriert. Doch 47 Prozent von Turkmenistans Einkünften stammten aus dem Verkauf von neun Milliarden Kubikmeter Erdgas an andere Sowjetrepubliken. Das Auseinanderbrechen der Sowjetunion machte Turkmenistans Kunden zu verarmten, unabhängigen Staaten, die ihre Rechnungen nicht bezahlen konnten.

«Wir haben keine Ahnung, wer jetzt unser Gas kaufen wird und wie dafür bezahlt werden soll», bekannte Außenminister Avde Kuliyev im Dezember 1991.[10]

Turkmenistans Dilemma ist seine geopolitische Lage: Es liegt eingeklemmt zwischen dem Iran, der als Pipeline-Route für die USA nicht in Frage kommt, Afghanistan, wo der Bürgerkrieg tobt, und Russland, dem eher an einer Beschränkung des turkmenischen Gasexports in den Westen gelegen ist, da es das eigene Gas aus Sibirien verkaufen will. 1992 weigerten sich die Ukraine, Armenien und dann sogar auch Russland, für ihre Gasimporte aus Turkmenistan zu zahlen. Da das gesamte Gas aus Turkmenistan durch das frühere sowjetische Pipeline-Netz gepumpt wurde, hielt Moskau einfach die Hand darauf. Präsident Niyazov schloss den Gashahn zu den Nachbarn, als Turkmenistan unbezahlte Rechnungen in Höhe von einer Milliarde US-Dollar angesammelt hatte und die Gasproduktion auf weniger als ein Viertel von dem, was fünf Jahre zuvor produziert worden war, gesunken war.

Die USA waren zwar entschlossen, den Iran zu isolieren, aber das konnte Turkmenistan sich nicht leisten, denn der Iran bot den nächstgelegenen und günstigsten Zugang nach Süden und zum Meer. Geschickt umwarb Niyazov die USA, während er Teherans

Hilfe für den Bau von Straßen und Bahnstrecken suchte. Im Dezember 1997 stellten die Iraner eine 119 Meilen lange Gas-Pipeline zwischen den Gasfeldern im Westen Turkmenistans nach Kord-Kuy im Nordosten des Iran fertig.[11] Noch nach fast einem Jahrzehnt ist dies die einzige neu gebaute Pipeline zwischen Zentralasien und der Außenwelt.

Niyazov hofierte auch westliche Ölkonzerne, Gas-Pipelines zu bauen, was ihn von der Abhängigkeit vom Netz sowjetischer Pipelines befreien sollte. Im April 1992 planten Turkmenistan, die Türkei und der Iran den Bau einer Gas-Pipeline in die Türkei und weiter nach Europa mit einem Kostenrahmen von 2,5 Milliarden US-Dollar. Die Pipeline wurde nie gebaut, da die USA jede Strecke durch den Iran zu blockieren suchten. Im Februar 1999 unterschrieb Turkmenistan schließlich ein anderes Abkommen, diesmal mit einem US-Konsortium, über den Bau einer Pipeline von Turkmenistan in die Türkei, die unter dem Kaspischen Meer nach Aserbaidschan führen sollte und so den Iran umging.[12]

Als Niyazov sah, wie sehr die Wirtschaft im Niedergang begriffen war, ersann er alternative Exportstrecken. In Planung war 1994 eine Öl- und Gas-Pipeline ostwärts nach China, die über 20 Milliarden US-Dollar kosten würde, aber das Projekt ist noch nicht verabschiedet.[13] Auch die argentinische Ölfirma, die Konzessionen in Turkmenistan hatte, schlug 1994 den Bau einer Gas-Pipeline quer durch Afghanistan vor, um Pakistan und Indien mit Gas zu beliefern. Eine ähnliche Pipelineführung schlug die US-Firma Unocal 1995 mit Unterstützung Washingtons vor. Der Kampf beider Firmen um den Bau dieser Pipeline, der in den nächsten beiden Kapiteln näher erörtert wird, rief die Taliban und die anderen Kriegsherren Afghanistans auf den Plan. So wurde Afghanistan zum Dreh- und Angelpunkt der ersten Schlacht im neuen großen Spiel.

Schwach, verarmt und ohne jede militärische Kraft, die lange Grenze zum Iran zu verteidigen, entschlossen sich Afghanistan und seine Rivalen Usbekistan und Turkmenistan zu einer Außenpolitik der Neutralität. Turkmenistan hielt weiterhin Distanz zu

Russland und vermied, in die Wirtschaft und militärischen Pakte, die sich aus dem Auseinanderbrechen der Sowjetunion ergaben, eingebunden zu werden. Die Neutralität gebot Aschchabad auch, sich im Afghanistankonflikt auf keine Seite zu schlagen, zum Ärger von Moskau und Taschkent, da sich Turkmenistan nicht der Anti-Taliban-Allianz anschloss. Aschchabad hatte das kommunistische System mit Diesel-Treibstoff versorgt, bis Kabul 1992 fiel. Dasselbe geschah mit Ismael Khan, der Herat bis 1995 kontrollierte, und später mit den Taliban. Während das turkmenische Konsulat in Herat gute Beziehungen zu den Taliban unterhielt, unterhielt das Konsulat in Mazar gute Beziehungen zur Anti-Taliban-Allianz. Turkmenistan war die einzige Republik Zentralasiens, die die Taliban eher hofierte als konfrontierte.

Wie alle Herrscher in Zentralasien war auch Niyazov ein strenger Autokrat, der keine politische Opposition zuließ, die Medien zensierte und die Wirtschaft unter staatliche Kontrolle stellte. Er entwickelte einen primitiven Persönlichkeitskult wie Stalin und ließ überall Statuen und Bilder von sich aufstellen. Genau wie sein Rivale Karimov war Niyazov Waise. Beide waren in kommunistischen Waisenhäusern aufgewachsen, traten in jungen Jahren der kommunistischen Partei bei und stiegen lange vor der Unabhängigkeit zum Generalsekretär auf. Ihre Erziehung, Ausbildung und Loyalität ging auf das kaputte kommunistische System zurück, aber beide lernten rasch die Regeln des neuen großen Spiels.

Kein Land in der Region hat vom Auseinanderbrechen der Sowjetunion mehr profitiert als die Türkei. Russland war jahrhundertelang der mächtigste Feind der Türkei. Vom späten 17. Jahrhundert bis zum Ersten Weltkrieg hatten sich die beiden Länder Dutzende Kriege geliefert, und diese Rivalität hatte die Türkei veranlasst, der NATO beizutreten und sich um die Mitgliedschaft in der EU zu bemühen. Nach der Unabhängigkeit der Republiken Zentralasiens besann sie sich auf ihr viel älteres historisches Erbe.

Bis 1991 war der Pan-Turkismus – die Idee von einem Turk-Reich, das sich vom Mittelmeer bis nach China erstreckte – eine romantische Vorstellung einiger türkischer Gelehrter gewesen und hatte in der Außenpolitik der Türkei kaum eine Rolle gespielt. In einem jetzt zugänglichen riesigen Gürtel, der von Istanbul über den Kaukasus und Zentralasien bis hin nach Xinjiang in China reichte, sprach man türkische Dialekte. In den Republiken Zentralasiens sah man die Türkei als ein Modell für die eigene wirtschaftliche Entwicklung an – muslimisch, aber säkularisiert –, während die Türkei ihren Einfluss in der Region erweitern und einer der tonangebenden Mächte auf der Weltbühne werden wollte.

Sie begann, den Republiken Zentralasiens und des Kaukasus massive Entwicklungshilfe zukommen zu lassen, richtete Direktflüge zu ihren Hauptstädten ein, strahlte Fernsehprogramme über Satelliten aus, bot Studenten Stipendien, bildete ihre Soldaten, Banker und Diplomaten aus und initiierte einmal im Jahr einen Pan-Turk-Gipfel. Zwischen 1992 und 1998 investierten türkische Firmen mehr als 1,5 Milliarden US-Dollar in die Region und machten die Türkei zum größten staatlichen Einzelinvestor. Der Türkei war auch klar, dass sie Russland beschwichtigen musste, um in Zentralasien effektiv zu sein, und kaufte deshalb Gas aus Russland und weitete den Handel aus, der von 1,9 Milliarden US-Dollar 1990 auf 4,1 Millarden 1997 anstieg.[14] Die Ablehnung als EU-Mitgliedsstaat 1997 verärgerte die Türkei, drängte sie aber, engere Beziehungen zu den USA, Russland, Israel und Zentralasien zu knüpfen.

Die Türkei ist zu einer der tonangebenden Kräfte im neuen großen Spiel geworden. Ihr Bedarf an Energie und das Bestreben, größeren Einfluss auszuüben, hat mehrere Regierungen nacheinander veranlasst – koste es, was es wolle –, das Land zur Hauptdurchgangsstrecke für den Energieexport Zentralasiens zu machen. Im Sommer 1997 förderten die USA und die Türkei gemeinsam die Idee eines «Transportkorridors» für eine Pipeline von Baku in Aserbaidschan durch Georgien und den Kaukasus bis zur türkischen Hafenstadt Ceyhan am Mittelmeer. Kasachstan und Turkmenistan wurden ermuntert, ihr Öl in diese Pipeline einzuspeisen. Dadurch, so argumentierten die USA, würde auf der teuren, langen Strecke zwischen Baku und Ceyhan genügend Öl fließen, um sie rentabel zu machen.[15]

Zudem drängten die USA Kasachstan, für das eigene Öl ebenfalls eine Öl-Pipeline unter dem Kaspischen Meer, entlang des Baku-Ceyhan-Korridors zu bauen. Kasachstans riesige Ölreserven wurden von zwei großen Öl-Konsortien in Tenghis und Karachagnac genutzt, während China eine dritte Region mit Ölvorkommen – um Uzen herum – vermaß.[16] Kasachstan hatte bereits die Strecke von Tenghis zur russischen Hafenstadt Novorossiysk am Schwarzen Meer in Planung, die von Chevron ausgebaut werden sollte, aber die Strecke Baku–Ceyhan würde eine Alternative bieten, bei der man Russland umginge.

Die Azerbaijan International Operating Company (AIOC), bestehend aus fast einem Dutzend weltweiter Ölfirmen, die den Ausbau in Aserbaidschan beherrschte, stellte sich gegen das Baku-Ceyhan-Projekt, weil es angeblich zu teuer und zu lang war und weil es durch unruhige Kurdengebiete in der Türkei verlaufen würde.[17] 1998 stand fest, dass die US-Pläne über einen Ausbau der Strecke durch Afghanistan verschoben würden, und so wurde der Baku-Ceyhan-Korridor zum Schwerpunkt in Washingtons Politik in der kaspischen Region.

Die Baku-Ceyhan-Kontroverse dauerte zwei Jahre bis Ende 1998 an, als die internationalen Ölpreise wegen des Nachfragerückgangs aufgrund der wirtschaftlichen Flaute in Asien sanken. Die Ölpreise fielen auf ein Rekordtief von 13 US-Dollar pro Barrel, im Vergleich zu 25 US-Dollar 1997, und machten eine unmittelbare Nutzung des Öls in Zentralasien, das teuer zu fördern und zu transportieren wäre, unrentabel. Um wirtschaftlich zu sein, würde der Preis für Öl aus Zentralasien bei 18 US-Dollar pro Barrel liegen müssen.[18] Trotz der prognostizierten Unrentabilität hielt Washington weiter an der Strecke Baku–Ceyhan fest, da sie zum Schwerpunkt der amerikanischen Politik in der Region geworden war.

Die Türkei hatte die afghanischen Mudschaheddin 1980 unterstützt, doch ihre Rolle blieb weiterhin begrenzt. Als man in

Ankara anfing, eine Pan-Turk-Außenpolitik zu betreiben, wurden sofort Turk-Minderheiten wie die Usbeken Afghanistans aktiv unterstützt. General Dostum erhielt finanzielle Unterstützung aus Ankara und fand dort auch zweimal eine Exilheimat. Vehement widersetzte sich die Türkei den Taliban, was zu neuen Spannungen mit ihrem engen Verbündeten Pakistan führte. Darüber hinaus kam es über die Taliban-Bedrohung sogar zu einem besseren Verhältnis zwischen den Rivalen Türkei und Iran.

Die Türkei spielte auch eine Rolle bei der Wende in Israels Afghanistan-Politik. Nach dem Abkommen von Oslo 1993 hatten die Türkei und Israel enge militärische und strategische Bande geknüpft. Die Israelis, insbesondere jüdische Lobbys in den USA, standen den Taliban anfangs nicht sonderlich kritisch gegenüber.[19] Auf gleicher Linie mit dem US-Außenministerium sah man in Israel die Taliban als eine gegen den Iran gerichtete Macht, die dazu benutzt werden konnte, den iranischen Einfluss in Afghanistan und Zentralasien zu untergraben. Darüber hinaus würde die durch Afghanistan führende Unocal-Pipeline den Iran daran hindern, eigene Pipeline-Projekte in Zentralasien zu verfolgen.

Israels Geheimdienst Mossad suchte den Dialog mit den Taliban durch deren Verbindungsbüros in den USA sowie mit den Ölfirmen. Pakistans ISI unterstützte diese Dialoge. Obwohl Pakistan Israel nicht anerkannte, hatte der ISI während des afghanischen Dschihad über den CIA Verbindungen zum Mossad geknüpft. Mit anfänglicher Unterstützung der Türkei entwickelte Israel auch enge diplomatische und wirtschaftliche Beziehungen zu Turkmenistan, Usbekistan und Kasachstan. Israelische Firmen investierten in die Landwirtschaft, die Ölindustrie und das Kommunikationswesen.

Als jedoch die USA ihre Politik gegenüber den Taliban veränderten, da die Taliban Bin Laden Zuflucht gewährten und den Drogenhandel befürworteten, änderte sich auch die Position Israels. Die Türkei überzeugte Israel, dass die Taliban eine Bedrohung für die Sicherheit der Region darstellten und islamischen Fundamentalismus nach Zentralasien bringen konnten. Als sich das Unocal-

Projekt in Luft auflöste und den Israelis die Aversion ihrer Verbündeten in Zentralasien und der Türkei gegen die Taliban gewahr wurden, nahm der Mossad Kontakt zur Anti-Taliban-Allianz auf. Jetzt hatte Israel ein Interesse daran, dass die Taliban nicht die Kontrolle über das gesamte Afghanistan gewannen, wenngleich man Ahmad Schah Masuds Unterstützung aus dem Iran argwöhnisch betrachtete. Die Taliban und die Nordallianz beschuldigten einander, Unterstützung aus Israel zu erhalten.

Als die Ölpreise 1999 ins Trudeln gerieten, blieb der Iran die Unbekannte im neuen großen Spiel. Der Iran sitzt auf den zweitgrößten Gasreserven der Welt und hat nachgewiesene Ölreserven von über 93 Milliarden Barrels mit einer aktuellen Ölproduktion von 3,6 Millionen Barrels pro Tag. Als die Pipeline-Projekte wegen des niedrigen Ölpreises zurückgestellt wurden, drängte der Iran die Republiken Zentralasiens, ihr Öl durch eine direkte Nord-Süd-Pipeline zum Golf via Iran zu exportieren. Eine solche konnte mit einem Bruchteil der Kosten einer neuen Pipeline durch die Türkei gebaut werden, da der Iran bereits über ein umfangreiches Pipeline-Netz verfügte und nur noch Anschluss-Pipelines nach Aserbaidschan zu bauen brauchte.

«Die Strecke durch den Iran wäre für das Öl aus Zentralasien am sichersten und wirtschaftlichsten. Die Gesamtkosten für Iran würden 300 000 US-Dollar betragen. Dem gegenüber stehen drei Milliarden US-Dollar für eine Pipeline durch die Türkei», erklärte Ali Majedi, Irans Ölminister in Teheran.[20] Darüber hinaus stand der Iran auch im Wettbewerb mit Turkmenistan um den Bau einer Gas-Pipeline nach Indien und Pakistan – eine weit attraktivere Strecke, weil sie Afghanistan umging.[21]

In der ersten Phase seines Programms schlug der Iran vor, sein Rohöl mit dem aus Zentralasien zu tauschen. Seit 1998 wird Rohöl aus Kasachstan und Turkmenistan über das Kaspische Meer in die Raffinerien von Irans Hafenstadt Neka gebracht und im Iran verbraucht. Im Gegenzug gestattet der Iran den Firmen, Öl aus seinen Häfen zum Golf zu transportieren. Angesichts der auf unbestimmte Zeit verschobenen Pipeline-Projekte sagte dies den Ölfirmen zu, und sie verhandelten ungeachtet des Drucks von Seiten der USA mit dem Iran über weitere künftige Tauschgeschäfte. Die beiden US-Firmen Chevron und Mobil, die Öl-Konzessionen in Kasachstan und Turkmenistan besitzen, ersuchten die Clinton-Regierung im Mai 1998 um eine Lizenz für den Tauschhandel mit dem Iran, was in Washington ziemliches Kopfzerbrechen auslöste und zum Testfall für künftige US-Sanktionen gegen den Iran wurde.[22]

Letzten Endes war die Sicherheit, die man für den Bau von Pipelines zwischen Zentralasien und Südasien brauchte, vom Ende des Bürgerkriegs in Afghanistan abhängig. «Die Republiken Zentralasiens haben zwei Probleme mit Afghanistan. Das eine ist die Angst, das andere ist die günstige Gelegenheit», erklärte mir Lakhdar Brahimi, der UN-Mittelsmann für Afghanistan. «Die Angst resultiert aus der Erkenntnis dieser neuen, noch unstabilen Länder, dass der Afghanistankonflikt nicht für immer in seinen eigenen Grenzen gehalten werden kann. Entweder findet man eine Lösung, oder er greift über in die Nachbarstaaten. Man will jedes Abenteuer mit Kabul vermeiden – egal, ob islamischen Fundamentalismus, Terrorismus oder Drogen. Die günstige Gelegenheit besteht darin, dass diese Länder ohne Meereszugang ihre Abhängigkeit von Russland sprengen wollen und nach Möglichkeiten für Pipeline-Strecken suchen. Sie wollen in Kabul eine Regierung mit Verantwortung und gute nachbarschaftliche Beziehungen. Sie wollen ihre Grenzen öffnen, nicht abschotten.»[23]

Trotz des Preisverfalls des Öls und Russlands desolater Wirtschaft wird das Kräftemessen zwischen den USA und Russland den Pipeline-Wettbewerb in Zukunft beherrschen. Russland versucht hartnäckig, die USA aus seinem Vorgarten Zentralasien herauszuhalten.

«Wir kommen nicht umhin, mit anzusehen, wie in einigen westlichen Ländern Unruhe über die Energieressourcen in der kaspischen Region entsteht. Einige versuchen, Russland auszuschließen und seine Interessen zu unterminieren. Der so genannte Pipeline-Krieg in der Region ist ein Teil davon», erklärte Präsident Boris Jelzin 1998.[24] Um den Konflikt in Afghanistan am Brodeln zu

halten, hält Russland die Region instabil und hat somit einen Vorwand, in den Republiken Zentralasiens weiterhin militärisch präsent zu sein.
Die USA wollen Stabilität, denn man sorgt sich dort um die Konsequenzen, die ein anhaltender Krieg in Afghanistan für die eigene Politik in Zentralasien haben könnte.
«In ganz Zentralasien sind die Führer wegen der Instabilität Afghanistans und Tadschikistans nervös geworden. Sie befürchten eine sich ausbreitende Einflussnahme des Iran und zunehmend gewalttätigen Extremismus in ihren Ländern», erklärte Stephen Sestanovich, Sonderberater des US-Außenministeriums für die ehemalige Sowjetunion im März 1999.[25] Nur ein Ende des Bürgerkriegs in Afghanistan würde den Republiken Zentralasiens und den Ölfirmen das Vertrauen geben, ihre Pipeline-Projekte nach Südasien fortzusetzen, und das scheint in der unmittelbaren Zukunft nicht wahrscheinlich zu sein.

Kapitel 12
Im Flirt mit den Taliban I: Der Kampf um die Pipelines 1994–96

Carlos Bulgheroni war der erste Kontakt der Taliban mit der Hochfinanz, der Ölpolitik und dem neuen großen Spiel der Außenwelt. Als Argentinier und Vorsitzender von Bridas schwebte ihm vor, die Gasfelder seiner Firma in Turkmenistan mit Pakistan und Indien zu verbinden und dadurch eine Infrastruktur zu schaffen, die einen Frieden in Afghanistan und sogar zwischen Indien und Pakistan ermöglichte.

Wie die amerikanischen und britischen Ölmagnaten im frühen 20. Jahrhundert, die das Ölgeschäft als eine Ausweitung weltweiter Politik ansahen und deshalb eine Einflussnahme auf die Außenpolitik forderten, war Bulgheroni von seiner Idee geradezu besessen.

In den Jahren 1995 und 1996 verließ er seine Firma in Südamerika und verbachte neun Monate damit, im Firmenjet von einem afghanischen Kriegsherrn zum andern sowie nach Islamabad, Aschchabad, Moskau und Washington zu reisen, um die Führungsspitzen davon zu überzeugen, dass seine Pipelines eine realistische Möglichkeit boten. Die Männer um ihn herum waren ebenso umtriebig, vielleicht nicht aufgrund desselben Traums, aber motiviert durch den Workaholic Bulgheroni.

Bulgheroni stammt aus einer Familie italienischer Emigranten. Stundenlang kann der charmante, belesene, philosophisch angehauchte Industriekapitän über den Zusammenbruch Russlands, die Zukunft der Ölindustrie oder den islamischen Fundamentalismus referieren. Sein Vater Alejandro Angel hatte 1948 die kleine Service-Firma Bridas für Argentiniens neue Ölindustrie gegründet. Carlos und sein Bruder Alejandro Bulgheroni machten die Firma 1978 international, und Bridas wurde die drittgrößte unabhängige

Öl- und Gasfirma in Lateinamerika. Ihre ersten Erfahrungen mit Asien machte sie in Turkmenistan.

Was verschlug diesen Argentinier um die halbe Welt nach Afghanistan? Nach dem Kollaps der Sowjetunion hatte sich Bridas erst in West-Sibirien versucht. «Aber es gab dort zu viele Probleme mit Pipelines und Steuern, also gingen wir nach Turkmenistan, als sich das Land öffnete», erklärte mir Bulgheroni in dem einzigen Interview, das er über die Rolle von Bridas in Afghanistan gewährte.[1]

Bridas nahm 1991 ein gewaltiges Risiko auf sich, als erstes westliches Unternehmen Turkmenistan ein Pachtangebot zu unterbreiten. Zu der Zeit erklärten alle westlichen Ölfirmen diesen Entschluss für verrückt. Turkmenistan liegt weit entfernt, ist landumschlossen und kannte keinen gesetzlichen Schutz ausländischer Investoren. «Andere Ölfirmen scheuten vor Turkmenistan zurück, weil sie nicht wussten, wie sie das Gasvorkommen vermarkten konnten», sagte Bulgheroni. «Unsere Erfahrungen in Lateinamerika, Gas in Pipelines auf verschiedene Märkte zu transportieren, gaben mir genügend Selbstvertrauen, in Turkmenistan dasselbe zu versuchen.»

Präsident Niyazov war geschmeichelt von der Aufmerksamkeit, die ihm Bulgheroni schenkte, als kein anderer Ölmanager bei ihm anklopfte, und zwischen den beiden Männer entwickelte sich eine freundschaftliche Beziehung.

Im Januar 1992 wurde Bridas der Yashlar-Block in Ost-Turkmenistan nahe der afghanischen Grenze und nordöstlich der riesigen, von den Sowjets entdeckten Daulatabad-Gasfelder zugesprochen. Ein Jahr darauf, im Februar 1993, wurde Bridas der Keimir-Block im Westen des Landes am Kaspischen Meer zuerkannt. Als erstem und einzigem Teilnehmer in Turkmenistan wurden Bridas günstige Bedingungen eingeräumt: 50 Prozent des Profits in Yashlar und 75 Prozent des Profits in Keimir. «Wir wollten neue Gas- und Öldepots aufbauen, weil sich die Russen nicht gegen neue Funde stellen konnten, wie sie es bestimmt getan hätten, wenn wir nur die aus Sowjetzeiten stammenden übernommen hätten», erklärte Bulgheroni.

Bridas investierte 400 Millionen US-Dollar zur Nutzung seiner Pacht – eine zu der Zeit riesige Summe für eine kleine Ölfirma, als sich noch nicht einmal die bedeutenden Ölkonzerne in Zentralasien engagiert hatten. 1994 begann Bridas Öl aus seinem Keimir-Feld zu exportieren, und die Produktion stieg auf 16 800 Barrels pro Tag. Im Juli 1995 wurde die Firma in der heißen Wüste fündig: Man stieß in Yashlar auf ein massives neues Gasfeld mit geschätzten Reserven in Höhe von 76 Milliarden Kubikmetern – mehr als das Doppelte der Gesamtreserven Pakistans.

«Anders als Öl benötigt Gas einen unverzüglich erreichbaren Markt, also machten wir uns daran, einen solchen aufzubauen», erklärte José Louis Sureda, Bridas Manager für den Gastransport; ein kräftiger, untersetzter Ingenieur, der in den kommenden Monaten kreuz und quer durch Afghanistan reiste.[2]

«Nachdem wir Yashlar entdeckt hatten, wollten wir einen Teil des Gases nach Norden durch die alten russischen Pipelines transportieren, aber auch alternative Märkte auftun, und diese Märkte wären entweder China oder Südasien», sagte Bulgheroni. «Eine Pipeline durch Afghanistan konnte ein friedenbringendes Geschäft werden – schwierig, aber nicht unmöglich.» Im November 1994, als die Taliban gerade Kandahar einnahmen, überzeugte Bulgheroni Niyazov, eine Arbeitsgruppe für die Durchführbarkeit einer Gas-Pipeline durch Afghanistan nach Pakistan einzusetzen.

Am 16. März 1995 unterzeichneten Pakistan und Turkmenistan ein Memorandum, das Bridas eine Durchführbarkeitsstudie genehmigte. «Diese Pipeline wird Pakistans Tor zu Zentralasien sein, sie wird riesige Möglichkeiten eröffnen», erzählte mir Asif Ali Zardari, Bhuttos Ehemann. Zardari sagte, die Kontrolle der Pipeline durch die Taliban mache die Strecke möglich. Hinter seinem Schreibtisch hing eine riesige Landkarte mit der Strecke, auf die er stolz hindeutete.[3]

Inzwischen unterstützten der ISI und Pakistans Militär die Taliban, um eine südliche Transportstrecke über Kandahar und Herat nach Turkmenistan zu eröffnen. Zur selben Zeit verhandelte Pakistan mit Qatar und dem Iran, um eine Gasversorgung durch

zwei separate Pipelines zu erschließen, aber in strategischer Hinsicht, mit Islamabads bleibenden Interessen in Afghanistan und Zentralasien, bot das Angebot von Bridas größere Chancen.[4]
Bridas schlug vor, eine 875 Meilen lange Pipeline von ihren Yashlar-Feldern durch den Süden Afghanistans nach Sui in der Provinz Belutschistan zu bauen, wo Pakistans Gasreserven und Pipeline-Netz ihren Ursprung haben. Die Pipeline könnte später sogar zum noch größeren Markt via Multan nach Indien verlängert werden. Bridas schlug eine offen zugängliche Pipeline vor, in die andere Firmen und Länder im Laufe der Zeit eigenes Gas einspeisen konnten. Dies sagte besonders den Kriegsherren in Afghanistan zu, da das Land über Gasfelder im Norden verfügte, die einst Usbekistan versorgt hatten, aber inzwischen geschlossen worden waren. Bulgheroni war gekommen, um die afghanischen Kriegsherren zu hofieren.
«Ich traf mich mit allen Führern: mit Ismael Khan in Herat, mit Burhanuddin Rabbani und Masud in Kabul, mit Dostum in Mazar und mit den Taliban in Kandahar. Ich wurde überall sehr gut empfangen, denn die Afghanen hatten begriffen, dass sie das Land wieder aufbauen mussten, und sie brauchten ausländische Investitionen», erklärte Bulgheroni.
Im Februar 1996 berichtete Bulgheroni Bhutto und Niyazov, dass «Übereinkünfte erzielt und von den Kriegsherren unterzeichnet wurden, die uns das Wegerecht sichern».[5] Im selben Monat unterzeichnete Bulgheroni mit der afghanischen Regierung unter Präsident Burhanuddin Rabbani ein 30-Jahre-Abkommen über den Bau und die Inbetriebnahme einer Gas-Pipeline durch Bridas und ein internationales Konsortium. Bridas nahm Verhandlungen mit anderen Ölfirmen auf, darunter Unocal, die zwölftgrößte Ölfirma der USA, die über eine beträchtliche Erfahrung in Asien verfügte und seit 1976 in Pakistan tätig war. Turkmenische Beamte waren zum ersten Mal auf eine Einladung Bridas hin 1995 in Houston mit Unocal zusammengetroffen, und eine Delegation von Unocal hatte Aschchabad und Islamabad besucht, offenbar um beim Bau der von Bridas geplanten Pipeline dabei zu sein.

Aber Bridas stand jetzt vor größeren Problemen in Turkmenistan. Niyazov war von Beratern davon überzeugt worden, dass Bridas Turkmenistan ausbeute, und im September 1994 blockierte die Regierung Ölexporte aus Keimir und forderte Neuverhandlungen über den Vertrag mit Bridas. Im Januar 1995 schien das Thema erledigt zu sein, als Bridas sich einverstanden erklärte, seinen Anteil um 10 Prozentpunkte auf 65 Prozent zu senken. Als Bridas in Yashlar Gas entdeckte, lehnten Niyazov und seine Gehilfen ab, zusammen mit Bridas zu feiern, und forderten stattdessen nochmalige Neuverhandlungen der Verträge. Diesmal erklärte Bridas, man würde von den ursprünglichen Verträgen keinen Zoll abweichen, und Turkmenistan sah sich gezwungen zu akzeptieren.

Niyazov war ein Diktator kommunistischer Art, der nur wenig Verständnis und Interesse für internationale Gesetze und Verträge hatte. Aber es gab andere Gründe, gerade zu dem Moment Bridas unter Druck zu setzen. Als Unocal Interesse signalisierte, eine eigene Pipeline zu bauen und Turkmenistans bereits bestehende Gasfelder in Daulatabad zu nutzen, deren Gesamtprofit dem Land zufiel, sah Niyazov darin eine Möglichkeit, eine große US-Firma und die Clinton-Regierung für Turkmenistans Entwicklung zu engagieren. Niyazov brauchte die Amerikaner, also suchte er das intensive Gespräch mit amerikanischen Diplomaten. Die Amerikaner waren gezwungen, ihn weiter zu unterstützen, wenn sie nicht wollten, dass er sich in die Abhängigkeit des Iran begab. Niyazov besuchte die UNO und ließ Bridas und Unocal nach New York kommen. Am 21. Oktober 1995 unterzeichnete Niyazov dort vor geschockten Bridas-Managern ein Abkommen mit Unocal und dessen saudischem Partner Delta Oil Company, eine Pipeline durch Afghanistan zu bauen. «Wir waren geschockt, und Niyazov drehte sich um und sagte nur: ‹Baut doch einfach eine zweite Pipeline›», erzählte ein Manager von Bridas.[6]

Der Unterzeichnungszeremonie wohnte der frühere US-Außenminister Henry Kissinger bei, der zu der Zeit Berater von Unocal war. Beim Nachdenken über einen Bau durch Afghanistan witzelte der, dieses Abkommen erscheine ihm wie «der Triumph der

Hoffnung über die Erfahrung». Bridas war jedoch nicht bereit aufzugeben, und der erste Kampf um das neue große Spiel hatte begonnen.

«Wir sind einfach eine Ölfirma, die sich bemüht, die Ressourcen eines Landes zu nutzen, aber wir sind in das ‹große Spiel› anderer verwickelt worden, bei dem die Großmächte aufeinander eindreschen», sagte Mario Lopez Olaciregul, Bridas leitender Direktor, später.[7]

Unocal schlug eine Gas-Pipeline von Daulatabad nach Multan in Pakistan vor mit einer Gasreserve von 70 Milliarden Kubikmetern. Unocal gründete das CentGas-Konsortium mit einem Anteil von 70 Prozent, das 15 Prozent an Delta, zehn Prozent an den russischen Staatsbetrieb Gazprom und fünf Prozent an den Staatsbetrieb Turkmenrosgaz abgab. Unocal unterzeichnete ein zweites, sogar noch ehrgeizigeres Abkommen mit großem Anreiz für die ganze Region. Unocals Central Asian Oil Pipeline Project (CAOPP) plante eine 1050 Meilen lange Öl-Pipeline von Chardzhou in Turkmenistan zu einem Terminal an der Küste Pakistans, die eine Million Barrels Öl pro Tag für den Export lieferte. Noch bestehende Öl-Pipelines aus Sowjetzeiten – von den sibirischen Feldern Surgut und Omsk nach Chymkent in Kasachstan und Buchara in Usbekistan – konnten in das CAOPP einspeisen und Öl aus ganz Zentralasien nach Karatschi liefern.

«Die Strategie ist, das ausgedehnte Netz der bestehenden Pipelines auszunutzen, um das System der gesamten Region bis zur Küste hin zu erweitern und dadurch Produzenten in Russland, Kasachstan, Usbekistan und Turkmenistan Zugang zu den wachsenden Märkten in Asien zu gewähren. Dadurch würde ein Handelskorridor in Zentralasien entstehen», erklärte Robert Todor, Unocals geschäftsführender Vizepräsident.[8] Um Probleme, wie Chevron sie mit den Russen hatte, in Kasachstan zu vermeiden, hofierte Unocal Moskau gleich von Anfang an. Russlands Öl aus Sibirien würde neue Absatzmöglichkeiten im Süden am Meer finden, während Gazprom Anteil an der Gas-Pipeline hätte.

«Wir haben kein Russland-, sondern ein Afghanistan-Problem. Jeder will Gewinner sein», sagte mir Henry De La Rosa, Unocals Manager in Turkmenistan.[9]
Das plötzliche Interesse der Clinton-Regierung und Unocals an Turkmenistan und Afghanistan kam nicht von ungefähr. Ihm voraus ging ein bedeutender Wandel in der US-Politik gegenüber Zentralasien. Zwischen 1991 und 1995 hatte Washington Kasachstan und Kirgistan strategisch unterstützt, da sie als Staaten galten, in denen rasch wirtschaftlicher Aufschwung und politische Liberalisierung zu erwarten waren und die US-Firmen jede Investition erleichtern würden. In Kasachstan gab es noch Atomwaffen, Restbestände aus Sowjetzeiten, und wegen der riesigen Öl-, Gas- und Mineralreserven wurde Präsident Nursultan Nazarbayev persönlich von den Präsidenten Bush und Clinton hofiert. Doch 1995 wurde Nazarbayev zunehmend als Versager angesehen, da massive Korruption seine Regierung destabilisierte und Nazarbayev mehr und mehr diktatorisch regierte.
Bis 1993 hatte Kasachstan seine Atomwaffen an Russland abgegeben, und bei einem Bevölkerungsanteil von 40 Prozent Russen, die der Regierung offen feindlich gesinnt waren, musste sich Nazarbayev russischen Sicherheits- und Wirtschaftsforderungen beugen. Vier Jahre lang gelang es Kasachstan nicht, Russland dazu zu bringen, Chevron Öl aus Tenghis über russische Pipelines nach Europa transportieren zu lassen. Das frustrierte Chevron so sehr, dass es die 1991 Tenghis zugesagte fünf Milliarden US-Dollar-Investition herunterschraubte und bis 1995 nur 700 Millionen US-Dollar einsetzte.[10]
In der Zeit (1991–95) ignorierten die USA Tadschikistan, das vom Bürgerkrieg geschüttelt wurde, während die diktatorisch regierten Staaten Usbekistan und Turkmenistan vom US-Außenministerium als indiskutabel angesehen wurden. Zudem war man in Washington nicht darauf aus, Moskau gegen sich aufzubringen, indem man Russlands fortbestehende Interessen in Zentralasien brüskierte. Der Plan des stellvertretenden US-Außenministers Strobe Talbott war, Russland in die NATO aufzunehmen und

keine Probleme zwischen beiden Staaten durch Übergriffe in Russlands Hinterland zu provozieren.

Doch Russland glitt ab ins Chaos, und Talbotts Pro-Russlandpolitik geriet unter scharfen Beschuss innerhalb des Außenministeriums von Seiten jüdischer und israelischer Lobbys in Washington sowie von US-Ölfirmen, die eine flexiblere Außenpolitik gegenüber der früheren Sowjetunion forderten, die zuließ, dass man die Ressourcen der kaspischen Region nutzte, den kaspischen Staaten in ihrer Unabhängigkeit von Russland hilfreich zur Seite stand und sie ins westliche Lager einzog. Die Ölfirmen, die bahnbrechend in der Region gewesen waren, forderten zudem ein größeres Mitspracherecht in der US-Außenpolitik.

Anfang 1995 bildeten große US-Ölfirmen in Washington die private Foreign-Oil-Companies-Gruppe, um ihre Interessen in der kaspischen Region zu fördern. Darunter befand sich Unocal, das sich um frühere Politiker unter Bush und Carter bemühte, um in Washington eine Lobby für ihre Sache zu haben.[11] Die Gruppe traf sich mit Sheila Heslin, der Energieexpertin im Nationalen Sicherheitsrat (NSC), und später im Sommer 1995 mit ihrem Chef, dem NSC-Berater Samuel Berger. Berger hatte ein Regierungskomitee zur Gestaltung der Politik in der kaspischen Region gegründet, dem Vertreter aus verschiedenen Regierungsressorts und des CIA angehörten.[12]

Das strategische Interesse Washingtons und der US-Ölfirmen in der kaspischen Region wuchs, und Russland wurde ignoriert. Unmittelbare Vorteile hatten Usbekistan und Turkmenistan. Einem Versuch von US-Lobbyisten, Niyazov zu fördern, machte Washington einen Strich durch die Rechnung. Im März 1993 wurde der frühere NSC-Berater Alexander Haig von Niyazov eingestellt, der ihn nach Washington brachte, um US-Firmen dazu zu bringen, in Turkmenistan zu investieren und die Position der USA gegen eine Pipeline durch den Iran zu mildern. Der Besuch war ein Misserfolg. Turkmenistans Wirtschaftsmisere verschlimmerte sich, da das Land sein Öl nicht verkaufen konnte. Für die USA war die Aussicht auf eine Pipeline durch Afghanistan nicht nur deshalb attraktiv, weil dadurch der Iran umgangen würde, sondern auch weil dies eine Unterstützung Turkmenistans, Pakistans und der Taliban signalisierte und klar zeigte, dass Russland und der Iran geschnitten wurden.

Ohne Usbekistan konnten die USA keine strategische Schlagkraft in Zentralasien entwickeln, denn es war der größte und mächtigste Staat und der einzige, der sich gegen Russland auflehnen konnte. Vorsichtig umwarben beide einander. Karimov unterstützte die Pläne über ein NATO-Bataillon in Zentralasien, dem sich Russland vehement widersetzte. «Wir akzeptieren keine NATO in unserem Hinterland. Die USA müssen sich damit abfinden, dass Zentralasien weiterhin Russlands Einfluss untersteht», empörte sich ein aufgebrachter russischer Diplomat 1997 in Aschchabad.[13] US-Firmen fanden Interesse an Usbekistans Mineralvorkommen, und der Handel zwischen beiden Ländern blühte plötzlich auf und steigerte sich zwischen 1995 und 1997 auf das Achtfache. Im Juni 1996 unternahm Karimov seine erste Reise nach Washington. «Ende 1995 hatte der Westen, insbesondere die USA, sich eindeutig für Usbekistan als das einzige brauchbare Gegengewicht zur erneuerten russischen Hegemonie und zu Irans Einfluss entschieden», schrieb Dr. Shireen Hunter.[14]

So entstanden zwei Koalitionen in der Region. Die USA stellten sich in die Reihe von Usbekistan, Turkmenistan und Aserbaidschan und ermutigten deren Verbündete – die Türkei, Israel und Pakistan – zu investieren, während Russland Kasachstan, Kirgistan und Tadschikistan fest im Griff hielt.

«Bestimmt wollen die US-Parteiideologen es nicht mit einem hegemonistischen Russland zu tun haben, und die potenziellen Kosten einer solchen Hegemonie werden weitaus größer, wenn Russland imstande ist, die Bedingungen zu diktieren und den Zugriff des Westens auf die letzten bekannten Öl- und Gasreserven zu beschränken. Schon ein Minimum an US-amerikanischen Aktivitäten in dieser Region löst maximales russisches Misstrauen aus», sagte Dr. Martha Brill Olcott, eine führende Zentralasien-Expertin.[15]

Erst im Sommer 1996 begann ich Nachforschungen über diese sich anbahnende Geschichte anzustellen. Die plötzliche Einnahme Kabuls 1996 durch die Taliban veranlasste mich, Antwort auf zwei Fragen zu suchen, mit denen sich viele westliche Journalisten vergeblich herumschlugen. Unterstützten die Amerikaner die Taliban direkt oder indirekt über Unocal oder über ihre Alliierten Pakistan und Saudi-Arabien? Und was war der Anlass für diese massive regionale Polarisation zwischen den USA, Saudi-Arabien, Pakistan und Taliban auf der einen Seite und dem Iran, Russland, den Staaten Zentralasiens und der Anti-Taliban-Allianz auf der anderen? Während einige sich darauf konzentrierten, herauszufinden, ob es eine Wiederbelebung der alten CIA-ISI-Verbindung aus der Zeit des afghanischen Dschihad gab, wurde es für mich immer offensichtlicher, dass die Pipeline-Strategie zur treibenden Kraft hinter dem Interesse Washingtons an den Taliban geworden war, was der Reihe nach Gegenreaktionen Russlands und des Iran auslöste.

Aber die Recherche darüber war wie das Eintreten in ein Labyrinth, in dem niemand die Wahrheit sagte oder seine wirklichen Motive und Interessen preisgab. Es war eher die Arbeit eines Detektivs als eines Journalisten. Allein der Zugang zu den wirklichen Strippenziehern in diesem Spiel war schwierig, weil die Politik nicht von Politikern und Diplomaten gemacht wurde, sondern von geheimnistuerischen Ölfirmen und den Geheimdiensten der Regionalstaaten. Die Ölfirmen taten am geheimnisvollsten – ein Erbe des grimmigen Wettbewerbs, dem sie sich rund um die Welt aussetzten. Eine voreilige Bekanntgabe, wo sie als nächstes bohren würden oder welche Pipeline-Strecke sie bevorzugten, oder auch nur, mit wem sie eine Stunde zuvor Lunch hatten, gab das Spiel an den Feind weiter – an die gegnerische Ölfirma.

Bridas Manager sprachen nie mit der Presse und ließen nur gelegentlich Erklärungen über eine diskrete Public-Relations-Agentur in London verlauten. Unocal war zugänglicher, aber ihren Managern war eingebläut worden, alle Antworten vage zu halten. Einen einschneidenden Unterschied zwischen den beiden Unternehmen gab es allerdings, der sich auf ihr zukünftiges Verhältnis zu den Taliban auswirken sollte. Bridas war eine kleine Firma, deren Manager in europäischer Tradition erzogen und ausgebildet worden waren und sich für Politik, Kultur, Geschichte und ein persönliches Verhältnis zu denen, mit denen sie zu tun hatten, interessierten. Bridas Manager kannten sich mit allen Winkelzügen aus und machten sich die Mühe, den kulturellen Hintergrund und die Belange der Führer, die sie trafen, zu erkunden.

Unocal hingegen war ein Riesenkonzern, der Manager nur einstellte, damit sie sein globales Ölgeschäft führten. Bis auf wenige Ausnahmen waren die in diese Region entsandten Manager ausschließlich an ihrem Job interessiert, nicht an der Politik um sie herum. Während Bridas Ingenieure stundenlang mit afghanischen Stammesoberhäuptern in der Wüste Tee tranken, wenn sie die Routen erkundeten, flogen die Manager von Unocal ein und aus und nahmen einfach hin, was sie von den wankelmütigen afghanischen Kriegsherren zu hören bekamen. Afghanen üben sich seit langem in der Kunst, ihrem Gesprächspartner zu erzählen, was dieser gerade hören möchte, um dann dem nächsten das genaue Gegenteil zu berichten. Unocal war also benachteiligt, weil die Firmenpolitik nicht von der Linie der USA abwich, und infolgedessen erteilten sie den Taliban Anweisungen, was zu tun war. Bridas dagegen war bereit, einen Handel mit den Taliban abzuschließen, obwohl sie von keinem Staat als legitime Regierung anerkannt waren.

Unocal war abhängiger von den Informationen aus der Botschaft in Islamabad und von den Geheimdiensten Pakistans und Turkmenistans, um darüber im Bilde zu sein, was gerade vor sich ging oder geschehen sollte, anstatt eigene Informationen zu sammeln. Als meine Artikel über die Rivalität zwischen Bridas und Unocal und die Verwicklungen des neuen großen Spiels publik wurden, hielten mich beide Firmen zunächst für einen Spion, der heimlich für die andere Seite arbeitete. Daran hielt Unocal auch noch hartnäckig fest, als Bridas bereits erkannt hatte, dass ich einfach nur ein neugieriger Journalist war, der schon viel zu lange aus Afghanistan berichtete, um sich mit nichtssagenden Erklärungen zufrieden zu geben. Ich musste sieben Monate umherreisen, über hundert Interviews führen und in die schriftlichen Unterlagen des Ölgeschäfts eintauchen – wovon ich nicht die geringste Ahnung hatte –, bis ich endlich die Titelstory für die *Far Eastern Economic Review* schreiben konnte, die im April 1997 erschien.

Im Juli 1997 hielt Talbott eine Rede, die für die US-Politik in der Region ein Zeichen setzte. «Es ist Mode geworden, zu behaupten oder zumindest vorherzusagen, es finde eine Wiederholung des großen Spiels im Kaukasus und in Zentralasien statt. Die Folge davon ist natürlich, dass die treibende Kraft der Region, geschmiert von Öl, der Wettbewerb der Großmächte wird. Unser Ziel ist, einen solchen Atavismus zu verhindern. Lassen wir Rudyard Kipling und George McDonald Fraser dort, wo sie hingehören – in den Regalen der Geschichte. Das große Spiel mit Kiplings Kim und Frasers Flashman in den Hauptrollen war eher eine Art Nulllösung.»

Aber Talbott wusste auch, dass das Spiel im Gange war, und richtete eine grimmige Warnung an die Beteiligten, sogar als er erklärte, Washingtons oberste Priorität sei die Konfliktlösung. «Wenn interne und grenzüberschreitende Konflikte brodeln, kann die Region zu einem Brutplatz für Terrorismus werden, zu einem Nährboden für religiösen und politischen Extremismus und zu einem Schlachtfeld für totalen Krieg.»[16]

Bulgheroni war wütend, dass Niyazov einen Vertrag mit Unocal geschlossen hatte. Im Februar 1996 ging er vor Gericht und erhob im texanischen Fort Bend County bei Houston Anklage gegen Unocal und Delta. Bridas forderte 15 Milliarden Schadensersatz für «verwickelte Einmischung im Hinblick auf künftige Geschäftsbeziehungen» und behauptete, dass «Unocal, Delta und [Unocals Vizepräsident Marty] Miller und womöglich noch andere in eine zivilrechtliche Verschwörung gegen Bridas» verwickelt seien. Vor Gericht erklärte Bridas eidesstattlich, die Firma habe «Miller in ihre strategische Planung für Bau und Betrieb der Pipeline eingeweiht. Bridas fordere Unocal auf, in eine Joint-Venture-Regelung

einzuwilligen».[17] Kurz gesagt, Bridas beschuldigte Unocal, seine Idee gestohlen zu haben.
Später erklärte mir Bulgheroni, wie er die Dinge sah: «Unocal kam in diese Region, weil wir die Firma eingeladen hatten. Es gab keinen Grund, warum wir mit Unocal nicht zusammenkommen sollten. Wir wollten sie dabeihaben und nahmen sie mit nach Turkmenistan. Anfangs hielten die Amerikaner diese Pipeline für eine lächerliche Idee, und sie waren weder an Afghanistan noch an Turkmenistan interessiert.» Bridas brachte den Fall vor die Internationale Handelskammer und erhob Anklage gegen Turkmenistan wegen Vertragsbruch in drei verschiedenen Fällen bezüglich Turkmenistans Blockade der Yashlar- und Keimir-Felder.
Unocal behauptete weiterhin, das Projekt habe Daulatabad und nicht die Gasfelder von Yashlar betroffen. In einem Brief, der später dem Gericht vorgelegt wurde, teilte Unocals Präsident John Imle Bulgheroni mit, die Regierung Turkmenistans habe erklärt, es bestünden keine Vereinbarungen zwischen ihr und Bridas, sodass es Unocal freistehe, zu tun, was es wolle.[18] «Wir hielten daran fest, dass das CentGas-Projekt getrennt von Bridas und einmalig sei. Wir schlugen vor, Gas aus bestehenden Erdgasreserven zu kaufen und es durch eine Export-Pipeline zu transportieren. Bridas schlug vor, Gas aus seinem Yashlar-Feld zu transportieren ... das CentGas-Projekt kann Bridas nicht daran hindern, eine Pipeline zu entwickeln und sein eigenes Gas zu transportieren und zu vermarkten», sagte Imle.[19]
Die Clinton-Regierung schaltete sich jetzt im Auftrag von Unocal ein. Im März 1996 hatte der US-Botschafter in Pakistan Tom Simmons einen bedeutenden Krach mit Bhutto, als er sie aufforderte, Pakistans Unterstützung nicht mehr an Bridas, sondern an Unocal zu zahlen. «Bhutto unterstützte Bridas, und Simmons bezichtigte Bhutto der Erpressung, als sie Bridas verteidigte. Sie war wütend auf Simmons», sagte ein erfahrener Berater Bhuttos, der bei dem Treffen anwesend war. «Bhutto verlangte eine schriftliche Entschuldigung von Simmons, die sie auch bekam», setzte ein Kabinettsminister hinzu.[20]

Auf zwei Reisen nach Pakistan und Afghanistan im April und August 1996 sprach sich auch die stellvertretende US-Außenministerin für Südasien Robin Raphel für das Unocal-Projekt aus. «Eine unserer amerikanischen Firmen interessiert sich für den Bau einer Pipeline von Turkmenistan direkt nach Pakistan», erklärte sie auf einer Pressekonferenz in Islamabad am 21. April 1996. «Dieses Pipeline-Projekt wird für Turkmenistan, Pakistan und Afghanistan von Vorteil sein, denn es bringt nicht nur Arbeitsplätze, sondern auch Energie nach Afghanistan.» Im August besuchte Raphel die Hauptstädte Zentralasiens und Moskau, wo sie Ähnliches verlauten ließ.

Diese offene Unterstützung des Unocal-Projekts bestärkte Russland und den Iran in ihrem bereits vorhandenen Misstrauen, und man war dort mehr denn je davon überzeugt, dass der CIA die Taliban stützte. Im Dezember 1996 flüsterte mir ein erfahrener iranischer Diplomat zu, die Saudis und der CIA hätten den Taliban zwei Millionen US-Dollar überwiesen – es gab gleichwohl keinen Beweis für diesen Verdacht. Aber die Anklagen und Verdächtigungen mehrten sich an allen Fronten.

Als die Taliban im September 1996 Kabul einnahmen, verkündete der Unocal-Manager Chris Taggert, das Pipeline-Projekt würde jetzt leichter durchzuführen sein. Eine Stellungnahme, die rasch wieder zurückgezogen wurde, weil sie zum Ausdruck brachte, die Firma favorisiere den Sieg der Taliban. Ein paar Wochen zuvor hatte Unocal angekündigt, die Firma würde den afghanischen Kriegsherren humanitäre Hilfe als «Bonus» zukommen lassen, wenn diese sich einverstanden erklärten, einen Gemeinschaftsrat zu bilden, um das Pipeline-Projekt zu beaufsichtigen. Das hieß, dass Unocal erneut bereit war, den kriegerischen Parteien Geld zu zahlen.

Nur wenige Stunden nachdem die Taliban Kabul erobert hatten, verlautete aus dem US-Außenministerium, man würde diplomatische Beziehungen zu den Taliban aufnehmen und einen Delegierten nach Kabul entsenden – eine Ankündigung, die ebenfalls schnell wieder zurückgezogen wurde. Der Sprecher des Außenministeriums Glyn Davies erklärte, die USA fänden «nichts Anstößiges» an der Absicht der Taliban, islamisches Recht zu verhängen. Er beschrieb die Taliban eher als antimodern, nicht unbedingt antiwestlich. US-Kongressabgeordnete schalteten sich zu ihren Gunsten ein. «Das Gute an allem ist, dass endlich eine der Gruppierungen in Afghanistan imstande zu sein scheint, eine Regierung zu bilden», sagte Senator Hank Brown, ein Befürworter des Unocal-Projekts.[21] Peinlich berührte US-Diplomaten erklärten mir später, diese unbedachte Erklärung sei ohne Rücksprache mit der US-Botschaft in Islamabad abgegeben worden.

Doch der entstandene Schaden war groß. Die Entgleisungen Unocals und die Wirren im Außenministerium überzeugten den Iran, Russland, die Republiken Zentralasiens, die Anti-Taliban-Allianz sowie die meisten Pakistanis und Afghanen, dass die Partnerschaft von US-Regierung und Unocal den unumschränkten Sieg der Taliban zum Ziel hatte – auch als beide versicherten, es gebe für sie keine Favoriten in Afghanistan. Minister des pakistanischen Kabinetts waren geradezu begierig kundzutun, dass die USA die Haltung der Taliban und Pakistans unterstützten, und ließen pakistanische Journalisten hinter vorgehaltener Hand wissen, die USA stünden hinter den Taliban.

Die ganze Region war voller Gerüchte und Spekulationen. Sogar die sonst so neutralen Nachrichtenagenturen äußerten ihren Verdacht. «Sicherlich sind die Taliban der US-Politik dienlich, weil sie eine feste sunnitische Pufferzone an Irans Grenzen bilden und potenzielle Sicherheit für die Handelsrouten und Pipelines bieten, die Irans Monopol auf Zentralasiens südlichen Handelsstrecken brechen würde», schrieb Reuters.[22]

Bridas stand einiges bevor, um glaubhaft zu machen, dass es noch im Rennen war. Die Gas- und Ölfelder in Turkmenistan waren blockiert. Die Firma hatte kein Abkommen mit Turkmenistan, Gas für eine Pipeline zu kaufen, und kein Abkommen mit Pakistan, Gas zu verkaufen. Mit Unterstützung der US-Regierung und Pakistans wurden die Taliban jetzt von Unocal hofiert. Doch Bridas unterhielt die Büros in Aschchabad und Kabul, trotz Niyazovs

Versuchen, sie hinauszudrängen. «Bridas ist weg vom Fenster, unsere Regierung hat Unocal mit der afghanischen Pipeline beauftragt», erzählte mir Murad Nazdjanov, der turkmenische Minister für Öl und Gas, in Aschchabad.[23]

Einen Vorteil hatte Bridas bei den Taliban. Die Firma erklärte, sie benötige für das Projekt keine Mittel von internationalen Geldinstituten – was eine international anerkannte Regierung in Kabul voraussetzen würde. Stattdessen hatte sie TAP-Pipelines gegründet, eine 50-zu-50-Prozent-Partnerschaft mit der saudischen Firma Ningarcho, die Prinz Turki, dem Chef des saudischen Geheimdienstes, sehr nahe stand. Somit konnte die Hälfte der Finanzierung für Afghanistans Anteil an der Pipeline von den Saudis gestellt werden und der Rest von einem internationalen Konsortium, das für die weniger riskanten Enden der Pipeline in Pakistan und Turkmenistan verantwortlich wäre. «Wir werden unsere Probleme mit der turkmenischen Regierung und den afghanischen Pipeline-Kontakt strikt voneinander trennen. Wir werden zwei Konsortien bilden, das eine für den Bau der Afghanistan-Strecke, das andere für den Bau der Endstrecken in Pakistan und Turkmenistan», erklärte ein Manager von Bridas.[24] Insofern konnte Bridas anbieten, sofort und ohne jede Voraussetzung mit dem Bau der Pipeline zu beginnen. Es bedurfte nur eines Quäntchens Übereinstimmung der afghanischen Gruppen, aber sogar eine solche schien unmöglich.

Andererseits war Unocals Position eng mit der US-Afghanistanpolitik verbunden – der zufolge keine Pipeline gebaut oder Geschäftsbedingungen mit den Taliban abgesprochen wurden, bevor eine anerkannte Regierung in Kabul saß. Eine Voraussetzung, damit unter anderem auch die Weltbank Darlehen für das Projekt freistellte.

«Wir machten allen Seiten von Anfang an klar, dass die Finanzierung des Projekts recht kritisch war und die afghanischen Gruppen zusammenkommen mussten, um eine funktionierende Regierung zu bilden, die von den Geldinstituten anerkannt wurde», sagte John Imle.[25] Unocals wirklicher Einfluss bestand darin, dass über das Pipeline-Projekt die Taliban-Regierung möglicherweise von den USA endlich anerkannt wurde.

Bridas und Unocal hofierten jetzt Mächte der Region mit Einfluss auf die Taliban, insbesondere die Saudis. Bei den Gesprächen mit den Taliban knüpfte Bridas enge Beziehungen zu Prinz Turki. «Die Saudis hatten viele Jahre in den afghanischen Dschihad investiert, und sie glaubten wirklich, diese Pipeline wäre hilfreich für den Friedensprozess», sagte Bulgheroni. Um nicht ins Hintertreffen zu geraten, pflegte Unocal eigene Verbindungen mit den Saudis. Delta Oils Präsident Badr Al-Aiban steht der saudischen Königsfamilie nahe, insbesondere Kronprinz Abdullah Abdul Aziz, während Badrs Bruder Mosaed Al-Aiban zu König Fahds Hof gehörte. So machte der Wettbewerb zwischen Unocal und Bridas auch nicht vor der saudischen Königsfamilie Halt.

Ihren Sieg hatten die USA und Unocal nicht zuletzt Pakistan zu verdanken. Nach Auflösung der Bhutto-Regierung 1996 wurde Unocal vom neu gewählten Premierminister Nawaz Sharif, seinem Ölminister Chaudry Nisar Ali Khan, dem Militär und dem ISI voll unterstützt. Pakistan wollte mehr direkte US-Unterstützung für die Taliban und drängte Unocal, rasch mit dem Bau der Pipeline zu beginnen, was die Legitimierung der Taliban vorantreiben würde. Grundsätzlich richteten sich die US-Regierung und Unocal nach den Analysen und Zielsetzungen des ISI aus, wonach ein Sieg der Taliban in Afghanistan und ihre Anerkennung durch die USA Unocal den Job ziemlich erleichtern würde.

Abgesehen von einer Anerkennung der Taliban brauchte Pakistan auch dringend neue Quellen zur Gasversorgung. Pakistans Energieverbrauch wird zu 37 Prozent mit Gas gedeckt, und die größten Felder in Belutschistan sind bald erschöpft. Pakistans nachgewiesene Gasreserven von 60 Milliarden Kubikmetern standen ein Jahresverbrauch von 20 Milliarden Kubikmetern sowie eine jährlich steigende Nachfrage von weiteren 20 Milliarden Kubikmetern gegenüber. Bis 2010 würde Pakistan einem jährlichen Defizit von 2,2 Milliarden Kubikmeter Gas ins Auge sehen müssen. Islamabads andere Optionen – eine Gas-Pipeline aus dem Iran oder aus Qatar – waren aus Geldmangel eingestellt worden. Pakistan brauchte dringend billigeres Öl. 1996 importierte das Land Öl im Wert von zwei Milliarden US-Dollar, was 20 Prozent des Gesamtimports entspricht. Die nationale Ölproduktion war von 70 000 Barrels pro Tag Anfang 1990 auf 58 000 Barrels pro Tag 1997 gefallen. Die vorgeschlagene Unocal-Pipeline würde Pakistan nicht nur versorgen, sondern das Land auch in den Mittelpunkt für die Ölexporte Zentralasiens zu den Märkten Asiens stellen.

Präsident Niyazov wollte, dass Unocal sofort mit den Bauarbeiten begann, und drängte Pakistan, Druck auf die Taliban auszuüben, das Angebot von Unocal anzunehmen. Niyazovs Hofierung der US-Regierung zahlte sich aus. Im Januar 1997 unterzeichnete Turkmenistan eine Vereinbarung mit dem amerikanischen Öl-Giganten Mobil und dem britischen Monument Oil, im Westen Turkmenistans nach Öl zu suchen. Es war das erste Abkommen, das Turkmenistan mit einer bedeutenden US-Firma traf, denn Unocal hatte noch immer keine direkte Investition vorgenommen.

Im November 1996 verkündete Bridas, man habe ein Abkommen mit den Taliban und General Dostum getroffen, die Pipeline zu bauen, zu dem Burnahuddin Rabbani seine Zustimmung gegeben habe. Das löste Panik bei Unocal und in Pakistan aus. Am 9. Dezember 1996 fuhr Pakistans Außensekretär Nadschmuddin Scheich zu einem Besuch Mullah Omars nach Kandahar, um ihn dazu zu überreden, das Angebot Unocals anzunehmen, doch Omar gab keine feste Zusage. Nach klassischer afghanischer Art spielten die Taliban ihre Karten geschickt aus, blieben ausweichend und unverbindlich und zwangen so die beiden Unternehmen, ihre Gebote zu erhöhen. Die Taliban waren nicht nur an einer Pacht für die Pipeline-Strecke interessiert, die etwa in Höhe von 100 Millionen US-Dollar liegen sollte, sondern auch daran, dass die Ölfirmen Straßen bauten und sie mit Wasser, Strom- und Telefonnetzen versorgten.

Insgeheim zogen mehrere Taliban Bridas vor, weil die Firma keine Ansprüche an sie stellte, während Unocal sie drängte, ihr Image in Bezug auf die Menschenrechte zu verbessern und Gespräche mit der Anti-Taliban-Allianz zu eröffnen – ein Schwerpunkt der US-Politik. Darüber hinaus musste sich Unocal mit der wachsenden Feministinnenbewegung in den USA auseinander setzen, die verlangte, alle Verhandlungen mit den Taliban abzubrechen. Auch die UNO war kritisch.

«Die äußere Einmischung in Afghanistan ist zu einer Schlacht um Öl- und Gas-Pipelines geworden. Man befürchtet, dass die Firmen und die Mächte der Region die Taliban nur für ihre eigenen Zwecke nutzen», sagte mir Yasushi Asashi, der UN-Untergeneralsekretär für humanitäre Angelegenheiten.[26]

Beide Unternehmen beharrten darauf, dass ihre Pipeline Frieden bringen würde, aber keine westliche Bank würde eine solche in einem Land, das Krieg mit sich selbst führte, finanzieren.

«Die Beteiligten im Spiel um die Pipeline-Politik sollten sich klar machen, dass der Frieden zwar eine Pipeline, eine Pipeline aber nicht unbedingt Frieden bringen könnte», sagte Robert Ebel.[27] Das große Spiel war in eine neue Dimension eingetreten.

Kapitel 13
Im Flirt mit den Taliban II: Der Kampf um die Pipelines 1997–99 – die USA und die Taliban

Die hübschen argentinischen Sekretärinnen in ihren Miniröcken im Bridas-Hauptquartier in Buenos Aires waren angewiesen worden, ihre Reize zu bedecken, lange Kleider und langärmelige Blusen anzuziehen, damit so wenig wie möglich von ihrem Körper zu sehen war. Man erwartete eine Taliban-Delegation. Als diese dann im Februar 1997 kam, wurde sie von Bridas fürstlich umsorgt, umhergeführt, quer durchs Land geflogen, um die Gas- und Öl-Pipelines von Bridas, die Bohrungen und den schneebedeckten Südzipfel des Landes zu besichtigen.

Zur selben Zeit erfuhr eine andere Delegation auf andere Art einen Kulturschock. Sie hielt sich in Washington auf, um mit Beamten des Außenministeriums und Unocal-Managern zusammenzutreffen und für die Anerkennung ihrer Regierung einzutreten. Auf dem Rückweg legten beide Delegationen einen Zwischenstopp in Saudi-Arabien ein, besuchten Mekka und trafen sich mit Prinz Turki. Die Taliban erklärten, sie hätten noch nicht entschieden, welches Angebot sie annehmen würden. Ziemlich rasch hatten sie gelernt, das große Spiel unter allen Aspekten zu betrachten.[1]

Beide Firmen verstärkten ihre Bemühungen um die Taliban. Bridas bekam im Januar 1997 Auftrieb, als die Internationale Handelskammer eine Übergangsverfügung erließ, in der Turkmenistan aufgefordert wurde, Bridas zu gestatten, den Ölexport vom Keimir-Feld aus weiterzuführen. Aber Präsident Niyazov ignorierte den Entscheid und weigerte sich, einen Kompromiss zu finden. Im März 1997 eröffnete Bridas in Kabul ein Büro, und Bulgheroni kam, um den Führern der Taliban einen Besuch abzustatten.

Tatsächlich kam es zu Vertragsverhandlungen. In wochenlanger sorgfältiger Arbeit formulierten drei Manager von Bridas mit zwölf Mullahs der Taliban ein 150-Seiten-Dokument aus. Abgesehen von einem Mann mit Ingenieursdiplom ohne jede Arbeitserfahrung, stand den Taliban kein Experte zur Seite, und nur wenige sprachen ausreichend Englisch, sodass der Vertrag in Dari übersetzt werden musste.

«Wir gingen Zeile für Zeile durch, damit uns niemand eine Übervorteilung vorwerfen konnte. Derselbe Vertrag wurde von den Oppositionsgruppen genehmigt, sodass eine grundsätzlich gesamtafghanische Übereinkunft zustande kam», erzählte mir ein ranghoher Manager von Bridas.[2] Unocal hatte jede Vertragsverhandlung abgelehnt, solange in Kabul keine anerkannte Regierung saß.

Inzwischen hatte das Unternehmen dem Centre of Afghanistan Studies an der Universität Omaha in Nebraska 900 000 US-Dollar gestiftet, dem Thomas Gouttierre, ein akademischer Afghanistan-Veteran vorstand. Das Centre gründete ein Ausbildungs- und humanitäres Hilfsprogramm für die Afghanen, eröffnete eine Schule in Kandahar, die von Gerald Boardman geleitet wurde, der in den 1980ern das Büro der US Agency of International Development in Peschawar geführt hatte, die den Mudschaheddin über die Grenzen hinweg beistand. Die Schule begann, 400 afghanische Lehrer, Elektriker, Schreiner und Rohr-Monteure auszubilden, die Unocal helfen sollten, die Pipeline zu verlegen. Unocal lieferte den Taliban auch Faxgeräte und einen Generator, der ziemlichen Aufruhr verursachte, als er den Stockwerksboden, wo er aufgestellt worden war, noch im selben Jahr durchbrach.

Die Geschenke Unocals an die Taliban bestärkten den Verdacht der Anti-Taliban-Allianz, des Iran und Russlands noch darin, dass die Firma die Taliban finanziell unterstützte, was Unocal vehement bestritt. Später sollte ich von der Firma erfahren, wie viel tatsächlich in das Projekt investiert worden war.

«Wir haben schätzungsweise 15 bis 20 Millionen US-Dollar auf das CentGas-Projekt verwandt. Darin enthalten sind die humanitäre Hilfe für Erdbebenopfer, Berufsausbildungen, ein Faxgerät

und ein Generator», klärte mich Unocals Präsident John Imle 1999 auf.[3]
Die Rolle von Delta Oil sorgte zunehmend für Verdächtigungen. Anfangs hatte Unocal die Firma saudischen Ursprungs und mit guten Kontakten zu den Taliban ermuntert, die Gruppierungen Afghanistans zu umwerben. An Stelle eines namhaften Saudi stellte Delta den Amerikaner Charles Santos ein. Santos hatte seit 1988 hin und wieder bei den Vermittlungsbemühungen der UNO für Afghanistan mitgearbeitet, trotz aller Kritik von zwei UN-Vermittlern, er stünde der US-Regierung zu nahe und habe ein persönliches Anliegen. Santos wurde politischer Berater für den UN-Mittelsmann Mahmoud Mestiri, der den katastrophalen UN-Vermittlungsversuch 1995, als die Taliban vor den Toren Kabuls standen, führte. Santos war bereits unbeliebt bei allen Führern Afghanistans, insbesondere bei den Taliban. Die Entscheidung, ihn einzustellen, war ein Fehler, den Unocal später sehr bedauerte, als Santos bei den Afghanen keinen Schritt weiterkam.
Als das Verhältnis zwischen Unocal und Delta angespannter wurde, weil Delta mit den Afghanen einfach nicht zurechtkam, bildete Unocal ein eigenes Expertenteam. Die Firma holte sich Robert Oakley, den früheren US-Botschafter in Pakistan und späteren US-Sonderbeauftragten in Somalia. Oakley hatte in den 1980ern eine zwielichtige Rolle gespielt, als die US-Regierung die Mudschaheddin unterstützte. Viele Afghanen und Pakistanis fanden ihn arrogant – sein Spitzname während seiner Amtszeit als Botschafter in Islamabad war «der Vizekönig». Oakland reiste nach Moskau und Islamabad, um Unterstützung für sein Projekt zu gewinnen, und stellte andere Experten für Unocal ein. Darunter waren Gouttierre, Boardman, Zalmay Khalizad, ein afghanischstämmiger Amerikaner, der für die Rand Corporation arbeitete, und die Zentralasienexpertin Brill Olcott.
Es ist für US-amerikanische Unternehmen nichts Ungewöhnliches, ehemalige Regierungsbeamte einzustellen. Alle US-Ölfirmen, die beim großen Spiel dabei waren, taten dies, um in Washington eine Lobby zu haben, und holten sich sogar noch gewichtigere Leute

aus den ehemaligen Regierungen von Reagan und Bush. Doch das fand in der Region überhaupt kein Verständnis und bestärkte erneut den Verdacht, Unocal sei ein politischer Arm der US-Regierung.

Jetzt stand Unocal ebenfalls vor Problemen mit Präsident Niyazov, der nie zuvor so wirklichkeitsfremd gewesen war. Er weigerte sich, die Probleme, die durch die konstanten Kämpfe in Afghanistan entstanden, zu akzeptieren, und drängte Unocal, endlich mit dem Bau zu beginnen. Wenn die entsetzten Beamten im Außenministerium ihm zu erklären versuchten, dass man nicht mitten in einem Bürgerkrieg mit Bauarbeiten beginnen könne, schnauzte er sie an. «Wir wollen diese Pipeline. Alle unsere größten Projekte hängen von Frieden und Stabilität in Afghanistan ab», teilte mir Niyazov verärgert mit.[4] Die turkmenischen Beamten waren zu eingeschüchtert, um ihrem Boss die schlechten Nachrichten von der afghanischen Front mitzuteilen.

Trotz aller Probleme drängte Unocal voran. Beim jährlichen regionalen Gipfeltreffen in Aschchabad im Mai 1997 unterzeichneten Pakistan, Turkmenistan und Unocal ein Abkommen, das Unocal verpflichtete, die Finanzen aufzutreiben, die Finanzierungsgrundlage für das Projekt bis Dezember 1997 vorzulegen und mit dem Bau Anfang 1998 zu beginnen. Die USA und Turkmenistan waren vom ISI informiert worden, dass die Taliban kurz davor standen, Mazar-i-Sharif, die Oppositions-Hochburg im Norden, einzunehmen. Doch zwei Wochen später wurden die Taliban aus Mazar wieder hinausgedrängt, und die Kämpfe im ganzen Land flammten erneut auf. Wieder einmal hatten ISI-Analysen die USA in die Bredouille gebracht.

Beim ersten Treffen der CentGas-Arbeitsgruppe nach dem Debakel in Islamabad äußerte Unocals Vizepräsident Marty Miller schwere Zweifel, ob man die für Dezember 1997 gesetzte Frist eines Finanzierungsplans einhalten könne.

«Es ist höchst ungewiss, wann das Projekt begonnen werden kann. Es hängt vom Frieden in Afghanistan und von einer Regierung, mit der wir zusammenarbeiten können, ab. Das kann Ende dieses

Jahres, im nächsten Jahr oder erst in drei Jahren der Fall sein», teilte Miller auf einer Pressekonferenz am 5. Juni 1997 mit. Pakistan und Turkmenistan waren gezwungen, einen neuen Vertrag mit Unocal abzuschließen, in dem die Frist um ein Jahr auf Dezember 1998 verschoben wurde. Auch dieses Datum schien den meisten Beobachtern überaus optimistisch.

Zwischenzeitlich wuchs in Washington die Skepsis, Pakistan und die Taliban könnten ein geeintes Afghanistan zustande bringen. Infolgedessen sannen die USA auf andere Möglichkeiten, Turkmenistan bei seinem Gastransport zu helfen. In einer dramatischen Umkehrung ihrer bisherigen Politik ließen die USA im Juli 1997 verlauten, sie stellten sich nicht mehr prinzipiell gegen eine Turkmenistan-Türkei-Pipeline durch den Iran. Dabei wurde in Washington betont, dies bedeute keine Abkehr von den Sanktionen gegen das iranische Regime. Als sich daraufhin europäische und asiatische Ölfirmen darum bemühten, auf den iranischen Markt zu gelangen, sahen US-Firmen auch für sich eine Gelegenheit und verstärkten ihren Druck auf die Clinton-Regierung, die Sanktionen gegen Teheran zu lockern.[5]

Die Gelegenheit, kaspisches Öl und Gas durch den Iran zu transportieren, machte eine unberechenbare afghanische Pipeline wenig erstrebenswert. Washingtons Entscheidung kam für Unocal wie ein Schlag und erinnerte Islamabad mit allem Nachdruck daran, wie wankelmütig die US-Regierung war und dass die Zeit ablief, das Land durch die Taliban zu vereinen. Dann verkündeten der Iran und Australiens BHP Petroleum auch noch, man würde eine 2,7 Milliarden US-Dollar teure, 1600 Meilen lange Gas-Pipeline Iran–Pakistan in Erwägung ziehen, die sechs Milliarden Kubikmeter Gas pro Tag vom südlichen Iran nach Karatschi und später weiter nach Indien liefern solle. Der große Vorteil einer solchen Pipeline – in direkter Konkurrenz zu den Plänen von Unocal – bestand darin, dass sie durch kein von Bürgerkrieg verheertes Territorium verlief.

Am 16. Oktober 1997 kam Premierminister Nawaz Sharif zu einem eintägigen Besuch nach Aschchabad, um mit Niyazov über das Unocal-Projekt zu verhandeln. Das Resultat war, dass Unocal, Pakistan und Turkmenistan ein Abkommen über den Export von Gas aus Turkmenistan unterzeichneten, wonach den Taliban 15 Prozent pro 28 Kubikmeter als Transitgebühr gezahlt würden, wenn sie die Pipeline über ihr Territorium verlaufen ließen.[6] Inzwischen waren die Entscheidungen von Sharif und Niyazov, die die Kämpfe ignorierten, von deutlicher Realitätsferne geprägt. Die Taliban waren erbost, weil man sie nicht hinzugezogen hatte, und verlangten eine höhere Transitgebühr.

Am 25. Oktober 1997 kündete Unocal ein erweitertes CentGas-Konsortium an, an dem jetzt Ölfirmen aus Japan, Südkorea und Pakistan beteiligt waren.[7] Unocals Versuch, Russland für sich zu gewinnen, scheiterte. Obwohl zehn Prozent der CentGas-Aktien für Gazprom reserviert werden sollten, weigerte sich der russische Gasriese zu unterzeichnen, da Moskau die Unterstützung der Taliban durch die USA kritisierte, die den Einfluss Russlands in Zentralasien untergrub.[8] Gazproms Chefmanager Rem Vyakhirev erklärte, Russland würde weder Turkmenistan noch Kasachstan erlauben, Öl und Gas über nicht-russische Pipelines zu exportieren. «Einen Markt aufzugeben wäre, gelinde gesagt, ein Verbrechen an Russland», erklärte Vyakhirev.[9]

US-Beamte hatten ihre Anti-Russland-Politik bereits deutlich gemacht. «Die US-Politik sollte den raschen Abbau kaspischer Energie fördern ... Das taten wir insbesondere, um die Unabhängigkeit dieser ölreichen Länder voranzutreiben und um Russlands Monopol auf den Öltransport aus der Region zu brechen; offen gestanden aber auch, um durch Diversifikation eine sichere Energieversorgung für den Westen zu schaffen», erklärte Sheila Heslin, die Energieexpertin des NSC.[10]

Diesmal blieb Bridas mit einem mächtigen Partner im Rennen, den nicht einmal Washington zurückweisen konnte. Im September 1997 verkaufte Bridas 60 Prozent seiner Aktien in Lateinamerika an den Ölgiganten Amoco und erhöhte damit die mögliche Einflussnahme Amocos auf Niyazov, Bridas eingefrorenen Besitz in Turkmenistan freizugeben. Im September lud Bridas eine Taliban-

Delegation unter Mullah Ahmad Jan, dem ehemaligen Teppichhändler und jetzigen Industrieminister, zu einem zweiten Besuch nach Buenos Aires. Die pakistanischen Behörden weigerten sich, die Taliban aus Peschawar ausfliegen zu lassen, bis diese versprochen hatten, auch Unocal einen Besuch abzustatten. Eine weitere Taliban-Delegation, angeführt von dem einäugigen Mullah Mohammed Ghaus, kam im November 1997 nach Houston zu einem Treffen mit Unocal. Sie wurden in einem Fünf-Sterne-Hotel untergebracht, besuchten den Zoo, Supermärkte und das NASA-Zentrum. Sie waren bei Marty Miller privat zu Gast und staunten über dessen Villa mit Swimmingpool. Bei einer Zusammenkunft mit Beamten des Außenministeriums forderten sie erneut die Anerkennung ihrer Regierung.[11]

Nach der Winterpause brachen im Frühjahr 1998 in Afghanistan erneut Kämpfe aus, und für beide Unternehmen schien das Projekt wieder in weite Ferne gerückt. Im März erklärte Marty Miller in Aschchabad, das Projekt befinde sich in einer ewigen Warteschleife, weil es unmöglich zu finanzieren war, solange der Krieg anhielt. Niyazov war außer sich vor Ungeduld, als Unocal um eine weitere Fristverlängerung für die Vorlage des Finanzierungsplans bat. Auch im eigenen Land stand Unocal zunehmend vor Problemen. Bei der alljährlichen Aktionärsversammlung im Juni 1998 stellten sich Aktionäre gegen das Projekt, weil sie nicht tolerieren wollten, wie die Taliban afghanische Frauen behandelten. Amerikanische Feministinnengruppen begannen, die amerikanische Öffentlichkeit gegen die Taliban und Unocal aufzuwiegeln.

Im Jahr 1998 nahm der Druck der Feministinnen auf Unocal zu. Im September ersuchte eine Gruppe grüner Aktivisten den Generalstaatsanwalt Kaliforniens, Unocal wegen Verbrechen gegen die Menschlichkeit und Umwelt und der Beziehungen zu den Taliban aufzulösen. Unocal erachtete diese Anschuldigungen als «grotesk». Das Unternehmen versuchte anfangs, den Feministinnen Rede und Antwort zu stehen, hielt sich dann aber zunehmend zurück. Es war eine verlorene Schlacht, denn hier forderten amerikanische Frauen – nicht irgendwelche Ausländerinnen – Antwort auf ein Problem, das jetzt sogar von der Clinton-Regierung als solches anerkannt wurde.

«Wir stimmen mit diesen Feministinnengruppen nicht überein ... Wir sind Gäste in einem Land mit souveränen Rechten und ganz eigenen politischen, sozialen und religiösen Überzeugungen. Kein Unternehmen ist imstande, eine solche Problematik zu lösen. Das Pipeline-Vorhaben und die humanitären Projekte in Afghanistan im Stich zu lassen, wäre keine Lösung», erklärte John Imle.[12]

Die US-Bombardierung von Bin Ladens Lager im August 1998 zwang Unocal, seine Mitarbeiter aus Pakistan und Kandahar abzuziehen, und schließlich zog sich das Unternehmen im Dezember 1998 ganz aus dem CentGas-Konsortium zurück, für dessen Gründung es so hart gekämpft hatte. Der weltweite Sturz der Ölpreise versetzte der gesamten Ölindustrie einen harten Schlag. Unocal zog sich aus einem Pipeline-Projekt in der Türkei zurück, schloss Niederlassungen in Pakistan, Turkmenistan, Usbekistan und Kasachstan und verkündete eine geplante Ausgabenkürzung von 40 Prozent für 1999 infolge des gesunkenen Ölpreises. Der einzige Sieg, den Unocal in dieser schwierigen Zeit verzeichnen konnte, war der über Bridas. Am 5. Oktober 1998 wies der Gerichtshof von Texas Bridas Klage auf 15 Milliarden US-Dollar Entschädigung von Unocal ab – mit der Begründung, der Streit unterstehe den Gerichtshöfen Turkmenistans und Afghanistans, nicht dem von Texas.

Da die USA vollauf damit beschäftigt waren, Bin Laden zu fassen, schien diese Phase des großen Spiels beendet zu sein. Es war völlig klar, dass angesichts der Geschlechterpolitik der Taliban, der verweigerten Auslieferung Bin Ladens und der anhaltenden Kämpfe kein US-Unternehmen eine Pipeline bauen konnte. Eigentlich hätte dies Unocal schon viel früher klar werden müssen, aber die Taliban und Pakistan hatten der Firma ständig einen raschen Sieg in Aussicht gestellt. Bridas blieb im Rennen, hielt sich aber während der folgenden schwierigen Monate bedeckt. Das Projekt war zwar so gut wie abgeblasen, aber Pakistan versuchte es hartnäckig am Leben zu halten. Bei einem Treffen im April 1999 in Islamabad erklärten Pakistan, Turkmenistan und die Taliban, sie suchten nach neuen Sponsoren für CentGas, aber inzwischen wollte niemand mehr etwas mit Afghanistan zu tun haben und ausländische Investoren hielten sich von Pakistan fern.

Die US-Politik in Zentralasien war laut Paul Starobin «ein einziges Chaos» und nach Aussage von Martha Brill Olcott «arrogant, konfus, naiv und gefährlich». Der Autor Robert Kaplan bezeichnete die Region als «Grenzgebiet der Anarchie».[13] Doch die USA, die trotz des gefallenen Ölpreises und der Investitionsweigerung der Ölfirmen, die Baku-Ceyhan-Pipeline zu verwirklichen suchten, meinten weiterhin hartnäckig, dass Pipelines ohne strategische Vorplanung und Konfliktlösungen in der Region gebaut werden könnten.

Nachdem sie den Mudschaheddin Waffen und Munition in Milliarden-Dollar-Höhe geliefert hatten, verabschiedeten sich die USA nach dem Abzug der Sowjettruppen 1989 ebenfalls aus Afghanistan. Washington ließ seinen Verbündeten Pakistan und Saudi-Arabien freie Hand, um den Bürgerkrieg in Afghanistan in den Griff zu bekommen. Für den gewöhnlichen Afghanen war dieser Rückzug ein schlimmer Verrat, wobei Washingtons Weigerung, internationalen Druck auszuüben, um eine Schlichtung zwischen den Kriegsherren zustande zu bringen, noch schwerer wog. Andere Afghanen waren böse auf die USA, weil diese Pakistan freie Hand in Afghanistan gewährten. Die Abwesenheit der USA erlaubte allen regionalen Mächten, darunter auch den neuen unabhängigen Republiken Zentralasiens, die rivalisierenden Kriegsherren zu stützen und dadurch den Bürgerkrieg zu intensivieren und zu verlängern. Die ständige Militärhilfe der USA an die Mudschaheddin wurde nie durch eine beständige internationale humanitäre Hilfe, die für die Kriegsherren ein Anreiz zum Friedensschluss hätte sein können, ersetzt.

Nach dem Ende des Kalten Krieges war Washingtons Politik in der gesamten zentralasiatischen Region durch das Fehlen grundlegender strategischer Überlegungen gekennzeichnet. Die USA reagierten auf aufkommende Probleme ohne jede kohärente strategische

Vision. Verschiedene Phasen in der US-Politik gegenüber den Taliban waren gekennzeichnet von Amerikas Innenpolitik beziehungsweise nur auf eine schnelle Lösung bedacht.
Zwischen 1994 und 1996 unterstützten die USA die Taliban politisch über ihre Verbündeten Pakistan und Saudi-Arabien, im Wesentlichen weil Washington die Taliban in Opposition zum Iran, zum Schiismus und als pro-westlich ansahen. Bequemerweise übersahen sie dabei die fundamentalistisch-islamischen Pläne der Taliban, deren Unterdrückung der Frauen und die Angst, die sie in Zentralasien auslösten. Von 1995 bis 1997 engagierten sie sich in der Unterstützung von Unocal sogar noch stärker, ohne jeden strategischen Plan und ohne Einschätzung der politischen Lage.
Die Wende in der US-Politik begann Ende 1997 mit der wirksamen Kampagne amerikanischer Feministinnen gegen die Taliban. Wie üblich unter der Clinton-Regierung waren innenpolitische Anliegen gewichtiger als jede Außenpolitik. Erst als die amerikanischen Frauen ihre Ansprüche anmeldeten, sah auch Clinton die Probleme in Afghanistan. Der Präsident und seine Frau hatten auf die weiblichen Stimmen bei den Wahlen 1996 und auf die Unterstützung der Frauen in der Lewinsky-Affäre gebaut. Sie konnten es sich nicht leisten, liberale amerikanische Frauen zu verärgern. Darüber hinaus mischte sich auch noch Hollywood ein – die liberalen Stars waren die Geldgeber für die Clinton-Kampagne gewesen, und Vizepräsident Al Gore war ängstlich darauf bedacht, diese Quellen für seine eigene Wahlkampagne am Sprudeln zu halten. Auf keinen Fall durfte die US-Regierung in den Ruf kommen, nachsichtig mit den Taliban zu verfahren.
Die Unterstützung, die die Taliban Bin Laden gewährten, ihre Weigerung, das Unocal-Projekt zu unterzeichnen oder einen Kompromiss mit ihren Opponenten und der neuen gemäßigten Regierung im Iran einzugehen, lieferten den USA 1998 und 1999 zusätzliche Gründe, mit den Taliban härter zu verfahren. «Bin Laden schnappen», war 1999 Washingtons primäres politisches Ziel, sogar als man dort noch den neuen islamischen Radikalismus, den Afghanistan förderte und der auf Zeit Dutzende Terroristen vom

Schlag Bin Ladens hervorbringen würde, ignorierte. Immerhin waren die USA jetzt – wenn auch spät – wahrhaftig an einem Frieden interessiert und sagten den UN-Vermittlern für die Beendigung des Krieges volle Unterstützung zu.

In ihrer Politik waren die USA von falschen Annahmen ausgegangen. Als ich zum ersten Mal, nachdem die Taliban 1994 in Erscheinung getreten waren, mit Diplomaten der US-Botschaft in Islamabad sprach, waren diese vollauf begeistert. Die Taliban hatten den vielen US-Diplomaten, die nach Kandahar gereist kamen, erklärt, sie hassten den Iran, würden den Mohnanbau und die Heroinproduktion reduzieren, seien gegen alle in Afghanistan verbliebenen Ausländer, darunter auch gegen die Araber-Afghanen, und beabsichtigten nicht, an die Macht zu gelangen oder das Land zu regieren. Einige US-Diplomaten sahen in ihnen eine Art messianische Wohltäter – ähnlich den wiedergeborenen Christen im amerikanischen Bibelgürtel. Sie glaubten, die Taliban würden den Zielen der USA und des Westens entsprechen – «eliminating drugs and thugs» (Beseitigung von Drogen und Gewalt). Das war eine offensichtlich naive Hoffnung, zumal die Taliban selbst nicht recht wussten, was sie eigentlich darstellten.

Von Seiten der USA fiel kein Wort der Kritik, als die Taliban 1995 Herat einnahmen und dreitausend Mädchen aus den Schulen vertrieben. Tatsächlich erachteten die USA, zusammen mit Pakistans ISI, Herats Fall eher als hilfreich für Unocal und um die Schlinge um den Iran enger zu ziehen. Auch dieses Ziel Washingtons, die Taliban als Blockade gegen den Iran zu benutzen, war kurzsichtig, denn es brachte den Iran gegen Pakistan, die Sunniten gegen die Schiiten und die Paschtunen gegen andere Volksgruppen auf. «Was immer erfolgreich an der Isolierung des Iran im Kampf gegen den Terrorismus war, sie zeigte die Unfähigkeit der USA in Afghanistan», schrieb Barnett Rubin.[14] Der Iran, ohnehin paranoid überall CIA-Komplotte zur Untergrabung des Landes vermutend, versuchte alles, um die CIA-Unterstützung der Taliban offenzulegen, während er die eigenen Waffenlieferungen an die Anti-Taliban-Allianz aufstockte. «Die Politik der USA zwingt uns zum Anschluss an Russland und die Anti-Taliban-Allianz», erklärte ein iranischer Diplomat.[15]

Einige US-Diplomaten waren bestürzt über die Richtungslosigkeit der Afghanistanpolitik Washingtons und gaben zu, dass sie nur darin bestand, den Wünschen Pakistans und Saudi-Arabiens zu entsprechen. In einer vertraulichen Notiz des Außenministeriums hatten Experten 1996, kurz bevor die Taliban Kabul eroberten, geschrieben, bei Ausbreitung der Taliban würden Russland, Indien und der Iran die Anti-Taliban-Allianz unterstützen und der Krieg weitergehen; die USA seien in dem Dilemma, sich hinter ihren alten Verbündeten Pakistan stellen zu wollen, während sie gleichzeitig zu verhindern suchten, Indien und Russland gegen sich aufzubringen. In einer solchen Lage, mutmaßte das Außenministerium, konnten die USA nicht darauf hoffen, eine kohärente Afghanistanpolitik zu betreiben. Zudem war eine solche im US-Wahljahr auch überhaupt nicht nötig.

Es gab ein weiteres Problem. In Washington war kaum jemand an Afghanistan interessiert. Robin Raphel, die stellvertretende US-Außenministerin für Südasien und tonangebende Programmgestalterin in Washingtons Afghanistanpolitik, gab privat zu, dass auf höherer politischer Ebene nur mäßiges Interesse an ihren Initiativen bestand. Während seiner gesamten Amtszeit erwähnte Außenminister Warren Christopher Afghanistan nicht ein einziges Mal. Raphels Versuch, die Idee eines internationalen Waffenembargos für Afghanistan durch den UN-Sicherheitsrat zu bringen, fand im Weißen Haus nur wenig Unterstützung. Im Mai 1996 gelang es ihr, im UN-Sicherheitsrat eine Afghanistandebatte durchzusetzen – die erste in sechs Jahren. Im Juni hielt Senator Hank Brown, mit Hilfestellung Raphels, ein Senats-Hearing über Afghanistan ab und führte in Washington mit den Führern der afghanischen Gruppen und US-Gesetzgebern eine dreitägige Konferenz durch, die Unocal mit vorbereitet hatte.[16]

Raphel erkannte die Gefahr, die von Afghanistan ausging. Im Mai 1996 erklärte sie dem US-Senat: «Afghanistan ist ein Hort für Drogen, Kriminalität und Terrorismus geworden, der Pakistan

und die benachbarten Staaten Zentralasiens untergraben und sich über Europa und Russland hinaus auswirken kann.» Sie berichtete, dass aus den afghanischen Ausbildungslagern für Extremisten Terrorismus exportiert wurde.[17]
Als die Taliban im September 1996 Kabul einnahmen, erachtete der CIA, ermuntert von ISI-Analysen, eine Eroberung des Landes und die Verwirklichung des Unocal-Projekts für möglich. Über die Unterdrückung der Frauen in Kabul und die dramatische Eskalation der Kämpfe wurde geschwiegen, und im November drängte Raphel alle Staaten, die Taliban nicht zu isolieren, sondern zu beteiligen.
«Die Taliban kontrollieren mehr als zwei Drittel des Landes, sie sind Afghanen, sie sind Einheimische, sie haben Machtbeständigkeit demonstriert. Ihr Erfolg gründet sich auf den Willen vieler Afghanen, insbesondere der Paschtunen, die nicht enden wollenden Kämpfe und das Chaos gegen Frieden und Sicherheit einzutauschen, wenngleich mit strengen sozialen Beschränkungen. Es ist nicht im Interesse Afghanistans oder von uns, die Taliban zu isolieren.»[18]
Mehreren besorgten amerikanischen Kommentatoren fiel die Widersprüchlichkeit der US-Politik auf. «Obwohl die US-Regierung ständig ihre Stimme gegen die anhaltenden Menschenrechtsverletzungen erhebt, hat sie noch keine klare politische Stellungnahme gegenüber dem Land geäußert und noch keine starke, direkte Haltung gegen die Einmischung seiner Freunde und Verbündeten – Saudi-Arabien und Pakistan – bezeugt, deren finanzielle und anderweitige Hilfe die Taliban befähigt hat, Kabul einzunehmen.»[19]
Die US-Regierung und Unocal wollten an einen Sieg der Taliban glauben und hielten an Pakistans optimistischer Analyse fest. Die Naivsten unter den US-Ideologen erhofften sich, die Taliban würden dem Verhältnis zwischen den USA und Saudi-Arabien in den 1920ern nacheifern. «Wahrscheinlich werden sich die Taliban wie die Saudis entwickeln. Es wird Aramco, Pipelines, einen Emir, kein Parlament und jede Menge Scharia geben. Damit können wir leben», erklärte ein US-Diplomat.[20] Es war zu erwarten, dass die

Anti-Taliban-Allianz, der Iran und Russland das Unocal-Projekt als einen Arm der CIA-ISI-Außenpolitik und als Schlüssel für die Unterstützung der Taliban ansehen würden. Die Spekulationen wucherten wild. Der US-Kommentator Richard Mackenzie schrieb, dass Unocal regelmäßig von CIA und ISI instruiert würde.[21]

Von Seiten Unocals wurde weder zugegeben noch abgestritten, vom Außenministerium unterstützt zu werden, wie es jede andere US-Firma im Ausland getan hätte, aber man bestritt jede Verbindung zum CIA. «Da Unocal als einzige US-Firma am CentGas-Konsortium beteiligt war, wurde die Unterstützung aus dem Außenministerium de facto eine Unterstützung für Unocal und CentGas. Gleichzeitig war Unocals politische Neutralität der US-Regierung wohlbekannt», erzählte mir John Imle, Unocals Präsident.[22] Das Missgeschick des Unternehmens war, dass es nie Beziehungen zu den afghanischen Gruppen geknüpft hatte, die von den Regierungen der USA und Pakistans unabhängig waren.

Es gab noch ein größeres Problem. Bis zum Juli 1997, als Strobe Talbott seine Rede in Washington hielt, hatten die USA keine strategischen Pläne, um an die Energiequellen Zentralasiens zu kommen. Die amerikanischen Ölfirmen sahen nicht viele Möglichkeiten, etwas zu unternehmen, denn der Bau von Pipelines durch den Iran und Russland war verboten. Als Washington schließlich eine Politik des «Transitkorridors» von der kaspischen Region bis zur Türkei (unter Umgehung Russlands und des Iran) anstrebte, reagierten die Ölfirmen aufgrund der hohen Kosten und Turbulenzen in der Region unwillig. Das grundlegende Problem, das anzugehen die USA sich weigerten, war der Frieden in der Region. Solange kein Ende der Bürgerkriege in Zentralasien und dem kaspischen Raum (Afghanistan, Tadschikistan, Georgien, Tschetschenien, Nagorni-Karabach, das Kurdenproblem etc.) und kein Konsens auf breiter Basis mit Iran und Russland in Sicht waren, würden Pipelines nicht gebaut und betrieben werden können, denn jeder Schritt würde vom Iran oder von Russland blockiert oder sogar sabotiert werden.

Es lag im Interesse des Iran und Russlands, die Region durch Bewaffnung der Anti-Taliban-Allianz instabil zu halten, sodass die USA erfolglos bleiben mussten. Noch heute sind sich die USA unklar über die kritische Frage, ob man die desolate Wirtschaft in Zentralasien ankurbeln soll, indem man die Energie auf allen möglichen Wegen exportiert, oder ob man die Pipeline-Blockade über Iran und Russland aufrechterhalten soll.

Im Wesentlichen standen die USA und Unocal in Afghanistan vor einer einfachen Fage. Sollte man es lieber Pakistan und Saudi-Arabien überlassen, sich um die Taliban zu kümmern und einen afghanischen Konsens auf Zeit durch altmodische Rückeroberung zu erreichen, oder war es besser für die USA, sich für einen Frieden zu engagieren und die Volksgruppen Afghanistans zusammenzubringen, damit sie eine Regierung auf breiter Basis bildeten, die vielleicht dauerhaftere Stabilität garantieren konnte? Obwohl Washingtons Politik im Großen und Ganzen auf die Unterstützung einer Vielvölker-Regierung in Kabul abzielte, glaubte man in den USA eine Zeit lang an die Taliban, und als man nicht mehr an sie glaubte, wollte man Pakistan und Saudi-Arabien nicht im Zaum halten.

Es gab zwar kein CIA-Budget für Waffenlieferungen an die Taliban, und auch Unocal gewährte ihnen keine militärische Unterstützung, aber die USA unterstützten die Taliban indirekt über ihre Verbündeten Pakistan und Saudi-Arabien, indem sie deren Waffen- und Finanzversorgung zuließen. «Die USA willigten in die Versorgung der Taliban aufgrund ihrer Beziehungen zu den Regierungen Pakistans und Saudi-Arabiens ein, die sich hinter sie stellten. Aber das tun wir nicht mehr, und wir haben ihnen kategorisch erklärt, dass wir zu einer Beilegung des Konflikts kommen müssen», erklärte der ranghöchste für Afghanistan zuständige US-Diplomat 1998.[23] In Washington betrieb man nicht so sehr verdeckte als vielmehr keine Politik. Eine verdeckte Politik setzt sich aus Planungen, Finanzierungen und Entscheidungen zusammen, aber solche Prozesse fanden auf höherem Niveau nicht statt.

Washingtons Gefühlswandel gegenüber den Taliban Ende 1997 ergab sich auch aus der sich verschlechternden politischen und wirtschaftlichen Krise Pakistans. US-Beamte ließen verlauten, dass die von den Taliban ausgehende Bedrohung durch Drogen, Terrorismus und islamischen Fundamentalismus auch ihren alten, jetzt ziemlich angeschlagenen Verbündeten Pakistan überwältigen konnte. Die USA warnten Pakistan vor den drohenden Gefahren, wurden aber durch die Weigerung des ISI, die Taliban zu größerer politischer Flexibilität zu drängen, frustriert.

Die veränderte Haltung der USA fand ihren ersten öffentlichen Ausdruck durch Madeleine Albright anlässlich ihres Besuches in Islamabad im November 1997. Auf den Stufen von Pakistans Auswärtigem Amt bezeichnete sie die Taliban als «abscheulich» hinsichtlich ihrer Geschlechterpolitik. Sie warnte Pakistans Regierung davor, sich im zentralasiatischen Raum zu isolieren – was den US-Einfluss in der Region schwächte. Doch das Sharif-Regime kam weiterhin nicht mit sich ins Reine. Es wollte eine Nahtstelle des Energieflusses in Zentralasien werden, wollte Frieden in Afghanistan, beharrte aber weiter darauf, ein solcher sei am besten durch einen Sieg der Taliban zu erlangen. Doch Pakistan konnte nicht zugleich einen Sieg der Taliban, Zugang zu Zentralasien, Freundschaft mit dem Iran und ein Ende des Bin-Laden-Terrorismus haben. Es war eine selbstzerstörerische, illusionäre und widersprüchliche Politik, die sich Pakistan nicht eingestehen wollte.

Der Wandel in der US-Politik ging auch auf bedeutende Veränderungen in Washington zurück. An die Stelle des verdrießlichen, glücklosen Warren Christopher rückte Anfang 1997 Madeleine Albright als Außenministerin. Ihre persönlichen Kindheitserlebnisse in Mitteleuropa garantierten, dass eine Einhaltung der Menschenrechte für sie oberste Priorität hatte. Ein neues Diplomatenteam nahm die Verhandlungen mit Afghanistan in Islamabad und Washington auf, und der neue stellvertretende US-Sekretär für Südasien Karl Inderfurth kannte Afghanistan aus seiner Zeit als Journalist und hatte ein enges Verhältnis zu Albright.

Auf Albrights private Kritik an Pakistans Politik und ihre öffentliche Kritik an den Taliban folgte ein Besuch des US-UN-Botschafters Bill Richardson in Islamabad und Kabul im April 1998. Da aber Pakistan keinen wirklichen Druck auf die Taliban ausübte – abgesehen vom Dringen auf Einhaltung des Protokolls für den hohen Besuch –, ging der Besuch kaum über eine Public-Relations-Veranstaltung hinaus. Richardsons Abkommen mit den Taliban wurde prompt ein paar Stunden nach seiner Abreise von Mullah Omar widerrufen. Etwas Positives an der Reise gab es: Der Iran war jetzt davon überzeugt, dass man in den USA künftig Teheran als einen Dialogpartner für Friedensgespräche über Afghanistan ansehen würde, was die Spannungen zwischen beiden Ländern hinsichtlich Afghanistan verminderte.

Wie schon bei Raphels Initiativen 1996 schienen die USA in Afghanistans Morast herumzustochern, ohne Verantwortung übernehmen zu wollen. Sie bezogen keine Position und wollten nicht in die Einzelheiten eines Friedensprozesses verwickelt werden. Die Pakistanis erkannten diese Schwäche und versuchten, den Druck der USA zu negieren. Kurz bevor Richardson ankam, erklärte Gohar Ayub: «Die Amerikaner glauben, sie könnten dort [in Kabul] Marionetten einsetzen. Sie drücken sich in Pakistan von einer Cocktailparty zur nächsten, aber das kommt nicht an, denn in Afghanistan finden sie keine Unterstützung.»[24]

Die Spannungen zwischen den USA und Pakistan stiegen beträchtlich nach Bin Ladens Bombenanschlägen auf die US-Botschaften in Afrika im August 1998. Die Tatsache, dass der ISI Bin Laden 1996 bei den Taliban eingeführt hatte und mit ihm Kontakt hielt, sich jetzt aber weigerte, ihn den USA auszuliefern, führte zu großen Schwierigkeiten in ihren Beziehungen. Amerikas Ton wurde deutlich barscher.

«Es scheint ein um sich greifendes und gefährliches Zusammenspiel zwischen der Politik Pakistans und dem Aufruhr im Innern Afghanistans zu geben. Seit Erscheinen der Taliban besteht zunehmend Grund zur Befürchtung, dass militanter Extremismus, Verworrenheit und Sektierertum die umgebenden Länder infiziert. Kein Land hat mehr zu verlieren als Pakistan, wenn sich die ‹Talibanisierung› weiter ausbreiten sollte», erklärte der stellvertretende US-Außenminister Strobe Talbott 1999.[25]

Doch die Amerikaner waren nicht bereit, die Saudis öffentlich für ihre Unterstützung der Taliban zu kritisieren, wenngleich sie vertraulich Saudi-Arabien drängten, ihren Einfluss auf die Taliban geltend zu machen, damit sie Bin Laden auslieferten. Sogar US-Kongressabgeordnete machten jetzt die selbstzerstörerischen Widersprüche in der US-Politik zum Thema.

«Ich habe die Frage aufgeworfen, ob die Regierung eine verdeckte Politik betreibt, die den Taliban zur Macht verholfen hat und diese brutale Bewegung weiterhin an der Macht hält», erklärte der Kongressabgeordnete Dana Rohrbacher im April 1999. «Die USA haben sehr enge Beziehungen zu Saudi-Arabien und Pakistan, aber anstatt Führungsstärke zu beweisen, lassen wir sie leider unsere Politik bestimmen.»[26]

Das Problem Pakistans war, dass Washington Bin Laden dermaßen dämonisiert hatte, dass er jetzt für viele Muslime zum Helden geworden war, besonders in Pakistan. Die US-Politik war wieder einspurig geworden, einzig darauf aus, Bin Laden zu fassen, anstatt weitreichendere Probleme wie Terrorismus und Frieden in Afghanistan anzugehen. Washington schien eher eine Bin-Laden-Politik als eine Afghanistanpolitik zu betreiben. Nachdem man erst die Taliban unterstützt hatte, war man jetzt in das andere Extrem verfallen, sie völlig abzulehnen.

Die Ablehnung der Taliban ging vorwiegend auf den Druck der feministischen Bewegung in den USA zurück. Afghanische Aktivistinnen wie Zieba Shorish-Shamley hatten die *Feminist Majority* überredet, eine Unterschriftenkampagne zu starten, um Unterstützung für die afghanischen Frauen zu mobilisieren und Clinton zu zwingen, den Taliban gegenüber eine härtere Gangart einzuschlagen. Dreihundert Frauen-, Gewerkschafts- und Menschenrechtsgruppen unterzeichneten. Die Kampagne kam richtig in Schwung, als Mavis Leno, die Frau von Jay Leno, 100 000 US-Dollar zusicherte. «Die USA tragen einige Verantwortung für die Lage der Frauen in Afghanistan. Jahrelang hat unser Land die

Mudschaheddin mit Waffen versorgt, um die Sowjets zu bekämpfen», erklärte Mrs. Leno anlässlich einer Kongressdebatte im März 1998.[27]

Mit Lenos Hilfe organisierte die *Feminist Majority* anlässlich der Oskar-Nominierung 1999 eine Party mit Starbesetzung zu Ehren der Frauen in Afghanistan. «Der Krieg der Taliban gegen die Frauen ist in Hollywood zum Hit geworden. Tibet ist out – Afghanistan ist in», schrieb die *Washington Post.*[28] Als Berühmtheit in einer von Berühmtheit besessenen Kultur bewegte Leno mit ihren Ansichten weite Kreise. Hillary Clinton, sehr auf die Unterstützung der Feministinnen für ihre eigene politische Karriere bedacht, schaltete sich ein und verurteilte die Taliban wiederholt aufs Schärfste.

«Wenn Frauen brutal von einer so genannten Religionspolizei geschlagen werden, weil sie nicht vollständig bedeckt sind oder beim Gehen Geräusche verursachen, wissen wir, dass es nicht nur um die körperliche Züchtigung geht. Man will den Geist dieser Frauen zerstören», sagte Mrs. Clinton in einer Rede 1999.[29] Der Kreis der US-Politik schien sich geschlossen zu haben: Nach einer bedingungslosen Akzeptanz der Taliban wurden diese jetzt bedingungslos abgelehnt.

Kapitel 14
Sieger oder Opfer: Pakistans Afghanistankrieg

In den letzten Junitagen 1998 herrschte Chaos im Finanz- und im Außenministerium Pakistans. Höhere Beamte flitzten mit Aktentaschen voller Dokumente, die von verschiedenen Ministern unterschrieben werden mussten, zwischen den Ministerien und dem Sekretariat des Premierministers hin und her. In wenigen Tagen, am 30. Juni, lief das Finanzjahr 1997/98 ab und das neue begann. Jedes Ministerium war bemüht, die noch verbliebenen Finanzmittel des laufenden Jahres aufzubrauchen, damit ihnen im nächsten Jahr dieselben, wenn nicht gar höhere Zuteilungen aus dem Finanzministerium zukamen. Ein paar Wochen zuvor (am 28. Mai) hatte Pakistan sechs atomare Sprengkörper getestet und war damit Tests in Indien gefolgt, woraufhin der Westen zur Strafe Sanktionen über beide Länder verhängt und so in Pakistan eine schwere Währungskrise ausgelöst und die wirtschaftliche Rezession verschlimmert hatte.

Am 28. Juni genehmigte das bankrotte Finanzministerium 300 Millionen Rupien (sechs Millionen US-Dollar) Gehälter für die Taliban-Verwaltung in Kabul. Diese Zuteilung würde dem Außenministerium erlauben, über das nächste halbe Jahr monatlich 50 Millionen Rupien Gehälter an die Herrscher in Afghanistan zu zahlen. Das Außenministerium musste diesen Betrag im Budget anderer Ministerien verstecken, damit er nicht im allgemeinen Verzeichnis 1998/99 erschien. Zudem musste dies vor den neugierigen Blicken der internationalen Geldgeber verborgen bleiben, die massive Einsparungen bei den Ausgaben der Regierung forderten, um der wirtschaftlichen Krise Herr zu werden.

1997/98 unterstützte Pakistan die Taliban mit schätzungsweise 30 Millionen US-Dollar.[1] Darin eingeschlossen waren 600 000

Tonnen Weizen, Diesel, Petroleum und Kerosin, das teilweise von Saudi-Arabien bezahlt wurde, sowie Waffen, Munition, Bomben, Wartung und Ersatzteile für die Militärausrüstung – Panzer und schwere Artillerie aus Sowjetzeiten –, weiterhin die Wartung der Luftwaffe der Taliban, der Flugverkehr, Straßenbau und die Gehälter. Zudem förderte Pakistan die Waffen- und Munitionskäufe der Taliban aus der Ukraine und Osteuropa. Das Geld für die Gehälter wurde meist direkt in die Aufrüstung gesteckt. Den Taliban-Beamten in Kabul wurden zeitweise monatelang keine Gehälter gezahlt. Offiziell leugnete Pakistan, die Taliban zu unterstützen.

Dieser Fluss von Hilfsgeldern war ein Erbe der Vergangenheit. In den 1980ern hatte der ISI Milliarden US-Dollar gemanagt, die aus dem Westen und den arabischen Staaten hereinströmten, um den Mudschaheddin zu helfen. Durch Ermutigung und technische Hilfestellung des CIA wurde aus diesen Geldern auch die riesige Erweiterung des ISI bestritten. Hunderte Armeeoffiziere wurden vom ISI eingezogen, um nicht nur Afghanistan zu überwachen, sondern auch Indien, die ausländischen Geheimdienste in Pakistan, die eigenen Politiker, die Wirtschaft, die Medien sowie jeden Aspekt sozialen und kulturellen Lebens im Land.

Der CIA hatte für neueste Technologie gesorgt, darunter Apparate, die den ISI befähigen, jede Telefonzelle im Land abzuhören. Der ISI wurde Auge und Ohr von Präsident Zias Militärregime und war 1989 das mächtigste politische Überwachungsorgan Pakistans.

Während Premierministerin Benazir Bhuttos zweiter Amtszeit (1993–96) förderte der pensionierte Innenminister General Naseerullah Babar die Taliban. Er wollte die afghanische Politik vom ISI befreien. Bhutto und Babar standen der Macht und den Ressourcen des ISI zutiefst misstrauisch gegenüber, denn er hatte die Unzufriedenheit über Bhuttos erste Amtszeit geschürt, was 1990 zu ihrer Amtsenthebung geführt hatte. Darüber hinaus zweifelte der ISI anfangs am Potenzial der Taliban, da der Dienst noch hinter Gulbuddin Hekmatyar stand und nicht über genügend Gelder zur Unterstützung afghanischer Koranschüler verfügte. Babar schuf innerhalb des Innenministeriums eine afghanische Handelszelle, die nach außen hin die Aufgabe hatte, alle Bemühungen um eine Handelsroute nach Zentralasien zu koordinieren – eigentlich ging es aber um die logistische Unterstützung der Taliban, und zwar nicht aus geheimen Geldern, sondern aus den Budgets für die verschiedenen Ministerien.

Babar ordnete an, dass Pakistans Telecommunication den Taliban ein Telefonnetz installierte, als Teil des Überlandleitungsnetzes Pakistans. Aus allen Orten Pakistans konnte Kandahar mit der Vorwahl 081 zum Inlandstarif angewählt werden. Ingenieure und Bauarbeiter reparierten Straßen und verlegten Stromkabel nach Kandahar. Das paramilitärische Grenzkorps, das Babars Befehl unterstand, richtete den Taliban ein internes Funknetz für ihre Befehlshaber ein. Pakistan International Airlines (PIA) und die Civil Aviation Authority entsandten Techniker, um den Flughafen Kandahars und die Jagdbomber und Hubschrauber, die die Taliban konfisziert hatten, zu reparieren. Radio Pakistan unterstützte technisch Radio Afghanistan, das sich jetzt Radio Schariat nannte. Nachdem die Taliban 1995 Herat erobert hatten, war Pakistan stärker engagiert. Im Januar 1996 fuhr der Generaldirektor der Afghan Trade Development Cell mit Beamten von Civil Aviation, Pakistan Telekom, PIA, Pakistan Railways, Radio Pakistan und der National Bank of Pakistan die Straße von Quetta nach Turkmenistan ab. Regierungsbetriebe übernahmen weitere Projekte, um den Taliban zu helfen – aus Budgets, die eigentlich zur Ankurbelung von Pakistans Wirtschaft gedacht waren.[2]

Trotz all dieser hilfreichen Unterstützung und Kontrolle waren die Taliban keine Marionetten und widersetzten sich jedem Versuch Islamabads, sie zu gängeln. In der ganzen Geschichte Afghanistans war es Fremden nie gelungen, die Afghanen zu manipulieren – die Russen und die Briten mussten für diese Erfahrung einen hohen Preis zahlen. Augenscheinlich hatte Pakistan daraus keine Lehren gezogen – es lebte immer noch in einer Vergangenheit, in der CIA- und Saudi-Finanzen Pakistan die Macht gaben, den Verlauf des Dschihad zu bestimmen. Darüber hinaus waren die sozialen, wirtschaftlichen und politischen Verbindungen zu den angrenzenden Gebieten pakistanischer Paschtunen in zwei Jahrzehnten Krieg und Flüchtlingsschicksalen fest zusammengeschmiedet worden. Die Taliban wurden in pakistanischen Flüchtlingslagern geboren, in pakistanischen *Madrassas* unterrichtet und erlernten ihre kriegerischen Fähigkeiten von den Mudschaheddin-Milizen, die in Pakistan stationiert waren. Ihre Familien besaßen pakistanische Personalausweise.

Die tief verwurzelten Verbindungen der Taliban zu den staatlichen Institutionen Pakistans, seinen politischen Parteien, islamischen Gruppierungen, dem *Madrassa*-Netz, der Drogenmafia und den geschäftlichen Gruppen waren zu einer Zeit entstanden, als Pakistans Machtstrukturen uneinheitlich waren. Das war den Taliban ganz recht, denn sie waren nicht auf eine einzige pakistanische Lobby wie den ISI fixiert. Die Mudschaheddin-Führer in den 1980ern unterhielten ausschließlich Verbindungen zum ISI und zur Jamaat-e-Islami, eine andere politische oder wirtschaftliche Lobby gab es nicht. Die Taliban hingegen hatten Zugang zu einflussreicheren Lobbys in Pakistan als die Pakistanis selbst.

Das gab ihnen Gelegenheit, die eine gegen die andere auszuspielen und ihren Einfluss in Pakistan weiter auszubauen. Zu gewissen Zeiten trotzten sie dem ISI mit Hilfe von Ministerien oder der Transportmafia. Zu anderen Zeiten widersetzten sie sich der Bundesregierung unter Zuhilfenahme der Provinzregierungen. Je mehr sich die Taliban-Bewegung ausbreitete, desto unklarer wurde, wer über wen bestimmte. Pakistan war nicht mehr länger Herrscher über die Taliban, sondern wurde zunehmend ihr Opfer.

Pakistans Sicherheitswahrnehmung wurde anfangs von Afghanistans territorialen Ansprüchen auf Teile der Nordwestprovinz und Belutschistans bestimmt, und es kam 1950 und 1960 zu Grenzstreitigkeiten zwischen beiden Staaten. Afghanistan beharrte darauf, Pakistans Paschtunen sollte freigestellt werden, ob sie Unabhängigkeit oder zu Pakistan oder Afghanistan gehören wollten. Die diplomatischen Beziehungen erlebten 1955 und 1962 eine Krise, als Kabul sich für ein «Groß-Paschtunistan» stark machte, das von linken pakistanischen Paschtunen unterstützt wurde. Das Zia-Regime sah den Afghan-Dschihad als ein Mittel, diese Ansprüche für immer zu beenden, wenn sichergestellt war, dass eine gefügige, Pakistan wohlgesinnte Paschtunen-Mudschaheddin-Regierung in Kabul an die Macht kam.

Militärische Strategen argumentierten, dies würde Pakistan «strategische Tiefe» gegenüber seinem Primärfeind Indien verleihen. Pakistans Geographie, der Mangel an Raum, Tiefe und Hinterland, ließ nicht zu, einen länger andauernden Krieg gegen Indien zu führen. In den 1990ern kam hinzu, dass ein freundliches Afghanistan den Kämpfern aus Kaschmir einen Stützpunkt bot, auf dem sie ausgebildet, finanziert und bewaffnet werden konnten.

Unter dem Druck Indiens waren die USA 1992/93 kurz davor, Pakistan als staatlichen Terrorismussponsor zu bezeichnen, als in Pakistan stationierte Militante aus Kaschmir Guerilla-Angriffe auf das indische Kaschmir unternahmen. Daraufhin verlegte Pakistan 1993 viele dieser Militärbasen nach Ostafghanistan und bezahlte die Jalalabad-Schura – später dann die Taliban – dafür, dass sie ihnen Schutz gewährten. Bin Laden wurde 1996 ermuntert, sich den Taliban anzuschließen – auch er unterstützte finanziell die Militärbasen für Militante aus Kaschmir in Khost.

Zunehmend wurde das Kaschmirproblem zum Motor für Pakistans Afghanistanpolitik und die Unterstützung der Taliban. Die Taliban nutzten dies geschickt aus. Sie weigerten sich, andere Forderungen zu akzeptieren, wohl wissend, dass Islamabad ihnen nichts abschlagen konnte, solange es einen Stützpunkt für Kämpfer aus Pakistan und Kaschmir brauchte. «Wir unterstützen den Dschihad in Kaschmir», sagte Mullah Omar 1998. «Es stimmt auch, dass einige Afghanen gegen die indischen Besatzer in Kaschmir kämpfen. Aber sie tun das von sich aus.»[3]

Für so manchen war diese «strategische Tiefe» wurmstichig und voller irriger Annahmen, da sie Grundsätzliches ignorierte: Politische Stabilität im Lande, wirtschaftliche Entwicklung, verbesserte Schulbildung und gute Beziehungen zu den Nachbarn wären ein größerer Garant für nationale Sicherheit als abstruse

Ideen von Strategien, ausbaldowert in den Bergschluchten Afghanistans.

«Primäres Ziel pakistanischer Afghanistanpolitik seit Zia ul-Haq war, strategische Tiefe zu erlangen. Militärisch gedacht, ist dies kein Konzept, abgesehen davon, dass es sich um schwer zugängliche Orte handelte, an dem sich das geschlagene Heer sicher fühlen kann», schrieb der pakistanische Experte Eqbal Ahmad. «Das Ergebnis ist ein in einem eisernen Spinnennetz aus falschen Annahmen, wirren Konzepten, politischem Versagen, Inflexibilität und konfessioneller Gewalt verheddertes Land. Ein Sieg der Taliban wird Pakistans politisches und strategisches Dilemma nicht im mindesten bessern können, höchstwahrscheinlich eher verschlimmern.»[4]

Das Militär ging davon aus, dass die Taliban die Durand-Linie anerkennen würden – diesen kontroversen Grenzverlauf zwischen beiden Ländern, den einst die Briten gezogen hatten und der nie von einem afghanischen Regime akzeptiert worden war. Es ging weiterhin davon aus, dass die Taliban den Nationalismus der Paschtunen im Nordwesten herunterschrauben, Pakistans radikalen Islamisten ein Ventil bieten und somit eine islamische Bewegung im eigenen Land im Keim ersticken würden. Tatsächlich geschah genau das Gegenteil. Die Taliban weigerten sich, die Durand-Linie anzuerkennen oder Afghanistans Ansprüche auf die Nordwestprovinz Pakistans fallen zu lassen. Sie förderten den islamisch geprägten Nationalismus der Paschtunen, der dann auf die Paschtunen Pakistans übergriff.

Schlimmer noch, die Taliban gewährten den gewalttätigsten Sunniten Pakistans Zuflucht, bewaffneten sie und verlangten, dass Pakistan sich zum Sunnitenstaat erklärte und die herrschende Klasse durch eine islamische Revolution zu Fall brächte.

«Der scheinbare Sieger Pakistan musste teuer für seinen Erfolg bezahlen. Mit dem Triumph der Taliban war die Grenze zwischen Pakistan und Afghanistan praktisch aufgelöst worden. Auf beiden Seiten glitten Paschtunenstämme in einen Fundamentalismus hinein und verwickelten sich zunehmend in den Drogenhandel. Sie gewinnen immer mehr Autonomie. Schon sind einige kleine fundamentalistische Stammesemirate auf pakistanischem Boden entstanden. Die Aufnahme Afghanistans, die de facto stattgefunden hat, wird die zentrifugalen Tendenzen in Pakistan verstärken», sagte Olivier Roy 1997 voraus.[5] Die Nachwirkungen aus Afghanistan hatten in Wirklichkeit zu einer «Talibanisierung» Pakistans geführt. Die Taliban gaben Pakistan keine strategische Tiefe, sondern es verhält sich umgekehrt.

Pakistan wurde nicht nur ein Opfer seiner strategischen Vision, sondern seiner eigenen Geheimdienste. Das ISI-Mikro-Management des afghanischen Dschihad war nur möglich, weil der ISI unter einem Militärregime und durch üppige Finanzierung von außen imstande war, jede politische Opposition im Land zu unterdrücken. Zia und der ISI hatten die Macht, Afghanistans Politik zu formulieren und durchzuführen, die anderen Geheimdiensten wie dem CIA fehlte. Dadurch wurden für den ISI Ziel und Kompetenzbereich zur Einheit. Dem ISI hatten keine mächtigen Lobbys oder politischen Rivalen im Weg gestanden.

Bei der Lenkung Afghanistans blieb dem ISI kein Raum für eine kritische Neubeurteilung, die den Abweichungen vom Status quo Rechnung trugen, oder für Phantasie und Flexibilität, sich der veränderten Situation und den ausufernden geopolitischen Umständen anzupassen. Der ISI wurde Opfer seiner eigenen Inflexibilität, als seine Kontrolle über die Taliban schwand. Die in Afghanistan operierenden Geheimdienstler waren Paschtunen-Offiziere, von denen viele durch ihren Hang zu rigidem islamischem Fundamentalismus motiviert wurden. In ihrer engen Zusammenarbeit mit Hekmatyar und später mit den Taliban entwickelte dieser Paschtunen-Kader eigene Pläne, die auf eine künftige Macht der Paschtunen und einen radikalen Islam in Afghanistan abzielten – auf Kosten ethnischer Minderheiten und eines gemäßigten Islam.

Den Worten eines pensionierten ISI-Offiziers zufolge wurden «diese Offiziere noch bessere Taliban als die Taliban selbst». Folglich wurden die Analysen der Anti-Taliban-Allianz und der Pipeline-Politik immer mangelhafter, durchsetzt von Sturheit, Klischees und falschen Annahmen, die eher von ihren strengen islamisch-ideologischen Vorstellungen geprägt waren als von objektiven Fakten. Inzwischen besaß der ISI jedoch zu viel Macht, als dass die amtierende Regierung sie hinterfragen oder durch einen Armeechef für Ordnung sorgen konnte.

Als die Taliban erstmals in Erscheinung traten, war der ISI noch skeptisch über deren Chancen. Er hielt sich aufgrund von Hekmatyars gescheiterter Eroberung Kabuls und der Finanzknappheit im Hintergrund. Das gab der Bhutto-Regierung Gelegenheit, die Taliban in Eigenregie zu unterstützen.[6] 1995 führte der ISI eine Debatte über eine Unterstützung der Taliban. Es ging darum, dass die paschtunisch-islamischen Stabsoffiziere in Afghanistan sich für eine größere Unterstützung der Taliban einsetzten, während andere Offiziere langfristige strategische Planung betrieben und Pakistans Unterstützung eher minimal halten wollten, um die Beziehungen zu Zentralasien und dem Iran nicht zu gefährden. Im Sommer 1995 forderten mit dem Militär und dem ISI kooperierende Paschtunen, sich hinter die Taliban zu stellen, insbesondere, als Präsident Burhanuddin Rabbani Unterstützung bei Pakistans Rivalen Russland, Iran und Indien suchte.[7]

Jetzt wurde der ISI mit all den anderen von Taliban unterwanderten pakistanischen Lobbys konfrontiert – angefangen bei den radikalen Mullahs bis hin zu den Drogenbaronen. Der harte Konkurrenzkampf zwischen ISI, Regierung und diesen Lobbys sorgte im Entscheidungsprozess Islamabads in der Afghanistanfrage für noch größere Zersplitterung. Das pakistanische Außenministerium wurde durch diese Wirren so geschwächt, dass es buchstäblich irrelevant für die Afghanistanpolitik wurde, unfähig, den sich verschlimmernden diplomatischen Umständen Rechnung zu tragen, da alle Nachbarstaaten – Russland, Iran, die Republiken Zentralasiens – Islamabad beschuldigten, die Region zu destabilisieren. Die Bemühungen des ISI, solche Kritik durch heimliche Reisen seiner jeweiligen Chefs nach Moskau, Teheran, Taschkent und Aschchabad zu entschärfen, scheiterten gründlich.

Da die internationale Kritik zunahm, unterstützten die neu gewählte Regierung Nawaz Sharifs und der ISI die Taliban umso hartnäckiger. Als die Taliban im Mai 1997 versuchten, Mazar zu erobern, rechnete der ISI sich aus, dass eine Anerkennung der Taliban die feindlichen Nachbarn zwingen würde, mit diesen auszukommen, und dass sie Islamabad brauchten, um das Verhältnis zu verbessern. Es war ein hochriskantes Spiel, das fürchterlich scheiterte, als Pakistan die Taliban voreilig anerkannte und diese dann aus Mazar wieder vertrieben wurden.[8]

Pakistan wetterte lautstark gegen seine Kritiker, darunter die UNO, die sich jetzt ganz offen gegen alle Unterstützung afghanischer Gruppen von außen stellte. Pakistan beschuldigte UN-Generalsekretär Kofi Annan im Gegenzug als Partisan. «Die UNO hat sich in Afghanistan immer weiter an den Rand manövriert und ihre Glaubwürdigkeit als unparteiischer Vermittler verloren», sagte Ahmad Kamal, Pakistans Botschafter in der UNO, im Januar 1998. Später behauptete Kamal auf einer Gesandten-Konferenz in Islamabad, nicht Pakistan sei in der Afghanistanfrage isoliert, sondern der Rest der Welt, und man komme nicht daran vorbei, die Haltung Pakistans hinsichtlich der Taliban zu akzeptieren.[9]

Da sich Pakistan trotz der verbreiteten internationalen Kritik weiterhin für die Politik der Taliban einsetzte, verlor die Regierung den dabei entstehenden Schaden für das Land aus den Augen. Der Schmuggel aus und nach Afghanistan war verheerend. Er hatte sich jetzt über Zentralasien, Iran und den Persischen Golf ausgebreitet und stand für dramatische Einkommensverluste all dieser Länder, insbesondere aber Pakistans, wo die einheimische Industrie durch eingeschmuggelte ausländische Erzeugnisse schwer in Mitleidenschaft gezogen wurde. Der euphemistisch so genannte *Afghan Transit Trade* (ATT) ist zum größten Schmugglergeschäft der Welt entartet und hat die Taliban in Geschäfte mit pakistanischen Schmugglern, LKW-Fahrern, Drogenbaronen, Bürokraten, Politikern, Polizei- und Militäroffizieren verstrickt. Diese Geschäfte wurden für sie zur offiziellen Haupteinnahmequelle, obwohl die Wirtschaft der Nachbarstaaten dadurch untergraben wurde.

Der Grenzposten zwischen Chaman in Belutschistan und Spin

Baldak in Afghanistan ist ein Logenplatz, um dem Treiben der Schmugglerbanden zuzusehen. An einem «guten» Tag fahren 300 LKWs durch. Ungezwungen treffen sich hier LKW-Fahrer, pakistanische Zollbeamte und Taliban und trinken einträchtig zahllose Tassen Tee miteinander, während eine lange Schlange LKWs auf die Abfertigung wartet. Jeder scheint jeden zu kennen, und die Fahrer erzählen Geschichten, bei denen der *World Trade Organisation* die Haare zu Berge stehen würden. Die meisten der Nobelkarrossen der Marken Mercedes und Bedford sind gestohlen und mit falschen Nummernschildern versehen. Die Waren, die transportiert werden, haben keinen Lieferschein. Die Fahrer überqueren bis zu sechs internationale Grenzen mit falschen Nummernschildern – ohne jede Genehmigung oder einen Pass. Das Sortiment der Waren erstreckt sich vom japanischen Camcorder über englische Unterwäsche, Earl-Grey-Tee, chinesische Seide, amerikanische Computerteile, afghanisches Heroin, pakistanischen Weizen, osteuropäische Kalaschnikows bis hin zu iranischem Petroleum – Zollgebühren oder Steuern werden nicht gezahlt. Dieser Freihandel nach Wildwestmanier verbreitete sich durch den Bürgerkrieg in Afghanistan, das Drogengeschäft, den Kollaps und die Korruption in den staatlichen Institutionen Pakistans, des Iran und Zentralasiens über alle Grenzen Afghanistans. Er traf auf eine nach Konsumgütern hungernde Region. Pakistanis und Afghanen, die Transport- und die Drogenmafias taten sich zusammen, um den Bedarf zu decken. «Die Lage ist völlig außer Kontrolle», erzählte mir schon 1995 ein pakistanischer Finanzbeamter. «Die Taliban werden von Transportunternehmen finanziert, um die Straßen für den Schmuggel zu öffnen, und diese Mafias bestimmen jetzt auf Gedeih und Verderb, wer in Afghanistan und Pakistan das Sagen hat. Pakistan wird durch den Steuerverlust in diesem Jahr 30 Prozent weniger Einkommen verzeichnen.»[10]

Der Handel war für das islamische Kernland immer problematisch gewesen. Die Seidenstraße, die im Mittelalter China mit Europa verband, verlief durch Zentralasien und Afghanistan und wurde von denselben Stämmen und Nomaden genutzt, die sie heute mit LKWs befahren. Die Seidenstraße hatte auf Europa fast ebenso großen Einfluss wie die Eroberungen durch die Araber, denn die Karawanen transportierten nicht nur Luxusgüter, sondern auch Ideen, Religionen, Waffen und wissenschaftliche Neuerungen. Eine Kamelkarawane konnte aus fünf- bis sechstausend Kamelen bestehen, «ihre Kapazität insgesamt entspricht der eines sehr großen Handelsschiffs. Eine Karawane reiste wie ein Heer: Sie besaß einen Führer, angestellte Begleiter, strenge Regeln, und es war Pflicht, Wachen zu postieren und Vorsichtsmaßnahmen gegen plündernde Nomaden zu treffen», schrieb der französische Gelehrte Fernand Braudel.[11] In fast 2000 Jahren scheint sich nur wenig verändert zu haben. Die Schmuggler heutzutage gehen ähnlich militärisch vor – nur haben LKWs die Kamele ersetzt.

1950 bekam das landumschlossene Afghanistan in internationaler Übereinstimmung von Pakistan die Erlaubnis, steuerfrei Waren durch den Hafen von Karatschi einzuführen. LKWs transportierten die versiegelten Container von Karatschi quer durch Afghanistan, um einen Teil der Waren in Kabul zu verkaufen, den Rest auf den Märkten Pakistans. Es war ein florierendes, gleichwohl eingeschränktes Geschäft, das Pakistan den Zugang zu billigen, zollfreien Konsumartikeln, insbesondere japanischen Elektrogeräten, ermöglichte. In den 1980ern expandierte der ATT und verrichtete seine Dienste in den kommunistisch kontrollierten Städten Afghanistans. Der Fall Kabuls 1992 fand zeitgleich mit der Eröffnung neuer Märkte in Zentralasien und dem gesteigerten Bedarf an Nahrung, Treibstoff und Baumaterial statt, als die afghanischen Flüchtlinge heimkehrten – eine wahre Goldgrube für die Transportmafias.

Doch die Transporter wurden durch den Bürgerkrieg und die Kriegsherren, die auf einer einzigen Transportstrecke Dutzende Male Steuern abkassierten, enttäuscht. Obwohl die Transportmafia aus Peschawar ihre Handelsgeschäfte zwischen Pakistan, Nordafghanistan und Usbekistan trotz des anhaltenden Kriegs um Kabul weiter abwickelte, wusste die Mafia aus Quetta nicht mehr weiter, als die geldgierigen Kriegsherren Dutzende von Zollschranken auf der Landstraße von Pakistan aufstellten. Die Mafia aus Quetta fieberte danach, sichere Strecken Richtung Iran und Turkmenistan zu eröffnen, gerade als sich die Bhutto-Regierung für eine ähnliche Politik einsetzte.

Die Führer der Taliban hatten gute Verbindungen zur Quetta-Mafia, die als erste die Taliban-Bewegung finanziell unterstützt hatte. Anfangs entrichtete sie den Taliban einen monatlichen Vorschuss, doch je weiter diese sich nach Westen ausbreiteten, desto mehr verlangten sie. Im April 1995 unterhielt ich mich in Quetta mit Leuten, die bezeugten, dass die Taliban an einem einzigen Tag 6 Millionen Rupien (130 000 US-Dollar) von Transportern in Chaman kassierten und doppelt so viel am nächsten Tag in Quetta, als sie sich für ihren ersten Angriff auf Herat vorbereiteten. Diese «Spenden» waren gesondert von der einmaligen Zollgebühr zu zahlen, die von den aus Pakistan kommenden LKWs an die Taliban zu entrichten war und jetzt deren offizielle Haupteinnahmequelle stellte.

Aufgrund der jetzt sicheren Transportstrecken nahmen Volumen und Verbreitung des Schmuggels dramatisch zu. Ganze LKW-Konvois fuhren von Quetta nach Kandahar, dann südlich weiter in den Iran, westwärts nach Turkmenistan, in die anderen Republiken Zentralasiens und sogar nach Russland. Bald drängte die Quetta-Mafia die Taliban, Herat zu erobern, um vollständige Kontrolle über die Landstraße nach Turkmenistan zu haben.[12] Der ISI hatte den Taliban zwar gleich zu Anfang geraten, Herat nicht anzugreifen, aber die Quetta-Mafia besaß größeren Einfluss auf sie. 1996 drängte die Transportmafia die Taliban, mit der Eroberung Kabuls den Norden zu öffnen. Nachdem diese das Kapital eingesteckt hatten, musste ihnen jeder LKW von Peschawar nach Kabul im Durchschnitt eine Gebühr von 6000 Rupien (150 US-Dollar) zahlen – nicht mehr 30 000 bis 50 000 Rupien, die für einen LKW vorher zu entrichten waren. Die Transportmafia ließ die Taliban-Führer an ihren Geschäften teilhaben und riet ihnen, LKWs anzuschaffen. Da die Drogenmafia willens war, ein *Zakat* (eine Steuer) für den Transport von Heroin zu zahlen, wurde der Transithandel für das Schatzamt der Taliban noch bedeutender.

Den größten Schaden von alledem trug Pakistan davon. Im Finanzamt schätzte man, dass das Land im Finanzjahr 1992/93 einen Einkommensteuerverlust in Höhe von 11 Milliarden Rupien, 1994/95 in Höhe von 20 Milliarden Rupien und 1997/98 in Höhe von 30 Milliarden Rupien (600 Millionen US-Dollar) zu verzeichnen hatte – ein rasanter jährlicher Anstieg, der die Ausbreitung der Taliban widerspiegelte.[13] Eine riesige Korruptionskette kam durch den ATT in Gang. Alle beteiligten pakistanischen Organisationen nahmen Bestechungsgelder entgegen. Lukrative Jobs beim Zoll an der afghanischen Grenze wurden mit Schmiergeldern von erfahrenen Beamten abgekauft.

Die Kette erstreckte sich über Politiker und Kabinettsminister Belutschistans und Pakistans Nordwestprovinz. Die Gouverneure und Minister dieser beiden Provinzen erteilten den LKWs Erlaubnisse für den Export von Weizen und Zucker nach Afghanistan. Von höheren Militäroffizieren erfuhr ich 1995, dass durch die Konkurrenz zwischen ihnen ein so großes Ausmaß an Korruption entstanden war, dass der gesamte Verwaltungsapparat lahmgelegt war und die Taliban Kontrolle über pakistanische Politiker ausübten.

Als die Mafia dann ihre Geschäfte ausweitete, wurde auch Afghanistan ziemlich gerupft. Millionen Morgen Wald wurden in Afghanistan für den pakistanischen Markt geschlagen – eine Wiederaufforstung fand nicht statt. Alte Fabriken, Panzer und andere Fahrzeuge wurden ausgeschlachtet, Strom- und Telefonmasten abgeschlagen, um an das Eisen zu kommen, das dann an Stahlfabriken in Lahore verkauft wurde. Der Autodiebstahl in Karatschi und anderen Städten florierte, als die Mafia einheimische Autodiebe anheuerte und die Fahrzeuge dann nach Afghanistan verfrachtete. Von dort aus wurden sie an Kunden in Afghanistan und Pakistan verkauft. Allein zwischen 1992 und 1998 wurden nur in Karatschi 75 000 Fahrzeuge gestohlen, von denen die meisten nach Afghanistan gebracht wurden, um mit neuen Nummernschildern versehen wieder aufzutauchen.[14]

Die Transportmafia schmuggelte auch Elektroartikel aus Dubai, Scharjah und anderen Häfen am Golf ein und exportierte in Trockenfrüchten und abgelagertem Bauholz verstecktes Heroin mit der afghanischen Fluglinie Ariana, die sich jetzt in Händen der Taliban befand. Flüge aus Kandahar, Kabul und Jalalabad gingen nonstop an den Persischen Golf.

Der ATT gab dem bereits mächtigen Schwarzmarkt in Pakistan Auftrieb. Einer Studie zufolge ist die Schattenwirtschaft im Schneeballsystem von 15 Milliarden Rupien 1973 auf 1115 Milliarden Rupien 1996 gestiegen, mit einem Bruttosozialproduktsanteil von 20 bis 51 Prozent.[15] Zur gleichen Zeit eskalierte die Steuerhinterziehung – eingeschlossen die Zollgebührenhinterziehung – von 1,5 Milliarden auf 152 Milliarden Rupien. Der Schmuggel trug 1993 ungefähr 100 Milliarden Rupien zur Schattenwirtschaft bei, was bis 1998 auf etwa 300 Milliarden Rupien anstieg. Das entspricht 30 Prozent des Gesamtimports des Landes im Wert von 10 Milliarden US-Dollar. Der hinzukommende Drogenhandel zwischen Afghanistan und Pakistan hat einen geschätzten Wert von 50 Milliarden Rupien pro Jahr.

In der Nordwestprovinz Pakistans wurden die Schmugglermärkte – die *Baras* – mit importierten Konsumgütern überschwemmt, was Pakistans Industrie massive Verluste brachte. Beispielsweise stellt Pakistan eigene Klimaanlagen her und gab 1994 nur 30 Millionen Rupien für importierte Klimaanlagen aus. Afghanistan hingegen, zu der Zeit nahezu ohne jede Stromversorgung, importierte über den ATT Klimaanlagen im Wert von einer Milliarde Rupien, die sich alle auf pakistanischen *Baras* wieder fanden und den einheimischen Herstellern arg zusetzten. Wenn man zollfreie japanische Fernsehgeräte und Waschmaschinen zum selben Preis wie die von pakistanischen Herstellern bekam, kauften die Konsumenten natürlich lieber die japanischen Produkte. Auf dem *Bara* in Hayatabad außerhalb von Peschawar entstanden Geschäfte mit Markennamen wie Mark & Spencer, Mothercare und Sony, wo man die Originalprodukte zollfrei einkaufen konnte. «Der ATT hat die wirtschaftlichen Aktivitäten in der Provinz zerstört, und die

Leute haben jede Vorstellung von ehrlichem Verdienst aufgegeben – sie sehen den Schmuggel als ihr ureigenstes Recht an», sagte der Ministerpräsident der Nordwestprovinz Pakistans Mahtab Ahmed Khan im Dezember 1998.[16]

Eine ähnliche Unterminierung der Wirtschaft und weitverbreitete Korruption fand im Iran statt. Der Treibstoffschmuggel der Transportmafia sowie der Schmuggel anderer Güter aus dem Iran nach Afghanistan und Pakistan führten zu Einkommenseinbußen, zur Schädigung der einheimischen Industrie und zur Korruption hochrangiger Regierungsbeamter. Iranische Beamte gestanden mir unter vier Augen, dass die klerikalen Stiftungen und die staatlichen Industriestiftungen genauso wie die Revolutionären Garden vom Schmuggel der Erdölprodukte profitierten, deren Verkauf in Afghanistan 2000 bis 3000 Prozent Profit im Vergleich zum Iran erzielte. Treibstoff wurde von den Kriegsherren in Afghanistan in rauen Mengen für ihre Kriegsmaschinerie gebraucht, und bald orderten Erdölförderer in Belutschistan durch die Mafia billiges Öl aus dem Iran und übergingen alle pakistanischen Firmen (und Zölle).

Pakistan unternahm einige halbherzige Versuche, beim ATT zu intervenieren, indem beispielsweise ein Importstopp für Elektrogeräte verhängt wurde, aber letztlich gab die Regierung doch immer wieder nach, wenn sich die Taliban weigerten, den neuen Anordnungen zu entsprechen, oder wenn die Mafia Druck auf Minister der Regierung ausübte. Es gab in Islamabad keine Lobby, die willens war, auf die Schäden für Pakistans Wirtschaft hinzuweisen oder die Taliban zum Einlenken zu bewegen. Der ISI war nicht willens, damit zu drohen, die finanzielle Unterstützung der Taliban so lange zurückzuhalten, bis sie sich fügten. Zum Entsetzen ausländischer und pakistanischer Investoren schien die Regierung Pakistans eigene Wirtschaft zugunsten der Taliban vorsätzlich zu untergraben, da Islamabad de facto einen Einkommenstransfer von Pakistan an die Taliban zuließ. Es war eine Form von inoffizieller Finanzhilfe, von der die Taliban profitierten und die alle daran beteiligten Pakistanis extrem reich machte. Sie wurden zur mächtigsten Lobby der Taliban.

In den 1980ern hatte der Abzug der sowjetischen Besatzer in Afghanistan eine «Heroin- und Kalaschnikow-Kultur» entstehen lassen, die Pakistan immer mehr schädigte. «Zehn Jahre aktive Beteiligung am Afghanistankrieg hatten das soziale Profil Pakistans dermaßen verändert, dass seitdem jede Regierung vor ernsten Autoritätsproblemen steht. Pakistans Gesellschaft ist heute zersplittert, überschwemmt mit hochtechnisierten Waffen, gewalttätig im Zivilbereich und steht der Verbreitung von Drogen hilflos gegenüber», schrieb der amerikanische Historiker Paul Kennedy.[17]

In den späten 1990ern griffen diese Auswirkungen immer stärker um sich und höhlten die staatlichen Institutionen aus. Pakistan wurde vom ATT verstümmelt, die Außenpolitik isolierte den Staat zunehmend vom Westen und von den Nachbarländern, Recht und Ordnung brachen zusammen, als militante Islamisten ihre eigenen Gesetze umsetzten, und eine neue Generation von radikalen antischiitischen Islamisten, die bei den Taliban Zuflucht fanden, tötete zwischen 1996 und 1999 Hunderte Schiiten. Dieses konfessionell geprägte Blutvergießen hat die Kluft zwischen der sunnitischen Mehrheit und der schiitischen Minderheit enorm vergrößert und die Beziehungen zwischen Pakistan und dem Iran verschlechtert.[18]

Gleichzeitig sind seit 1994 über 80 000 militante pakistanische Islamisten von den Taliban ausgebildet worden und haben an ihrer Seite gekämpft. Sie bilden einen harten Kern islamischer Aktivisten – jederzeit bereit, in Pakistan eine islamische Revolution nach Art der Taliban anzuzetteln.[19]

Im Paschtunen-Gürtel in der Nordwestprovinz und Belutschistan bildeten sich Gruppen, die den Taliban nacheifern wollten. Schon 1995 hatte Maulana Sufi Mohammed in einem Aufstand seiner Tanzim Nifaz Shariat-i-Mohammedi gefordert, die Scharia zu verhängen. Der Revolte schlossen sich Hunderte afghanische und pakistanische Taliban an, bis sie vom Militär niedergeschlagen wurde. Die Anführer suchten Zuflucht bei den Taliban in Afghanistan. Im Dezember exekutierte die Tehrik-i-Tuleba öffentlich vor 2000 Zuschauern einen Mörder ohne jeden Gerichtsprozess. Sie versprach eine Justiz nach Art der Taliban im gesamten Paschtunen-

Gürtel und verbot Fernsehen, Musik und Videos.[20] Andere Pro-Taliban-Paschtunengruppen entstanden in Quetta; sie brannten Kinos nieder, erschossen Inhaber von Videoläden, zerstörten Satellitenschüsseln und vertrieben Frauen von den Straßen.

Doch nachdem die Taliban 1998 Mazar erobert hatten, erklärte Pakistan seinen Sieg und forderte, dass die Bewegung, die jetzt 80 Prozent Afghanistans kontrollierte, von der Welt anerkannt werden müsse. Pakistans militärische und zivile Führungen bestanden darauf, der Erfolg der Taliban sei ein Erfolg Pakistans und ihre Politik korrekt und unabänderlich. Sie hielten den Einfluss des Iran auf Afghanistan für erledigt und glaubten, Russland und die Republiken Zentralasiens seien jetzt gezwungen, sich über Islamabad auf die Taliban einzulassen, und dem Westen bliebe keine andere Wahl, als die Islam-Auslegung der Taliban zu akzeptieren.

Zwar reagierte die Öffentlichkeit bestürzt auf die Talibanisierung Pakistans, aber die Führer des Landes ignorierten das interne Chaos. Zunehmend wurde Pakistan von außen als ein gescheitertes Land angesehen, ähnlich wie Afghanistan, der Sudan oder Somalia. Ein gescheiterter Staat ist nicht unbedingt auch ein sterbender Staat, er kann es aber werden. Pakistans Elite machte keine Anzeichen, ihre Politik in Afghanistan zu ändern. Wie ein Großmogul hatte Präsident Zia immer davon geträumt, einen «sunnitisch-muslimischen Raum zwischen dem ungläubigen ‹Hindustan›, dem ‹ketzerischen› [weil schiitischen] Iran und dem ‹christlichen› Russland zu schaffen».[21] Er glaubte, die Botschaft der Mudschaheddin würde sich über Zentralasien ausbreiten, den Islam neu beleben und einen neuen islamischen Nationenblock unter Führung Pakistans schaffen. Nie jedoch hatte Zia bedacht, was er Pakistan damit antat.

Kapitel 15
Schiiten gegen Sunniten: Iran und Saudi-Arabien

Im Frühjahr 1999 standen Veränderungen und Erneuerungen in Teheran an. Seit der islamischen Revolution vor 20 Jahren hatten sich die Frauen in die vorgeschriebene schwarze, zeltartige Kluft gehüllt. Plötzlich war diese Kluft auch mit Leopardenmuster zu sehen, bei manchen war sie mit Pelz gesäumt. Einige Frauen trugen sie wie ein Regencape, unter dem kurze Röcke, enge Jeans und schwarze Seidenstrümpfe zum Vorschein kamen. Anstelle einer streng vorgeschriebenen Kleiderordnung schien es jetzt weiblicher Bescheidenheit überlassen zu sein, was Frauen trugen. Diese Lockerung war nur ein Zeichen der Wandlungen der iranischen Gesellschaft, nachdem Sayed Mohammed Chatami im Mai 1997 mit erstaunlichen 70 Prozent der Volksstimmen gegen seinen erzkonservativen Kontrahenten zum Präsidenten gewählt worden war. Chatami hatte die Stimmen der Jugend bekommen, die genug von einer Arbeitslosenquote von 25 Prozent und einer hohen Inflation hatte und hoffte, dass er für eine wirtschaftliche Entwicklung und eine offenere Gesellschaft sorgen würde.

Chatamis Sieg taute sofort Irans Beziehungen zur Außenwelt auf, als sich das Land dem Westen öffnete. Chatami umwarb den alten Erzfeind USA mit einem «notwendigen Dialog zwischen Zivilisationen» und versuchte, die Beziehungen zur arabischen Welt zu verbessern. Afghanistan sollte das primäre Anliegen werden, das zur Erwärmung der Beziehungen zwischen dem Iran, den USA und der arabischen Welt beitrug. Während seines Besuches in Kabul im April 1998 hatte US-Botschafter Bill Richardson bereits signalisiert, dass die USA den Iran als einen Dialogpartner ansahen, von dem bei der Lösung der Afghanistankrise Hilfe erwartet wurde. Auch mit seinem alten Feind Saudi-Arabien suchte der Iran das Gespräch.

«Das positive Klima zwischen dem Iran und Saudi-Arabien ist ermutigend, und beide Seiten sind bereit, bei einer Lösung des Afghanistankonflikts zu kooperieren», erklärte Irans neuer Außenminister Kamal Kharrazi im Mai 1998.[1]
Kharrazi, ein Englisch sprechender Diplomat, der elf Jahre lang den Iran bei der UNO vertreten hatte, verkörperte mit seinen sanften Manieren und seiner leisen Stimme die abgeklärter gewordene Revolution.
Irans neue Führung stand in entschiedener Opposition zu den Taliban, war aber pragmatisch genug für die Einsicht, dass für einen wirtschaftlichen Fortschritt und eine politische Liberalisierung im Iran der Frieden in Afghanistan unabdingbar sein würde. Stabilität in der Nachbarschaft wäre auch für den Iran hilfreich. Chatami war weit davon entfernt, einen Streit mit den Taliban zu suchen, doch nur sechs Monate, nachdem die Taliban neun iranische Diplomaten in Mazar getötet hatten, mobilisierte der Iran eine Viertelmillion Soldaten an der afghanischen Grenze und drohte einzumarschieren. Da die Spannungen mit den Taliban eskalierten, bekam das neue Verhältnis zwischen Iran und Saudi-Arabien sogar noch mehr Bedeutung.
Afghanistan ist nur ein Konfliktherd in der Rivalität zwischen Persern und Arabern. Beide haben immer wieder vor dem Hintergrund religiöser Streitigkeiten zwischen dem sunnitischen Arabien und dem schiitischen Persien gegeneinander gekämpft. 1501 machte Schah Ismail aus der Safaviden-Dynastie den Iran zum ersten und einzigen Schiitenstaat der islamischen Welt. Sowohl die Perser als auch die Araber hatten über Zentralasien und Afghanistan geherrscht, wenngleich Herrschaft, Kultur und Sprache Persiens weitaus prägender gewesen waren.
Der lange Krieg von 1981–88 zwischen dem Iran und dem Irak, der ungefähr 1,5 Millionen Opfer forderte, vertiefte diese Rivalität nur noch, da alle arabischen Staaten Saddam Husseins Irak unterstützten. Als der Golfkrieg begann, flammte gerade ein weiterer Konflikt in Afghanistan auf, und auch hier wurden die uralten Rivalitäten weitergeführt – diesmal im Zusammenhang mit dem Kal-

ten Krieg und dem erklärten Ziel der USA, den Iran mit Hilfe der arabischen Staaten zu isolieren.

Angeblich standen der Iran und Saudi-Arabien auf derselben Seite im Afghanistankonflikt. Sie machten sich stark gegen die sowjetische Invasion, unterstützten die Mudschaheddin und solidarisierten sich mit den internationalen Maßnahmen zur Isolierung des Kabuler Regimes und der Sowjetunion. Aber sie unterstützten unterschiedliche Gruppierungen der Mudschaheddin, und der Iran brach seine diplomatischen Beziehungen zu Kabul nie ab. Die Unterstützung der Mudschaheddin durch die Saudis entsprach der Strategie der USA und Pakistans, die radikalsten sunnitischen Paschtunen mit dem Hauptanteil an Finanzen und Waffen zu versorgen und die schiitischen Afghanen zu ignorieren. Parallel dazu finanzierten die Saudis all die Afghanen, die den Wahabbismus verbreiteten.

Dollar um Dollar zahlten die Saudis den Mudschaheddin dieselben Beträge wie die Amerikaner. Fast vier Milliarden US-Dollar offizielle Hilfe erhielten die Mudschaheddin zwischen 1980 und 1990 – die inoffiziellen Spenden islamischer Wohlfahrtsorganisationen und Stiftungen sowie Gelder aus den Privatschatullen von Prinzen und Moscheenkollekten nicht gerechnet.[2] Es gingen auch direkte Gelder an den ISI, beispielsweise 1989, als die Saudis 26 Millionen US-Dollar Bestechungsgelder für Afghanistans Führer während der Verhandlungen um die Interimsregierung der Mudschaheddin im Exil in Islamabad aufwandten.[3] Die Mudschaheddin-Führer waren gezwungen, einen afghanischen Wahabbi zum Übergangs-Premierminister zu ernennen.

Im März 1990 machten die Saudis noch einmal 100 Millionen US-Dollar für Hekmatyars Hizb-e-Islami-Partei locker, die einen gescheiterten Putschversuch der afghanischen Armee unter General Schahnawaz Tanai gegen Präsident Nadschibullah unterstützt hatte.[4] Nach 1992 stellten die Saudis der Mudschaheddin-Regierung in Kabul weiterhin Finanzmittel und Treibstoff zur Verfügung. Der über Pakistan eingeschleuste Treibstoff wurde zur bedeutendsten Quelle für Korruption und Günstlingswirtschaft innerhalb der sich ablösenden Regierungen Pakistans und im ISI.

Aufgrund des angespannten Verhältnisses zwischen dem Iran und den USA erhielten die in Iran stationierten afghanischen Mudschaheddingruppen keinen internationalen militärischen Beistand. Ebenso wenig erhielten die zwei Millionen afghanischen Flüchtlinge im Iran die humanitäre Hilfe, die ihren drei Millionen Leidensgenossen in Pakistan zuteil wurde. Teherans eigenes Budget zur Unterstützung der Mudschaheddin war wegen des Kriegs mit dem Irak beschränkt. So gelang es den USA in den 1980er Jahren, den Iran von der Außenwelt abzuschotten. Das verbitterte die Iraner und sollte dafür sorgen, dass sie nach Ende des Kalten Kriegs, als die Amerikaner von der Bühne Afghanistan abtraten, mit größerer Bestimmtheit auftraten.

Irans anfängliche Unterstützung der Mudschaheddin ging ausschließlich an die afghanischen Schiiten, insbesondere an die Hasaras. Es war die Zeit, in der Irans Revolutionäre Garden weltweit schiitische Gruppen finanziell unterstützten – vom Libanon bis Pakistan. Später erhielten acht afghanischen Schiitengruppen in Teheran einen offiziellen Status, aber der Iran konnte sie nie ausreichend bewaffnen und finanziell unterstützen. Infolgedessen verloren die Hasaras im Afghanistankonflikt an Bedeutung. Die Aufsplitterung der Hasaras wurde noch durch die kurzsichtige, ideologische Politik des Iran verstärkt, der die Loyalität der Hasaras zu Teheran für wichtiger hielt als ihre Einigkeit untereinander.

Als 1988 der Abzug der Sowjets bevorstand, sah der Iran die Notwendigkeit, die Hasaras zu stärken. Die acht im Iran stationierten Hasaragruppen wurden zur Hizb-e-Wahadat-Partei zusammengeschlossen. Der Iran drängte darauf, die Wahadat bei den internationalen Verhandlungen zur Bildung einer neuen Mudschaheddin-Regierung hinzuzuziehen. Obwohl die Hasaras eine kleine Minderheit bildeten und keine Hoffnung für sie bestand, Afghanistan zu regieren, forderte der Iran für sie eine Beteiligung von zuerst 50, dann 25 Prozent an jeder künftigen Mudschaheddin-Regierung.

Während die Spannungen zwischen dem Iran und Saudi-Arabien zunahmen, weil die Saudis immer mehr Araber nach Afghanistan brachten, um Wahabbismus und Anti-Schiismus zu verbreiten, hielt Pakistan das Gleichgewicht zwischen beiden. Als enger Verbündeter beider Staaten betonte Pakistan die Notwendigkeit, eine geeinte Front gegenüber dem Regime in Kabul aufrechtzuerhalten. Die Rivalität zwischen dem Iran und Saudi-Arabien eskalierte 1989 nach dem Abzug der Sowjettruppen, als sich der Iran dem Regime in Kabul annäherte. Der Iran erachtete das Regime als die einzige Macht, die jetzt imstande war, einer Übernahme Afghanistans durch sunnitische Paschtunen standzuhalten. Der Iran bewaffnete erneut Wahadat, und bis zu dem Zeitpunkt, als Kabul 1992 an die Mudschaheddin fiel, kontrollierte Wahadat nicht nur das Hasarajat, sondern einen bedeutenden Teil West-Kabuls.

Währenddessen erlitten die Saudis einen ziemlichen Rückschlag, als ihre zwei wichtigsten Neo-Wahabbi-Schützlinge Gulbuddin Hekmatyar und Abdul Rasul Sayyaf sich trennten. Hekmatyar stellte sich gegen die neu gewählte Mudschaheddin-Regierung in Kabul und tat sich mit den Hasaras zusammen, um die Stadt zu bombardieren. Sayyaf unterstützte die Mudschaheddin-Regierung.

Diese Trennung war eine Ausweitung des außenpolitischen Debakels nach der Invasion des Irak in Kuwait 1990. Zwanzig Jahre lang hatten die Saudis Hunderte Neo-Wahabbi-Parteien in der ganzen muslimischen Welt finanziert, um den Wahabbismus zu verbreiten und Einfluss innerhalb der islamischen Bewegungen in diesen Ländern zu gewinnen. Als man in Riad aber von diesen islamischen Gruppen Unterstützung der Koalition von Saudi-Arabien und den USA gegen den Irak verlangte, stellten sich die meisten von ihnen hinter Saddam Hussein, darunter auch Hekmatyar und die meisten afghanischen Gruppen. Jahre saudischer Bemühungen und Milliarden Dollar waren vergeudet, weil Saudi-Arabien es versäumt hatte, eine auf nationalen Interessen basierende Außenpolitik zu betreiben. Das Dilemma der Saudis besteht darin, dass sie von einer verwestlichten Elite regiert werden, deren Legitimität auf konservativem Fundamentalismus basiert, während alle, die dieser Elite nicht angehören, radikal antiwestlich eingestellt sind.

Die Elite hat einen radikalen Wahabbismus gefördert, sogar als dies ihre eigene Macht im Lande und im Ausland untergrub. Ironischerweise standen ausgerechnet die afghanischen Gruppen, die die Saudis ignoriert hatten, dem Königreich bei, als es Hilfe brauchte.[5]

Als sich der Afghanistankrieg zwischen 1992 und 1995 verschärfte, vertiefte sich auch die Rivalität zwischen dem Iran und Saudi-Arabien. Saudis und Pakistanis unternahmen mehrere Versuche, alle Gruppierungen zusammenzubringen. Und sie bemühten sich, den Iran und die Hasaras aus jeder möglichen Übereinkunft herauszuhalten. Im Abkommen von Peschawar 1992 über die Machtverteilung in Kabul, das Pakistan und Saudi-Arabien zwischen den Mudschaheddin aushandelten, und in den darauf folgenden gescheiterten Abkommen von Islamabad und Jalalabad 1993, den Bürgerkrieg zu beenden, waren der Iran und die Hasaras nur am Rande beteiligt. Der Ausschluss des Iran durch Pakistan und Saudi-Arabien in den 1990ern erbitterte Teheran ebenso sehr wie die Behandlung in den 1980ern durch die USA.

Die Iraner waren auch pragmatischer geworden und unterstützten jetzt nicht nur die Schiiten, sondern alle Persisch sprechenden ethnischen Gruppen, die sich der Herrschaft der Paschtunen widersetzten. Der Iran hat eine natürliche Verbindung zu den Tadschiken – beide entstammen demselben alten Volk und sprechen dieselbe Sprache –, aber die Iraner waren erbost über Ahmed Schah Masuds brutale Angriffe auf die Hasaras in Kabul 1993. Doch war ihnen klar, dass die sunnitischen Paschtunen Afghanistan beherrschen würden, wenn sie sich nicht hinter die Nicht-Paschtunen stellten. 1993 bot der Iran zum ersten Mal Präsident Burhanuddin Rabbani in Kabul und dem usbekischen Kriegsherrn General Rashid Dostum militärische Unterstützung an und drängte alle Volksgruppen, sich Rabbani anzuschließen.

Die neue Strategie des Iran verstärkte den Interessenkonflikt mit Pakistan. Islamabad war entschlossen, seine Paschtunen-Schützlinge nach Kabul zu bringen, und sowohl Pakistan als auch die Saudis waren entschlossen, die Hasaras aus jeder Machtbeteiligung herauszuhalten. Pakistans geschickte Diplomatie in den

1980ern, ein Gleichgewicht zwischen den Interessen der Saudis und denen der Iraner herzustellen, wurde jetzt zugunsten der Saudis aufgegeben.

Der Zusammenbruch der Sowjetunion und die Öffnung Zentralasiens hatten dem Iran neue Impulse gegeben, die internationale Isolierung zu beenden. Rasch begab sich der iranische Außenminister Ali Akbar Velayati im November 1991 nach Zentralasien und unterzeichnete ein Abkommen über den Bau einer Eisenbahnstrecke zwischen dem Iran und Turkmenistan. Die USA versuchten den Iran zu blockieren, und US-Außenminister James Baker erklärte 1992, Washington würde alles tun, um den Einfluss des Iran auf Zentralasien zu verhindern.[6] Die neo-kommunistischen Herrscher in Zentralasien waren anfangs dem Iran gegenüber zutiefst misstrauisch, weil sie die Ausbreitung eines islamischen Fundamentalismus befürchteten.

Der Iran suchte engeren Kontakt zu Russland – in Anknüpfung an den Besuch des sowjetischen Außenministers Eduard Schewardnadse 1989 in Teheran bei Ayatollah Khomeini, der das Eis gebrochen hatte. Die Duldung einer engeren Verbindung zwischen dem Iran und der Sowjetunion durch den Ayatollah kurz vor seinem Tod verlieh der Sowjetunion in den Augen der Iraner eine neue Legitimität. Zudem lieferte Russland dem Iran zwischen 1989 und 1993 Waffen im Wert von 10 Milliarden US-Dollar, der damit sein militärisches Arsenal wieder aufstockte. Der Iran verbesserte sein Ansehen in der Region, indem er Kontakt zu anderen nichtmuslimischen ehemaligen Sowjetstaaten wie Georgien, der Ukraine und Armenien suchte. Teheran weigerte sich, Aserbaidschan in seinem Krieg gegen Armenien zu unterstützen, obwohl 20 Prozent der iranischen Bevölkerung aserbaidschanischer Abstammung sind, und half Russland und der UNO, den Bürgerkrieg in Tadschikistan zu beenden.[7] Ausschlaggebend war, dass der Iran und die Republiken Zentralasiens ein tiefes Misstrauen gegenüber dem Fundamentalismus der afghanischen Paschtunen und deren Unterstützung aus Pakistan und Saudi-Arabien hegten. So gab es bereits eine Allianz zwischen dem Iran, Russland und den Republiken

Zentralasiens zugunsten der Nicht-Paschtunen-Gruppen, noch ehe die Taliban in Erscheinung traten.

Im Gegensatz dazu unternahm Saudi-Arabien nur wenige Versuche, das Verhältnis zu Russland und den Republiken Zentralasiens zu verbessern. Die Saudis brauchten nahezu vier Jahre, um in den Hauptstädten der Republiken Zentralasiens Botschaften einzurichten. Stattdessen schickten sie Millionen Exemplare des Koran nach Zentralasien, unterstützten die dort ansässigen Muslime finanziell und vergaben an deren Mullahs Stipendien für ein Studium in Saudi-Arabien – um diese dann mit dem Wahabbismus zu indoktrinieren. Allein diese Maßnahmen beunruhigten die Regierenden in Zentralasien. Innerhalb weniger Jahre sahen die Regierungen Usbekistans, Kasachstans und Kirgistans im Wahabbismus die größte Bedrohung für die Stabilität ihrer Länder.[8]

Saudi-Arabien sah in den Taliban eine wichtige Kraft, um seinen schwindenden Einfluss in Afghanistan zu kompensieren. Die ersten Kontakte fanden bei königlichen Jagdpartien statt. Maulana Fazlur Rehman, Chef von Pakistans JUI, organisierte für Prinzen aus Saudi-Arabien und den Golfemiraten im Winter 1994/95 in Kandahar die erste Trappenjagd. Die arabischen Jagdparteien flogen mit ihren riesigen Transportmaschinen nach Kandahar, beladen mit Dutzenden luxuriöser Jeeps, die sie nach der Jagd ihren Taliban-Gastgebern als Geschenk überließen. Von da an kam Prinz Turki, der Chef des saudischen Geheimdienstes, regelmäßig nach Kandahar. Nach seinem Besuch in Kandahar und Islamabad im Juli 1996 lieferten die Saudis Gelder, Fahrzeuge und Treibstoff für den erfolgreichen Angriff der Taliban auf Kabul. Die beiden saudischen Firmen Delta und Ningarcho waren jetzt am Pipeline-Projekt durch Afghanistan beteiligt und setzten ihren Einfluss in Riad ein, den Taliban zum Sieg zu verhelfen.

Aber es waren die Wahabbi-*Ulema* im Königreich, die die einflussreichste Rolle spielten und die Königsfamilie drängten, die Taliban zu unterstützen. Die *Ulema* sind führende Ratgeber des Monarchen im Versammlungsrat und vier anderen staatlichen Organisationen. Sie haben ständig den Export des Wahabbismus in die muslimische Welt unterstützt, und die Königsfamilie ist außerordentlich empfänglich für ihre Meinung.[9] König Fahd musste ein Treffen von 350 *Ulema* einberufen und sie dazu bringen, eine Fatwa zu verabschieden, die den US-Truppen während des Kriegs mit dem Irak eine Stationierung im Königreich gestattete.[10] Der saudische Geheimdienst kooperierte eng mit den *Ulema*, ebenso wie zahlreiche andere staatlich geführte islamische karitative Organisationen, die in den 1980ern die afghanischen Mudschaheddin finanziert hatten und jetzt dasselbe für die Taliban taten. Darüber hinaus hatten die *Ulema* ein weitverzweigtes Netz an Moscheen und *Madrassas* im Königreich unter Kontrolle, wo sie bei den Freitagspredigten in aller Öffentlichkeit für die Unterstützung der Taliban eintraten.[11]

Dem Saudi Nawaf Obaid zufolge waren die Schlüsselfiguren der *Ulema*, die sich für die saudische Unterstützung der Taliban stark machten, Scheich Abdul Aziz Ben Baz, der Großmufti und Vorsitzende der Ältesten-*Ulema,* sowie Scheich Mohammed Bin Juber, Justizminister und entscheidendes Mitglied des *Ulema*-Rats.[12] Dafür erwiesen die Taliban der Königsfamilie und den *Ulema* ihre Ehrerbietung und ahmten Wahabbi-Praktiken nach, indem sie beispielweise eine Religionspolizei einführten. Im April 1997 traf sich Taliban-Führer Mullah Rabbani in Riad mit König Fahd und pries die Saudis überschwänglich.

«Da Saudi-Arabien das Zentrum der muslimischen Welt ist, wünschen wir uns den Beistand der Saudis. König Fahd hat sich zufrieden über die Maßnahmen geäußert, die von den Taliban vorgenommen wurden, sowie über das Verhängen der Scharia in unserem Land», sagte Rabbani.[13] Als sie König Fahd fünf Monate später trafen, sagten Taliban-Führer, die Saudis hätten mehr Hilfe versprochen. «König Fahd war äußerst freundlich: Man versprach, uns alles, was möglich war, zu geben», sagte Mullah Mohammed Stanakzai.[14]

Da Riad die Taliban unterstützte, wollte man nur widerwillig Druck auf sie ausüben, Osama Bin Laden auszuliefern, obwohl die USA sehr darauf drängten. Erst als Prinz Turki persönlich in

Kandahar von Mullah Omar beleidigt wurde, froren die diplomatischen Beziehungen zu den Taliban ein. Bezeichnenderweise war es eine persönliche Beleidigung, die den Entscheidungsprozess der Saudis beeinflusste, keine überlegte Änderung der Außenpolitik. Man schien immer noch nichts aus den negativen Erfahrungen beim Export des Wahabbismus gelernt zu haben.

Saudi-Arabiens Unterstützung der Taliban war dem Iran ein Zeichen, dass auch die USA dahinter standen. Nachdem die Taliban Kabul erobert hatten, war in iranischen Zeitungen zu lesen: «Die Eroberung Kabuls durch die Taliban ist von langer Hand in Washington vorbereitet, von Riad finanziert und logistisch von Islamabad unterstützt worden», so die Zeitung *Jomhuri Islami*.[15]

Doch Teherans wahrer Zwist mit Afghanistan fand intern statt. Die Führung teilte sich in Hardliner, die am liebsten weltweit die Schiiten unterstützt hätten, und in Gemäßigte, die maßvoll die Anti-Taliban-Allianz fördern und gleichzeitig eine Konfrontation mit den Taliban vermeiden wollten. Der Iran litt unter demselben Problem wie Pakistan: Mehrere Ressorts und Lobbys versuchten ihre Eigeninteressen über die Afghanistanfrage durchzusetzen. Das iranische Militär, die Revolutionsgarden, die Geheimdienste, der schiitische Klerus und die mächtigen Stiftungen (Bunyads) des Klerus, die einen Großteil der staatlichen Industriebereiche kontrollierten und aus ihren schier unbegrenzten Mitteln auch außenpolitische Abenteuer finanzierten, waren nur einige.

Sie alle mussten vom Außenministerium und von Alaeddin Boroujerdi, dem Auslandsbeauftragten für Afghanistan, im Lot gehalten werden. Boroujerdi, der die Afghanistanpolitik über ein Jahrzehnt lang betrieb, war ein kluger Diplomat. Er hatte das frühere Regime von Präsident Akbar Ali Rafsanjani überdauert und dieselbe Stellung unter Präsident Chatami eingenommen, bis er nach der Ermordung der iranischen Diplomaten in Mazar gezwungen war, zurückzutreten. Er konnte sowohl Taube als auch Falke gegenüber Afghanistan sein – je nach Gesprächspartner –, musste jedoch immer gewährleisten, dass Irans Interessenkonflikte mit Pakistan und Saudi-Arabien nicht ausuferten. In Saudi-Arabien gab Außenminister

Prinz Saud al Faisal die Afghanistanpolitik an seinen jüngeren Bruder Prinz Turki und den saudischen Geheimdienst weiter.[16]

Nach dem Zusammenbruch des afghanischen Staates wurde die Unsicherheit des Iran durch eine massive Zufuhr an Drogen und Waffen verstärkt. Es gibt im Iran schätzungsweise drei Millionen Heroinsüchtige – dieselbe Anzahl wie in Pakistan, nur ist die Bevölkerung des Iran mit 60 Millionen Menschen nur halb so groß. Der Schmuggel von Treibstoff, Lebensmitteln und anderen Gütern aus dem Iran nach Afghanistan brachte Einkommensverluste und zeitweilig wirtschaftliche Probleme mit sich – gerade als der Iran sowieso schon aufgrund des weltweiten Ölpreissturzes dramatische wirtschaftliche Einbrüche zu verkraften hatte.

Noch größere Besorgnis aber erregte im Iran die Tatsache, dass die Taliban seit 1996 heimlich regimefeindliche Gruppen unterstützten. Sie hatten der Ahl-e-Sunnah Wal Jamaat in Kandahar Zuflucht gewährt, die iranische Sunniten aus den Provinzen Khorasan und Sistan rekrutierte. Ihre Sprecher ließen verlauten, sie wollten das schiitische Regime in Teheran stürzen und nach Taliban-Vorbild eine sunnitische Regierung bilden. Angesichts der Tatsache, dass über 90 Prozent der Bevölkerung des Iran aus Schiiten besteht, war dies ein merkwürdiges Ansinnen, festigte aber die Bande der Aufständischen. Die Gruppe erhielt Waffen und Gelder von den Taliban, und im Iran war man auch davon überzeugt, dass Pakistan sie unterstützte.

Die militärische Hilfe für die Anti-Taliban-Allianz stieg 1996 nach dem Fall Kabuls und noch einmal 1998 nach dem Fall Mazars sprunghaft an. Doch der Iran hatte keine direkte Staatsgrenze mit der Allianz und war gezwungen, seine Lieferungen an Masud entweder per Flugzeug oder per Bahn abzuwickeln, was eine Erlaubnis aus Turkmenistan, Usbekistan und Kirgistan voraussetzte. 1998 flog der iranische Geheimdienst Waffenladungen zu Ahmed Schah Masuds Stützpunkt in Kuliab. Die Gefahr für die iranische Versorgungsaktion erreichte ihren Höhepunkt, als die Sicherheitskräfte Kirgistans im Oktober 1998 einen Zug anhielten und in den 16 Waggons 700 Tonnen Waffen und Munition fanden. Der

Zug befand sich auf dem Weg vom Iran nach Tadschikistan, und der Waffentransport war als humanitäre Hilfsaktion deklariert worden.[17]

Die Taliban waren ziemlich erbost darüber, dass der Iran sich hinter die Allianz stellte. Im Juni 1997 schlossen sie die iranische Botschaft in Kabul und beschuldigten den Iran, Frieden und Stabilität in Afghanistan zu zerstören.[18] Eine Erklärung der Taliban im September 1997, nach dem gescheiterten Eroberungsversuch von Mazar, war deutlich:

«In brutaler Verletzung international anerkannter Normen dringen iranische Flugzeuge in den Luftraum unseres Landes ein, um Flughäfen, die von der Opposition kontrolliert werden, zu beliefern. Die schwerwiegenden Konsequenzen dieser Einmischung wird der Iran zu tragen haben – dieser Feind des Islam. Afghanistan ist in der Lage, Gegnern der iranischen Regierung auf seinem Territorium Zuflucht zu gewähren und dem Iran Probleme zu bereiten.»[19]

Doch es war die Ermordung der iranischen Diplomaten 1998 in Mazar, die den Iran fast zum Krieg mit den Taliban zwang. Allseitig wurde der Plan einer iranischen Invasion im Westen Afghanistans begrüßt, was zudem von den Hardlinern in Teheran, die Präsident Chatami destabilisieren wollten, angestachelt wurde. Sogar der eher zurückhaltende Außenminister Kamal Kharrazi war gezwungen, einen äußerst rauen Ton anzuschlagen:

«Die Taliban sind Paschtunen und können nicht alle anderen Volksgruppen ständig an den Rand des politischen Geschehens drängen, ohne Widerstand zu erzeugen. Unter solchen Umständen kann es keinen Frieden im Land geben. Ich warne die Taliban und all diejenigen, die sie unterstützen, dass wir keine Instabilität und Verschwörung an unseren Grenzen dulden. Wir haben ein Abkommen mit Pakistan, demzufolge das Afghanistan-Problem nicht durch Gewalt gelöst werden soll. Doch das, was jetzt geschehen ist, können wir nicht hinnehmen», sagte Kharrazi am 14. August 1998.[20]

Der Iran fühlte sich von Pakistan in vieler Hinsicht betrogen. Gerade als Präsident Burhanuddin Rabbani 1996 dem Rat des Iran folgen und die Basis seiner Regierung mit Paschtunen und anderen Volksgruppen erweitern wollte, eroberten die Taliban Kabul. Der Iran war davon überzeugt, dass Pakistan Rabbanis Bemühungen sabotierte. Im Juni 1997 besuchte Premierminister Nawaz Sharif Teheran. Zusammen mit Präsident Chatami verlangte er einen Waffenstillstand in Afghanistan und erklärte, es könne keine militärische Lösung geben. Aber man vermutete im Iran, dass Pakistan nicht die Absicht hatte, sich an das Abkommen zu halten.

«Pakistan hat keinen Raum für Vertrauen gegeben und ist in seiner Haltung dem iranischen Volk gegenüber indifferent. Wir können nicht mit ansehen, wie Pakistan Probleme für unsere nationale Sicherheit schafft», stand in der Zeitung *Jomhuri Islami.*[21]

Im Sommer 1998 überzeugte Pakistan den Iran, sich an einer gemeinsamen diplomatischen Friedensmission zu beteiligen. Diplomaten mittleren Rangs aus Pakistan und dem Iran reisten am 4. Juli 1998 zu ersten Gesprächen mit den oppositionellen Gruppen nach Kandahar und Mazar. Nur ein paar Wochen später griffen die Taliban Mazar an, ermordeten kaltblütig die iranischen Diplomaten und brachten damit die ganze Initiative zum Scheitern. Die Iraner waren davon überzeugt, dass Pakistan sie betrogen hatte und die Friedensinitiative nur vorgetäuscht war, während in Wirklichkeit der ISI die Taliban beim Angriff auf Mazar unterstützt hatte. Darüber hinaus hieß es im Iran, Pakistan habe für die Sicherheit der Diplomaten in Mazar garantiert. Als sie dann ermordet wurden, war man im Iran außer sich und klagte sowohl die Taliban als auch Pakistan an. Iranische Regierungsbeamte behaupteten, Mullah Dost Mohammed, der angeblich die Besetzung des iranischen Konsulats durch die Taliban anführte, habe die Diplomaten erst im Keller des Gebäudes versammelt und über Funk mit Kandahar Rücksprache gehalten, ehe sie erschossen wurden.[22]

Die Taliban erwiderten – offenbar korrekt –, die Iraner seien keine Diplomaten, sondern Geheimagenten gewesen, die der Anti-Taliban-Allianz Waffen zukommen ließen. Jedenfalls hatte sich in dem anschließenden Streit zwischen den Außenministerien des Iran und Pakistans jegliches Vertrauen verflüchtigt.[23] Außerdem waren die Iraner wütend, dass die Tat der Taliban eine langsame Annäherung an die USA gefährdete. US-Außenministerin Madeleine Albright hatte im Juni 1998 erklärt, die entscheidende Rolle, die dem Iran in dieser Region zukomme, «mache das Verhältnis USA–Iran zu einem vorrangigen Thema von höchstem Interesse für das Außenministerium».[24]

Zum ersten Mal fühlten sich die Iraner von den USA ernstgenommen. Die Kooperation der beiden Länder in der Afghanistanfrage «ist gewiss exemplarisch und zeigt, dass die USA ein besseres Verständnis für die Wirklichkeit in dieser Region und für die Rolle des Iran zur Förderung von Frieden und Sicherheit haben», meinte Kamal Kharrazi. «Lange schon versuchen wir den USA zu erklären, dass dem Iran in der Region eine Schlüsselrolle zukommt.»[25] Der Iran und die USA waren einander auch deshalb näher gekommen, weil man in Washington die Taliban mit anderen Augen zu sehen begann. Beide Länder waren derselben Ansicht und standen der Drogen- und Geschlechterpolitik der Taliban kritisch gegenüber. Sie hatten die Gefahr des politischen Terrorismus und des fundamentalistischen Islam für die Region erkannt. Ironischerweise war jetzt nicht mehr ein schiitischer, sondern der sunnitische Fundamentalismus der Taliban den USA ein Dorn im Auge.

Sogar Saudi-Arabien waren die Taliban peinlich geworden, was Teheran Riad wieder näherbrachte. Durch die Zuflucht, die sie Bin Laden gewährten, war ihr Extremismus klar zum Vorschein gekommen und zu einer Bedrohung für die Stabilität der Saudis geworden. So geriet die Annäherung zwischen dem Iran und Saudi-Arabien nicht ins Stocken, als der Iran 1998 damit drohte, Afghanistan zu besetzen. Im Mai 1999 besuchte Präsident Chatami – als erster iranischer Führer seit fast drei Jahrzehnten – Saudi-Arabien.

Um seine Isolierung vom Westen zu beenden, musste der Iran demonstrieren, dass er ein verantwortungsbewusster und stabilisierender Partner der Weltgemeinschaft war. Seine erste und größte Aufgabe könnte darin bestehen, für Frieden in Afghanistan zu sorgen.

Kapitel 16
Fazit:
Afghanistans Zukunft

«Afghanistan ist zu einem der verwaisten Konfliktherde auf der Welt geworden; einer von denen, die der Westen, selektiv und promiskuitiv in seiner Aufmerksamkeit, zugunsten von Jugoslawien ignoriert», erklärte der frühere UN-Generalsekretär Boutros Boutros-Ghali 1995.[1] Die Welt hat sich von Afghanistan abgewandt und lässt zu, dass Bürgerkrieg, ethnische Zersplitterung und Polarisierung den Staat zerstören. Das Land als lebensfähiger Staat existiert nicht mehr, und der Niedergang hat die zivile Gesellschaft zerstört. Generationen von Kindern wachsen entwurzelt auf, ohne jede Identität und mit keinem anderen Lebenssinn als dem, zu kämpfen. Erwachsene sind traumatisiert und verrohen, da sie nur Krieg und Machtmissbrauch kennen. «Wir haben es hier mit einem gescheiterten Staat zu tun, der einer klaffenden Wunde ähnelt. Man weiß nicht, wo man anfangen soll, sie zu säubern», erklärte der UN-Vermittler Lakhdar Brahimi.[2]

Die gesamte Bevölkerung Afghanistans ist vertrieben worden, und zwar mehrfach. Die Zerstörung Kabuls ist zu einer Art Dresden des späten 20. Jahrhunderts geworden. Die alte Seidenstraße ist heute nur noch ein einziger Schutthaufen, der sich über Meilen erstreckt. Es gibt nicht den Hauch einer Infrastruktur, die eine Gesellschaft tragen könnte – nicht einmal auf dem kleinsten gemeinsamen Nenner, der Armut. Das Internationale Rote Kreuz berichtete 1998, dass die Zahl der afghanischen Familien mit einer Witwe als Familienoberhaupt auf 98 000 gestiegen sei, die Zahl der Familien mit einem Behinderten als Familienoberhaupt auf 63 000, und dass allein in einem Jahr 45 000 Menschen mit Kriegsverletzungen behandelt wurden. Über die Todesopfer lagen nicht einmal Schätzungen vor. Die einzigen produktiven Fabriken im Land sind die, in denen von Hilfsorganisationen künstliche Gliedmaßen, Krücken und Rollstühle hergestellt werden.[3]

Afghanistan ist in vielerlei Hinsicht zersplittert: ethnisch, konfessionell, zwischen Stadt und Land, zwischen Menschen mit oder ohne Schulbildung, Waffenbesitzern und Unbewaffneten. Die Wirtschaft ist ein schwarzes Loch, das die Nachbarstaaten in einen Strudel von illegalem Handel, Drogen- und Waffenschmuggel zieht und zunehmend untergräbt. «Es wird mindestens zehn bis fünfzehn Jahre dauern, bis es wieder eine zentrale Behörde gibt, die imstande ist, ein Minimum an Verwaltung zur Entwicklung des Landes zu leisten. Und das ist meiner Ansicht nach eine sehr optimistische Prognose», erklärte der schwedische Entwicklungshelfer Anders Fange.[4]

In Jahrhunderten entstandene komplizierte Macht- und Autoritätsstrukturen sind völlig zusammengebrochen. Keine einzige Gruppe und kein Führer ist legitimiert, das Land zu einen. Anstelle einer nationalen oder Stammesidentität haben jetzt territoriale und regionale Identitäten höchste Bedeutung. Die Menschen nennen sich selbst nicht mehr Afghanen, nicht einmal Paschtunen, sondern definieren sich nach der Stadt, in der sie leben. Die Auflösung verläuft sowohl vertikal als auch horizontal, durchschneidet ethnische Zugehörigkeiten und umfasst die eines Tals oder einer Stadt. Die Stammesstrukturen der Paschtunen sind durch den Verlust des Territoriums und durch Flucht zerstört worden. Die Nicht-Paschtunen verbinden ihr Überleben mit den Kriegsführern und dem Tal, in dem sie geboren wurden.

Die Stammesoberhäupter, die einst bei Konflikten vermittelten, sind tot oder im Exil. Die alte, ausgebildete Regierungselite floh nach der Invasion der Sowjetunion, und eine neue herrschende Elite, die Friedensverhandlungen führen könnte, ist nicht entstanden. Eine politische Schicht, die Kompromisse eingehen und Abkommen treffen könnte, gibt es nicht. Es gibt zwar viele Führer, die kleinere Teile der Bevölkerung vertreten, aber keine allgemein anerkannten. Angesichts dieser desolaten Lage, in der kein Ende des Kriegs in Sicht ist, stellt sich vorrangig die Frage, ob die Zersplitterung Afghanistans auf die gesamte Region übergreifen wird.

Große Schuld an dem anhaltenden Krieg tragen die Außenmächte, die sich weiterhin einmischen und ihre Stellvertreter im Land bei der Spirale der Gewalt unterstützen. Die ehemalige Sowjetunion begann den Prozess mit der brutalen Besetzung Afghanistans und musste schwer dafür büßen. «Wir trugen Afghanistan mit uns fort, in unserer Seele, unseren Herzen, unserer Erinnerung, unseren Gebräuchen – in allem», berichtete Alexander Lebed, der als Major der Sowjetarmee in Afghanistan diente. «Dieses klägliche politische Abenteuer, der Versuch, eine noch nicht vollendete Revolution zu exportieren, war der Anfang vom Ende.»[5]

Die afghanischen Mudschaheddin trugen zum Tod der Sowjetunion, des Sowjetreiches und sogar des Kommunismus selbst bei. Das ist jedem Afghanen bewusst, doch der Westen will den afghanischen Beitrag zur Beendigung des Kalten Kriegs nicht recht anerkennen. Der Abzug der Sowjettruppen aus Afghanistan kündete das Ende von Gorbatschows Perestroika-Glasnost-Experiment an – der Idee, das sowjetische System von innen heraus zu verändern. Diejenigen, die immer und überall ihre Finger im Spiel haben müssen, können daraus eine Lektion lernen – nicht über die Gewalttätigkeit der Afghanen, sondern über die gewalttätigen Kräfte, die in den eigenen zerbrechlichen Gesellschaften freigesetzt werden können.

Durch ihre frühe Abkehr von Afghanistan mussten die USA innerhalb weniger Jahre ermordete Diplomaten, zerstörte Botschaften, Bomben in New York und billiges Heroin auf den Straßen in Kauf nehmen, weil Afghanistan zu einer Zufluchtsstätte für internationalen Terrorismus und die Drogenmafia geworden war. Die Afghanen sind heute immer noch verbittert darüber, dass sie von den USA im Stich gelassen wurden – immerhin hatten sie während des Kalten Krieges auf ihrer Seite gestanden. In den 1980ern waren die USA bereit, «bis zum letzten Afghanen» gegen die Sowjetunion zu kämpfen, doch als die Sowjets dann abzogen, war man in Washington nicht willens, ein hungerndes Volk zu ernähren und Frieden zu stiften. Regionale Mächte nutzten dieses politische

Vakuum, das der Rückzug der USA hinterließ, und witterten eine Gelegenheit zur Einflussnahme in dieser spannungsgeladenen Zone.

Wenn die USA heute einzelne Themen aufgreifen, wie beispielsweise die Öl-Pipelines, die Behandlung der Frauen oder den Terrorismus, und politische Theorien daraus spinnen, zeigt sich nur, dass sie nichts begriffen haben. Das gescheiterte Unocal-Projekt sollte den US-Ideologen ein Lehrstück gewesen sein, aber die Anzeichen sprechen nicht dafür, denn überall hasten US-Diplomaten durch Zentralasien und versuchen Ölfirmen und Regierungen davon zu überzeugen, in den Bau einer Hauptpipeline von Baku nach Ceyhan zu investieren. Aber das wird wohl noch auf unbestimmte Zeit verschoben werden müssen. Der Baubeginn, der für 2000 angesetzt war, wurde zunächst auf 2003 und kürzlich auf 2005 verschoben.[6]

Das Unocal-Projekt hat verschiedene Dinge gelehrt. Eine große Pipeline kann in Zentralasien nicht gebaut werden, wenn die USA und andere Staaten nicht mehr Engagement zur Konfliktlösung in der Region beitragen – in Afghanistan, Tadschikistan, Nagorni-Karabach, Tschtetschenien, Georgien und bei den Kurden. Die Region ist ein Pulverfass, deren ungelöste Konflikte jederzeit zu explodieren drohen. Auch kann keine Pipeline gebaut werden, wenn nicht ein gewisses Minimum an strategischem Konsens besteht. Der Iran und Russland können nicht für immer aus der regionalen Entwicklung ausgeschlossen werden. Sie werden Widerstand leisten und Projekte sabotieren, solange sie nicht daran teilhaben. Zudem kann kein Bauprojekt durchgeführt werden, solange ethnische Konflikte die Staaten zerreißen. Volkszugehörigkeit ist der Ruf der modernen Zeit. Der Versuch, ethnische Probleme zu lösen und die Staaten zusammenzuhalten, bedarf einer beständigen Diplomatie – und nicht der Bestechungsgelder, um verschiedene Kriegsherren ruhig zu stellen.

Ölkonzerne werden keine Pipelines bauen, die Bürgerkriegen, rasanten politischen Veränderungen und einer Instabilität durch islamischen Fundamentalismus mit Waffen- und Drogenhandel

ausgesetzt sind. Beim alten großen Spiel ging es darum, Bedrohungen zu begegnen, ohne direkt Gewalt auszuüben. Russland und Großbritannien setzten Grenzen fest und unterzeichneten Abkommen, wobei sie Afghanistan als Pufferzone nutzten. Das neue große Spiel muss darauf abzielen, die Region zu stabilisieren und zur Ruhe kommen zu lassen, nicht Spannungen zu erzeugen und Gegensätze gegeneinander auszuspielen. Die USA sind als einzige Weltmacht imstande, Einfluss auf die Nachbarstaaten auszuüben, damit diese sich nicht mehr in Afghanistan einmischen. Sie müssen dies mit weit mehr Einsatz betreiben, als sie bislang gezeigt haben.
Pakistan, geschwächt durch die Hinfälligkeit seiner strategischen Partnerschaft mit den USA nach Ende des Kalten Kriegs, war immerhin entschlossen, seinen Einflussbereich durch eine Nominierung der nächsten Regierung in Kabul auszuweiten. Der kriegslüsterne, sieben Mal größere Nachbar Indien hat Pakistans Sicherheitsstreben in der Innenpolitik und die außenpolitische Besorgnis seit der Gründung 1947 geprägt. Doch die Elite aus Militärs, Bürokraten und Geheimdienstlern, die Pakistans Geschicke seit den 1950ern in den Händen hält, hat die zivile Gesellschaft nie funktionieren lassen. Es war diese Elite, die das alleinige Recht für sich beanspruchte, zu entscheiden, welcher Art die Bedrohung für Pakistans nationale Sicherheit und deren Lösung war – nicht die gewählte Regierung, das Parlament, die Bürgervereine oder auch nur der gesunde Menschenverstand.
Seit 1988 sind vier gewählte Regierungen aufgelöst worden, zehn Regierungen haben einander abgewechselt, und die innere Stabilität ist ein weit entfernter Traum geblieben.[7] Mittlerweile führt Pakistan an zwei Fronten Krieg: in Kaschmir und in Afghanistan. Und obwohl die Auswirkungen dieser Kriege – islamischer Fundamentalismus, Drogen, Waffen und sozialer Kollaps – aggressiv auf das Land übergreifen, gibt es kein Überdenken der Politik. Pakistan ist jetzt reif für eine islamische Revolution nach Art der Taliban, die zweifellos ein großes Risiko für die Stabilität im Mittleren Osten, in Süd- und Zentralasien darstellen würde.
Pakistans Ideologen hatten nicht bedacht, dass jede stabile Regie-

rung in Kabul im Hinblick auf Wiederaufbau, Nahrung, Treibstoff und Zugang zur Außenwelt von Pakistan abhängen würde. Pakistans eigene Wirtschaft würde insofern profitieren, als sie Arbeiter, Techniker und Material für Afghanistans Wiederaufbau liefern könnte. Die afghanischen Flüchtlinge könnten zurückkehren, und man könnte anfangen, wieder mit Nachdruck die Kontrolle über die heruntergekommenen Institutionen und auch die Staatsgrenzen auszuüben. Während Pakistan in Afghanistan eine nach vorne gerichtete Politik betrieben hatte, war die Einmischung des Iran eher defensiv geblieben und hatte nur begrenzt Einfluss und Widerstand gegen die Machtübernahme der Taliban geltend gemacht. Aber das Ausspielen der Schiiten-Karte, die Sprachenvielfalt und die Abgrenzung aller Volksgruppen haben entscheidend zu Afghanistans Zersplitterung beigetragen. Die Verzweiflung der beiden Volksgruppen, die der Iran am meisten unterstützt hat – der Hasaras und Usbeken –, zeigt allein schon, wie verheerend sich die Politik des Iran – teile und herrsche – auf die Anti-Taliban-Allianz ausgewirkt hat. Diese Politik hat die Machtkämpfe widergespiegelt, die zwischen den Eliten des Landes toben und sich in den letzten Jahren noch intensiviert haben.

Darüber hinaus hat der Vertrauensbruch zwischen dem Iran und Pakistan den Friedensprozess verzögert und sich als ruinös für die Afghanen erwiesen. Zwischen den beiden Staaten besteht keine gemeinsame Grundlage mehr, um das Afghanistanproblem zu lösen. Schlimmer noch: Beide Staaten finanzieren die Kämpfe zwischen den Schiiten und Sunniten im jeweils anderen Land und erhöhen damit das Risiko eines Glaubenskrieges in der Region gewaltig. Mit Ankunft der Taliban hat das Konfessionelle mit seinen ethnischen und sektiererischen Säuberungen zum ersten Mal in der Geschichte Afghanistans seine hässliche Fratze gezeigt.

Die Staaten Zentralasiens sind die neuen Mitspieler. Sie sind aber rasch dazu übergegangen, zu schützen, was sie als Bedrohung ihrer nationalen Interessen ansehen. Die Paschtunenherrschaft in Afghanistan passt ihnen nicht, und sie verabscheuen die islamische Auslegung der Taliban. Solange ihre afghanischen Volksangehörigen nicht in irgendeiner Form an der Macht in Kabul partizipieren, werden die Staaten Zentralasiens nicht nachlassen, ihnen beim Widerstand gegen die Taliban zu helfen. Das bringt alle Pläne Pakistans in Gefahr, Pipelines und Verbindungswege durch Afghanistan nach Zentralasien zu verlegen. Falls die Taliban das gesamte Land erobern sollten, müssten die Staaten Zentralasiens dies zwar als Realität akzeptieren, aber es wäre ziemlich unwahrscheinlich, dass sie ihren Energieexport durch ein von den Taliban kontrolliertes Afghanistan und Pakistan laufen lassen würden.

Saudi-Arabien, so scheint es, ist unfähig, eine rationale Außenpolitik zu betreiben, die eher seinen nationalen Interessen entspricht, als nur die Wahabbi-Lobby daheim friedlich zu stimmen. Es bedurfte einer persönlichen Beleidigung des Hauses Saud durch Mullah Omar, bis sich die Saudis von den Taliban abwandten. Der saudische Exportartikel Wahabbismus ist wie ein Bumerang zurückgekehrt und untergräbt zunehmend die Autorität der Königsfamilie. Osama Bin Ladens Kritik an Korruption und Missmanagement des Regimes stößt in der saudischen Bevölkerung nicht auf taube Ohren. Und solange in Afghanistan kein Frieden herrscht, werden sich Dutzende anderer Terroristen von ihren dortigen Basen aus bemerkbar machen.

Überall ist den Muslimen die saudische Unterstützung der Taliban höchst peinlich, weil deren Auslegung des Islam so negativ und destruktiv ist. Zunehmend wird im Westen der Islam mit den Taliban und mit Terrorismus nach Art Bin Ladens gleichgesetzt. Viele westliche Kommentatoren heben die Taliban nicht als besonderes Phänomen hervor, sondern verurteilen den Islam pauschal als intolerant und rückwärts gerichtet. Wie so viele islamische Fundamentalistengruppen heutzutage reduzieren die Taliban den Islam auf den theologischen Aspekt. Islamische Philosophie, Wissenschaft, Kunst, Ästhetik und Mystik werden ignoriert. So geraten die Vielfalt des Islam und die wesentliche Botschaft des Koran – eine gerechte Gesellschaft zu bilden, deren Regierende verantwortlich für ihre Bürger sind – in Vergessenheit.

Der Genius der frühen muslimisch-arabischen Zivilisation war die multikulturelle und multireligiöse Vielfalt, die Vielvölkerei. Das Scheitern so vieler muslimischer Staaten heute geht darauf zurück, dass dieser ursprüngliche Weg der Inspiration verlassen und meist durch eine brutale Diktatur mit engstirniger Theologie ersetzt wurde. Die muslimische Geschichte ist ein Zyklus aus Eroberung, Erneuerung und Niederlage.

«Vielleicht ist es das Schicksal des Islam, auf die primitiven Völker, die mit ihm in Berührung gekommen sind, attraktiv zu wirken, dann aber ihrer Gewaltbereitschaft zum Opfer zu fallen. Am Ende ist die Ordnung wiederhergestellt und alle Wunden heilen. Der primitive Krieger wird vom allmächtigen urbanen Leben des Islam gezähmt», schrieb Fernand Braudel.[8]

Könnten die Taliban in dieser muslimischen Tradition ebenfalls ihre Politik ändern und die kulturelle und ethnische Vielfalt aufnehmen, um das Land legitim zu regieren? Das ist ziemlich unwahrscheinlich, so wie es gegenwärtig um sie bestellt ist. Die Taliban sind im Wesentlichen gefangen zwischen einer Gesellschaft der Stammeszugehörigkeit, die sie versuchen zu ignorieren, und der Notwendigkeit staatlicher Strukturen, die einzurichten sie sich weigern. Die Stammeszersplitterung der Paschtunen ist wie ein Schreckgespenst zurückgekehrt, da es ihnen nicht einmal gelingt, der Forderung nach Beteiligung an der Macht nachzukommen, während sie alle Nicht-Paschtunen vollkommen ignorieren. So etwas hat es in der Vergangenheit nicht gegeben. «Trotz der scheinbaren Vorherrschaft der Paschtunen ist der tatsächliche Prozess der Staatsbildung verbunden mit einer Beteiligung der Elite aller Volksgruppen und einer wichtigen Rolle der Nicht-Paschtunen in der Bürokratie und beim Militär», schreibt der afghanische Gelehrte Ashraf Ghani.[9] Die Taliban stellen sich bockig gegen den gesamten Verlauf der afghanischen Geschichte, weil ihnen jedes Verständnis dafür fehlt.

Während die Taliban sich weigern, den Staat Afghanistan zu organisieren, wollen sie das Sagen haben und herrschen, weitgehend deshalb, weil sie keine Ahnung haben, was sie eigentlich wollen. Das Fehlen jeder zentralen Behörde und staatlichen Organisation, jeder Struktur für Befehl und Kontrolle sowie aller Mechanismen, die einen gewissen Grad an Volksbeteiligung widerspiegeln (Loya Dschirga, islamische Schura oder Parlament), machen es vielen Afghanen und der Außenwelt unmöglich, eine Taliban-Regierung anzuerkennen. Es kann keine wirksame Regierung geben, solange es keine allgemein akzeptable Definition dessen gibt, was für eine Art von Staat jetzt nötig ist, um die Wunden des Kriegs zu heilen. Aber die Kandahar-Gruppe um Mullah Omar duldet keine Außenseiter und keinen Rat. Die Zersplitterung der Taliban nimmt zu, und es ist nicht auszuschließen, dass gemäßigtere Taliban einen Putsch gegen Mullah Omar und die Kandahar-*Ulema* unternehmen.

Keine Kriegsherren-Fraktion hat sich je für die zivile Bevölkerung verantwortlich gefühlt, aber die Taliban sind unfähig, auch nur ein Minimum an Entwicklungsarbeit zu leisten, weil sie glauben, der Islam kümmere sich um jeden Einzelnen. Das hat für die UNO und die NGO-Gemeinschaft fundamentale Fragen aufgeworfen – denn auf diese Weise wird der Bürgerkrieg durch die humanitäre Hilfe des Auslands nur verlängert. Die Bevölkerung wird durch Hilfe von außen am Leben erhalten, die Kriegsherren sind jeder Verantwortung für sie enthoben und können alle Mittel in ihre Kriegsmaschinerie investieren. Inzwischen stehen die UNO und die Hilfsorganisationen auch in anderen gescheiterten Staaten wie dem Sudan und Somalia vor diesem Dilemma, das künftig zur größten Herausforderung für die internationale humanitäre Gemeinschaft werden wird.

Es scheint, als basiere die einzige afghanische NGO auf organisiertem Schmuggel und Drogenhandel. So stützt sich der gesamte beschränkte Wiederaufbau, den die Taliban bislang unternommen haben, gänzlich auf Ausbau und Effizienz der Schmuggelgeschäfte und des Drogenhandels – wie beispielsweise Straßenreparaturen, Errichten von Tankstellen und die Einladung amerikanischer Geschäftsleute zum Aufbau eines Mobilfunknetzes, das die Bewegung von Drogen und illegalen Gütern nur noch beschleunigt. Kein Kriegsherr baut Schulen, Hospitäler, Wasserversorgungsnetze oder anderes, was auch nur im Entferntesten der Zivilbevölkerung zugute kommt.

In ihrer gegenwärtigen Form können die Taliban nicht darauf hoffen, als Afghanistans Regierende international anerkannt zu werden. Auch wenn es ihnen gelingen sollte, den Norden zu erobern, würde dies keine Stabilität bedeuten, sondern nur eine Fortführung des Guerilla-Kriegs der Nicht-Paschtunen, dann aber aus Zentralasien und dem Iran, was die Region weiter destabilisieren würde. Doch im Paschtunen-Gürtel Asiens ist die einzige Alternative das Chaos. «Die Mehrheit der Afghanen südlich von Kabul würden höchstwahrscheinlich zustimmen, dass die Taliban, wenngleich sie nicht mehr so beliebt sind wie am Anfang, besser für das Volk, seine Sicherheit und Wohlfahrt sind, wenn man vergleicht, was vor ihnen war, und dass es keine wirkliche Alternative gibt – abgesehen von Anarchie.»[10] Die Taliban können nicht einfach weggewünscht werden, aber sehr wahrscheinlich ist, dass sie Gruppen mit separaten und rivalisierenden Lehnsansprüchen in Kabul, Kandahar und vielleicht Herat bilden.

Die Anti-Taliban-Allianz ist außerstande, die südliche Paschtunen-Region zu erobern oder zu regieren. Bislang hat sich Masud als unfähig erwiesen, genügend Paschtunen zu aktivieren, die die Taliban ablehnen und ihm nationale Legitimität geben würden. Die einzige Überlebenschance der Opposition ist, in Abschnitten über die Paschtunen zu siegen, was zweifellos den Krieg verlängern, aber auch die Taliban schwächen wird und die Möglichkeit birgt, dass beide miteinander verhandeln. Die Anti-Taliban-Allianz hat es auch nicht geschafft, minimale Staatsstrukturen zu schaffen oder eine repräsentative Führerschaft, die auch alle Nicht-Paschtunen aufnimmt. Ihr Gezänk, die internen Differenzen und Machtkämpfe um die Führung haben sie in den Augen vieler Afghanen herabgesetzt, die vielleicht die Taliban nicht ausstehen können, aber auch kein Vertrauen in die Anti-Taliban-Allianz haben.

Die Furcht vor Zersplitterung ist allgegenwärtig, und die Frontlinien sind seit 1996 nachdrücklich gezogen worden – ein Paschtunen-Süden unter den Taliban und ein Nicht-Paschtunen-Norden, geteilt durch das Hindukusch-Gebirge, mit einem von beiden Seiten umkämpften Kabul. Durch die verheerenden Massaker, die Konfessionspogrome und ethnischen Säuberungen in so vielen Gegenden sind die Aussichten auf eine endgültige Zersplitterung extrem hoch. Glücklicherweise gibt es keinen Kriegsherrn vom Schlage Slobodan Milosevics oder Saddam Husseins, der seine Macht und Lehnsgüter auf Kosten der Spaltung des Landes zu wahren sucht. Trotz ihrer Einmischung ist Afghanistans Nachbarn nicht an einer Zersplitterung des Landes gelegen, weil dadurch Pandoras Büchse der Volkszugehörigkeiten geöffnet würde, die sich rasch über Afghanistans Grenzen hinaus verbreiten und massive Flüchtlingsströme schaffen sowie eine weitere Ausbreitung von Drogen, Waffen und islamischem Fundamentalismus in ihren ohnehin schon zerbrechlichen Staaten nach sich ziehen würde. Formelle Zersplitterung und sogar eine Teilung des afghanischen Staates wünscht sich niemand. Das ist die eine Hoffnung für den Friedensprozess.

Die Friedensbemühungen der UNO haben bislang keine Früchte getragen, aber nicht weil es an Bemühungen fehlte. Doch solange Außenmächte die Kriegsherren mit Waffen und Geld versorgen, kann der Bürgerkrieg nicht zur Ruhe kommen. Eine mögliche Lösung könnte darin liegen, dass ein Prozess außerhalb Afghanistans in Gang kommt. Alle regionalen Staaten müssten zuerst ein Waffenembargo über Afghanistan verhängen, dieses ernsthaft einhalten und zulassen, dass es von der UNO sorgsam überwacht wird. Sie müssten eingeschränkte Bereiche der Einflussnahme auf Afghanistan akzeptieren, anstatt ihre Interessenvertreter im Land zu drängen, das gesamte Land in ihre Gewalt zu bekommen. Wesentlich wäre ein Dialog zwischen dem Iran und Pakistan, in dem Pakistan akzeptiert, seinen Einfluss auf den Paschtunengürtel zu begrenzen, während der Iran dies auch für den Westen und das Zentrum Afghanistans akzeptiert, mit Garantien für die schiitische Minderheit.

Kurz gesagt, jeder der Staaten würde nicht nur seine eigenen

Sicherheitsbedürfnisse, sondern auch die seiner Nachbarn anerkennen müssen. Der Einfluss von außen auf Afghanistan ist nicht mehr zu eliminieren; er muss unter Kontrolle gebracht und im gegenseitigen Einverständnis auf ein akzeptables Niveau beschränkt werden. Kein benachbartes Land darf sich erdreisten, anerkannte Sicherheitsinteressen des anderen zu negieren. Die Verhandlungen über solche Abkommen wären ausgesprochen heikel, denn es wären nicht nur Diplomaten daran beteiligt, sondern auch Militärs und Geheimdienstler eines jeden Staates. Die UNO und die internationale Gemeinschaft würden auch garantieren müssen, dass derartige Abkommen die Desintegration Afghanistans nicht fördern dürfen. Auch dürfen sie keine Eingriffe in den afghanischen Regierungsbildungsprozess zur Folge haben.

Afghanistans innere Stabilisierung kann nicht länger durch eine so genannte «breit gefächerte Regierung» erreicht werden. Stattdessen ist ein Waffenstillstand dringend erforderlich, eine anfänglich eher schwache Regierung, die Entmilitarisierung Kabuls und ein hoher Grad an Autonomie der Regionen, kontrolliert durch die jeweiligen Gruppierungen. Diese würden langfristig der Bildung einer gestärkten Zentralregierung zustimmen müssen, während sie kurzfristig ihre eigene Autonomie aufrechterhielten. Auf diese Weise würden sie ihre unabhängigen militärischen Einheiten bewahren, gleichzeitig aber zu einer zentralen Überwachungsmacht in Kabul beitragen.

Die Gruppierungen würden Hilfe von außen erhalten, um eine unabhängige Basis zu schaffen, aber gemeinsam mit der Zentralregierung die zerschlagene Infrastruktur wieder aufbauen. Dies würde nach und nach größeres Vertrauen und gegenseitiges Verständnis entstehen lassen. Alle Gruppen müssten damit einverstanden sein, eine gewisse Form von Legitimationsprozess durch gewählte oder ernannte repräsentative Körperschaften in Gang zu setzen, der letzten Endes zu einer zentralen Dschirga oder Schura in Kabul führt.

Es darf nicht unterschätzt werden, wie schwierig solche Übereinkünfte zu erreichen sind, zumal zur Zeit keine der kriegführenden

Parteien überhaupt zu Gesprächen bereit ist. Ein Köder könnte ein substanzielles Wiederaufbau-Paket sein, das von internationalen Geldgebern, der Weltbank oder großen privaten Organisationen zusammengestellt wird, dessen Gelder aber erst bei einem Minimum an Übereinstimmung ausgezahlt werden. Das wäre im Grunde genommen ein Bestechungsgeld für die Kriegsherren und ein Ansporn für das afghanische Volk, Druck auf sie auszuüben, damit es zu einer Übereinkunft kommt. Jeder ernsthafte Friedensprozess würde von der internationalen Gemeinschaft ein viel größeres Engagement in Afghanistan fordern, als dies bislang der Fall war.

Frieden in Afghanistan würde sich für die gesamte Region außerordentlich bezahlt machen. Pakistan könnte wirtschaftlich von einem Wiederaufbau Afghanistans profitieren und könnte beginnen, die Überreste des Afghanistankriegs auf eigenem Boden anzupacken: Waffen- und Drogenhandel, Terrorismus, religiöse Zersplitterung und den Schwarzmarkt. Pakistans diplomatische Isolation in der Region hätte ein Ende, und das Land könnte sich wieder in das Beziehungsnetz des zentralasiatischen Raums integrieren, zumal es den kürzesten Weg zum Meer zu bieten hat. Der Iran könnte in der Weltgemeinschaft wieder seine Position als Handelszentrum zwischen Südasien, Zentralasien und dem Nahen Osten einnehmen. Die Türkei hätte Wirtschaftsbeziehungen zu den Turkstämmen in Afghanistan, denen sie historisch verbunden ist.

China würde sich sicherer fühlen und imstande sein, ein effektiveres wirtschaftliches Entwicklungsprogramm in der benachteiligten muslimischen Provinz Xinjiang durchzuführen. Russland könnte ein realistischeres Verhältnis zu Zentral- und Südasien aufbauen, das eher auf wirtschaftlichen Gegebenheiten und nicht so sehr auf hegemonialem Ehrgeiz basiert, während man die afghanischen Geister endgültig zur Ruhe kommen lässt. Durch Afghanistan verlaufende Öl- und Gas-Pipelines würden das Land in die Region einbinden und die Bereitschaft aus dem Ausland beschleunigen, das Land wieder aufzubauen. Die USA könnten eine realistischere

Politik in Zentralasien entwickeln und sich mit der Bedrohung des Terrorismus befassen.

Wird jedoch der Krieg in Afghanistan weiterhin ignoriert, können wir nur das Schlimmste befürchten. Pakistan wird vor einer islamischen Revolution nach Art der Taliban stehen, die das Land und die gesamte Region weiter destabilisiert. Der Iran verharrt dann weiterhin am Rand der Weltgemeinschaft, mit immer instabileren östlichen Grenzen. Die Staaten Zentralasiens werden nicht imstande sein, ihre Energie- und Mineralexporte über den kürzesten Weg zu liefern, und mit dem Zusammenbrechen ihrer Wirtschaft werden islamistische Bewegungen auflodern. Russland wird sich weiterhin mit hegemonialen Hintergedanken an Zentralasien reiben, obwohl seine eigene Gesellschaft und Wirtschaft bröckelt.

Es steht viel auf dem Spiel.

Teil 4
Der 11. September und die Taliban

Kapitel 17
Afghanistan am Vorabend der Terroranschläge

Seit 1989 haben die USA und der Westen dem anhaltenden Bürgerkrieg in Afghanistan keine Beachtung mehr geschenkt. Mit dem 11. September 2001, der Afghanistan auf brutale, tragische Weise erneut ins Blickfeld der Weltöffentlichkeit rückte, hat sich das geändert. Die Welt ist seitdem eine andere. Neunzehn Selbstmordattentäter entführten vier Flugzeuge. Drei Maschinen trafen ihr Ziel: Zwei rasten in die Zwillingstürme des World Trade Center in New York, eine stürzte ins Pentagon in Washington. Die Attentäter gehörten zu der von Osama Bin Laden geführten Organisation Al-Qaida, deren Hauptquartier im Afghanistan der Taliban lag. Sie wollten das Herz der politischen Ordnung nach dem Ende des Kalten Kriegs treffen, den Lebensnerv der Globalisierung und die internationalen Bemühungen um eine sicherere, bessere Welt.

Al-Qaida hätte die Anschläge nicht über Jahre hinweg planen können, wenn sie in Afghanistan nicht ein sicheres Rückzugsgebiet gehabt hätte, wo alles Notwendige zur Verfügung stand: Trainingslager, finanzielle Unterstützung, Kommunikationsmittel und Ermutigung. Die langen Jahre, in denen die USA und der Westen kein Interesse an dem Land zeigten, hatten es den Taliban leicht gemacht, Afghanistan in ein solches Refugium für extremistische Gruppen aus mehr als zwei Dutzend Ländern zu verwandeln. Al-Qaida mit ihren 2500 bis 3000 Kämpfern in Afghanistan, die aus mindestens dreizehn arabischen Staaten stammten, und ihrem globalen Netzwerk, das 34 Staaten umspannt, ist jedoch nur die Spitze eines gewaltigen Eisbergs. Auch islamistische Gruppen aus Russland, Pakistan, China, Burma, Iran, Zentralasien und dem Fernen Osten gewährten die Taliban Unterschlupf. Sie alle kämpf-

ten auf Seiten der Taliban, während sie gleichzeitig in ihren Heimatländern eigene politische Ziele verfolgten.
Afghanistan wurde so zum Knotenpunkt eines weltweiten Terrornetzwerks, auch wenn dies nicht der leidgeprüften Bevölkerung anzulasten ist, die Dürre, Hunger, Bürgerkrieg und großes Elend ertragen musste, weil der Krieg zwischen den Taliban und ihren Gegnern von der Vereinigten Front (UF, United Front) kein Ende nahm.
Vorbote der Anschläge vom 11. September war die Ermordung des Führers der Vereinigten Front, Ahmed Schah Masud, des glaubwürdigsten Anführers der Opposition gegen die Taliban, zwei Tage zuvor. Zwei junge Marokkaner mit belgischen Pässen, die über Brüssel, London und Islamabad nach Kabul gereist waren, hatten sich als Journalisten ausgegeben und in ihrer Videokamera eine Bombe versteckt. Kurz nach Beginn des Interviews im äußersten Norden Afghanistans sprengten sie Masud und sich selbst in die Luft. Von Granatsplittern in Kopf und Körper schwer getroffen, überlebte Masud den Anschlag nur um wenige Stunden. Es gab kaum einen Zweifel, dass dieses Attentat auf das Konto von Al-Qaida ging. Ziel war es, die enge Beziehung zur Taliban-Führung zu festigen und die Vereinigte Front ihres fähigsten Anführers zu berauben – und zwar genau zu dem Zeitpunkt, als Al-Qaida einen noch viel größeren terroristischen Anschlag plante, der viele auf Rache sinnende US-Truppen nach Afghanistan bringen würde. Bin Laden und der Taliban-Führer Mullah Omar waren offenbar davon überzeugt, die amerikanischen Invasionstruppen genauso vernichten zu können, wie die afghanischen Mudschaheddin einst die Sowjetarmee in einem zehn Jahre währenden Krieg besiegt hatten.
Der Zorn der Taliban auf den Westen war bereits zu Beginn des Jahres eskaliert. Am 19. Januar 2001 hatte der UN-Sicherheitsrat die Resolution 1333 verabschiedet und Sanktionen gegen die Taliban verhängt, unter anderem ein striktes Waffenembargo, die Beschlagnahmung sämtlicher Vermögenswerte der Taliban im Ausland und ein Verbot aller internationalen Flüge der afghani-

schen Fluggesellschaft Ariana. Der UN-Sicherheitsrat beschuldigte die Taliban, Afghanistan als Zentrum des internationalen Terrorismus zu missbrauchen, und forderte die Auslieferung Bin Ladens. Die Taliban reagierten wütend und lehnten die Forderung kategorisch ab. Besonders erboste es sie, dass die Waffenlieferungen an die Vereinigte Front andauerten, die weiterhin Militärhilfe aus Russland, dem Iran, Indien und den zentralasiatischen Republiken erhielt.

Pakistan, Hauptlieferant von Waffen und Treibstoff an die Taliban, befand sich jetzt in einer schwierigen Lage, versprach aber, den UN-Sanktionen Folge zu leisten.

Dem alljährlich am 30. April veröffentlichten Bericht des US-Außenministeriums zum internationalen Terrorismus jedoch war zu entnehmen, dass Pakistan die Taliban weiterhin mit «Treibstoff, Geld, technischer Ausrüstung und Militärberatern» versorgte. Zur gleichen Zeit erhob die Menschenrechtsorganisation Human Rights Watch in New York schwere Vorwürfe gegen Pakistan: Es verstoße gegen die UN-Sanktionen und liefere den Taliban weiterhin militärischen und personellen Nachschub. Aufgrund des weltweit wachsenden Misstrauens gegenüber Pakistan verabschiedete der UN-Sicherheitsrat am 31. Juli die Resolution 1363 und beschloss, ein Beobachterteam an der afghanischen Grenze zu stationieren, um die Einhaltung des UN-Waffenembargos zu überwachen. Die Taliban und die islamischen Parteien Pakistans, welche die Taliban unterstützten, erklärten daraufhin, sie würden jeden UN-Beobachter töten, der sich an die pakistanisch-afghanische Grenze wage.

In den ersten neun Monaten des Jahres 2001 gab es mehrere Hinweise auf einen drohenden terroristischen Anschlag. Am 5. Februar begann vor einem New Yorker Gericht der Prozess gegen vier arabische Komplizen Bin Ladens, denen eine Beteiligung an den Bombenanschlägen auf zwei US-Botschaften in Afrika 1998 zur Last gelegt wurde. Am 29. Mai wurden die vier Männer in 302 Anklagepunkten des Terrorismus für schuldig befunden und zu langjährigen Haftstrafen verurteilt. Im April wurde der Algerier

Ahmad Ressam verurteilt, im Jahr 2000 Sprengstoff aus Kanada in die USA geschmuggelt zu haben, um den Flughafen von Los Angeles in die Luft zu sprengen.
Zwischen Januar und August wurden in Italien, Deutschland, Spanien und Großbritannien zwanzig Algerier verhaftet, die in Europa offenkundig mehrere Terroranschläge geplant hatten. Sie standen in enger Verbindung zu Bin Laden und waren in Afghanistan ausgebildet worden. Am 23. Juni wurden die amerikanischen Streitkräfte im Arabischen Meer in höchste Alarmbereitschaft versetzt. Aus Angst vor Terroranschlägen wurden die US-Botschaften in mehreren afrikanischen Ländern und in den Golfstaaten geschlossen, und Washington warnte die Taliban, sie für Anschläge Bin Ladens zur Verantwortung zu ziehen.
Die UN-Sanktionen hatten die internationale Isolierung der Taliban zur Folge. Aber die gingen gleichfalls in die Offensive, entschlossen, dem Westen die Stirn zu bieten, auch als anhaltende Dürre, Bürgerkrieg und der Kollaps der Landwirtschaft in Afghanistan eine humanitäre Katastrophe heraufbeschworen und eine Million neue Flüchtlinge ihre Heimat verließen und zum Teil ins benachbarte Ausland flohen. Im Januar kam es zu schweren Kämpfen zwischen den Taliban und der Vereinigten Front um die Kontrolle über die Region Hasarajat in Zentralafghanistan, wo die ethnische Gruppe der Hasaras lebt, schiitische Muslime, die von den sunnitischen Taliban gehasst werden. Am 8. Januar eroberten die Taliban die Stadt Yakaolang. Später dokumentierten Menschenrechtsgruppen, dass die Taliban in der Stadt und ihrer Umgebung 210 Zivilisten getötet hatten. Zwar gewann die Vereinigte Front am 13. Februar Bamian zurück, aber sie konnte die Stadt nicht lange halten. Um die Hasaras zu bestrafen und einzuschüchtern, ordnete der Taliban-Chef Mullah Omar am 26. Februar die Zerstörung der beiden gewaltigen, 1800 Jahre alten Buddhastatuen an, die weithin sichtbar das Tal von Bamian beherrschten. Während die Taliban Dynamit herbeischafften und Panzer in Stellung brachten, erhob sich scharfer internationaler Protest. Viele Länder, darunter Japan, Sri Lanka und Ägypten,

entsandten Delegationen, um die Taliban zur Aufgabe ihres Plans zu bewegen. In vielen Hauptstädten der Welt fanden Protestaktionen von Afghanen, Buddhisten und Kunstkennern statt, aber die Taliban lenkten nicht ein und zerstörten am 10. März die Statuen durch Dynamit und Panzerbeschuss. Gleichfalls zerstört wurden vierzig weitere Statuen im Museum von Kabul sowie die uralte Statue eines liegenden Buddha in Ghazni. Der internationalen Gemeinschaft warfen die Taliban vor, ihr Regime zu isolieren und sich mehr um die Statuen als um die hungernde Bevölkerung zu kümmern, obwohl sie selbst sich für die Not ihrer Völker am allerwenigsten interessierten.

Die Zerstörung der Buddhastatuen rüttelte einige Länder wach und öffnete ihnen die Augen für die Gefahr, die von den Taliban ausging. Ahmed Schah Masud, der Führer der Vereinigten Front, besuchte im April zum ersten Mal Europa. Er hielt eine Rede vor dem Europäischen Parlament in Straßburg und wurde von der Europäischen Gemeinschaft in Brüssel sowie vom französischen Außenminister in Paris empfangen. Die Rückkehr General Rashid Dostums nach Afghanistan hatte die Vereinigte Front gestärkt. Mit Unterstützung der Türkei errichtete Dostum im Norden Afghanistans einen Stützpunkt für die Usbeken, die bereit waren, gegen die Taliban zu kämpfen. Auch Ismael Khan, der ehemalige Gouverneur von Westafghanistan, kehrte zurück, um mit Hilfe Irans in der westafghanischen Provinz Ghor eine neue Widerstandsbasis aufzubauen. Damit eröffnete die Vereinigte Front zwei neue Kampffronten und band den Sommer über die Streitkräfte der Taliban.

Mullah Mohammed Rabbani, Vorsitzender der Taliban-Schura, des Kabinetts der Taliban in Kabul, und zweitwichtigster Mann der Bewegung, starb am 16. April 2001 in einem Krankenhaus in Karatschi an Krebs. Rabbani galt als gemäßigt und war ein Befürworter des Dialogs der Taliban mit Masud gewesen. Sein Tod markierte das Ende jedes ernsthaften Versuchs der gemäßigten Taliban-Führung, den Hardlinern in den eigenen Reihen Widerstand entgegenzusetzen. Diese waren fest entschlossen, die Konfrontation mit dem Westen zu wagen, um den – in ihren Augen – vollkommensten islamischen Staat der Welt zu schaffen.

Die Taliban suchten auch die Konfrontation mit den Vereinten Nationen und anderen internationalen Hilfsorganisationen in Afghanistan. Sie erließen Gesetze, die gravierende Menschenrechtsverletzungen bedeuteten und viele Afghanen gegen das Regime aufbrachten. Am 19. Mai schlossen die Taliban ein italienisches Krankenhaus in Kabul. Die europäischen Ärzte mussten fliehen, nachdem man ihnen vorgeworfen hatte, Beziehungen zu afghanischen Frauen zu unterhalten. Zwei Tage später weigerten sich die Taliban, eine UN-Kampagne zur Polio-Schutzimpfung von Kindern zu genehmigen. Am 22. Mai erklärten sie, alle Hindus im Land müssten ab sofort ein gelbes Abzeichen tragen, um sich kenntlich zu machen. Erst nach wochenlangen internationalen Protesten nahmen die Taliban diese Maßnahme zurück. Hindus mussten aber stets ihre Ausweispapiere mit sich führen. Schätzungsweise 1700 Hindus und Sikhs lebten 2001 in Afghanistan. Am 31. Mai untersagten die Taliban den weiblichen Mitarbeitern von Hilfsorganisationen das Autofahren. Zur schärfsten Konfrontation jedoch führte ihre Weigerung, Mitarbeiter des Welternährungsprogramms der Vereinten Nationen (WFP) die Bäckereien in Kabul überprüfen zu lassen, die drei Millionen Afghanen mit subventioniertem Brot versorgten. Nach monatelangen erfolglosen Verhandlungen drohten die Vereinten Nationen damit, ihre 157 Bäckereien in Kabul zum 15. Juni zu schließen. Die Taliban wandten sich hilfesuchend an arabische und muslimische Organisationen, ohne großen Erfolg. Am 15. Juni wurden die Bäckereien geschlossen, und zwei Tage später stimmten die Taliban einer Kompromisslösung zu.

Am 13. Juli verboten die Taliban die Nutzung des Internets in Afghanistan. Eine Woche später erließen sie ein Dekret, das die Einfuhr von dreißig Importartikeln untersagte, darunter Spiele, Musikkassetten und Lippenstifte. Der Streit mit den Hilfsorganisationen eskalierte, als die Taliban am 5. August acht Ausländer und sechzehn Afghanen verhafteten, die der Organisation Shelter

Now International angehörten. Auf christliche Missionierung stand die Todesstrafe. Der Prozess gegen die acht Ausländer, unter ihnen vier Deutsche, begann am 4. September vor dem Obersten Gerichtshof in Kabul nach Maßgabe der Scharia, dem islamischen Gesetz.

Die alljährliche Sommeroffensive der Taliban startete am 1. Juni. 25 000 Soldaten, unter ihnen rund 10 000 Nichtafghanen (Araber, Pakistanis und Zentralasiaten), griffen die Stellungen der Vereinigten Front vor Kabul (in der nordöstlichen Provinz Takhar und im Hasarajat) an. Die Vereinigte Front machte zwar keine Geländegewinne, konnte aber ihre Position halten, und die neuen Kampflinien im Norden und Westen Afghanistans banden weitere Kräfte der Taliban. In einem Bericht an den UN-Sicherheitsrat im August drängte UN-Generalsekretär Kofi Annan zu neuen «gemeinsamen Anstrengungen», um in Afghanistan Frieden zu schaffen. Frühere Versuche bezeichnete er als «fruchtlose Bemühungen»; zugleich unterstrich er die Notwendigkeit einer Strategie der Anreize und Entmutigungen und eines Plans zum Wiederaufbau des Landes. Annan wies auch darauf hin, dass jetzt mehr radikale Islamisten aus dem Ausland auf Seiten der Taliban kämpften als je zuvor.

Die politische Krise verschärfte die Not des afghanischen Volkes. Unter humanitären Gesichtspunkten galt das Land 2001 als die armseligste Region. Mit 3,6 Millionen Flüchtlingen waren die Afghanen die größte Flüchtlingsgruppe weltweit. 2,2 Millionen lebten in Pakistan, 1,2 Millionen im Iran. Bis Ende September gab es mehr als eine Million neue Opfer: 800 000 Vertriebene in Afghanistan selbst, 200 000 neue Flüchtlinge in Pakistan und 100 000 weitere im Iran. Die anhaltende Dürre zwang Millionen von Menschen, ihre Felder aufzugeben und in die Städte zu ziehen, wo die Hilfsorganisationen mangels Ressourcen und aufgrund der Behinderungen durch die Taliban völlig überfordert waren. Im Januar 2001 erfroren bei eisiger Kälte einhundert Afghanen, darunter viele Kinder, in sechs Zeltlagern in Herat mit insgesamt 80 000 Menschen. In Nordafghanistan mit rund 200 000 Flüchtlingen war die Lage so verzweifelt, dass die Menschen Gras, Tierfutter

und Nagetiere aßen und ihre Töchter verschacherten, um sich Lebensmittel kaufen zu können.
Die Vereinten Nationen zeigten sich von der Krise in der Landwirtschaft alarmiert. Eine im April 2001 in 24 Provinzen durchgeführte Untersuchung des Welternährungsprogramms ergab, dass 2001 aufgrund von Dürre und fehlendem Saatgut 50 Prozent der Agrarfläche nicht bewirtschaftet werden würde; 70 Prozent der Viehbestände waren zugrunde gegangen, weil Wasser und Weiden fehlten. Im Juni warnten die Vereinten Nationen vor einer Hungersnot, wenn die Weltgemeinschaft ihre Hilfe nicht verstärkte. Aufgrund der Behinderungen der Hilfsorganisationen durch die Taliban reagierten jedoch viele westliche Geberländer mit Zurückhaltung. Daraufhin teilte das Welternährungsprogramm mit, im Winter 2001/2002 müssten rund 5,5 Millionen Menschen mit Nahrungsmitteln versorgt werden – gegenüber 3,8 Millionen im Jahr 2000. Das Elend der Afghanen rückte Ende August 2001 in den Blickpunkt der Weltöffentlichkeit, als sich Australien weigerte, 438 Flüchtlingen Asyl zu gewähren, die meisten von ihnen Afghanen. Sie waren von einem norwegischen Containerschiff gerettet worden, als ihr Boot auf dem Weg von Indonesien nach Australien zu sinken drohte. 2001 waren die Afghanen die größte Gruppe illegaler Einwanderer nach Europa.
Paradoxerweise wurde die Wirtschaftskrise durch das Verbot von Schlafmohn verschärft – der einzige Fall, in dem die Taliban gegenüber Forderungen der internationalen Gemeinschaft einlenkten. Aus den Pflanzen werden Opium und Heroin gewonnen, eine wichtige Einnahmequelle aller kriegführenden Parteien in Afghanistan. Mullah Omar hatte den Mohnanbau bereits im Juli 2000 untersagt, und das Verbot wurde rigoros durchgesetzt. Im März 2001 bestätigten die UN und die USA, dass tatsächlich kein Mohn mehr angebaut wurde. Daraufhin stellten mehrere Länder Tausenden von Bauern, die vor dem Nichts standen, weil sie kein Saatgut und keinen Dünger für den Anbau anderer Pflanzen besaßen, Soforthilfe zur Verfügung. Viele der neuen Flüchtlinge waren Landarbeiter, die jetzt ihre Lebensgrundlage verloren hatten. Den-

noch wurde weiterhin Opium in die Nachbarländer Tadschikistan und Iran geschmuggelt. Es stammte aus Vorräten früherer Jahre und ging von da aus weiter nach Russland und Europa. Zwischen 2000 und 2001 stieg der Preis für afghanisches Opium um das Zehnfache.

Bereits vor dem 11. September war offensichtlich, dass Afghanistan zu einer großen Bedrohung der regionalen, aber auch internationalen Stabilität geworden war. Dürre, Bürgerkrieg, Massenflucht, Drogenschmuggel, die harte Linie der Taliban-Führung und die wachsende Zahl terroristischer Gruppen, die von Afghanistan aus operierten, hätten für den Westen Warnung genug sein können. Doch die Bedeutung Afghanistans begriff die Welt in fassungslosem Entsetzen erst, als zwei Flugzeuge in die Zwillingstürme des World Trade Center rasten.

Kapitel 18
Der Wiederaufstieg der Taliban

Als die neunzehn Selbstmordattentäter am 11. September 2001 ihre Flugzeuge in die Gebäude in Washington und New York steuerten, ging für den Westen eine Ära zu Ende. Die Zeit der Unschuld seit dem Ende des Kalten Kriegs war mit einem Schlag vorbei, der Glaube, wir alle könnten unbehelligt von globalen politischen Bedrohungen leben, war zerstört. Der Westen musste erfahren, dass Terroranschläge muslimischer Extremisten nicht mehr nur in fernen Ländern stattfanden und Unbekannte zu Opfern wurden. Sie trafen vielmehr den Westen mitten ins Herz.

Wenige Tage nach den Anschlägen erklärte Präsident George W. Bush, Amerika befinde sich jetzt im Krieg gegen internationale Terroristen, und rief den nationalen Notstand aus. Die ganze Welt stand an der Seite Amerikas, als die NATO versprach, alle militärischen Aktionen Washingtons zu unterstützen. Am 15. September stellte Bush dem pakistanischen Präsidenten Musharraf ein Ultimatum («wer nicht für uns ist, ist gegen uns»), und das pakistanische Militärregime wechselte sofort die Seiten und unterstützte nun nicht mehr die Taliban, sondern die amerikanische Invasion Afghanistans zum Sturz der Taliban. Der Grund für diesen neuen Kurs, so Musharraf, sei die Gefahr einer Bombardierung Pakistans, die Bedrohung seiner Atomanlagen und die potentielle Errichtung von US-Militärbasen im benachbarten Indien, Pakistans Erzfeind. Die islamische Rechte war wütend, aber Musharraf ließ sich nicht beirren.

Mullah Omar mobilisierte die Taliban zum Widerstand gegen die USA und lehnte alle Forderungen ab, die Macht abzugeben und Osama Bin Laden und die Mitglieder von Al-Qaida an die Amerikaner auszuliefern. Wiederholt versuchte der pakistanische Geheimdienst ISI, Mullah Omar zur Auslieferung Bin Ladens zu bewegen, um das Taliban-Regime zu retten, aber der lehnte ab, obwohl er wusste, dass die Taliban-Führung in dieser Frage tief gespalten und eine Revolte in den eigenen Reihen durchaus vorstellbar war. Omar fühlte sich auch durch die Versicherung seiner Unterstützer in Pakistan und im Terrornetzwerk Al-Qaida bestärkt, die USA würden Afghanistan zwar bombardieren – was die Taliban überleben konnten –, aber niemals Bodentruppen ins Land schicken.

Tatsächlich zögerten die USA, Bodentruppen einzusetzen, aus Angst, in dieselbe Falle zu tappen wie die Sowjets in den achtziger Jahren. CIA-Chef George Tenet verfolgte stattdessen den kühnen Plan einer Zusammenarbeit afghanischer Streitkräfte der Nordallianz mit CIA-Teams und amerikanischen Spezialeinsatzkräften. Die Nordallianz sollte Ziele für die US-Luftwaffe lokalisieren, die wiederum den Angriff von Bodentruppen der Nordallianz unterstützen sollte. Auf diese Weise wäre die amerikanische Infanterie kaum in Einsätze am Boden verwickelt. Das US-Außenministerium begann, sich die Nutzung von Stützpunkten in Zentralasien, Pakistan und am Persischen Golf zu sichern, während amerikanische Flugzeugträger vor der Küste Pakistans in Stellung gebracht wurden.

Am 7. Oktober begann die Operation Enduring Freedom mit massiven US-Luftangriffen auf Stützpunkte und Einrichtungen der Taliban in ganz Afghanistan sowie auf jene 50 000 Taliban-Soldaten, die außerhalb Kabuls zusammengezogen worden waren, um eine lange Frontlinie gegen die Streitkräfte der Nordallianz zu verteidigen. Erst nach vierwöchigen Luftangriffen gelang der Nordallianz am 9. November mit dem Fall von Mazar-i-Sharif nördlich der Stellung der usbekischen und tadschikischen Milizen unter den Generälen Rashid Dostum und Mohammed Atta der erste Durchbruch. Die Taliban wurden besiegt, und in den folgenden drei Tagen fiel das gesamte Nord-, West- und Zentralafghanistan an die Nordallianz. Die flüchtenden Taliban wurden von US-Flugzeugen erbarmungslos bombardiert. Es gab zahlreiche Tote und Verwundete. Unterdessen waren viele Kommandeure der Paschtunen mit finanziellen Anreizen der CIA dazu gebracht worden, den Taliban den Rücken zu kehren.[1]

Nach dem Norden mussten die Taliban bald auch die Hauptstadt Kabul aufgeben und sich in ihre Hochburg in Kandahar im Süden Afghanistans zurückziehen, während in der Paschtunen-Enklave Kunduz im äußersten Nordosten immer noch mehrere tausend Taliban ausharrten. In Kunduz eingeschlossen waren auch Dutzende pakistanische Geheimdienstoffiziere, die in Afghanistan geblieben waren, um die Taliban zu unterstützen. Auf Musharrafs Bitte hin gaben die Amerikaner Mitte November der pakistanischen Luftwaffe die Erlaubnis, in einer dreitägigen Nacht- und Nebelaktion die ISI-Mitarbeiter über eine Luftbrücke aus Kunduz herauszuholen. Nebenbei retteten die Pakistanis vielen Taliban-Führern und zentralasiatischen Kämpfern, ja sogar einigen Al-Qaida-Mitgliedern das Leben. Tausende der verbliebenen Taliban-Kämpfer wurden getötet oder starben als Kriegsgefangene, nachdem sie sich General Dostum ergeben hatten.

Am 5. Dezember gab Mullah Omar Kandahar auf, er selbst entkam auf einem Mofa in die Wüste. Zu diesem Zeitpunkt hatten die meisten Taliban Kandahar bereits verlassen und sich in ihren Dörfern oder in der benachbarten pakistanischen Provinz Belutschistan in Sicherheit gebracht. Auch Al-Qaida-Führer, unter ihnen Bin Laden, die noch eine Zeitlang in den Tora-Bora-Bergen im Osten Afghanistans ausharrten, zogen sich über die Grenze in die Stammesgebiete Pakistans zurück. Die USA hatten es versäumt, diese Massenflucht zu verhindern, weil Washington den Einsatz von Bodentruppen abgelehnt und sich stattdessen ganz auf die Nordallianz verlassen hatte, um die Flucht des Feindes aufzuhalten. Das war der größte Fehler dieses Kriegs.

Nach Angaben von Militäroffizieren, mit denen ich ein paar Monate später in Kabul sprach, hatten die Taliban 8000 bis 12 000 Mann verloren: 20 Prozent ihrer Kampfkraft. Doppelt so viele waren verwundet und weitere 7000 gefangen genommen worden. Sie waren zwar schwer getroffen, aber keineswegs besiegt. Fast ihre gesamte Führungsstruktur war intakt geblieben, und die Überlebenden hatten fliehen und sich in Pakistan neu formieren können.

Der Krieg war schneller vorbei, als es irgendjemand vorhergesehen hatte, doch mit dem militärischen Erfolg wuchs die Einsicht, dass es versäumt worden war, in Kabul eine neue Regierung einzusetzen. Unter Federführung von Botschafter Lakhdar Brahimi und seines Stellvertreters Francesc Vendrell organisierten die Vereinten Nationen auf dem Petersberg bei Bonn eine Konferenz, um eine Vereinbarung über die Bildung einer neuen Regierung in Kabul zu erzielen. Zwar waren verschiedene afghanische Gruppen vertreten, die beherrschende Kraft war jedoch die Nordallianz, der militärische Sieger. Die Paschtunenstämme waren auf der Konferenz unterrepräsentiert, die Taliban überhaupt nicht vertreten.
Das Treffen begann am 27. November und endete nach zähem Ringen am 5. Dezember 2001 mit der Wahl Hamid Karzais, eines prominenten paschtunischen Stammesführers aus Kandahar, der dem Lager des ehemaligen Königs Zahir Schah angehörte, zum Präsidenten einer künftigen afghanischen Übergangsregierung. Karzai war kein Kriegsherr, sondern ein gemäßigter Politiker. Anfang der neunziger Jahre hatte er vom pakistanischen Quetta aus zwar noch die Taliban unterstützt, aber nachdem sie 1999 seinen Vater ermordet hatten, brach er mit ihnen und fing an, den Sturz des Regimes zu betreiben. Nach den Anschlägen vom 11. September war Karzai einer der wenigen paschtunischen Führer, die sich nach Afghanistan wagten, um die Paschtunen gegen die Taliban zu mobilisieren. In Afghanistan gewann er rasch den Rückhalt der CIA, die ihn mit Waffen, Lebensmitteln und Beratern versorgte.[2]
Das am 6. Dezember auf dem Petersberg bei Bonn unterzeichnete Abkommen forderte die «Errichtung einer breiten, auf Gleichberechtigung der Geschlechter bedachten, multiethnischen und vollständig repräsentativen Regierung» sowie die Einberufung einer außerordentlichen Loya Dschirga bis Juni 2002, die über eine Übergangsregierung und später stattfindende Präsidentschafts- und Parlamentswahlen entscheiden sollte. Eine verfassunggebende

Loya Dschirga sollte bis 2003 eine neue Verfassung bestimmen. Der ehemalige König Zahir Schah sollte den Ehrentitel «Vater der Nation» erhalten. Das sogenannte Petersberger Abkommen war kein Friedensvertrag. Die Besiegten waren nicht anwesend, und es wurden auch keine Vorkehrungen für eine Waffenruhe oder für die Demobilisierung der Streitkräfte getroffen. Brahimi und Vendrell sollten es später bedauern, dass keine Taliban anwesend waren oder dass die UN später nicht eine weitere Konferenz abhielt, bei der auch die Taliban vertreten waren. Doch angesichts der überhasteten äußeren Umstände – dem raschen und unerwarteten Ende des Kriegs, dem gefährlichen Machtvakuum in Kabul, der späten Einsicht Washingtons, dass eine Übergangsregierung notwendig war – und des Wunsches aller Akteure im Ausland, eine ausländische Besatzungsmacht in Afghanistan zu verhindern, war das Petersberger Abkommen der bestmögliche und am wenigsten strittige Kompromiss.

Bald wurde klar, dass die Bush-Regierung kein großes Interesse daran hatte, Afghanistan wiederaufzubauen oder auch nur genügend Truppen für Sicherheit und Wiederaufbau zur Verfügung zu stellen. Wenige Wochen, nachdem der Krieg in Afghanistan gewonnen war, trainierten US-Truppen bereits für die Invasion des Irak, und Spezialeinheiten für die Jagd auf Al-Qaida wurden von wichtigen Orten Afghanistans abgezogen. Afghanistan fiel Bushs Strategie zum Opfer, Ressourcen, Geld und Soldaten für den Irak aufzusparen. Um möglichst wenige Kräfte in Afghanistan zu binden, schlossen die Amerikaner Vereinbarungen mit den neu eingesetzten Kriegsherren der Nordallianz, obwohl die meisten von ihnen in den neunziger Jahren am Bürgerkrieg teilgenommen hatten und in der Bevölkerung verhasst waren.

Nach Angaben amerikanischer Regierungsmitarbeiter, die eine solche Strategie ablehnten, wurden diese Kriegsherren und ihre Milizen von der CIA mit dem Auftrag finanziert, den Frieden außerhalb Kabuls zu sichern und Al-Qaida-Mitglieder zu jagen. Gierig, korrupt und skrupellos, terrorisierten die Milizen die Bevölkerung und engagierten sich schließlich auch im Drogenhandel und in anderen illegalen Geschäften. Im Mai 2002 sprach der demokratische Senator (und spätere US-Vizepräsident) Joseph Biden eine düstere Warnung aus: «Amerika hat die Taliban durch die Kriegsherren ersetzt ... Ja, wir machen sie sogar zum Kernpunkt unserer Strategie.»[3] Doch für US-Verteidigungsminister Donald Rumsfeld war die Beteiligung der Kriegsherren an der Regierung die richtige Strategie.

Die Loya Dschirga im Juni 2002 führte zur Wahl Hamid Karzais zum Interimspräsidenten, aber die von der Ratsversammlung im ganzen Land verbreitete Euphorie hatte keine konkreten Verbesserungen zur Folge, weil es der neuen Übergangsregierung an Ressourcen fehlte. Es gab kaum genügend US-Soldaten zur Patrouille in den Städten, ganz zu schweigen von den ländlichen Gebieten. Und in den USA wuchs erst nach einer Weile die Erkenntnis, dass eine professionelle afghanische Armee und Polizei ausgebildet werden musste. Auch die Hoffnung der Afghanen auf eine Milliardenhilfe der USA für den Aufbau einer Infrastruktur, die Schaffung neuer Arbeitsplätze, Investitionen in Landwirtschaft und Industrie und für Anreize für die Taliban, zurückzukehren und in Frieden in Afghanistan zu leben, erfüllte sich nicht. All diesen Problemen wurde keine Beachtung geschenkt.

Dem Druck enger europäischer Verbündeter, eine multinationale Friedenstruppe für Kabul, wenn nicht für das ganze Land bereitzustellen, gab Rumsfeld nur widerstrebend nach. Mehrere europäische Staaten bildeten eine Internationale Afghanistan-Schutztruppe (International Security Assistance Force; ISAF) für die Hauptstadt Kabul. Die rund 5000 Soldaten aus über zwanzig Ländern durften jedoch nicht in anderen Städten eingesetzt werden – trotz inständiger Bitten Lakhdar Brahimis und Francesc Vendrells, der inzwischen EU-Beauftragter in Kabul war, sowie des afghanischen Präsidenten Karzai. Die UN versuchten, die Hunderttausende afghanischen Milizionäre zu entwaffnen, aber mangels amerikanischer Unterstützung gelang dies nur sehr schleppend und unzureichend.

Die Taliban, deren Führungsriege intakt geblieben war, wurden inzwischen von ihren alten Unterstützern in Pakistan mit offenen Armen empfangen. Viele Taliban-Anhänger kehrten zu ihren Familien zurück, die nach wie vor in den Flüchtlingslagern der Provinz Belutschistan lebten, andere zog es wieder in die pakistanischen *Madrassas*, aus denen sie rekrutiert worden waren. Und die Taliban-Führung wurde vom ISI und von den Provinzregierungen der Nordwestprovinz und Belutschistans willkommen geheißen.

Von den umstrittenen pakistanischen Parlamentswahlen 2002 hatte das Militärregime Benazir Bhutto und Nawaz Sharif, die Führer der beiden größten Parteien, schon im Vorfeld ausgeschlossen. Zwar gab es starken öffentlichen Protest sowohl gegen die Wahlmanipulation als auch gegen den Ausschluss der beiden Parteivorsitzenden, doch das Vorgehen des Militärs verhalf der Partei Jamiat-e-Ulema Islam (JUI) in den beiden Afghanistan benachbarten Grenzprovinzen zum Sieg. Die JUI hatte 1994 die Taliban gefördert und vertrat die strenge Deobandi-Interpretation innerhalb des Islam. Jetzt bot sie den Taliban erneut ihre Unterstützung an. Auch Taliban-Anhänger, die zunächst in ihre notleidenden Dörfer in Afghanistan zurückgekehrt waren, strömten schon bald nach Pakistan – auf der Suche nach Arbeit und finanzieller Unterstützung. Einige Taliban-Kommandeure ergaben sich den US-Streitkräften; aber sie wurden schlecht behandelt und kamen schnell in das Gefangenenlager für Terroristen auf dem US-Marinestützpunkt in der Guantánamo Bay auf Kuba. Die USA machten keinen Versuch, mit den Paschtunen oder den Taliban zu verhandeln, und die Paschtunen misstrauten den Amerikanern von Anfang an. Als die Bombardierung von Verstecken und Einrichtungen der Taliban in Afghanistan andauerte und viele Zivilisten ums Leben kamen, wuchs der Zorn der Paschtunen auf die Amerikaner nur noch mehr. Erschwert wurde die Situation dadurch, dass das US-Militär dazu neigte, alle Paschtunen als potentielle Taliban-Unterstützer zu betrachten. Die Paschtunen in den Siedlungen der südlichen und östlichen Regionen wandten sich zunehmend von den

Amerikanern ab, was sich die wiederauflebende Taliban-Bewegung zunutze machte.
Mullah Omar, der sich in der Provinz Helmand versteckt hielt, kam im Winter 2002 nach Quetta. Zusammen mit Schlüsselfiguren des ehemaligen Regimes gründete er eine neue Taliban-Schura. Omar ernannte vier Kommandeure, die den Widerstand in den vier südlichen Provinzen Afghanistans (Uruzgan, Helmand, Kandahar und Zabul) organisieren sollten. Es handelte sich um den ehemaligen Verteidigungsminister Mullah Obaidullah Akhund; den ehemaligen Armeechef Mullah Akhtar Mohammed Usmani; den einbeinigen Korpskommandeur Mullah Dadullah, der die Zerstörung der Buddhastatuen angeordnet hatte; und den ehemaligen Innenminister Mullah Abdul Razaq. Sie sicherten sich die finanzielle Unterstützung von Anhängern und Sympathisanten in Karatschi und Quetta sowie insbesondere den Rückhalt der Deobandi-*Madrassas*. Starke Rückendeckung erhielten sie auch durch die von der JUI geführten Provinzregierungen. Außerdem reaktivierten sie ihre Kontakte am Persischen Golf und in Saudi-Arabien und warben bei den Arabern um mehr finanzielle Unterstützung bei der Bekämpfung der US-Streitkräfte in Afghanistan.
In Ostafghanistan und in den sieben Stammesgebieten Nordpakistans, den sogenannten Federally Administered Tribal Agencies (FATA), vollzog sich eine Reorganisation unter Führung eigenständiger, mit den Taliban verbündeter Gruppen. Die größte stand unter Leitung des ehemaligen Taliban-Ministers für Stammesangelegenheiten, Jalaluddin Haqqani, und seines Sohnes Sirajuddin, der von Miranshah in Nordwaziristan aus operierte. Die beiden hatten besonders enge Verbindungen zu Al-Qaida und zum ISI. Weitere Gruppen wurden von dem altgedienten paschtunischen Islamisten Gulbuddin Hekmatyar geführt, der aus dem iranischen Exil zurückgekehrt war, und von Saif-ur Rahman Mansur, der die arabischen Kämpfer und die Taliban-Truppen während der amerikanischen Frühjahrsoffensive Operation Anaconda in den Bergen bei Gardez befehligt hatte. Erst nach zweiwöchigem Kampf zogen sich die Taliban nach Pakistan zurück.

Anfang 2002 hörte die pakistanische Armee auf, Soldaten in die Stammesgebiete zu entsenden, weil sich nach der Stürmung des indischen Parlaments durch kaschmirische Extremisten die Spannungen mit Indien verschärft hatten. Fast das ganze Jahr hindurch war die pakistanische Armee durch die Probleme mit Indien in Anspruch genommen, was Al-Qaida in den Stammesgebieten weitgehende Bewegungsfreiheit verschaffte. Hier gewann die Organisation neue Verbündete unter den pakistanischen Paschtunenstämmen. Arabische Kämpfer heirateten in die Stämme ein, während sie gleichzeitig die afghanischen Taliban durch Schulungen, Geld und Waffen förderten.

Auch der ISI versorgte klammheimlich die Taliban weiter, befürchtete doch die pakistanische Armee, durch ihre Unterstützung der US-Invasion in Afghanistan mitgeholfen zu haben, die Nordallianz an die Macht zu bringen. Diese wurde von Pakistans Rivalen in der Region – Indien, Iran und Russland – unterstützt und war deshalb der pakistanischen Armee ein Dorn im Auge. (Die wichtigsten Ministerien der Karzai-Regierung waren mit Vertretern der Nordallianz besetzt.) Auch war die Armee tief besorgt über den plötzlichen Zustrom von Indern nach Kabul und befürchtete, Indien werde nun versuchen, Pakistan an seiner Westgrenze zu destabilisieren. Sie schürte daher den Konflikt mit Indien in der Hoffnung, mit amerikanischer Hilfe eine endgültige Lösung des Kaschmir-Konflikts zu erreichen. Doch das lag nicht im Interesse der Bush-Regierung, die bereits mit Plänen zum Einmarsch im Irak beschäftigt war und die Beziehungen zwischen Indien und Pakistan lediglich stabil halten wollte.

Als Musharraf und die pakistanische Armee Präsident Bushs Absicht eines Einmarschs in den Irak erkannten, gingen sie davon aus, dass sich die USA bald aus Afghanistan zurückziehen würden. Washington würde es zumindest ablehnen, dem Land ausreichende Ressourcen zur Verfügung zu stellen. Und dann müsste sich Pakistan, wie bereits 1989 nach dem Abzug der Sowjets und dann der Amerikaner aus der Region, mit dem Problem Afghanistan allein herumschlagen. Musharraf erschien es daher besser, die Taliban als eine Streitmacht in der Hinterhand zu behalten, die stellvertretend für Pakistan kämpfen konnte. Auch das fehlende Vertrauen zwischen dem pakistanischen Militär und der US-Regierung trug also zur Wiederbelebung der Taliban-Bewegung bei. Dennoch wurde der pakistanische Geheimdienst gegen Al-Qaida aktiv und verhaftete mehrere ihrer Führungsfiguren, die sich in pakistanischen Städten versteckt hielten, unter ihnen Khalid Scheich Mohammed, der die Anschläge vom 11. September geplant hatte, und Abu Zubaydah, der Kämpfer für Al-Qaida rekrutierte. Zur Vergeltung heuerte Al-Qaida lokale pakistanische Extremistengruppen an, die Musharraf ermorden sollten. Im Dezember 2003 wurden zwei Selbstmordanschläge gegen ihn verübt; doch auch diese Anschläge konnten das pakistanische Militär nicht von einer wachsenden Bedrohung des Landes durch das Bündnis Al-Qaidas mit den erstarkenden pakistanischen und den afghanischen Taliban überzeugen.

Die Taliban hatten im Winter 2002/2003 in Afghanistan Waffenlager angelegt und begannen jetzt mit ersten Guerilla-Angriffen in den Pakistan benachbarten südlichen Provinzen Kandahar, Zabul und Helmand. Der erste größere Kampf gegen US-Streitkräfte fand im Januar 2003 bei Spin Baldak in der Provinz Kandahar statt, als eine US-Patrouille eine Gruppe von etwa 80 Taliban-Anhängern aufspürte. Am 27. März wurde ein salvadorianischer Ingenieur, der in der Provinz Uruzgan für das Internationale Komitee des Roten Kreuzes unterwegs war, kaltblütig ermordet. Erst jetzt erkannten das afghanische Volk und die internationale Gemeinschaft das Ausmaß der neuerlichen Bedrohung durch die Taliban.
In den folgenden Wochen wurden weitere afghanische und ausländische Mitarbeiter von Hilfsorganisationen ermordet. Die Taliban zögerten also nicht, auch Zivilisten zu töten. Die Bush-Regierung war mit der Invasion des Irak beschäftigt und maß kleinen, lokal begrenzten Anschlägen in Afghanistan wenig Bedeutung bei. Im Spätsommer unternahmen die Amerikaner dann doch eine Groß-

offensive in der Provinz Zabul, und sie waren schockiert, als die Taliban, statt zu fliehen, Widerstand leisteten und den massiven Luftangriffen neun Tage standhielten. Im Herbst hatten die Taliban fast die gesamten Provinzen Zabul und Helmand in ihrer Gewalt und errichteten Routen für den Nachschub aus Pakistan.

In diesen entscheidenden Tagen, als die Taliban alles andere als beliebt waren und im Süden wenig politische Kontrolle ausübten, hätten ein paar mehr US-Soldaten ausgereicht, um den beginnenden Aufstand niederzuschlagen. Doch die Amerikaner interessierten sich für Afghanistan nur insoweit, als sie Osama Bin Laden töten wollten. Es ging ihnen weder um eine Stabilisierung der ländlichen Regionen noch um den Aufbau von Wirtschaft und Infrastruktur oder um die Bekämpfung der Taliban.

Dass es auf politischer Ebene überhaupt Fortschritte gab, ist weitgehend ein Verdienst der Vereinten Nationen, die die Macht der Paschtunen stärkten und sie aus der politischen Isolation herausführten. Um die Paschtunen zu gewinnen, musste man ihnen wirtschaftliche Entwicklungsmöglichkeiten bieten und bei der Schaffung von Arbeitsplätzen und der Durchsetzung einer guten Regierungsführung vor allem mit Geld helfen, das die USA jedoch nicht zur Verfügung stellten. Die beiden von der UN organisierten Loya Dschirgas – die erste im Juni 2002, bei der Karzai zum Interimspräsidenten gewählt wurde, und die zweite im Winter 2003, wo über eine neue Verfassung entschieden wurde – hatten dazu beigetragen, die Paschtunen als politische Kraft zu etablieren.

Wenig überraschend fiel die Rückkehr der Taliban mit einem starken Anstieg der Opiumproduktion im Süden Afghanistans zusammen. Die Taliban hatten im Jahr 2000 die Opiumproduktion für ein Jahr verboten, weil die Überproduktion zu einem Preisverfall beim Heroin geführt hatte. Deshalb bauten nach dem 11. September nur wenige Bauern im Süden Schlafmohn an, den Rohstoff für Opium und Heroin. Nach dem 11. September hätten sicher viele von ihnen die Chance genutzt, etwas anderes anzubauen, doch es fehlte an Saatgut und Düngemitteln, und nach der langen Dürre war das Wasser knapp. Während die afghanischen Bauern vergeblich auf die versprochene amerikanische Hilfe warteten, fingen sie im Winter 2001/2002 erneut an, die einzigen Samen zu säen, die sie hatten: Schlafmohn. Bald tauchten im Süden auch wieder die Taliban auf und besteuerten die Mohnernte, während sie gleichzeitig den Bauern versprachen, ihre Mohnfelder gegen alle Bestrebungen der Regierung zu schützen, die Pflanzen zu zerstören.

2004, nach dem ersten vollen Jahr des Taliban-Aufstands, wurden 4200 Tonnen Opium geerntet, ein Jahr zuvor waren es lediglich 3600 Tonnen gewesen. Das war ein Zuwachs von 16,6 Prozent. Laut dem Jahresbericht des UNODC (United Nations Office on Drugs and Crime) wurde Opium nunmehr in allen 34 Provinzen angebaut, und 2,3 Millionen Afghanen (14 Prozent der Landbevölkerung) waren bei der Mohnernte beschäftigt. Zu einer Zeit, in der es keine Arbeitsplätze gab, sondern nur Armut und lediglich das Versprechen auf ausländische Agrarinvestitionen, blieb vielen Bauern keine andere Wahl, als Mohn anzubauen und sich unter den Schutz der Taliban zu stellen.

Großbritannien war vom westlichen Bündnis mit der Bekämpfung des Drogenhandels beauftragt worden, aber in der Frage nach der geeigneten Strategie gab es keinen Konsens. Es wurde endlos debattiert, ob ausländische Soldaten die Pflanzen vernichten oder besser abwarten und die Opiumkonvois unterwegs abfangen sollten, um die Drogenbarone zu fassen. Das Problem war, dass kein Land, insbesondere nicht die USA, bereit war, seine Soldaten bei der Drogenbekämpfung einzusetzen, obwohl einzig die ausländische Militärpräsenz vor Ort Wirkung zeigte. Die Bush-Regierung wollte nicht einsehen, dass der Drogenanbau den Aufstand nur noch weiter schürte, auch wenn schon bald allen – den UN ebenso wie westlichen Diplomaten und Hilfsorganisationen – klar war, dass die Gewinne aus dem Drogenhandel die wichtigste Geldquelle der Taliban und Al-Qaidas darstellte.

Letztlich weigerten sich die USA und andere Staaten bis 2009, eine klare Strategie zur Drogenbekämpfung zu entwickeln. Bis dahin konnten die Aufständischen ihre Gewinne noch steigern: mit der

Besteuerung der Bauern, aber auch mit dem Raffinieren von Rohopium, mit dem Drogenschmuggel jenseits der Grenzen und der Zusammenarbeit mit Mafiagruppen in der Türkei, in Europa und in Zentralasien. Das United Nations Office on Drugs and Crime verzeichnete einen Anstieg der jährlichen Opiumproduktion auf 6100 Tonnen im Jahr 2006 und auf 8200 Tonnen im Jahr 2007. Damit stammten 50 Prozent des afghanischen Bruttoinlandsprodukts (mit geschätzten 6,7 Milliarden US-Dollar 2006) aus dem Drogenhandel.

Drogengeld wurde überall eingesetzt: bei der Finanzierung des Aufstands und bei der Bestechung von Regierung, Polizei und Justiz. Präsident Karzais Zögern, die Verwicklung hochrangiger Politiker und Kriegsherren in den Drogenhandel zu unterbinden, unterminierte die Tätigkeit der Hilfsorganisationen, denn der Opiumhandel bot mehr Arbeitsplätze, ein höheres Einkommen und mehr Sicherheit als staatliche Einrichtungen. Die Drogen führten jedoch auch zu steigender Abhängigkeit und Verzweiflung unter der Bevölkerung.

Im Oktober 2004 fanden die ersten Präsidentschaftswahlen statt, die Karzai mit 55,4 Prozent der Stimmen gewann. Sein Hauptrivale, Younis Qanuni von der Nordallianz, erzielte nur 16,3 Prozent. Die Wahlbeteiligung war mit 73 Prozent recht hoch, ein Hinweis darauf, dass die Bevölkerung ein funktionierendes politisches System befürwortete. Sie hoffte, ein gewählter Präsident Karzai würde entschiedener handeln und die Regierungsführung verbessern, aber es änderte sich wenig. Bei den Parlamentswahlen 2005 lag die Wahlbeteiligung nur bei 53 Prozent, ein Beleg dafür, wie enttäuscht die Afghanen von der versprochenen Demokratisierung und vom angekündigten wirtschaftlichen Fortschritt waren. Die Taliban waren noch nicht stark genug, um die Wahlen zum Scheitern zu bringen, aber sie bedrohten die Wähler. Die Wahlen zeigten, dass die Taliban in einigen südlichen Provinzen Afghanistans zwar eine Bedrohung darstellten, trotzdem aber alles andere als populär waren oder gar über eine breite Anhängerschaft verfügten.

Ende 2004 waren die Nachrichtendienste der USA und der NATO zu der Erkenntnis gelangt, der ISI betreibe für die afghanischen Taliban in der Provinz Belutschistan ein umfassendes Trainingsprogramm und lasse zu, dass sie am Persischen Golf und in Pakistan um finanzielle Unterstützung warben und Waffen und Munition importierten, hauptsächlich aus Dubai. Mullah Omar und die Taliban-Führung operierten von Dörfern in und um Quetta aus und trafen sich so häufig und so offen, dass der Führungsrat der Taliban bald unter dem Namen Quetta-Schura bekannt wurde. Amerikanische und afghanische Soldaten berichteten ihren Vorgesetzten, Taliban-Gruppen, die nach Afghanistan einsickerten oder nach einem Vorstoß wieder nach Pakistan zurückkehrten, erhielten an der afghanisch-pakistanischen Grenze Feuerschutz von der pakistanischen Armee.

Doch über Jahre hinweg lehnten die Amerikaner den Einsatz von genügend Soldaten in den kritischen südlichen Provinzen ab. Sie wollten auch nicht wahrhaben, dass Musharraf ein doppeltes Spiel spielte, und nannten seine Manöver erst dann eine Täuschung, als es bereits zu spät war. Als 2005 endlich NATO-Soldaten im Süden Afghanistans eingesetzt wurden, waren die USA nicht in der Lage, ihnen über Quetta und Südafghanistan genügend Aufklärung zu liefern, weil die Amerikaner im Süden jahrelang keine kontinuierliche Satellitenüberwachung durchgeführt hatten, wie mir frustrierte amerikanische Militärangehörige sagten. Damit konnten die Taliban ungehindert und unbeobachtet zwischen Belutschistan und Afghanistan hin und her pendeln.

Der Sommerfeldzug der Taliban 2005 war eine eindrucksvolle Demonstration ihrer neuen Waffen, Taktiken und Fähigkeiten. Unter Anleitung von Al-Qaida-Kämpfern aus dem Irak hatten sie ihre Taktik der Angriffe aus dem Hinterhalt, den Einsatz von Sprengfallen und Minen am Straßenrand sowie den gezielten Einsatz von Selbstmordattentätern in städtischen Ballungszentren und gegen Militärkonvois dramatisch verbessert. Karzai warnte Präsident Bush wiederholt vor der wachsenden Bedrohung durch die Taliban. Seiner Ansicht nach stellte der Aufstand der Taliban eine noch viel größere Herausforderung für die Region dar als Al-Qaida und eine unmittelbare Gefährdung für seine Regierung. Doch das Weiße Haus ignorierte Karzais Warnungen ebenso wie die Notwendigkeit eines afghanischen Wiederaufbaus, sondern konzentrierte seine militärischen Anstrengungen weiterhin auf die Jagd nach Al-Qaida-Anhängern.

Um dem Taliban-Aufstand Einhalt zu gebieten, versuchte Karzai, Gespräche mit den Taliban und ihren Verbündeten in Gang zu bringen. 2005 gründete er eine Kommission für Frieden und Versöhnung, die Taliban-Kommandeure und -Kämpfer mit der Aussicht auf eine Amnestie und mit politischen Versprechungen zur Rückkehr in ihre Heimat bewegen sollte. Aber die Initiative stieß im Kabinett und im Parlament auf den Widerstand der Nordallianz, und es fehlte auch der Rückhalt der Bush-Administration, die darin eine Appeasement-Politik sah.

Als die USA im Irak zunehmend in eine Sackgasse gerieten und der Taliban-Aufstand in Afghanistan heftiger wurde, entschloss sich Washington endlich, den Einsatz von ISAF-Friedenstruppen auch außerhalb Kabuls zu unterstützen. Die Bush-Regierung und die NATO führten intensive Gespräche über die Bereitstellung zusätzlicher Soldaten durch andere Bündnispartner. Die amerikanischen Provincial Reconstruction Teams (PRTs) zur Hilfe beim Wiederaufbau des Landes und bei der Ausbildung von Polizisten und Offizieren in wichtigen afghanischen Provinzen wurden als Erfolg gewertet. Jetzt forderte man den Einsatz weiterer solcher Einheiten, auch aus anderen NATO-Staaten, in allen 34 afghanischen Provinzen. Diese Wiederaufbauteams bestanden aus jeweils etwa hundert Soldaten, dazu Ausbildern und Entwicklungshelfern. Viele europäische Staaten waren nur deshalb bereit, unter Führung der NATO Soldaten nach Afghanistan zu schicken, weil sie dann auf die Entsendung von Truppen in den Irak verzichten konnten, ohne Washington zu verärgern.

Die NATO hatte das Kommando der ISAF-Truppen in Kabul inne, und Anfang 2004 trafen die ersten deutschen Soldaten in Nordafghanistan ein. Einem Vier-Stufen-Plan folgend, setzte die

NATO solche Wiederaufbauteams in sämtlichen Provinzen ein, angefangen mit dem Norden 2004 und endend mit dem Süden 2006. Hier bekamen die britischen, niederländischen und kanadischen Einheiten die volle Wucht des Taliban-Aufstands zu spüren. Viele Länder knüpften jedoch den Einsatz ihrer Soldaten an bestimmte Bedingungen und untersagten ihnen die Beteiligung an Kampfhandlungen. Folglich gab es jetzt zwei verschiedene Kommandostrukturen: die ISAF-Truppen unter NATO-Kommando, denen auch amerikanische Soldaten angehörten und deren Mission die Friedenssicherung war; und die US-geführte Koalition, nach wie vor Operation Enduring Freedom genannt, die Taliban und Al-Qaida-Anhänger jagte. Am Ende führten US-Generäle das Kommando über beide Streitkräfte.

Gegen diese ausländischen Einheiten organisierten die Taliban im Sommer 2006 eine breit angelegte Offensive, um die südliche Hauptstadt Kandahar einzunehmen und damit die Entschlossenheit der NATO zu erschüttern. Mitte Mai führten die Taliban koordinierte Angriffe in vier Provinzen mit mehreren tausend Kämpfern. Britische Sicherheitskräfte errichteten Außenposten in Helmand. Sie waren die ersten ausländischen Soldaten in dieser Provinz seit 2001 und wurden von den Taliban sofort umzingelt und mehrfach angegriffen. Die gut ausgerüsteten Taliban operierten jetzt in militärischen Verbänden von bis zu 400 Mann und nutzten Hunderte Toyota Landcruiser und Motorräder, die ihre Mobilität erhöhten.

Im Süden ernannten die Taliban Gouverneure und Richter, um eine parallele Verwaltung und Justiz aufzubauen und so die lokale Bevölkerung für sich zu gewinnen – ein kühner, aber erfolgreicher Schritt, den sie bald auch auf den Osten Afghanistans ausweiteten. Zugleich griffen die Taliban die afghanische Verwaltung an: Beamte, Angestellte und Lehrer, insbesondere aber die ohnehin demoralisierte und desorganisierte Polizei. Immer mehr Zivilisten kamen ums Leben, entweder weil sie von Selbstmordattentätern gezielt angegriffen wurden oder weil sie ins Kreuzfeuer gerieten.

Nach Medienberichten und Berechnungen der UN brannten die Taliban im Jahr 2006 187 Schulen nieder und töteten 85 Lehrer und mehr als 600 Polizisten.
Selbstmordattentäter wurden zum festen Bestandteil der Kampftaktik der Taliban. 2004 waren es nur sechs, 2006 jedoch bereits atemberaubende 141 Selbstmordattentate mit insgesamt 1166 Opfern. Selbstmordattentäter wurden jetzt gezielt eingesetzt, um für die nachfolgend angreifende Infanterie eine Bresche zu schlagen. Auch in der afghanischen Bevölkerung wuchs die Feindseligkeit gegenüber den massiven Luftangriffen der Amerikaner, denen es wegen des Irakkriegs an Soldaten und Helikoptern fehlte. Nicht selten kamen bei den Bombardements ebenso viele Zivilisten wie Taliban-Kämpfer ums Leben. Außerdem nahmen die Taliban geschickt Zivilisten als Schutzschilde und Geiseln, um nicht bombardiert zu werden. Auch die NATO hatte inzwischen ihre Luftangriffe stark ausgeweitet, vor allem deshalb, weil sie über zu wenig Bodentruppen verfügte und die NATO-Staaten Verluste unter den eigenen Soldaten möglichst vermeiden wollten. In den letzten sechs Monaten des Jahres 2006 flogen die US-Streitkräfte in Afghanistan 2100 Luftangriffe, im selben Zeitraum im Irak dagegen nur 88.
Im September 2006 begannen die Taliban, von einem Stützpunkt im Bezirk Panjwai unweit Kandahar aus in die Stadt einzusickern. Die wenigen westlichen Sicherheitskräfte außerhalb Kandahars entdeckten den Stützpunkt und die dort zusammengezogenen Tausende von Kämpfern erst, als die Taliban eine Großoffensive gegen die Stadt starteten. Der Angriff auf Kandahar, auf den sich die Taliban in Pakistan mit Waffen, Munition und anderen logistischen Hilfsgütern bestens vorbereitet hatten, markierte einen Wendepunkt in der westlichen Beurteilung Pakistans. Erstmals beschuldigten jetzt amerikanische und NATO-Kommandeure Pakistan öffentlich, die Taliban zu unterstützen.
Die Taliban machten sich auch geschickt die Divergenzen innerhalb des NATO-Bündnisses zunutze sowie die Tatsache, dass viele Länder Truppen nach Afghanistan geschickt hatten, die kein Man-

dat für einen Kampfeinsatz hatten. An den friedenserhaltenden Operationen nahmen mittlerweile Soldaten aus 37 Ländern teil, notwendig waren jedoch sehr viel mehr kämpfende Truppen. Im Jahr 2006 verfügte die NATO in Afghanistan über 45 000 Sicherheitskräfte, doch nur ein Drittel von ihnen stand für den Kampfeinsatz zur Verfügung.

«Mit der Verpflichtung zum Einsatz von Bodentruppen in Afghanistan wirft das Bündnis seine Zukunft in die Waagschale», erklärte der amerikanische General James Jones, ehemals NATO-Oberbefehlshaber und später Sicherheitsberater Barack Obamas. «Wenn die NATO in Afghanistan scheitert, ist der Zusammenhalt des Bündnisses in Gefahr. Eine handlungsunfähige oder im Zerfall befindliche NATO hätte äußerst negative geostrategische Auswirkungen», fügte er hinzu.[4] Im April 2007 sagte Generalleutnant Karl Eikenberry, Befehlshaber der ISAF-Truppen, als erster amerikanischer General öffentlich gegenüber dem US-Kongress und der NATO, der Kampf in Afghanistan sei nur zu gewinnen, wenn auch die Rückzugsgebiete der Taliban in Pakistan angegriffen würden.[5]

Das Jahr 2007 verging mit Streitigkeiten innerhalb der NATO-Staaten über den weiteren Verlauf des Kriegs in Afghanistan. Weder wurden die Truppenkontingente verstärkt, noch wurden mehr Hubschrauber zur Verfügung gestellt oder eine gemeinsame Strategie gegenüber Pakistan entwickelt. Die USA stellten jetzt zwar mehr Geld für den Aufbau einer afghanischen Nationalarmee mit rund 134 000 Soldaten und einer gut ausgerüsteten und ausgebildeten Polizeitruppe mit 80 000 Mann bereit, aber im Fokus der Amerikaner stand nach wie vor der Irak.

Die Gruppe um den radikalen Stammesführer Jalaluddin Haqqani führte in Kabul einige der verheerendsten Selbstmordanschläge aus. So starben im September 2007 bei einem Anschlag auf einen Militärbus 31 afghanische Rekruten. Wenige Monate später wurde das schwer bewachte Serena Hotel in Kabul von einer Welle von Selbstmordattentaten heimgesucht; sechs Menschen kamen

dabei ums Leben. Die Polizei blieb weiterhin ein Hauptangriffsziel der Taliban in den ländlichen Gebieten. Im Jahr 2007 wurden 900 Polizisten getötet.
Al-Qaida unterstützte die Taliban auch beim Aufbau eines professionellen Mediennetzwerks mit Zehntausenden DVDs und Videobändern zu Propagandazwecken, die in den Basaren Pakistans und Afghanistans für wenig Geld verkauft wurden. Die Taliban nutzten jetzt auch Websites, Radiosender und E-Mails, und ihre Sprecher, die größtenteils in Quetta lebten, gaben pakistanischen Journalisten Interviews. Ihr bevorzugtes Propagandainstrument war ein mobiler UKW-Sender, der auf einen Esel oder einen Pick-up geladen werden konnte. Das war eine Kehrtwende gegenüber den neunziger Jahren, als die Taliban die Medien hassten und Rundfunk und Fernsehen verboten, weil sie den Nutzen moderner Propaganda nicht erkannten. Doch inzwischen nahmen sie sich Al-Qaidas Propagandaabteilung al-Sahab zum Vorbild, die 2007 insgesamt 89 verschiedene Botschaften verbreitete, darunter Videos von Osama Bin Laden und Aiman al-Zawahiri.
Trotz zunehmend ausgeklügelter Taktiken der Taliban hatte jetzt die NATO zum ersten Mal etwas Glück bei der Suche nach ihren Top-Kommandeuren. Auch die nachrichtendienstliche Zusammenarbeit zwischen Pakistan auf der einen und NATO und US-Militär auf der anderen Seite verbesserte sich leicht. Mullah Akhtar Usmani, der ehemalige Korpskommandeur der Taliban und Mitglied der Quetta-Schura, wurde im Dezember 2006 bei einem britischen Luftangriff in Helmand getötet. Auf Druck der Amerikaner und Briten wurde im März 2007 Mullah Obaidullah Akhund in Quetta vom ISI verhaftet, später jedoch bei einem Austausch gegen pakistanische Soldaten, die von den Taliban als Geiseln genommen worden waren, wieder freigelassen. Mullah Dadullah, der grausame und blutrünstige Taliban-Kommandeur in Südafghanistan, der 2003 mit der Ermordung eines Rotkreuz-Mitarbeiters den Aufstand angestoßen hatte, wurde im Mai 2007 von britischen Kommandos gestellt und bei einem Feuergefecht in Garmser, Helmand, getötet. Sein Bruder

übernahm das Kommando, wurde aber später in Pakistan verhaftet.
Jetzt rückte Mullah Abdul Ghani Baradar in die Führung auf, ein enger Weggefährte Mullah Omars seit den Anfängen der Taliban-Bewegung. Er wurde Chef des Militärkomitees der Taliban in Quetta, ernannte und degradierte Kommandeure und führte die hochwichtige Kriegskasse, aus der die Feldkommandeure bezahlt wurden.[6] Während sich Mullah Omar zumeist versteckt hielt, war Baradar de facto der Oberbefehlshaber der Taliban. Am 7. Februar 2010 wurde er in einer gemeinsamen Aktion des amerikanischen und pakistanischen Geheimdienstes in Karatschi gefasst.
Bei all den Problemen innerhalb der NATO und der mangelnden Aufmerksamkeit der Amerikaner für die Probleme in Afghanistan spielten die Taliban auf Zeit – mit einigem Erfolg. Solange die Regierung Karzai keine wirksamen Maßnahmen ergriff und weder die Infrastruktur des Landes aufbaute noch Arbeitsplätze schuf oder der Korruption und dem illegalen Drogenhandel Einhalt gebot, brauchten die Taliban einfach nur abzuwarten. Auch das Versagen der Regierung, für Recht und Gerechtigkeit zu sorgen, spielte den Taliban in die Hände.
Nicht weniger wichtig für ihren wachsenden Erfolg in Afghanistan war die Tatsache, dass die pakistanische Armee ungeachtet des internationalen Drucks auf Islamabad und der wachsenden Probleme mit der Taliban-Bewegung im eigenen Land nicht bereit war, die Führung der afghanischen Taliban in Quetta fallen zu lassen. Auch übte sie keinen Druck auf die Streitkräfte von Gulbuddin Hekmatyar und Jalaluddin Haqqani aus, die nach wie vor von den pakistanischen Stammesgebieten aus operierten und von pakistanischen Regierungsmitarbeitern als strategische Verbündete Pakistans bezeichnet wurden.

Im Sommer 2008 breiteten sich die Taliban in den Provinzen rund um Kabul aus, aus denen sie 2001 vertrieben worden waren. Dadurch waren die Amerikaner gezwungen, in diesen Provinzen

Truppen einzusetzen, um wichtige Straßen von Kabul in die Provinzen zu sichern. Es kam zu schweren Gefechten, als die Taliban versuchten, ihre Terraingewinne zu verteidigen. Dennoch gelang es den Amerikanern, die Straßen passierbar zu halten und die Sicherheit in diesen Provinzen zu verbessern. Im folgenden Jahr verbreiteten sich die Taliban auch in den nördlichen und westlichen Provinzen, besonders in Kunduz, wo sie gegen deutsche Truppen kämpften, und in Herat, wo italienische und spanische Soldaten stationiert waren. Hier waren sie erfolgreicher, da die europäischen Soldaten unter strengen Einsatzregeln operierten und von ihren Regierungen kein Mandat hatten, die Taliban anzugreifen.

Während des amerikanischen Präsidentschaftswahlkampfs 2008 stand erneut der Irak im Mittelpunkt der Aufmerksamkeit, doch der demokratische Kandidat Barack Obama versprach, Afghanistan zu seinem Hauptanliegen zu machen. Er kritisierte Präsident Bush, die Wurzeln des internationalen Terrorismus in Pakistan und Afghanistan unterschätzt zu haben. Gleichzeitig bedeutete der US-Wahlkampf eine folgenschwere Stagnation der amerikanischen Afghanistanpolitik. Dies änderte sich erst mit der Vereidigung Obamas zum neuen US-Präsidenten im Januar 2009. Afghanistan benötigte dringend mehr Soldaten, mehr Geld und eine neue Strategie, damit die dortigen Präsidentschaftswahlen mit einem Mindestmaß an Sicherheit wie geplant im August 2009 abgehalten werden konnten. Doch die Bush-Regierung traf keine einzige der so dringend notwendigen Entscheidungen und überließ alles der neuen Regierung.

Die Trägheit der Vereinigten Staaten nutzten die Taliban für spektakuläre Selbstmordattentate in den Städten, für verstärkte Guerilla-Angriffe auf dem Land sowie für den zunehmenden Einsatz von Sprengfallen. Im April 2008 verübten sie einen Anschlag auf Präsident Karzai, als er in Kabul eine Parade abnahm, und am 13. Juni stürmten sie das Gefängnis in Kandahar und befreiten 1100 Häftlinge, darunter 400 Taliban. Im Mai wurde die indische Botschaft in Kabul bombardiert, und bei Kämpfen in der Provinz

Kunar wurden an einem einzigen Tag neun US-Soldaten getötet und 15 verwundet – der schwerste Verlust der US-Armee in Kampfhandlungen seit Beginn des Kriegs.
Zum ersten Mal starben in Afghanistan mehr westliche Soldaten als im Irak. In den von Dürre heimgesuchten Regionen verschlimmerte sich unterdessen die humanitäre Lage, und der Wiederaufbau kam praktisch zum Erliegen, als nach dem Tod von 26 Helfern im Jahr 2008 die Hilfsorganisationen ihre Tätigkeit auf Kabul beschränkten.
Gleich nach ihrem Amtsantritt überprüfte die Regierung Obama die amerikanische Politik gegenüber Afghanistan und Pakistan, und nach Konsultationen mit allen Regierungsressorts, insbesondere dem Verteidigungsministerium, stellte sie am 27. März 2009 ihre Strategie vor. Die nunmehr als Af-Pak bezeichnete Region sollte stärker im Mittelpunkt stehen. Obama ernannte den erfahrenen Diplomaten Richard Holbrooke zum Sondergesandten für Af-Pak; und General David Petraeus, der für seine Strategie zur Aufstandsbekämpfung im Irak viel Lob geerntet hatte, wurde US-Oberkommandierender für die Region. Der neuen amerikanischen Militärdoktrin zufolge war die Stabilisierung vom Krieg zerrissener Länder fast genauso wichtig wie der militärische Sieg über den Feind.

Im Frühjahr 2009 schickten die USA 21 000 Marineinfanteristen nach Südafghanistan, unter ihnen 4000 Militärausbilder, die den Aufbau einer afghanischen Armee und Polizei vorantreiben sollten. Die NATO versprach mindestens 9000 zusätzliche Soldaten zur Erhöhung der Sicherheit bei den Präsidentschaftswahlen im August. Trotz all ihres Einsatzes waren USA und NATO, Europäische Union und Vereinte Nationen fast das ganze Jahr 2009 hindurch von den Vorbereitungen der Präsidentschaftswahlen in Anspruch genommen. Alles andere wurde auf Eis gelegt. Insgeheim bedauerten amerikanische Regierungsmitarbeiter, dass die Wahl in Afghanistan die Umsetzung von Obamas neuer Strategie verzögerte. Obama konnte somit keine unmittelbaren Erfolge vor-

weisen und zeigen, dass sein Konzept für Afghanistan der richtige Weg war.
Hinzu kam das angespannte Verhältnis zu Präsident Karzai, der im Frühjahr 2009 davon überzeugt war, Obama und Holbrooke würden ihn am liebsten absetzen und die Wahlen mit einem Interimspräsidenten abhalten. Das stimmte zwar nicht, aber Karzais Paranoia, die von seinen Beratern und Brüdern geschürt wurde – sie verbreiteten unglaubliche Verschwörungstheorien über die Arglist der Amerikaner und Briten –, schwächte sein Vertrauen in den Westen. Dies berichteten mir afghanische Regierungsmitarbeiter und andere, Karzai nahestehende Personen.
Die Taliban taten alles, um die Wahlen zu torpedieren. Auch sie hatten sich den Winter über vorbereitet und schickten jetzt Truppen und Material für den Kampf gegen die US-Marines in den Süden. Nach Angaben des Militärexperten Anthony Cordesman, Berater von General Stanley McChrystal, kontrollierten die Taliban am Vorabend der Präsidentschaftswahlen 164 von 364 Distrikten gegenüber lediglich 30 Distrikten im Jahr 2003. Allein zwischen Oktober 2008 und April 2009 stiegen die Angriffe der Taliban um 60 Prozent. Im Juli starben 44 und im August 47 Amerikaner – die verlustreichsten Monate für die US-Armee. Auch die britischen Verluste waren so hoch wie nie zuvor.[7]
Die Taliban führten im Sommer 2009 rücksichtslose Anschläge mit bis zu einem Dutzend Selbstmordattentätern durch, in deren Gefolge die Kämpfer das angegriffene Gebäude stürmten. Die Amerikaner werteten dies als Verzweiflungsaktionen, die nur die wachsende Schwäche der Taliban demonstrierten, aber die westlichen Soldaten, die örtliche Polizei sowie die Regierung waren alarmiert. Am Vorabend der Wahlen war die Bedrohung im ganzen Land merklich gestiegen.
41 Politiker ließen sich als Präsidentschaftskandidaten registrieren, doch ganz oben auf der Liste stand natürlich Präsident Karzai, auch wenn seine Popularität auf dem Tiefpunkt war und seine wahltaktische Allianz mit ehemaligen Kriegsherren viele Afghanen entmutigte. Seine wichtigsten Herausforderer waren der ehema-

lige tadschikische Außenminister und enge Vertraute von Ahmed Schah Masud, Abdullah Abdullah, und der ehemalige paschtunische Finanzminister Dr. Ashraf Ghani.

Die Taliban kündigten verstärkt Anschläge auf Präsidentschaftskandidaten, Wahlkampfhelfer und Provinzräte an, deren Wahl am selben Tag stattfinden sollte. Sie eröffneten eine neue Front im Norden und Westen, wo sie bis dahin kaum präsent gewesen waren. Kunduz wurde zu einem Schlachtfeld. Am Wahltag landeten 57 Raketen in der Stadt, und die deutschen Soldaten gerieten ständig in Hinterhalte. Die Amerikaner beschönigten nichts. «Es ist ernst und verschlechtert sich weiter», erklärte der Generalstabschef, Admiral Mike Mullen, am 23. August im Fernsehsender CNN zur Lage in Afghanistan. «Der Aufstand der Taliban läuft viel besser, ihre Taktiken sind ausgeklügelter.»

Auch in anderen Städten wie Kabul und Kandahar führten die Taliban erfolgreiche Angriffe, legten Hinterhalte und setzten Sprengfallen gegen Sicherheitskräfte ein. Einen Monat vor den Wahlen begannen Tausende amerikanischer, britischer und afghanischer Soldaten eine Offensive in der südafghanischen Provinz Helmand, um die Nachschubwege der Taliban aus Pakistan zu blockieren, Gebiete zurückzuerobern und den Dorfbewohnern die Teilnahme an den Wahlen zu ermöglichen. In einem Großteil der Provinzen Helmand und Kandahar betrug die Wahlbeteiligung zwischen ein und fünf Prozent – bevor in den späten Abendstunden des 20. August massenhaft vorgefertigte Wahlzettel zugunsten von Karzai in die Auszählung eingeschleust wurden. In Babaji, einer Stadt in Helmand, bei deren Eroberung durch britische Truppen vier Soldaten ums Leben gekommen waren, gaben von den 80 000 Wahlberechtigten nur 150 ihre Stimme ab. In der sechswöchigen Kampagne in Helmand zur Sicherung der Wahlen starben 37 britische Soldaten, 150 weitere wurden verwundet. In dem Dorf Zangabad im Distrikt Panjwai, Provinz Kandahar, die vollständig von den Taliban kontrolliert wurde, gab kein einziger Bewohner seine Stimme ab, dennoch wurden 2000 Stimmen für Karzai zur Auszählung nach Kabul geschickt. Der Wahlbetrug und die Wahlfälschung durch Karzais Anhänger waren beträchtlich.

Die Taliban hatten damit gedroht, die Wahlen zu verhindern, und in gewisser Hinsicht ist ihnen das tatsächlich gelungen: Die in Angst und Schrecken versetzte Bevölkerung ging nicht zur Wahl. Die Wahlbeteiligung war halb so hoch wie bei den ersten Präsidentschaftswahlen 2004, als sie bei 73 Prozent lag. Am Wahltag gab es 400 Taliban-Angriffe, bei denen 26 Menschen getötet und Dutzende verletzt wurden. Es war einer der gewalttätigsten Tage in der Geschichte des Landes.

Die denkbar größte Instinktlosigkeit unmittelbar nach Schließung der Wahllokale bestand darin, dass USA, NATO, EU und UN einander und den Bürgern Afghanistans zu der «erfolgreichen Wahl» gratulierten. Es war eine Botschaft an die Adresse der Taliban, denen es nicht gelungen war, die Wahlen zu verhindern, doch in den Ohren der Afghanen klang sie hohl und leer – und irreführend. Was sie mehr interessierte war die Frage nach der Gültigkeit der Wahl. Unterdessen gingen bei der Wahlbeschwerdekommission mehr als 2500 Beschwerden ein, von denen 570 gravierend genug waren, um den Wahlausgang zu beeinflussen.

Zu dieser Wahlfälschung hätte es niemals kommen dürfen. Hunderte ausländische Beobachter waren in den Botschaften und den UN-Vertretungen eingesetzt. Darüber hinaus sollten eine EU-Delegation und weitere Beobachtergruppen die ordnungsgemäße Durchführung der Wahl gewährleisten. Afghanische und andere Experten hatten bereits Wochen vorher vor Wahlmanipulationen gewarnt, doch die ausländischen Beobachter waren aus Angst vor Anschlägen nicht bereit, in die Dörfer zu gehen. Letztlich wurde die ganze westliche Gemeinschaft von der Wahlfälschung völlig überrascht. Der größte Fehler war wohl, dass nicht die Vereinten Nationen die Wahlen durchführten – wie 2004 –, sondern sie in die Hände einer afghanischen Unabhängigen Wahlkommission legten, deren Mitglieder von Karzai ernannt wurden und ihm ergeben waren.

Wochen vor Bekanntgabe des amtlichen Endergebnisses herrschte

im Land große Unsicherheit. Selbst wenn Karzai die Wahlen gewonnen hatte, würde die Opposition und ein Großteil der afghanischen Öffentlichkeit ihn nicht als rechtmäßigen Präsidenten anerkennen, soviel war klar. Wenn andererseits Karzai keine 51 Prozent der Stimmen erhalten hatte, würde es im Oktober zwischen ihm und Abdullah zu einer Stichwahl kommen. Diese Situation lähmte das Land zwei Monate lang, und groß war die Angst vor wachsenden ethnischen Spannungen. Nach der vollständigen ersten Auszählung erhielt Karzai 54,6 Prozent, Abdullah 27,8 Prozent der abgegebenen Stimmen, aber die Wahlbeschwerdekommission fand mehr als 2500 Wahllokale, in denen Stimmen gefälscht worden waren. Karzai hat zwar die Wahl gewonnen, aber in den Augen der internationalen Gemeinschaft und des afghanischen Volkes ist seine Glaubwürdigkeit beschädigt. Was auch immer geschieht: Bei diesem Wahldebakel haben vor allem die Taliban gewonnen.
Nicht nur Karzai, auch die internationale Gemeinschaft ist inzwischen offen für Verhandlungen mit den Taliban. Die USA haben Saudi-Arabien ermuntert, indirekt Verbindung mit ihnen aufzunehmen, und in Riad ist es zu mehreren Treffen zwischen Vertretern Karzais und ehemaligen Taliban-Kommandeuren gekommen. Man versucht zunehmend, die sogenannten gemäßigten Taliban zu umwerben. Hierzu zählen Kommandeure und Soldaten, die nicht aus ideologischen Motiven, sondern aus Zorn, Enttäuschung, Hass auf die Amerikaner, Angst vor den Taliban oder einfach wegen der besseren Bezahlung gekämpft haben.

In den neunziger Jahren waren die afghanischen Taliban eher eine Art Bauernarmee als eine internationale Terrororganisation. Das sind sie immer noch, auch wenn ihre Führung aus Hardcore-Dschihadisten besteht, die Kompromisse mit den Amerikanern oder dem Regime in Kabul ablehnen. Einige – wie etwa Mullah Omar – vertreten die Al-Qaida-Ideologie eines globalen Dschihad. Dennoch: Die Gesprächsbereitschaft Karzais und des Westens verdankt sich der späten Einsicht, dass die Taliban kein monolithischer Block sind, sondern aus vielen verschiedenen Interessengruppen bestehen, von denen einige durchaus gewonnen werden können. Solange jedoch die Taliban überzeugt waren, sie würden den Sieg davontragen – und der Wahlbetrug schien sie in diesem Glauben nur zu bestärken –, waren sie wohl kaum an einer Kompromisslösung zur Beendigung des Kriegs interessiert oder bereit, die afghanische Verfassung und das afghanische Parlament anzuerkennen.

Die praktischen Folgen der Taliban-Ideologie bekam besonders Pakistan zu spüren. Verglichen mit den afghanischen Taliban waren die pakistanischen Taliban, die sich jenseits der Grenze formierten, viel stärker ideologisch geprägt, viel skrupelloser und weitaus stärker Al-Qaida verpflichtet. Pakistan ist schon lange ein leichtes Ziel radikaler Islamisten, da es immer wieder am Rand des politischen und sozialen Chaos gestanden hat. Seit fast fünfzig Jahren kämpfen militärische und zivile Kräfte um die Macht, aber eine adäquate politische Lösung ist immer noch nicht in Sicht. In Pakistan wird es vielleicht nie eine revolutionäre Erhebung der Massen geben wie im Iran 1979. Aber das von den Taliban und anderen Extremisten geschürte schleichende Klima der Angst, des Terrors und der Lähmung breitet sich immer weiter aus, da der Staat nicht bereit oder in der Lage ist, den Extremismus entschieden zu bekämpfen. Mehr noch: Die Kluft zwischen dem ungeheuren Reichtum der Elite und der Armut der Bevölkerungsmehrheit lässt soziale Unruhen wachsen. Der Staat ist nicht mehr imstande, soziale Dienstleistungen wie Schulbildung, medizinische Versorgung und Wohnungen bereitzustellen. Alle diese Probleme haben es den Taliban erleichtert, in Pakistan Fuß zu fassen.
Nach dem gescheiterten Versuch der USA 2001, die Führung von Taliban und Al-Qaida zu zerschlagen, konnten zahlreiche Taliban- und Al-Qaida-Kommandeure nach Pakistan ausweichen, wo sie in Belutschistan und in den öden und unzugänglichen Stammesgebieten Unterschlupf fanden. Während die Mehrheit der ursprünglichen Taliban-Führung in die Provinz Belutschistan floh,

zog es viele Kämpfer – Araber, Zentralasiaten, russische Muslime, Tschetschenen, Afrikaner, Indonesier und Uiguren aus Westchina – in die pakistanischen Stammesgebiete. In jüngster Zeit wurden dort auch Rekruten aus Europa und den USA ausgebildet.

Die FATA (Federally Administered Tribal Areas) bestehen aus sieben Stammesgebieten – Khyber, Kurram, Orakzai, Mohmand, Bajaur und Nord- und Südwaziristan – mit einer Bevölkerung von rund 4,5 Millionen Paschtunen, die zu den 28 Millionen Paschtunen in der Nordwestprovinz und den 15 Millionen jenseits der Grenze in Afghanistan hinzukommen. Von hier aus wurden die Anschläge von Madrid, London, Bali und anderen Orten geplant. Mit seinen hohen Bergen, dem zerklüfteten, unwegsamen Gelände mit wenigen Straßen und einer kleinen, fremdenfeindlichen Bevölkerung, die vom Staat weder Schulbildung noch medizinische Versorgung erhält, sind die FATA ein idealer Nährboden für die Rekrutierung von Al-Qaida-Anhängern.

Die Stammesgebiete wurden 1901 als Niemandsland im Grenzgebiet zwischen Afghanistan und Britisch-Indien geschaffen. Über den Generalgouverneur der Nordwestprovinz und sogenannte politische Agenten vor Ort übten die Briten hier indirekt die Kontrolle aus. Dieses inzwischen völlig veraltete System hat Pakistan bis heute beibehalten. Nicht einmal politische Parteien waren in den Stammesgebieten zugelassen, die Gesetze und die Verfassung Pakistans hatten hier keine Gültigkeit. Reformbemühungen wurden sowohl von den lokalen, mit Privilegien ausgestatteten Stammesoberhäuptern als auch von der Armee torpediert, die das Gebiet als Trainingsgelände nutzte. Hier wurden die Kämpfer ausgebildet, die dann nach Kaschmir und Afghanistan geschickt wurden.

Die Bush-Administration stellte den Status der Stammesgebiete so lange nicht in Frage, wie die pakistanische Armee und der ISI dem Hauptziel der Amerikaner, die Al-Qaida-Führer zu fassen, nicht im Weg stand. Diese eng begrenzte Ausrichtung Washingtons kam der pakistanischen Armee entgegen, die sich die afghanischen Taliban als Streitmacht erhalten wollte, um in Zukunft Druck auf Kabul auszuüben, Indiens Einfluss in Afghanistan einzudämmen und über die finanzielle Unterstützung, die Musharrafs Regime vom Westen erhielt, mitzuentscheiden. Gleichzeitig hatte die Armee keinen Grund, Al-Qaida zu unterstützen, arbeitete also in diesem Punkt bereitwillig mit den Amerikanern zusammen. Wie die Taliban-Führung, so glaubte auch die pakistanische Armee, dass USA und NATO schon bald aus Afghanistan abziehen und eines Tages erneut pro-pakistanische afghanische Paschtunen in Kabul die Macht übernehmen würden.

Viele Paschtunen aus den Stammesgebieten hatten im Bürgerkrieg der neunziger Jahre und später während und nach der US-Invasion in Afghanistan gekämpft. Sie waren tüchtige Fußsoldaten sowohl der Taliban als auch Al-Qaidas gewesen. Jetzt beherbergten die pakistanischen Paschtunen in den Stammesgebieten die Taliban und Al-Qaida als Gäste und stellten ihnen Unterkunft, Verpflegung, Transportmittel und andere logistische Dienste zur Verfügung, wofür sie reich entlohnt wurden. Aufgrund der jahrelangen engen Beziehungen der Paschtunen zu den ausländischen Radikalen war es nur natürlich, dass sie sich, nunmehr reich geworden, gleichfalls radikalisierten und schließlich eigene politische Ziele verfolgten.

Bald konnten sich ehemalige Kämpfer und ortskundige Führer, die einst Esel benutzt hatten, Pick-ups leisten und heuerten Hunderte von Leibwächtern an, die dann lokale Milizen bildeten. Als die Führung Al-Qaidas und der afghanischen Taliban in den Untergrund gingen, übernahmen zunehmend ihre lokalen paschtunischen Gefolgsleute die Schulung der Kämpfer, die Erschließung neuer Geldquellen und die Planung neuer Techniken des Guerilla-Kriegs, die gegen amerikanische Streitkräfte in Afghanistan zum Einsatz kamen. Die paschtunische Bevölkerung wurde als Kämpfer wie als Ausbilder für Al-Qaida und die afghanischen Taliban schon bald unverzichtbar.

Zwischen 2001 und 2004 unternahmen Armee und Geheimdienst nichts gegen diese Aktivitäten, ja sie leugneten sie rundweg ab. Sie bestritten, dass sich überhaupt afghanische Taliban und Al-Qaida-Anhänger in Pakistan aufhielten, und wiesen Karzai und westliche

Diplomaten zurecht, die dies zu behaupten wagten. Aber nach den beiden Attentatsversuchen gegen Präsident Musharraf im Dezember 2003, die in Südwaziristan geplant worden waren, wachte die Armee langsam auf. Halbherzig entsandte sie im März 2004 das Frontier Corps nach Südwaziristan – paramilitärische Einheiten schlecht bewaffneter und ausgebildeter Paschtunen unter Führung von Armeeoffizieren. Der kleinen Truppe, der es an Deckung aus der Luft, Artillerie und militärischer Aufklärung fehlte, standen 2000 Militante gegenüber, die Hinterhalte legten und ihnen schwer zusetzten. 200 Soldaten wurden getötet, viele weitere gefangen genommen und später hingerichtet. Andere desertierten.
Die wazirischen Militanten und ihr Anführer, der siebenundzwanzigjährige Nek Mohammed, gingen als Helden aus dem Konflikt hervor. Am 24. April 2004 unterzeichnete die Armee das erste von mehreren schmachvollen Friedensabkommen mit den Militanten. Das Militärregime entschuldigte sich bei Nek Mohammed und den pakistanischen Taliban-Führern, bot ihnen Entschädigungszahlungen für die erlittenen Verluste an, ließ ihre Gefangenen frei und forderte die ausländischen Kämpfer auf, sich bei den Behörden registrieren zu lassen (was niemand tat). Ein Teufelskreis begann: Die Armee startete eine Offensive in den Stammesgebieten, erlitt schwere Verluste und unterzeichnete anschließend ein Friedensabkommen mit den Militanten, in dem ihnen das besetzte Territorium und manchmal sogar weitere Gebiete überlassen wurden.
Höchst abträglich für das Anliegen der Regierung waren die Terrorkampagnen der Militanten gegen die Bevölkerung in den Stammesgebieten. Die Extremisten richteten mehr als 300 Stammesälteste hin, die ihnen ihre Unterstützung verweigert hatten, töteten Zivilisten und vertrieben Tausende Familien, die nicht mit ihnen zusammenarbeiten wollten. Zu keinem Zeitpunkt unternahm die Armee Anstrengungen, paschtunische Zivilisten zu schützen, die versuchten, den Taliban entgegenzutreten. Nicht einmal lokale Stammesführer, die Milizen aufstellen wollten, erhielten Rückhalt. Die Taliban gründeten in den Stammesgebieten eigene Gerichte

und Verwaltungen, sie verboten Fernsehen, Musik und Internet. Sie zerstörten Mädchenschulen und bauten gleichzeitig neue *Madrassas*. Viele Paschtunen waren überzeugt, dass die Armee ein doppeltes Spiel spielte: Sie bekämpfte ausländische Militante, wenn der Druck der Amerikaner zu groß wurde, verfolgte aber mit Genugtuung, dass sie ihren Kampf gegen US-Truppen in Afghanistan fortsetzten. Es gab zu diesem Zeitpunkt keine kohärente US-Strategie gegenüber den Stammesgebieten, da Musharraf US-Präsident Bush wiederholt versicherte, Verhandlungen mit den dortigen Taliban und Friedensabkommen seien der richtige Weg.

Bis 2007 kamen bei Hinterhalten und Selbstmordanschlägen in größeren Städten wie Islamabad, Lahore und Peschawar mehr als 1500 pakistanische Soldaten und Polizisten ums Leben. Im Dezember 2007 gründeten zwei Dutzend Stammesmilizen und andere Gruppen aus dem Punjab und aus Kaschmir in den Stammesgebieten eine neue Organisation, die Tehreek-e-Taliban Pakistan (TTP; Bewegung der pakistanischen Taliban) unter Führung des charismatischen fünfunddreißigjährigen Baitullah Mehsud aus Südwaziristan, einem engen Verbündeten Al-Qaidas, der afghanischen Taliban und Jalaluddin Haqqanis. Mehsud hatte in den neunziger Jahren an der Seite der Taliban gekämpft und 2001 Al-Qaida-Führern bei der Flucht aus Afghanistan geholfen. Später wurde er für die Ermordung Benazir Bhuttos sowie für Dutzende von Selbstmordanschlägen in Pakistan verantwortlich gemacht. Ziel der TTP war die Herrschaft der Taliban in einem Pakistan unter der Scharia.

Die Stammesgebiete, inzwischen eine Brutstätte des Terrorismus, wurden von der Weltöffentlichkeit mit Besorgnis beobachtet und stellten für Pakistan eine enorme Bedrohung dar. Die TTP war für die Ausbildung und Rekrutierung von Afghanistan-Kämpfern zuständig, verfolgte das Ziel einer Talibanisierung der Nordwestprovinz, schulte Extremisten aus anderen pakistanischen Provinzen, schützte die Rückzugsgebiete von Al-Qaida und trainierte ausländische Terroristen – Aktivitäten, die sie in ihren Medien publik machte. London, Washington und andere Hauptstädte der Welt drängten Musharraf, gegen den wachsenden Extremismus in den Stammesgebieten etwas zu unternehmen, aber die Armee reagierte weiterhin nur mit halbherzigen Maßnahmen.

Gleichzeitig breitete sich der Dschihadismus immer weiter aus. Im ganzen Land entstanden unabhängige, aber dennoch miteinander verbundene dschihadistische Bewegungen. Im Frühjahr 2007 besetzten radikale Mullahs die Rote Moschee in Islamabad und kündigten ihre Absicht an, in der Hauptstadt die Scharia einzuführen. Die Musharraf-Regierung lehnte ein Einschreiten ab, obwohl die Zahl der Radikalen kaum mehr als ein Dutzend betrug. Monate später, im Juli, war die Armee gezwungen, die Moschee anzugreifen, wo sich inzwischen Tausende schwerbewaffnete Militante verschanzt hatten. Bei den dreitägigen Kämpfen wurden 100 Menschen getötet. Die überlebenden Extremisten flohen in die Stammesgebiete. Sie schworen Rache und bildeten den Kern einer neuen Gruppe von Selbstmordattentätern für Baitullah Mehsud. Dschihadistische Gruppen aus dem Punjab, die bis dahin in Kaschmir gegen Indien gekämpft hatten, schlossen sich gleichfalls den pakistanischen Taliban an.

In ihrem Sommerfeldzug 2008 verzeichneten die Taliban dramatische Erfolge. Sie rückten erstmals in die Siedlungsgebiete der Nordwestprovinz vor und attackierten Polizei- und Militärposten in Kohat, Hangu und im Swat-Tal. Das Militär geriet unter starken Druck der Amerikaner, entschiedener vorzugehen. Nachdem mehrere Regierungsmitarbeiter getötet worden waren, startete die Armee schließlich am 6. August einen Angriff in Bajaur und versprach, innerhalb von sechs Wochen das Stammesgebiet von Militanten zu säubern. Mehr als 250 000 Menschen flohen vor der Bombardierung durch die Armee. Zur Vergeltung unternahmen die Extremisten Selbstmordanschläge überall in Pakistan; und in Großbritannien, Deutschland, Spanien, Dänemark und den Niederlanden gab es Warnungen vor Anschlägen von Terroristen, die in den Stammesgebieten ausgebildet worden waren. Ein Jahr später war die Armee immer noch in Bajaur, kontrollierte aber lediglich die Hälfte des Gebiets.

Das Swat-Tal wurde zu einem weiteren wichtigen Zentrum für die Taliban. Strategisch günstig nur 200 Kilometer nördlich von Islamabad gelegen und trotz der hohen Berge mit guter Infrastruktur (es gibt Städte, Straßen und Strom) war es als neuer Stützpunkt geradezu ideal. Von hier aus hatten die Militanten Zugang zu den breiten und flachen Gebieten jenseits des Swat-Tals Richtung Punjab, der größten Provinz Pakistans. Im Swat-Tal hatte Maulana Fazlullah, ein wandernder Mullah, der früher als Hilfsarbeiter an einem Skilift tätig gewesen war, 2004 eine Radiostation aufgebaut und sendete flammende islamische Reden und Drohungen gegen den Staat. Die Musharraf-Regierung ließ ihn gewähren, und bald gewann Fazlullah die Aufmerksamkeit Al-Qaidas und der Taliban, die ihn mit Männern und Waffen unterstützten.

Als die Armee 2007 endlich im Swat-Tal einmarschierte, hatte Fazlullah eine gut bewaffnete Miliz aufgebaut und verfügte über mehrere Radiosender. Die Armee musste sich zurückziehen und überließ Fazlullah damit praktisch die Kontrolle über das Swat-Tal. 2008 marschierte die Armee mit 12 000 Soldaten erneut dort ein, wurde aber von schätzungsweise 3000 Taliban-Kämpfern erneut geschlagen. Die Kämpfe lösten eine Massenflucht aus. Die Taliban sprengten mehr als hundert Jungen- und Mädchenschulen in die Luft, und es gab zahlreiche Opfer unter den Zivilisten. Die Armee musste erneut den Rückzug antreten, und schnell setzten die Taliban ihre grausame Interpretation der Scharia um: mit Hinrichtungen, Auspeitschungen und der Zerstörung von Häusern. Die Frauen durften ihre Häuser nicht verlassen, und wer sich widersetzte, wurde hingerichtet.

In Pakistan war der wachsende Extremismus mitverantwortlich für den anhaltenden Konflikt zwischen Musharraf auf der einen und den politischen Oppositionsparteien, der Justiz und der Zivilgesellschaft auf der anderen Seite. Er gipfelte in der Ermordung von Benazir Bhutto, der man nach langen Jahren des Exils die Rückkehr in ihre Heimat erlaubt hatte. Einer der beiden Selbstmordattentäter schoss auf sie, der andere sprengte ihren Wagen in die Luft. Dies geschah am 27. Dezember 2007, wenige Tage vor den Parlamentswahlen, denen Musharraf endlich zugestimmt hatte. Nach der Ermordung Benazir Bhuttos wurden die Wahlen auf Februar 2008 verschoben. Bhuttos Pakistanische Volkspartei (Pakistan People's Party, PPP), nunmehr unter Führung ihres Mannes Asif Ali Zardari, kam an die Macht. Die Beziehungen zwischen Präsident Musharraf und der neuen Regierung und der Opposition verschlechterten sich zunehmend, bis Musharraf im August 2008 nach fast zehn Jahren an der Macht zurücktrat. Zardari wurde zum neuen Präsidenten gewählt. Aber die Armee diktierte nach wie vor die außenpolitischen Entscheidungen, insbesondere die Strategie gegenüber Afghanistan und Indien.

Im Februar 2009 handelten die Regierung der Nordwestprovinz und die Armee mit den Taliban im Swat-Tal ein Friedensabkommen aus. Es sah die Einführung von islamischen Scharia-Gerichten im Swat-Tal vor, gleichzeitig sollte sich die Armee zurückziehen. Die Taliban sollten dafür ihre Waffen niederlegen, was sie prompt ablehnten. Trotz zunehmend lautstarker ziviler Proteste in Pakistan, das Abkommen bedeute eine Kapitulation gegenüber den Militanten und schaffe einen verheerenden Präzedenzfall, der jeder Rechtsstaatlichkeit widerspreche, ratifizierten Präsident Zardari und das pakistanische Parlament das Abkommen am 14. April ohne jede Debatte. Binnen Tagen übernahmen die Taliban im Swat-Tal die Kontrolle über die lokale Verwaltung, über Polizei und Bildungseinrichtungen und begannen, sich auch in anderen Distrikten auszubreiten – mit der klaren Absicht, die Regierung in Islamabad zu stürzen.

Mehr als 2,5 Millionen Menschen flüchteten aus dem Swat-Tal und den angrenzenden Distrikten Buner und Dir. Die Öffentlichkeit war empört, die Regierung blamiert, und die USA warfen Pakistan entrüstet vor, seiner Verantwortung nicht gerecht zu werden. Unter internationalem Druck und gedrängt von der Öffentlichkeit im eigenen Land und der Zivilregierung griff die pakistanische Armee das Swat-Tal mit einem sehr viel größeren Truppenkontingent an als vorher und konnte endlich im Juni die Taliban vertreiben. Die Bevölkerung kehrte zurück. Doch der gesamten

Taliban-Führung, darunter 20 Kommandeure sowie Fazlullah selbst, gelang die Flucht, und bereits im August nahmen sie vereinzelt ihre Angriffe gegen die Sicherheitskräfte im Swat-Tal wieder auf.

Während sich die Armee zu einem neuen Vorstoß gegen die Taliban-Hochburgen in Südwaziristan rüstete, holten die Taliban zu einem Vergeltungsschlag aus und verübten eine verheerende zehntägige Serie von Selbstmordanschlägen und Angriffen auf Militär und Polizei in allen größeren Städten Pakistans. Einer Gruppe gelang es, in das Armeehauptquartier in Rawalpindi einzudringen und 49 Sicherheitskräfte als Geiseln zu nehmen, die 22 Stunden später von einem Sonderkommando befreit wurden. Und am 15. Oktober führten Militante gleichzeitig drei Angriffe gegen Mitarbeiter von Polizei und Geheimdienst in Lahore. In jenem Monat kamen mehr als 300 Menschen ums Leben. All dies geschah, während Präsident Obamas Strategie für Afghanistan und Pakistan immer noch eine klare Richtung fehlte, der Ausgang der Wahlen in Afghanistan unklar war, und die Spannungen zwischen dem pakistanischen Militär und der Zivilregierung wuchsen.

Seit dem Krieg 2001 hatten sich die afghanischen Taliban immer weiter ausgebreitet und viele unterschiedliche Gruppen gebildet. Heute gibt es pakistanische und zentralasiatische Taliban, schon morgen könnte es indische Taliban unter den indischen Muslimen geben – alle inspiriert vom Krieg der Taliban und Al-Qaidas gegen die USA und die NATO in Afghanistan und entschlossen, einen talibanischen Scharia-Staat in ihren eigenen Regionen zu gründen.

In Zentralasien tauchten militante Extremisten fast unmittelbar nach dem Zusammenbruch der Sowjetunion 1991 auf, als eine ernste Bedrohung wurden sie jedoch erst nach 2001 wahrgenommen. Ein wichtiger Teil der US-amerikanischen Strategie zur Vorbereitung auf den Krieg in Afghanistan war die Errichtung von Luftwaffenstützpunkten und Nachschubbasen in der Region, wofür Russland und die fünf zentralasiatischen Republiken gewonnen werden mussten. Usbekistan, Kasachstan, Kirgistan und

Tadschikistan bekundeten zwar ihre Bereitschaft, wussten aber, dass sie ohne den Segen Russlands, dessen Einfluss auf die ehemaligen Sowjetstaaten nach wie vor beträchtlich war, keine eigenen Schritte unternehmen konnten. Nur Turkmenistan mit seiner außenpolitischen Neutralität lehnte die Forderung der Amerikaner ab. Die Führer der zentralasiatischen Staaten hofften, durch ihren Beitritt zum Bündnis mit den USA ihre schwindende Glaubwürdigkeit im eigenen Land zu stärken und finanzielle Vorteile zu erlangen. Außerdem fühlten sie sich von den Taliban und den wachsenden islamistischen Bewegungen in Zentralasien bedroht. Die USA bemühten sich besonders um Usbekistan, von dessen Luftwaffenstützpunkten aus sie ihre CIA-Einsatzkommandos nach Afghanistan schicken wollten. Um die USA zu blockieren, lud Russland zu einem Gipfeltreffen mit den zentralasiatischen Staaten und der afghanischen Nordallianz und bot dieser Unterstützung im Kampf gegen die Taliban an. Aber die zentralasiatischen Führer waren mit dem russischen Angebot nicht zufrieden. Der usbekische Präsident Islam Karimov war der Erste, der mit Russland brach und Washington seine Bereitschaft signalisierte, den Amerikanern Luftwaffenstützpunkte zur Verfügung zu stellen. Putin begriff schnell, dass Russland die zentralasiatischen Staaten nicht daran hindern konnte, den Amerikanern ihre Basen zur Nutzung zu überlassen.

Am 22. September, elf Tage nach den Anschlägen in New York und Washington, schlossen Bush und Putin telefonisch eine Vereinbarung, die es den US-Streitkräften erlaubte, auf zentralasiatischen Flughäfen Truppenstützpunkte zu errichten. Russland verlangte jetzt lediglich eine zeitliche Begrenzung der US-Präsenz und den Abzug der Amerikaner nach dem Sieg über Al-Qaida. Als Vorbereitung auf ihren Einsatz in Afghanistan begann der CIA mit der Stationierung von Einsatzteams auf dem riesigen Flughafen Karshi-Khanabad (K2) in Südusbekistan. Mitte Oktober 2001 wurden US-Truppen auf der Militärbasis K2 stationiert. Auch Kirgistan und Tadschikistan stellten den Amerikanern und der NATO Flughäfen für Kampfjets zur Verfügung.

Vor dem 11. September hatte die Islamische Bewegung Usbekistan (Islamic Movement of Uzbekistan; IMU) bereits vereinzelte Angriffe gegen die zentralasiatischen Staaten geführt. Die IMU unter Führung ihres Militärchefs Juma Namangani und ihres Ideologen Tohir Yuldeshev hatten Anfang der neunziger Jahre usbekische Polizeikräfte in Namangan im Ferghana-Tal angegriffen und waren dann nach Tadschikistan geflohen, wo sie an der Seite der Islamisten im Bürgerkrieg 1992–1997 kämpften. Nach dem Ende des Kriegs ließen sich die IMU-Führer im Pamirgebirge in Tadschikistan nieder und führten von da aus regelmäßige Angriffe gegen Kirgistan und Usbekistan.
Im Winter 2000 zog sich die IMU nach Afghanistan zurück, wo sie von Osama Bin Laden und Mullah Omar mit offenen Armen empfangen wurde. Die USA erklärten sie zu einer terroristischen Gruppe. Jetzt schwenkte die IMU auf einen neuen ideologischen Kurs ein und verfolgte nicht mehr nur das Ziel eines islamischen Staates Usbekistan, sondern wollte ganz Zentralasien samt der westchinesischen Provinz Xinjiang unter ihre Kontrolle bringen. Namangani schwor Mullah Omar die Treue und übernahm den islamischen Kodex der Taliban für seine eigenen Kämpfer. Nach dem Vorbild der Trainingslager von Al-Qaida errichtete er ein IMU-Trainingscamp in Kunduz unweit der Grenze zu Tadschikistan und warb junge Zentralasiaten und Tschetschenen an. Plötzlich hatte Al-Qaida einen wichtigen ideologischen Verbündeten in Zentralasien und einen Partner für den Aufbau einer Route für den Drogenschmuggel, auf der afghanisches Heroin über Zentralasien nach Russland und Europa gelangte.
Präsident Karimov war fassungslos, als er von der Zusammenarbeit zwischen der IMU und Al-Qaida und von deren Operationsbasen an der afghanisch-usbekischen Grenze erfuhr. Kurz vor dem 11. September hatte Mullah Omar Namangani zum Militärchef der Taliban für ganz Nordafghanistan ernannt und ihm die Verteidigung der nordafghanischen Hauptstadt Mazar-i-Sharif übertragen. Namangani wurde bei einem US-amerikanischen Bombenangriff getötet, bevor Mazar-i-Sharif im November 2001

an die amerikanischen und afghanischen Streitkräfte fiel. Die IMU wurde besiegt, Hunderte ihrer Kämpfer wurden getötet. Die Überlebenden flohen unter Führung Tohir Yuldeshevs nach Pakistan, wo sie in den Stammesgebieten Unterschlupf fanden. Einige heirateten paschtunische Frauen. Anders als die arabischen Al-Qaida-Mitglieder, die über ein Untergrundnetz sympathisierender pakistanischer Militanter in den Nahen Osten zurückkehren konnten, hatten die IMU-Kämpfer keine Möglichkeit zur Rückkehr in ihre Heimat, wo ihnen die politische Verfolgung drohte. Sie wurden Söldner in den pakistanischen Stammesgebieten und verdingten sich bei dem Meistbietenden, ob es Al-Qaida, die Neo-Taliban-Gruppen unter Führung von Jalaluddin Haqqani oder lokale paschtunische Milizenführer in Pakistan waren. Sie erwarben sich den Ruf, ungleich brutalere und härtere Kämpfer zu sein als andere Extremistengruppen.

Die amerikanische und europäische Präsenz in Zentralasien konnte die Staatsführungen dieser Länder nicht dazu bewegen, dringend notwendige politische und soziale Reformen in Gang zu setzen. Es gab zwar oberflächliche Veränderungen in den Machtstrukturen, aber ein tiefgreifender politischer und wirtschaftlicher Wandel blieb aus. Im März 2005 fanden in Kirgistan Parlamentswahlen statt. Die Opposition warf dem ausgesprochen unpopulären kirgisischen Präsidenten Askar Akaiev Wahlbetrug vor. Nach gewalttätigen Ausschreitungen und der Stürmung des Präsidentenpalastes wurde Akaiev, der seit 1991 an der Macht gewesen war, gestürzt. Kurmanbek Bakiyev, gleichfalls Teil des politischen Establishments, wurde sein Nachfolger, aber auch gegen ihn wurden schon bald Vorwürfe wegen Korruption, Vetternwirtschaft und Autokratie erhoben. Bakiyev wandte sich Russland zu und forderte von den USA mehr Geld für die Nutzung des Luftwaffenstützpunkts unweit der kirgisischen Hauptstadt Bischkek.

Ein ähnlicher Wandel vollzog sich in Turkmenistan, als der autokratische, skurrile Präsident Saparmurad Niyazov im Dezember 2006 an einem Herzinfarkt starb. Er war 21 Jahre an der Macht gewesen und hinterließ ein trotz seines Öl- und Gasreichtums ver-

armtes Land. Der neue Präsident Gurbanguly Berdymuhammedov schlug einen vorsichtigen und langsamen Reformkurs ein und öffnete das Land dem Westen.
Usbekistan, das größte und am dichtesten bevölkerte Land der Region, das die Islamische Bewegung Usbekistan (IMU) hervorgebracht hatte, befand sich schon seit langem in einer Krise. Die repressive diktatorische Regierung war weder zu politischen noch zu wirtschaftlichen Reformen bereit. Die Bevölkerung spekulierte, ob es nach dem Tod Präsident Karimovs positive Veränderungen geben würde. Manche befürchteten einen gnadenlosen Machtkampf zwischen verschiedenen Interessengruppen, die nur Karimov zusammenhalten konnte. Die Familie des Präsidenten und seine Seilschaften bereicherten sich an den wirtschaftlichen Einnahmen des Landes, während die Bevölkerung zunehmend verarmte. Mangels einer echten politischen Opposition gedieh der islamische Extremismus im Untergrund.
Die immer desolatere Situation Usbekistans führte zum Aufstieg verschiedener extremistisch-islamischer Bewegungen. Die älteste war die IMU, die größte aber war Hizb ut-Tahrir (HT), die für einen globalen islamischen Staat unter Führung eines Kalifen kämpfte. Die relativ junge Bewegung hatte ihren Ursprung im Nahen Osten und war insbesondere bei jungen Muslimen an europäischen Universitäten populär, besaß aber in der muslimischen Welt außerhalb Zentralasiens keine Anhänger. Die Hizb ut-Tahrir propagierte zwar Gewaltlosigkeit, aber Karimov unterdrückte sie erbarmungslos und ließ Tausende junge Leute ins Gefängnis werfen, oft unter dem falschen Vorwurf, ihr anzugehören. Unter Karimovs Einfluss erklärten die USA auch die Hizb ut-Tahrir zu einer terroristischen Gruppe. Zwischen den Exil-Usbeken in den pakistanischen Stammesgebieten und einer 2002/2003 aufgetauchten, von der Islamischen Bewegung Usbekistan abgespalteten Gruppe kam es unterdessen zu Differenzen. Die neue Splittergruppe nannte sich Islamische Dschihad-Union. Sie zählte sowohl türkische als auch zentralasiatische Militante zu ihren Mitgliedern und stand Al-Qaida besonders nahe.

Die Islamische Dschihad-Union gilt als verantwortlich für mehrere Selbstmordanschläge in verschiedenen usbekischen Städten im März 2004, darunter Taschkent. Die Selbstmordattentäter rissen in vier Tagen insgesamt 47 Menschen mit in den Tod. Die usbekische Regierung riegelte ihre Staatsgrenzen ab, verhaftete 400 Personen und verwies westliche Reporter und NGOs des Landes. Im Juli kam es zu weiteren Selbstmordanschlägen in Taschkent, neue Verhaftungen folgten. Die Spannungen eskalierten besonders im Ferghana-Tal, wo am 13. Mai 2005 Regierungssoldaten auf eine Massendemonstration zugunsten der Freilassung einer Gruppe von angeklagten Geschäftsleuten das Feuer eröffneten. Bei dem Blutbad wurden mindestens 850 Menschen getötet, das Regime sprach von lediglich 187 Toten. Tausende wurden verhaftet und noch viel mehr flohen außer Landes. Die USA und die NATO sahen sich gezwungen, Karimov zu kritisieren, während China und Russland sein Vorgehen verteidigten. Karimov reagierte im Juli mit der Ausweisung aller US-Streitkräfte vom usbekischen Luftwaffenstützpunkt K2.[8]

Die Gewalt in Usbekistan spielte der Islamischen Bewegung Usbekistan und extremistischen Gruppen in den pakistanischen Stammesgebieten in die Hände. Viele junge Leute flohen aus Usbekistan, um der Verhaftung zu entgehen, und fanden hier Unterschlupf. Hunderte junge Usbeken fuhren zur Schulung nach Pakistan und Afghanistan, und immer mehr Militante strömten aus Zentralasien in diese beiden Länder. Aus den wenigen hundert IMU-Kämpfern, die nach 2001 in Pakistan Zuflucht gefunden hatten, waren jetzt mehrere tausend geworden, und Dutzende pendelten zwischen Zentralasien und Pakistan jeden Monat hin und her. Tohir Yuldeshevs Bedeutung als Anführer der IMU wuchs.

Auch andere terroristische Gruppen profitierten. Im September 2007 wurden in Deutschland drei deutsche Muslime, die sogenannte Sauerland-Gruppe, verhaftet. Nach einer Ausbildung bei der Islamischen Dschihad-Union in den pakistanischen Stammesgebieten waren sie nach Deutschland zurückgekehrt, wo sie einen Anschlag auf den amerikanischen Luftwaffenstützpunkt Ramstein planten. Die Islamische Dschihad-Union unter Führung von Najmiddin Jalolov (auch bekannt unter dem Namen Abu Yahya Mohammed Fatih) warb Anhänger vor allem in der Türkei. Die zentralasiatischen Taliban mit ihrem Stützpunkt in den pakistanischen Stammesgebieten stellten jetzt nicht mehr nur für Zentralasien eine Bedrohung dar, sondern auch für die Türkei und Europa.

Karimov, der sich der Gefahr durch die Taliban und die IMU jetzt stärker bewusst war, erlaubte im Februar 2009 den USA und der NATO erneut, nichtmilitärische Güter über Usbekistan nach Afghanistan zu transportieren. Im Mai gewährte er den Amerikanern die neuerliche Nutzung des Luftwaffenstützpunkts Navoi zum Transport von Versorgungsgütern nach Afghanistan. Um dem Vorwurf entgegenzutreten, er habe vor den amerikanischen Forderungen kapituliert, beauftragte er gleichzeitig Südkorea mit dem Ausbau des Stützpunkts. Dieses neue Bündnis hinderte die IMU nicht daran, im Juni 2009 mehrere Selbstmordanschläge und Angriffe auf Polizeistationen im Ferghana-Tal und in einigen usbekischen Städten zu verüben. Wütend riegelten die Usbeken ihre Grenzen zu Tadschikistan und Kirgistan ab und behaupteten, die Militanten würden über diese beiden Länder aus Afghanistan einsickern. Wahrscheinlicher ist aber, dass sie in Usbekistan selbst geheime Untergrundstützpunkte aufgebaut hatten, von denen aus sie größere Angriffe vorbereiteten.

Die Taliban sind immer noch ein Vorbild für den islamischen Extremismus in der Region – als militante Kraft, die der Bevölkerung die Scharia und eine bestimmte Interpretation des Islam aufzwingen will, aber auch als bewaffnete Gruppe, die auf den Umsturz lokaler staatlicher Ordnungen zielt. Dass dieses Modell solchen Zuspruch findet, hat seinen Grund in der Unentschlossenheit der Regime dieser Region und der internationalen Gemeinschaft und im Fehlen geeigneter Strategien gegen sie. Die Taliban sind heute die wichtigsten Beschützer und Verteidiger der Terrororganisation Al-Qaida, die den globalen Dschihad dadurch auszuweiten sucht, dass sie junge Leute in ihr internationales Netz der Gewalt und des Terrorismus lockt. Die Taliban werden eine weltweite Bedrohung bleiben, solange die muslimischen Regierungen und der Westen den Extremismus nicht entschlossen bekämpfen und die Lösung der dringenden Probleme dieser Region – Armut, wirtschaftliche Misere, mangelnde Schulbildung und Arbeitslosigkeit – nur halbherzig oder gar nicht angehen. Ein umfassendes neues soziales und wirtschaftliches Entwicklungsprogramm ist nicht nur für Afghanistan, sondern auch für Pakistan und Zentralasien dringend nötig, wenn es eine langfristige Antwort auf die Bedrohung durch Taliban und Al-Qaida in der Region geben soll.

Anhang

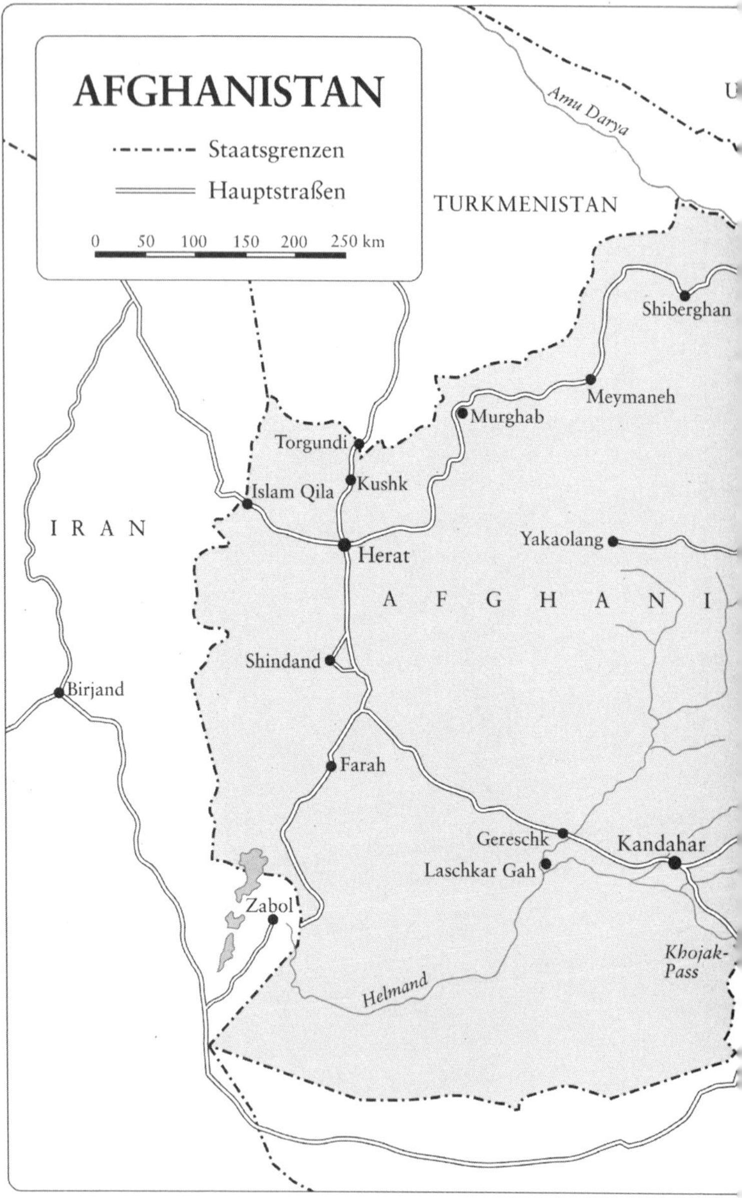
AFGHANISTAN
Staatsgrenzen
Hauptstraßen
0 50 100 150 200 250 km
Amu Darya
TURKMENISTAN
Shiberghan
Meymaneh
Murghab
Torgundi
Kushk
Islam Qila
IRAN
Herat
Yakaolang
A F G H A N I
Shindand
Birjand
Farah
Gereschk
Kandahar
Laschkar Gah
Zabol
Khojak-
Pass
Helmand

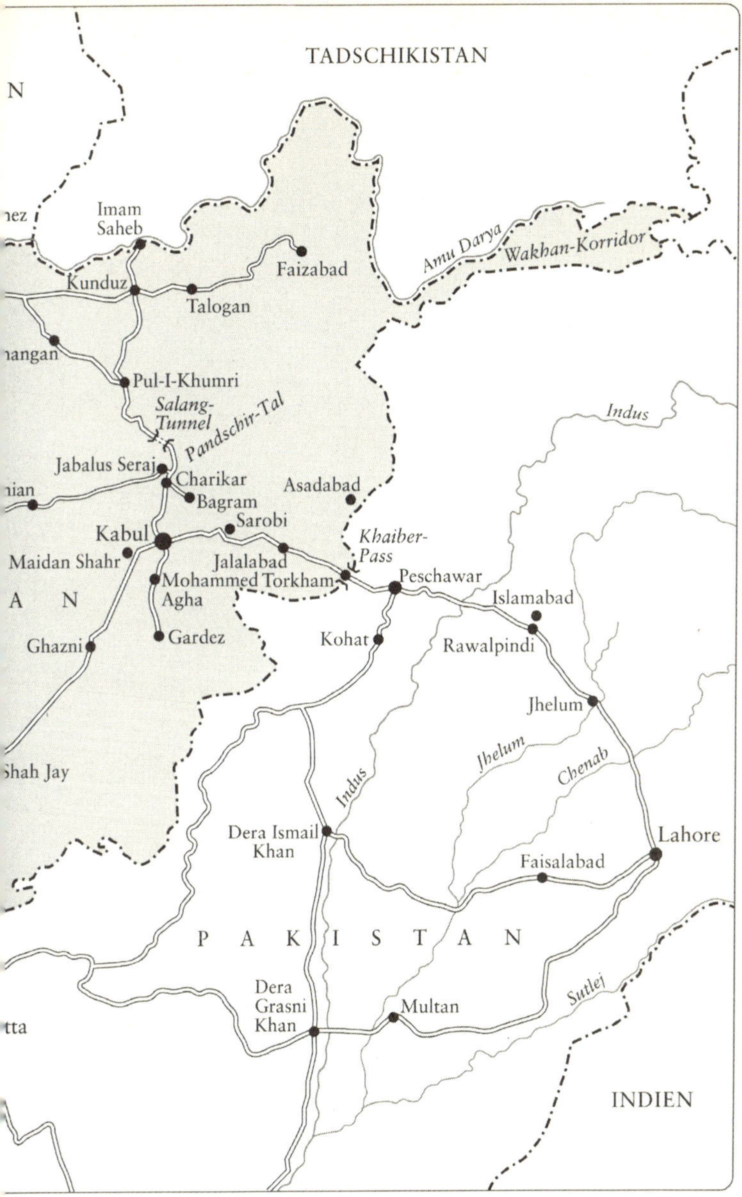

TADSCHIKISTAN
N
nez
Imam Saheb
Faizabad
Kunduz
Talogan
Amu Darya
Wakhan-Korridor
hangan
Pul-I-Khumri
Salang-Tunnel
Pandschir-Tal
Indus
Jabalus Seraj
Charikar
nian
Bagram
Asadabad
Sarobi
Kabul
Khaiber-Pass
Maidan Shahr
Jalalabad
Peschawar
Mohammed Agha
Torkham
Islamabad
A N
Rawalpindi
Kohat
Gardez
Ghazni
Jhelum
Jhelum
Chenab
Shah Jay
Indus
Dera Ismail Khan
Lahore
Faisalabad
P A K I S T A N
Dera Grasni Khan
Multan
Sutlej
tta
INDIEN

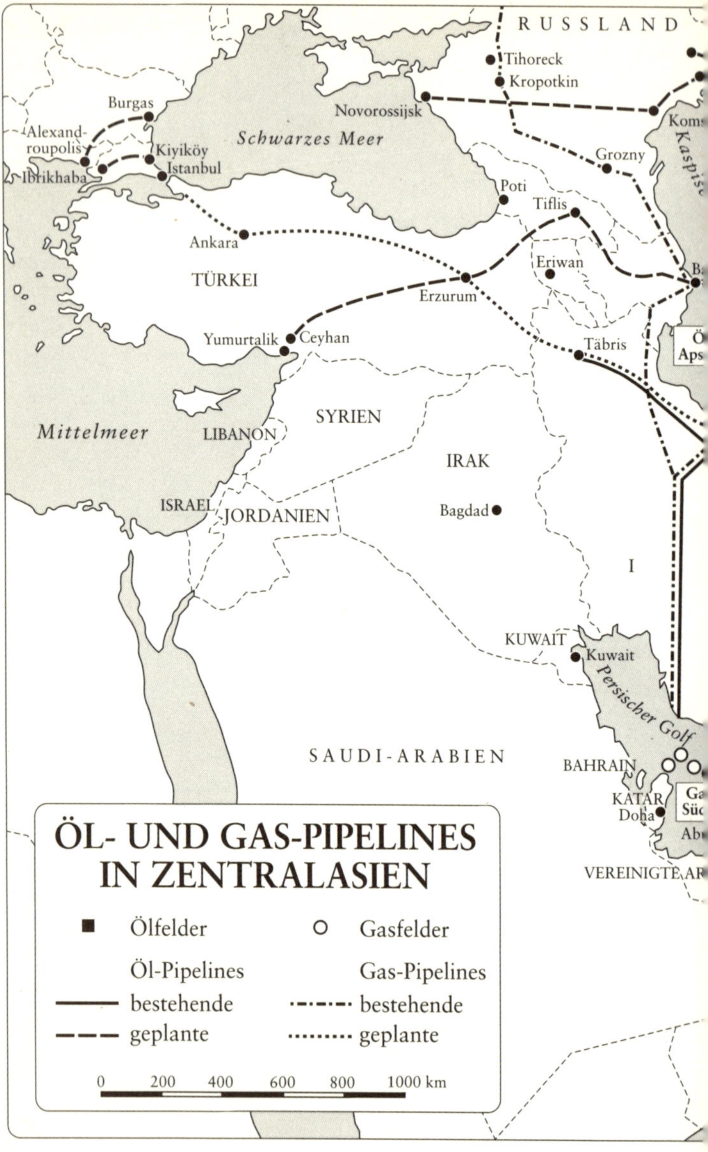
RUSSLAND
Tihoreck
Kropotkin
Novorossijsk
Burgas
Alexand-
roupolis
Ibrikhaba
Kiyiköy
Istanbul
Schwarzes Meer
Grozny
Poti
Tiflis
Ankara
TÜRKEI
Eriwan
Erzurum
Yumurtalik
Ceyhan
Täbris
SYRIEN
Mittelmeer
LIBANON
IRAK
ISRAEL
JORDANIEN
Bagdad
KUWAIT
Kuwait
Persischer Golf
SAUDI-ARABIEN
BAHRAIN
KATAR
Doha
VEREINIGTE
ÖL- UND GAS-PIPELINES
IN ZENTRALASIEN
Ölfelder
Gasfelder
Öl-Pipelines
Gas-Pipelines
bestehende
geplante
bestehende
geplante
0 200 400 600 800 1000 km

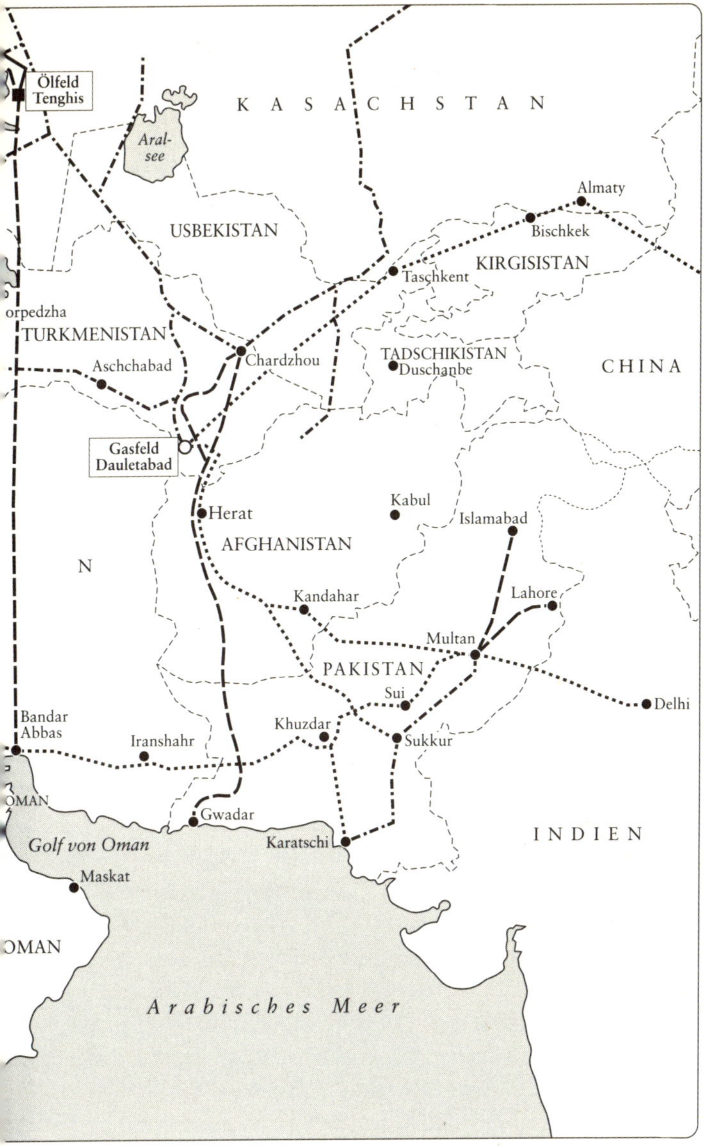
Ölfeld
Tenghis
Aral-
see
K A S A C H S T A N
Almaty
Bischkek
USBEKISTAN
KIRGISISTAN
Taschkent
orpedzha
TURKMENISTAN
Aschchabad
Chardzhou
TADSCHIKISTAN
Duschanbe
CHINA
Gasfeld
Dauletabad
Kabul
Islamabad
Herat
AFGHANISTAN
N
Kandahar
Lahore
Multan
PAKISTAN
Sui
Delhi
Bandar
Abbas
Iranshahr
Khuzdar
Sukkur
OMAN
Gwadar
Golf von Oman
Karatschi
I N D I E N
Maskat
OMAN
Arabisches Meer

Anhang I
Beispiele von Taliban-Verordnungen für Frauen und andere kulturelle Belange nach der Einnahme von Kabul 1996

I

Anordnung der Generalpräsidentschaft von Amir Bil Maruf und Nai Az Munkar (Religionspartei).

Kabul, November 1996.

Frauen, ihr solltet eure Wohnungen nicht verlassen. Wenn ihr doch ausgeht, solltet ihr dies nicht tun wie diese modisch gekleideten Frauen mit viel Schminke, die den Männern vor Ankunft des Islam vor Augen traten.
Der Islam als eine rettende Religion bestimmt für Frauen eine besondere Würde; er hat nützliche Anweisungen für Frauen. Frauen sollten keine Gelegenheiten schaffen, die Aufmerksamkeit nutzloser Leute auf sich zu ziehen, die sie nicht mit gutem Blick bedenken werden. Frauen tragen für ihre Familie die Verantwortung als Lehrerin oder Koordinatorin. Ehemann, Bruder, Vater haben die Verantwortung, die Familie mit den zum Leben nötigen Dingen zu versorgen (Nahrung, Kleidung etc.). Muss die Frau doch einmal die Wohnung verlassen, weil dies aus Gründen der Bildung, sozialer Notwendigkeit oder sozialer Dienstbarkeit erforderlich ist, soll sie sich in Übereinstimmung mit den Regeln der islamischen Scharia bedecken. Wenn Frauen modisch gekleidet, schmuckbehangen, in engen und verführerischen Kleidern ausgehen, um sich zu zeigen, werden sie von der islamischen Scharia verflucht und dürfen nie darauf hoffen, in den Himmel zu kommen.

Alle Familienältesten und jeder Muslim tragen in dieser Hinsicht Verantwortung. Wir fordern alle Familienältesten auf, strikte Kontrolle über ihre Familie auszuüben und solche sozialen Probleme zu vermeiden. Andernfalls werden diese Frauen, ebenso wie der Familienälteste, von der Religionspartei (Munkrat) bedroht, überprüft und schwer bestraft werden.
Die Religionspartei (Munkrat) hat die Verantwortung und die Pflicht, gegen solche sozialen Probleme anzukämpfen, und sie wird in ihren Anstrengungen nicht nachlassen, bis dem Bösen ein Ende gesetzt ist.

2

Arbeitsregeln für das Staatliche Hospital und private Kliniken, basierend auf den Prinzipien der Scharia. Gesundheitsministerium, im Namen von Amir ul-Momineen Mullah Mohammed Omar.

Kabul, November 1996.

1. Patientinnen sollten Ärztinnen aufsuchen. Sollte ein Arzt notwendig sein, sollte die Patientin von ihrem nächsten Verwandten begleitet werden.
2. Während der Untersuchung sollten Patientin und Ärztin den islamischen Schleier tragen.
3. Ärzte sollten abgesehen vom betroffenen Körperteil der Patientin die anderen Teile weder ansehen noch berühren.
4. Das Wartezimmer für Patientinnen sollte sicher und verborgen sein.
5. Die Person, die die Patientinnen im Wartezimmer aufruft, sollte weiblich sein.
6. Während der Nachtschicht hat der Arzt nicht das Recht, die Krankenzimmer von Patientinnen zu betreten, ohne dass diese gerufen haben.
7. Das Zusammensitzen und Miteinandersprechen zwischen

Ärzten und Ärztinnen ist nicht erlaubt; wenn eine Diskussion nötig ist, soll sie mit Schleier stattfinden.

8. Ärztinnen sollen einfache Kleidung tragen, es ist ihnen nicht erlaubt, Modisches zu tragen oder Kosmetik oder Make-up aufzulegen.
9. Ärztinnen und Krankenschwestern ist nicht gestattet, das Krankenzimmer von Männern zu betreten.
10. Das Krankenhauspersonal soll pünktlich in der Moschee beten.
11. Die Religionspolizei hat die Befugnis, jederzeit zu kontrollieren, und niemand kann sie daran hindern.

Jeder, der diesen Anordnungen zuwiderhandelt, wird nach islamischen Regeln bestraft.

3

Generalpräsidentschaft von Amr Bil Maruf.

Kabul, Dezember 1996.

1. Aufwiegelung und Frauen ohne Kopfbedeckung (Be Hejabi) vermeiden. Kein Fahrer darf eine Frau mitnehmen, die die iranische *Burqa* trägt. Im Falle von Zuwiderhandlung wird der Fahrer inhaftiert. Werden solche Frauen auf der Straße beobachtet, wird man deren Häuser finden und deren Ehemänner bestrafen. Wenn eine solche Frau anregende und attraktive Kleidung trägt und sich nicht in Begleitung eines engen männlichen Verwandten befindet, darf der Fahrer sie nicht mitnehmen.
2. Musik vermeiden. Zur Sendung über öffentliche Medien. In Läden, Hotels, Fahrzeugen und Rickschas sind Kassetten und Musik verboten. Diese Angelegenheit soll innerhalb von fünf Tagen überwacht werden. Wird in einem Laden eine Musik-

kassette gefunden, wird der Ladenbesitzer ins Gefängnis gesteckt und der Laden geschlossen. Wenn fünf Leute garantieren, dass der Laden geöffnet werden sollte, wird der Verbrecher später wieder freigelassen. Wird in einem Fahrzeug eine Kassette gefunden, werden das Fahrzeug und der Fahrer ins Gefängnis gesteckt. Wenn fünf Leute garantieren, wird das Fahrzeug freigegeben und der Fahrer später freigelassen.

3. Rasieren und Bartstutzen vermeiden. Wenn in eineinhalb Monaten jemand gesehen wird, der sich rasiert und/oder seinen Bart gestutzt hat, wird er verhaftet und ins Gefängnis gesteckt, bis sein Bart buschig wird.
4. Taubenhaltung und das Spielen mit Vögeln vermeiden. Innerhalb von zehn Tagen muss diese Gewohnheit eingestellt werden. Nach zehn Tagen wird dies überwacht und die Tauben und andere Spielvögel werden getötet.
5. Drachensteigenlassen vermeiden. Alle Läden in der Stadt, die Drachen verkaufen, werden geschlossen.
6. Götzenverehrung vermeiden. In Fahrzeugen, Läden, Hotels, Räumen und anderen Orten sind Bilder/Porträts abzunehmen. Die Überwacher werden alle Bilder an oben genannten Orten zerreißen.
7. Glücksspiel vermeiden. In Zusammenarbeit mit der Sicherheitspolizei werden die Hauptzentren gefunden und die Glücksspieler ins Gefängnis gesteckt und bestraft werden.
8. Sucht ausrotten. Süchtige werden ins Gefängnis gesteckt, und es werden Nachforschungen angestellt, bis der Lieferant und der Laden gefunden sind. Der Laden wird verriegelt, und Besitzer und Konsument werden ins Gefängnis gesteckt und bestraft.
9. Britische und amerikanische Haarschnitte vermeiden. Leute mit langem Haar werden verhaftet und der Religionspolizei vorgeführt, um sich das Haar schneiden zu lassen. Der Verbrecher hat den Friseur zu bezahlen.
10. Zinsen auf Darlehen, Gebühren beim Tausch kleiner Beträge und Gebühren bei Geldanweisungen vermeiden. Alle Geld-

tauscher müssen informiert werden, dass die oben genannten drei Typen von Geldaustausch verboten werden. Im Falle von Zuwiderhandlung werden die Verbrecher für lange Zeit ins Gefängnis gesteckt.

11. Wäschewaschen junger Damen entlang der Wasserarme in den Städten vermeiden. Damen, die dem zuwiderhandeln, werden mit respektablen islamischen Manieren aufgesammelt und zu ihrem Haus gebracht, und ihre Ehemänner werden hart bestraft.
12. Musik und Tanz auf Hochzeitsfeiern vermeiden. Im Falle von Zuwiderhandlung wird das Familienoberhaupt verhaftet und bestraft.
13. Das Spielen auf einer Musiktrommel vermeiden. Dieses Verbot soll verkündet werden. Falls es jemand tut, können die Religionsälteren darüber entscheiden.
14. Das Nähen von Frauenkleidern und das Maßnehmen der Schneider bei Frauen vermeiden. Werden Frauen oder Modemagazine im Laden gesehen, wird der Schneider ins Gefängnis gesteckt.
15. Hexerei vermeiden. Alle damit verbundenen Bücher werden verbrannt, und der Zauberer wird ins Gefängnis gesteckt, bis er Reue zeigt.
16. Nichtbeten und Gruppengebet im Bazar vermeiden. Die Gebete sollen zu ihrer gegebenen Zeit in allen Bezirken getätigt werden. Der Verkehr wird zu der Zeit strikt verboten, und alle Leute haben die Pflicht, eine Moschee aufzusuchen. Werden junge Leute in den Geschäften gesehen, werden sie unverzüglich ins Gefängnis gesteckt.

Anhang 2
Struktur der Taliban

Der Führer der Taliban ist Mullah Mohammed Omar, auch bekannt als Amir-ul Momineen oder Befehlshaber der Gläubigen. Ein vorläufiger, aus zehn Mitgliedern bestehender Regierungsrat – oder Oberste Schura – ist die mächtigste regierende Körperschaft mit Sitz in Kandahar. Zwei Komitees erstatten dieser Schura Bericht. Das erste ist ein Interims-Kabinett, oder die Kabul-Schura, das zweite ist die Militär-Schura.

Oberste Schura der Gründungsmitglieder der Taliban, Kandahar 1994–1997

Mullah Mohammed Omar, Amir-ul Momineen
Führer der Gläubigen, Oberhaupt der Taliban-Bewegung

Mullah Mohammed Rabbani Akhund
Regierungsratsvorsitzender und Stellvertretendes Oberhaupt der Taliban

Mullah Mohammed Ghaus Akhund
Außenminister, amtierend bis Juni 1997

Mullah Mohammed Hassan Akhund
Militärischer Mitarbeiterstabschef

Mullah Mohammed Fazil Akhund
Oberhaupt des Armeekorps

Mullah Abdul Razaq
Oberhaupt der Zollbehörde

Mullah Sayed Ghiasuddin Agha
Amtierender Minister für Information

Mullah Khairullah Khairkhwa
Amtierender Minister für Inneres

Maulvi Abdul Sattar Sanani
Amtierender Justizchef Afghanistans

Maulvi Ehsanullah Ehsan
Gouverneur der Staatsbank

Mullah Abdul Jalil
Amtierender Außenminister nach Juni 1997

Militärische Befehlsstruktur der Taliban: Militär-Schura

Oberbefehlshaber:	Mullah Mohammed Omar
Generalstabschef:	Mullah Mohammed Hassan
Stabschef:	Mullah Rahmatullah Akhund
Chef des Armeekorps:	Mullah Mohammed Fazil
Divisionschef:	Mullah Jumma Khan
Divisionschef:	Mullah Mohammed Younas
Divisionschef:	Mullah Mohammed Gul
Divisionschef:	Mullah Mohammed Aziz Khan
Panzerdivision Nr. 4:	Mullah Mohammed Zahir

Kabul-Schura der amtierenden Minister 2000

Mullah Wakil Ahmed Mutawakkil	Außenminister
Mullah Mohammed Abbas Akhund	Öffentliche Gesundheit
Mullah Abdul Razaq	Inneres
Mullah Obaidullah Akhund	Bau
Mullah Tahir Anwari	Finanzen
Mullah Qodratullah	Information und Kultur
Mullah Abdul Latif Mansur	Landwirtschaft
Mullah Mohammed Essa	Wasser und Strom
Maulana Ahmadullah Muti	Kommunikation
Mullah Nuruddin Turabi	Justiz
Maulvi Hamdullah Numani	Höhere Bildung
Maulvi Ahmed Jan	Minen und Industrie
Maulvi Jalaluddin Haqqani	Grenzangelegenheiten
Maulana Abdur Razzaq	Wirtschaft
Qari Din Mohammed	Planung

Abstammung der Mitglieder der Taliban-Bewegung

Siehe Tabellen Seite 358–363

D = Durrani-Paschtune; G = Ghilzai-Paschtune; P = Paschtune, aber weder Ghilzai noch Durrani; T = Tadschike; U = Usbeke; A = andere Volksgruppe; GM = Gründungsmitglied der Taliban; Mud = ehemaliger Mudschaheddin-Befehlshaber gegen Sowjettruppen

Ehemalige Mudschaheddin-Parteiverbünde

Hizbe (K) = Hizb-e-Islami (Younis Khalis); Hizbe (H) = Hizb-e-Islami (Gulbuddin Hekmatyar); Jam = Jamaat-e-Islami (Rabbani); Nifa = Nationale Islamische Front Afghanistans (Gailani); Har = Harakat (Maulvi Mohammed Nabi Mohammedi)

Name	Amt	Herkunft/Alter
M. Mohammed Omar	Führer	Mewand/Kandahar, GM, 37
M. Mohammed Rabbani	Vorsitzender der Kabul-Schura	Kandahar, GM, 38
Mohammed Hassan	Außenminister nach 1997	Kandahar
M. Mohammed Ghaus	Außenminister, pensioniert 1997	Kandahar, Khushab, GM, 50
M. Abdul Razaq	Zollbehörde	Kandahar
M. Sayed Ghiasuddin	Bildung	Faryab
M. Khairula Khairkhwa	Inneres	Kandahar
Ehsanullah Ehsan	Gouverneur der Staatsbank	Kandahar, Panjwai
Maulvi Abdul Sattar Sanani	Justizchef am Obersten Gerichtshof von Kandahar	Kandahar, 80
Mohammed Abbas	Gesundheit, Verhandlungen mit UN-Organisationen	Urozgan, GM, 40
Obaidullah	Verteidigung	Kandahar
Dadullah Mohammedullah Akhund	Bau, Finanzen	Kandahar
Amir Khan Mutaqqi	Information, Kultur	Logar, GM

Stamm/Rang	Anmerkung
G, Hotak Mud, Ex-Hizbe (K)	Ausbildung *Madrassa* Kandahar, einäugig
P, Kakar Mud, Ex-Hizbe (K)	
G, Hotak Mud, Ex-Hizbe (K)	Ausbildung *Madrassa* Quetta, verwandt mit Omar
D, Nurzai Mud, Ex-Hizbe (K)	blind auf einem Auge, schlechtes Sehvermögen auf dem anderen, enger Freund von Omar, eroberte 1997 Mazar-i-Sharif.
D, Popalzai Mud, Ex-Hizbe (K)	
U, Mud, Ex-Har	keine formelle Ausbildung, trägt Ohrring
D, Popalzai Mud, Ex-Har	Schulabschluss Haqqania
D	ehemaliger Gouverneur von Khost, getötet in Mazar 1997
D, Ischaqzai	Schulbildung *Madrassa* Kandahar
G, Hotak Mud, Ex-Hizbe (K)	Schulbildung *Madrassa* Zabul, später Haqqania, Kaufmann in Kandahar, Bürgermeister von Kandahar, später Generalstaatsanwalt, Befehlshaber der Streitkraft Baghlan
G, Hotak Mud, Ex-Har	Schulbildung *Madrassa* Quetta, Mazar erobert, Militärverbindung zwischen Taliban und ISI
D, Alkozai Mud, Ex-Har	Schulbildung *Madrassa* Quetta
P, Kochi Nomade, Mud, Ex-Har	Schulbildung Haqqania, alter Freund von Omar, nach Mazar Befehlshaber der Streitkraft Baghlan

Name	**Amt**	**Herkunft/Alter**
Abdul Latif Mansur	Landwirtschaft	Paktia
Mohammed Essa	Wasser, Strom	Kandahar
Alla Dad Akhund	Kommunikation	Kandahar
Nuruddin Turabi	Justiz	Urozgan
Hamidullah Nemani	Höhere Schulbildung	Zabul
Ahmed Jan	Minen und Industrie	Paktia, 40
Jalaluddin Haqqani	Grenzangelegenheiten	Paktia, 55
Sadeq Akhond	Wirtschaft	Kandahar
Qari Din Mohammed	Planung	Badachschan
Maulvi Qalamuddin	Oberhaupt der Religionspolizei	Logar, Bariki Barak, 38
Maulvi Jalilullah Maulvizada	Generalstaatsanwalt	Herat, 68
Mohammed Hassan	Gouverneur Kandahar	Urozgan, GM, 45

Stamm/Rang	Anmerkung
G, Schulbildung Haqqania	
G, Hotak Mud, Ex-Har	
G, Hotak Mud, Ex-Hizbe (K)	führte seine eigene *Madrassa* in der Nordwestprovinz Pakistans
G, Hotak	einäugig
D, Daftani	keine formale Bildung
G, Zadran	Schulbildung Haqqania, Teppichhändler in Saudi-Arabien, Handelsbevollmächtigter der Taliban in Peschawar, Unterhändler bei den Ölgesellschaften
G, Zadran Mud, Ex-Hizbe (K)	führte islamische Bewegung gegen Daud 1974, Auswanderung nach Pakistan, Schulbildung Paktia und sechs Jahre Haqqania, führender Mudschaheddin-Befehlshaber, eroberte 1991 Khost, schloss sich 1995 den Taliban an
G, Hotak Mud, Ex-Har	keine Schulbildung, beteiligt an der Eroberung von Mazar 1997
T, Mud, Ex-Jam	führender Tadschike im Rat
G, Mohamand Mud, Ex-Har	Schulbildung Logar und Haqqania, Sekretär von Nabi Mohammedi in der Rabbani-Regierung, schloss sich den Taliban in Zabul an
Khawaja	Schulbildung Deobandi-*Madrassa* Indien, Ratgeber der Mudschaheddin-Interimsregierung 1988, Bildungsminister unter Rabbani
D, Achakzai Mud, Ex-Har	Schulbildung *Madrassa* Quetta, kämpfte in Urozgan gegen die Russen, ein Bein, eine fehlende Fingerspitze

Name	Amt	Herkunft/Alter
Wakil Ahmed	Sekretär Omars	Kandahar
Sher Mohammed	Stellvertretender Außenminister	Logar
Arifullah Arif	Stellvertretender Finanzminister	Paktia, Zamrud

Stamm/Rang	Anmerkung
P, Kakar GM	wichtigste Stütze Omars, Sprecher der Taliban
G, Stanakzai	ehem. Polizeibeamter, ausgebildet in Indien
G, Suleiman Har	absolvierte die 6. Klasse, dann 14 Jahre in Haqqania, arbeitete für den Dschihad in Pakistan

Anhang 3
Chronologie der Taliban

1992

April. Afghanistan und Kabul fallen an die Mudschaheddin, als Präsident Nadschibullah Zuflucht im UN-Lager in Kabul sucht.

1993

Bittere Gefechte zwischen Präsident Rabbani und Gulbuddin Hekmatyar hinterlassen 10 000 Zivilopfer.

1994

Januar. Gefechte zwischen den Gruppierungen verwandeln Kabul in einen Trümmerhaufen, als Dostum und Hekmatyar Kabul angreifen.
Februar. UNO ernennt Mahmoud Mestiri zum Chef der Sondermission in Afghanistan. Pakistanische Botschaft in Kabul wird geplündert.
Oktober. Sechs westliche Botschafter in Islamabad begleiten Pakistans Innenminister Naseerullah Babar nach Herat zu einem Treffen mit Ismael Khan.
28. Oktober. Premierministerin Benazir Bhutto trifft Ismael Khan und Dostum in Aschchabad.
4. November. Ein Konvoi aus 30 LKWs auf dem Weg nach Zentralasien von Kriegsherren bei Kandahar überfallen, 20 Tote bei den Kämpfen. Die Taliban treten erstmals in Erscheinung.
5. November. Taliban bringen Kandahar unter ihre Kontrolle und befreien den Konvoi. Fünf Tote nach vier Tagen Auseinandersetzung.
25. November. Taliban übernehmen die Kontrolle über die beiden Südprovinzen Lashkargarh und Helman.

1995

1. Januar. 3000 pakistanische Taliban brechen in Peschawar nach Afghanistan auf.
2. Februar. Taliban marschieren in die Provinz Wardak 25 Meilen vor Kabul ein.

11. Februar. Taliban nehmen die Provinz Logar ein. Neun von 30 Provinzen sind in Händen der Taliban. Präsident Rabbani entsendet Delegation, um die Taliban zu treffen.

14. Februar. Taliban nehmen Charasyab ein, Hekmatyar flieht kampflos.

18. Februar. Taliban stellen drei Bedingungen, sich an einer möglichen Interimsregierung zu beteiligen: eine neutrale Streitmacht bestehend aus Taliban, nur gute Muslime nehmen teil und alle 30 Provinzen müssen vertreten werden.

7. März. Taliban dringen nach Nimroz und Farah vor und versuchen Herat zu erobern. Sie bewegen sich in den Süden Kabuls vor, als die Hasaras ihre Position verlassen.

11. März. Masud greift Taliban bei Kabul an. Taliban werden zurück nach Charasyab gedrängt.

13. März. Hasara-Führer Abdul Ali Mazari wird von den Taliban gefangen genommen und kommt bei einem Hubschrauberunfall auf der Überstellung nach Kandahar ums Leben. Taliban nehmen Farah ein.

4. April. Taliban besetzen einen Teil der Luftbasis bei Herat.

29. April. Regierungstruppen drängen Taliban 80 Meilen aus Shindand zurück.

12. Mai. Taliban aus Farah verdrängt.

31. Mai. Prinz Turki, Chef des saudischen Geheimdienstes, besucht Kabul und Kandahar.

10. Juli. Stellvertretender Chef des saudischen Geheimdienstes reist in einer Friedensmission durch die Städte Afghanistans und trifft sich mit den Taliban.

2. September. Taliban erobern erneut Farah, schwere Gefechte in der Nähe von Shindand.

3. September. Taliban nehmen Shindand ein. Kabul bildet neuen militärischen Oberbefehl und degradiert Ismael Khan, als Truppen nach Herat eingeflogen werden.

5. September. Taliban nehmen Herat ein. Ismael Khan flieht kampflos in den Iran.

6. September. Pakistanische Botschaft in Kabul geplündert und niedergebrannt. Der Iran warnt die Taliban, nicht die Grenze zum Iran zu überschreiten.

10. Oktober. Taliban kommen mit 400 Panzern aus Kandahar nach Kabul, bereiten sich auf einen Überfall der Stadt vor.

11. Oktober. Taliban beginnen großen Angriff und erobern erneut Charasyab.
11. November. Kabul wird von den Taliban bombardiert – 36 Tote, 52 Verwundete.
26. November. Schlimmste Bombardierung Kabuls durch die Taliban. 39 tote Zivilisten, 140 Verwundete. Regierungsstreitkräfte drängen die Taliban aus Kabul zurück.

1996

3. März. Rabbani unternimmt einen Besuch in den Iran, nach Turkmenistan und Usbekistan.
20. März. Treffen der Taliban-Schura in Kandahar mit 1000 *Ulema* und Stammesältesten zu politischen Diskussionen.
4. April. Taliban-Schura beendet, Rufe nach einem Dschihad gegen Rabbani. Mullah Omar wird Amir-ul Momineen.
19. April. Hochrangige US-Diplomaten treffen afghanische Führer in Kabul und Kandahar.
23. Mai. UN-Gesandter Mestiri tritt aus Gesundheitsgründen zurück.
26. Juni. Hekmatyar schließt sich Rabbani an und wird Premierminister. Taliban schießen Raketen auf Kabul, 52 Tote.
11. Juli. Deutscher Diplomat Norbert Holl wird zum UN-Gesandten für Afghanistan ernannt.
4. September. Afghanische Frauenproteste gegen die Auswüchse der Taliban.
10. September. Taliban erobern zwei Bezirke in Nangarhar. Hadschi Qadeer flieht nach Pakistan, schwere Gefechte bei Jalalabad.
11. September. Taliban erobern Jalalabad.
25. September. Taliban erobern Sarobi und Asadabad.
26. September. In einer Nacht stoßen die Taliban von Sarobi nach Kabul vor. Gefechte außerhalb der Stadt. Kabul fällt an die Taliban.
27. September. Taliban hängen Nadschibullah. Masud zieht sich nach Norden zurück. Mullah Omar verkündet Amnestie und einen Sechs-Mann-Rat zur Führung Kabuls unter der Leitung von Mullah Mohammed Rabbani. Der Iran, Russland, Indien und die Staaten Zentralasiens verurteilen die Taliban-Eroberung. Pakistan entsendet eine Delegation nach Kabul.
1. Oktober. Taliban stellen Masud im Pandschir-Tal das Ultimatum, aufzugeben oder zu sterben. Masud sprengt die Straßen zum Pandschir-

Tal, als die Taliban nach Norden vorstoßen. Taliban erreichen Salang-Tunnel, stehen den Truppen Dostums gegenüber.
4. Oktober. Auf dem GUS-Gipfel in Almaty werden die Taliban gewarnt, sich von Zentralasien fernzuhalten.
8. Oktober. Schwere Gefechte, als die Taliban versuchen, das Pandschir-Tal einzunehmen. Pakistans Diplomaten pendeln hin und her.
10. Oktober. Dostum, Masud und Khalili treffen sich am Khin Jan und bilden einen Oberstenrat zur Verteidigung des Mutterlands. Masud greift Bagram mit 50 Männern an und unternimmt einen Gegenangriff auf der Salang-Landstraße.
12. Oktober. Masud besetzt Jabalus Seraj.
13. Oktober. Masud besetzt erneut Charikar. Kämpfe nur zehn Meilen vor Kabul. Verluste gehen in die Hunderte.
18. Oktober. Bagram fällt an Masud, als die Taliban fliehen. Dostums Panzer kommen Masud zu Hilfe.
24. Oktober. Mullah Omar sagt: «Wir werden bis zum Tod kämpfen und unseren letzten Tropfen Blut für Kabul geben.» Masud fordert die Entmilitarisierung Kabuls. Die Taliban erobern in heftigen Gefechten gegen die Streitkräfte Dostums die Provinz Baghdis.
31. Oktober. Ismael Khans Truppen werden aus dem Iran eingeflogen, um den Taliban im Westen Widerstand zu leisten.

1997

1. Januar. Taliban übernehmen erneut Bagram und Charikar, großer Rückschlag für Masud.
23. Januar. Taliban übernehmen erneut Gulbahar an der Salang-Mündung.
2. Februar. Hasaras verstärken Verteidigung von Bamian, als Taliban über das Ghorband-Tal vorstoßen. Taliban-Delegation besucht USA.
12. März. Mordversuch an Mullah Abdul Razaq, Gouverneur von Herat.
19. Mai. General Malik Pahlawan rebelliert gegen Dostum, nimmt Faryab ein und sagt, er habe sich den Taliban angeschlossen.
20. Mai. Die Provinzen Baghdis, Faryab, Sar-e-Pul fallen an Malik, schwere Kämpfe. Malik übergibt den Taliban Ismael Khan und 700 Gefangene.
24. Mai. Taliban brechen über Mazar herein, verhängen die Scharia und schließen Mädchenschulen.

26. Mai. Pakistan anerkennt Taliban-Regierung. Gespräche zwischen Taliban und Malik in Mazar werden abgebrochen. Kämpfe beginnen.

28. Mai. Taliban nach 18-Stunden-Schlacht aus Mazar vertrieben; 300 Taliban werden getötet, Tausende gefangen genommen. Masud unternimmt Gegenangriffe im Süden.

2. Juni. Taliban schließen die iranische Botschaft in Kabul. Tausende pakistanische Studenten schließen sich den Taliban an. Opposition formiert neue Allianz in Mazar.

12. Juni. Ungefähr 3000 Taliban werden in Baghlan entwaffnet. Masud nimmt erneut Jabalus Seraj ein. Rabbani trifft Malik in Mazar. Opposition bildet die United Islamic and National Front for the Salvation of Afghanistan.

19. Juli. Masud erobert Bagram und Charikar. Taliban fliehen und lassen schwere Waffen zurück.

21 Juli. Malik besucht den Iran zu Gesprächen.

28. Juli. UNO ernennt Lakhdar Brahimi, um einen Bericht über Afghanistan vorzubereiten. Weiterhin schwere Gefechte um Kabul.

7. August. ICRC behauptet, 6800 Menschen seien in den Kämpfen der letzten drei Monate verwundet worden. CARE stellt Frauenprogramme in Kabul ein.

12. August. Auf einem Oppositionstreffen in Mazar wird Rabbani erneut zum Präsidenten ernannt.

15. August. Lakhdar Brahami kommt nach Islamabad zu einer ausgedehnten Rundreise durch die Region.

19. August. Brahimi besucht Kandahar. Taliban warnen die ausländische Presse, fair zu berichten, andernfalls würde man sie hinauswerfen.

4. September. Mullah Rabbani trifft König Fahd in Dschidda, der ihm verspricht, dass die Saudis den Taliban Hilfe im Gesundheits- und Bildungwesen zukommen lassen werden. Taliban klagen den Iran, Russland und Frankreich an, Masud zu helfen.

8. September. Taliban erobern erneut den Flughafen von Mazar nach erneutem Angriff der Taliban-Streitkräfte aus Kunduz. Usbeken geteilt zwischen Malik und Dostum.

9. September. Malik verlässt Mazar, nachdem die Hizb-e-Wahadat sein Haus niedergebrannt hat, ausufernde Plünderungen, als die UN-Organisationen abziehen. Taliban vom Flughafen zurückgedrängt.

12. September. Dostum kommt aus der Türkei nach Mazar zurück. Tali-

ban töten 70 Hasaras in Qazil Abad. Nach drei Tagen befohlener Plünderungen in Mazar tritt wieder Frieden ein, da die Taliban zurückgedrängt sind und Dostum seine Truppen versammelt.
18. September. Erneut heftige Kämpfe bei Mazar. Taliban behaupten, König Fahd werde sie finanziell und politisch unterstützen.
23. September. Taliban bombardieren Bamian schwer. Kämpfe zehn Meilen vor Mazar.
28. September. Emma Bonino wird in Kabul verhaftet und zusammen mit 19 anderen EU-Delegierten drei Stunden lang festgehalten.
30. September. Drei UN-Arbeiter von den Taliban aus Kandahar ausgewiesen.
1. Oktober. Brahimi vollendet seine Mission, nachdem er 13 Länder besucht hat. Weiterhin schwere Kämpfe um Mazar.
8. Oktober. Dostum drängt die Taliban zurück nach Kunduz. Kabul weist einen Transithandel mit Pakistan zurück.
21. Oktober. Dostum nimmt Shibarghan ein, als Malik in den Iran flieht.
16. November. Dostum entdeckt bei Shibarghan 30 Massengräber mit 2000 Leichen von Talibankämpfern, bietet deren Rückgabe an die Taliban an. Gefangenenaustausch findet statt.
18. November. US-Außenministerin Madeleine Albright nennt in Pakistan die Menschenrechtsverletzungen der Taliban «abscheulich».
26. November. UN-Generalsekretär Kofi Annan gibt einen scharfen UN-Bericht über die Einmischungen von außen in Afghanistan heraus.
17. Dezember. Der UN-Sicherheitsrat verurteilt ausländische Waffenlieferungen an die afghanischen Gruppierungen, ruft zum Waffenstillstand auf.

1998

6. Januar. Präsident Rabbani besucht Iran, Pakistan und Tadschikistan, um Unterstützung für eine Regionalkonferenz über Afghanistan unter der UNO zu sammeln. Taliban werden angeklagt, in der Provinz Faryab 600 usbekische Zivilisten niedergemetzelt zu haben. Die Belagerung Bamians verschlimmert sich, da die Lebensmittel knapp werden.
7. Januar. Kofi Annan appelliert an die Taliban, Nahrungsmittellieferungen nach Bamian unbehelligt zu lassen.
13. Januar. Taliban-Flugzeug stürzt bei Quetta ab, 80 Soldaten werden getötet. Schießerei bei Kandahar zwischen verfeindeten Taliban; Dorfbewohner widersetzen sich einer Zwangsrekrutierung.

27. Januar. 250 Gefangene auf beiden Seiten wegen des Haid-Festes freigelassen.

4. Februar. Erdbeben im Nordosten Afghanistans; 4000 Tote und 15 000 Obdachlose. Hilfsorganisationen werden durch Schnee behindert.

20. Februar. Zweites Erdbeben.

8. März. Internationaler Frauentag steht weltweit im Zeichen der Frauen Afghanistans.

14. März. Schwere Kämpfe in Mazar zwischen Usbeken und Hasaras.

22. März. Brahimi kehrt zurück, um zwischen den Taliban und der Opposition zu vermitteln.

1. April. Taliban ernennen ein Team, um mit der Opposition über eine *Ulema*-Kommission zu verhandeln.

17. April. US-Gesandter Bill Richardson besucht Kabul und Mazar.

26. April. *Ulema*-Kommission trifft sich in Islamabad unter UN-Schirmherrschaft.

4. Mai. *Ulema*-Gespräche werden abgebrochen.

17. Mai. Taliban-Flugzeuge bombardieren Talogan, 31 Menschen werden getötet, 100 verletzt. Schwere Gefechte um Kabul herum und im Norden.

30. Mai. Erneut schweres Erdbeben im Nordosten Afghanistans; 5000 Tote.

18. Juni. Saudischer Geheimdienstchef Prinz Turki in Kandahar.

30. Juni. Taliban fordern NGOs auf umzuziehen, damit sie das Polytechnikum-Gebäude zerstören können. NGOs weigern sich.

3. Juli. Zentralasien-Gipfel mit fünf Nationen in Almaty ruft zum Ende des Krieges in Afghanistan auf.

9. Juli. UN-Flugzeug auf dem Flughafen Kabul abgeschossen. Omar erlässt Verordnungen über ein totales Fernsehverbot, die Deportation aller Christen und die Bestrafung ehemaliger Kommunisten. Ehemaliger kommunistischer afghanischer Verteidigungsminister in Quetta ermordet.

12. Juli. Taliban erobern Maimana, nehmen 800 Usbeken gefangen, beschlagnahmen 100 Panzer.

18. Juli. EU streicht alle humanitäre Hilfe für Kabul wegen unannehmbarer Beschränkungen.

20. Juli. NGOs verlassen Kabul. EU schließt die Vertretung.

21. Juli. Zwei afghanische Arbeiter werden entführt und in Jalalabad getötet.

31. Juli. Taliban-Führer besuchen die *Madrassa* von Dar-ul-Uloom Haqqania, Akora Khattak in Pakistan, auf der Suche nach Unterstützung. Fünftausend Pakistanis ziehen mit ihnen in den Kampf nach Afghanistan.

1. August. Taliban nehmen Shibarghan ein, Dostum flieht mit seinen Truppen nach Hairatan an der Grenze nach Usbekistan.

7. August. Bombenexplosionen in den US-Botschaften in Kenia und Tansania, für die Osama Bin Laden verantwortlich ist.

8. August. Taliban erobern Mazar, ermorden 11 iranische Diplomaten und einen Journalisten. Tausende Hasaras werden von den Taliban niedergemetzelt, Tausenden weiteren gelingt die Flucht aus Mazar.

10. August. Talogan fällt an die Taliban.

11. August. Russland warnt Pakistan davor, den Taliban zu helfen. Die Staaten Zentralasiens sind in hoher Alarmbereitschaft.

12. August. Pul-e-Khumri und Hairatan fallen an die Taliban.

18. August. Ayatollah Khomeini beschuldigt die USA und Pakistan, den Taliban-Aufstand gegen den Iran zu nutzen. Die Spannung zwischen dem Iran und den Taliban eskaliert. Mullah Omar sagt, die Taliban werden Bin Laden schützen.

20. August. USA schießt 75 Cruise Missiles auf Jalalabad und die Lager von Khost ab, die von Bin Laden geleitet werden. Bei dem Angriff gibt es 21 Tote und 30 Verwundete.

21. August. Taliban verurteilen US-Angriff und geloben, Bin Laden zu schützen. In Kabul wird ein UN-Militäroffizier ermordet. Alle Ausländer in Afghanistan sowie Peschawar und Quetta evakuiert.

26. August. New York Grand Jury (Geschworenengericht in New York) überreicht eine versiegelte Anklage gegen Bin Laden wegen Terrorismus.

1. September. Iran beginnt mit 70 000 Mann Kriegsmanöver an der Grenze zu Afghanistan.

6. September. Kriegsgefahr wächst, als der Iran für sich das Recht nach internationalem Gesetz beansprucht, seine Landsleute zu schützen. USA rät zur Mäßigung. Taliban appelieren wieder an die UNO, sie anzuerkennen.

10. September. Taliban erklären, die Leichen von neun iranischen Diplomaten in Mazar gefunden zu haben.

13. September. Bamian fällt nach Gefechten an die Taliban. Omar fordert Truppen zur Mäßigung auf.

20. September. Schwerer Raketenangriff Masuds auf Kabul; 66 Tote, 215 Verletzte.
22. September. Saudi-Arabien weist Taliban-Gesandten aus und gibt der Verärgerung über die Weigerung, Bin Laden auszuliefern, im Anschluss an Prinz Turkis Besuch Ausdruck.
27. September. Taliban stationieren 30 000 Mann an der iranischen Grenze als Widerstand gegen die Manöver.
2. Oktober. Irans Geschütze und Kampfflieger verletzen den Luftraum über Herat. Das iranische Militärmanöver mit 200 000 Mann beginnt.
14. Oktober. Lakhdar Brahimi reist zu Gesprächen mit Mullah Omar nach Kandahar – Omars erster Kontakt mit einem ausländischen Diplomaten. Taliban sind mit einer Freilassung aller iranischen Gefangenen einverstanden.
21. Oktober. Die Feminist Marjorie Foundation in den USA, die 129 Frauenorganisationen vertritt, verlangt erhöhten wirtschaftlichen und sozialen Druck auf die Taliban. Mavis Leno, Jay Lenos Frau, spendet 100 000 US-Dollar für eine Kampagne gegen die Geschlechterpolitik der Taliban.
23. Oktober. Masud unternimmt im Nordosten eine erfolgreiche Offensive und dringt in die Provinz Kunduz ein. Taliban verhaften 60 Männer, die General Tanai bei seinem Putschversuch in Jalalabad unterstützt haben sollen.
25. Oktober. Taliban verbieten Landminen. Masud bringt Imam Saheb an die Grenze zu Tadschikistan.
7. November. UNO erklärt die Taliban für den Tod von 4000 Menschen in Mazar verantwortlich. Omar bezichtigt die UNO der Voreingenommenheit und behauptet, 3500 Taliban seien getötet worden. Wiederholt lehnt er eine Regierungsbildung auf breiter Basis ab.
13. November. Mohammed Akbari, einer der Führer der Splittergruppe Hizb-e-Wahadat, unterwirft sich den Taliban in Bamian.
23. November. UNESCO-Chef Frederico Mayor drängt darauf, die Menschenrechtsverletzungen der Taliban zu stoppen.
1. Dezember. Taliban schießen auf Studenten vor der Universität in Jalalabad; 4 Tote, 6 Verletzte.
9. Dezember. UN-Generalversammlung verhängt eine harte Resolution über Afghanistan.
29. Dezember. UNICEF erklärt den Kollaps des Bildungswesens in Afghanistan.

1999

1. Januar. Die erste chinesische Delegation trifft zu Gesprächen mit den Taliban in Kandahar ein.

10. Januar. Taliban lehnen die in Peschawar neu gebildete Peace and National Unity Party ab und erklären nur eine militärische Lösung für annehmbar. Masud führt im Norden seine Offensive weiter.

12. Januar. Die Familie des ehemaligen Mudschaheddin-Befehlshabers Abdul Haq wird in Peschawar erschossen.

19. Januar. Taliban hacken in Kabul sechs Straßenräubern die Gliedmaßen ab und hängen sie auf die Bäume der Stadt.

21. Januar. UN-Sicherheitsrat verlangt nach Lakhdar Brahimis Berichterstattung erneut Waffenstillstand.

31. Januar. Erste chinesische Delegation kommt zu einem Treffen mit den Taliban nach Kabul.

2. Februar. Iranische Beamte treffen sich mit Taliban in Dubai. Stellvertretender US-Außenminister Strobe Talbott trifft sich mit Taliban in Islamabad. Er übergibt ihnen ein Schreiben, in dem die Auslieferung von Osama Bin Laden gefordert wird.

9. Februar. Taliban weisen US-Schreiben zurück und erklären, Bin Laden werde nicht gezwungen, das Land zu verlassen, aber man werde ihm Beschränkungen auferlegen.

11. Februar. Erdbeben in Maiden Shahr in Logar tötet 50 Menschen und verletzt 200.

13. Februar. Bin Laden geht in den Untergrund. Taliban behaupten, nichts über seinen Verbleib zu wissen. Masud kommt zu Gesprächen nach Teheran.

15. Februar. Zehnter Jahrestag des Abzugs der Sowjets aus Afghanistan.

21. Februar. UN-Vermittler Lakhdar Brahimi kommt nach Islamabad, nachdem er zuvor König Fahd in Riad getroffen hat.

28. Februar. Anti-Taliban-Allianz erklärt, sie wolle einen Führungsrat und ein 150-Mann-Parlament bilden.

3. März. Turkmenistans Außenminister Scheichmuradov trifft sich zum ersten Mal mit Mullah Omar in Kandahar.

4. März. Hillary Clinton kritisiert die Geschlechterpolitik der Taliban.

11. März. Unter Vermittlung der UNO beginnen Gespräche zwischen den Taliban und der Opposition in Aschchabad.

14. März. Gespräche enden in einem hoffnungsvollen Konzept, in dem beide Seiten sich bereit erklären, einige Gefangene freizulassen;

eine Regierungsstruktur soll in späteren Gesprächen entschieden werden.

24. März. Lakhdar Brahimi trifft mit Mullah Omar in Kandahar zusammen.

30. März. Die nächste Runde der Aschchabad-Gespräche wird eingestellt, da beide Seiten einander kritisieren.

April – Mai. Heftige Kämpfe um die Kontrolle über Bamian im Hasarajat.

7. April. Russischer Verteidigungsminister Igor Sergeijev trifft sich mit Masud in Duschanbe, als Russland ankündigt, eine neue Militärbasis in Tadschikistan zu bauen.

10. April. Mullah Omar schließt weitere Gespräche mit der Opposition aus. Schwere Gefechte in und um Bamian.

15. April. Präsident Clinton kritisiert die Menschenrechtsverletzungen der Taliban. Taliban verdammen Clinton.

21. April. Bamian fällt an die Hizb-e-Wahadat, als die Taliban abziehen; Dutzende Tote und Dutzende Gefangene.

28. April. Taliban bombardieren Bamian in dem Versuch, die Stadt wieder einzunehmen. Dreißig Zivilisten werden getötet.

29. April. Taliban, Pakistan und Turkmenistan unterzeichnen ein Abkommen zur Wiederaufnahme des Vorhabens einer Gas-Pipeline durch Afghanistan und verpflichten sich, neue Finanzgeber für das Projekt zu finden. In Washington kritisiert Hillary Clinton die Geschlechterpolitik der Taliban.

Mai. Aufstand gegen die Taliban in Herat. 100 Zivilisten werden getötet, 8 Zivilisten werden vor Gericht gestellt und hingerichtet.

5. Mai. Iran und Usbekistan geben in Taschkent eine gemeinsame Stellungnahme ab, jeder Übernahme von Seiten der Taliban Afghanistans Widerstand zu leisten.

9. Mai. Bamian von den Taliban nach Angriffen zurückerobert.

12. Mai. Taliban-Delegation unterzeichnet Abkommen mit Turkmenistan, Gas und Elektrizität zu kaufen.

14. Mai. USA richten eine erste Warnung an Pakistan, die Taliban nicht zu unterstützen, da dadurch eine Rückkehr von Ex-König Zahir Schah begünstigt würde.

20. Mai. Schwere Kämpfe brechen aus. Masud feuert zwölf Raketen auf Kabul ab, Bagram wird von den Taliban bombardiert.

22. Mai. Taliban schlagen Aufstand in Herat nieder, richten acht Män-

ner öffentlich hin und töten 100. Sie klagen Iran an, Waffen zu verteilen.

28. Mai. Amnesty International beschuldigt Taliban, bei der Eroberung von Bamian Zivilisten getötet zu haben. Mullah Omar beruft mehrere tausend Taliban-Befehlshaber und Mullahs in Kandahar zu einem Freitags-Treffen ein, um die Zukunft der Bewegung zu diskutieren.

2. Juni. Usbekistans Außenminister Aziz Kamilov trifft sich zum ersten Mal mit Mullah Omar in Kandahar. Taliban beharren darauf, an der nächsten «Sechs plus Zwei»-Konferenz in Taschkent nur teilzunehmen, wenn sie als Regierung Afghanistans anerkannt werden.

8. Juni. FBI stellt Bin Laden an die Spitze der zehn meistgesuchten Flüchtigen und setzt ein Kopfgeld von 5 Millionen Dollar aus. Die Furcht vor einem US-Angriff auf Bin Laden nimmt zu.

26. Juni. Ex-König Zahir Schah hält ein konsultatives Treffen in Rom ab, aber Taliban weisen jede Rolle des Friedensstifters für ihn zurück. Aufgrund von Bin Ladens Drohungen werden in Afrika sieben Botschaften für drei Tage geschlossen.

6. Juli. USA verhängen Wirtschafts- und Handelssanktionen über die Taliban und frieren ihr Vermögen in den USA ein, weil sie sich weigern, Bin Laden auszuliefern. Taliban bereiten sich auf eine massive Sommeroffensive gegen Masud vor, während Tausende pakistanische und Hunderte arabische Rekruten sich den Taliban anschließen.

15. Juli. Der führende afghanische Nationalist und ehemalige Senator Abdul Ahad Karzai wird in Quetta nach einem Treffen mit Zahir Schah ermordet. Das US-Außenministerium und die UNO verurteilen den Mord.

16. Juli. Die Außenminister Russlands, Tadschikistans und Usbekistans treffen in Taschkent zusammen und vereinbaren, im Kampf gegen islamischen Extremismus in Zentralasien zusammenzuarbeiten.

19. Juli. Die «Sechs plus Zwei»-Gespräche beginnen in Taschkent. Präsident Islom Karimov ruft zum Waffenstillstand und zu einer UN-Sitzung über Afghanistan auf.

20. Juli. Gespräche in Taschkent ohne feste Ergebnisse.

23. Juli. Masud kommt nach Taschkent und trifft mit Präsident Karimov zusammen.

27. Juli. UN-Flugzeuge stellen den Flugverkehr nach Kabul ein, als Masuds Raketen den Flughafen treffen. Taliban-Offensive steht kurz bevor.

28. Juli. Taliban-Offensive beginnt an drei Fronten, während sie nach Bagram vorstoßen. Gleich am ersten Kampftag gibt es 130 Tote auf beiden Seiten.
1. August. Bagram fällt an die Taliban, heftige Gefechte, als Masud versucht, die Stadt zurückzuerobern.
2. August. Taliban erobern Charikar, als sich Masud nach Pandschir zurückzieht. 200 000 Menschen fliehen aus dem Shomali-Tal und lösen erneut eine Flüchtlingskrise aus.
3. August. Taliban stoßen vom Norden aus nach Kunduz vor und erobern Imam Saheb und Sher Khan Bandar, schneiden Masuds Versorgung aus Tadschikistan ab. 3000 Verluste.
5. August. Gegenangriff Masuds, Rückeroberung von Charikar, Zurückdrängung der Taliban in ihre Ausgangsposition bei Kabul. 2000 Taliban werden getötet, 500 gefangen genommen.
8. August. Masud erobert verlorenes Terrain im Norden zurück.
10. August. Washington friert das US-Vermögen der Taliban-Fluglinie Ariana wegen deren Verbindungen zu Bin Laden ein.
13. August. Taliban erobern Bagram zurück.
15. August. Als die Taliban im Shomali-Tal eine Politik der verbrannten Erde betreiben, richtet die UNO einen Appell an die Taliban, nicht noch mehr Flüchtlinge zu schaffen und eine Kampfpause einzulegen. Tausende werden in Kabul verhaftet.
17. August. Pakistan unternimmt Vermittlungsversuch, wird aber von der Nordallianz abgelehnt.
25. August. Massive Bombenexplosion in Kandahar vor Omars Haus, bei der 10 Menschen getötet und 40 verletzt werden. Omars zwei Stiefbrüder und sechs Araber kommen ums Leben.
5. September. Schwere Gefechte, da beide Seiten erneut Offensiven im Norden und bei Kabul starten.
10. September. UNDCP gibt an, die Opiumproduktion Afghanistans verdoppelt sich 1999 auf 4600 Tonnen. 97 Prozent des Anbaus sind unter Taliban-Kontrolle.
20. September. Russland behauptet, Afghanen, Pakistanis und Araber kämpfen von afghanischen Militärbasen aus in Dagestan und Tschetschenien.
25. September. Taliban dringen nach Talogan, der Hauptstadt der Nordallianz, vor. Schwere Gefechte.
27. September. UNO kritisieren die Unterstützung afghanischer Gruppierungen von außen. Taliben erobern Imam Saheb zurück.

29. September. Nordallianz schießt einen SU-22-Kampfbomber der Taliban über Talogan ab.
4. Oktober. Pakistans ISI-Chef besucht Kandahar und fordert Auslieferung pakistanischer Terroristen aus Afghanistan. Mullah Omar stimmt einer Zusammenarbeit zu.
12. Oktober. Militärputsch in Pakistan stürzt die Regierung von Premierminister Nawaz Sharif.
15. Oktober. US-Sicherheitsrat verhängt begrenzte Sanktionen über die Taliban.

2000

16. Januar. Die Taliban erkennen die Abspaltung Tschetscheniens von Russland diplomatisch an. In Kabul wird eine tschetschenische Botschaft eröffnet.
18. Januar. Francesc Vendrell wird zum neuen Afghanistan-Sonderbeauftragten des UN-Genersekretärs ernannt.
6. Februar. Afghanische Zivilisten entführen ein Flugzeug auf einem Inlandsflug aus Kabul und zwingen es, nach London zu fliegen, wo sie um politisches Asyl bitten und die Entführung nach vier Tagen friedlich endet.
März. Organisation of the Islamic Conference veranstaltet Gespräche zwischen Taliban und der Nordallianz, die erfolglos bleiben.
27. März. Ismael Khan, der frühere Gouverneur von Herat, entkommt aus einem Taliban-Gefängnis in Kandahar und flüchtet in den Iran. Taliban starten eine Offensive gegen Masud, die scheitert.
April. Afghanistan wird von einer schweren Dürre betroffen; die Taliban appellieren an internationale Hilfe.
1. Juli. Die Taliban starten ihre Sommeroffensive nördlich von Kabul, werden jedoch nach schweren Verlusten zurückgeschlagen.
10. Juli. Die Taliban fordern alle Hilfsorganisationen auf, ihre afghanischen Mitarbeiterinnen zu entlassen. Bombenexplosion in der pakistanischen Botschaft in Kabul.
28. Juli. Die Taliban starten einen Angriff nach Norden gegen Masuds Streitkräfte. Die im Norden Afghanistans stationierte Islamische Bewegung Usbekistans unternimmt einen Angriff aus Usbekistan.
1. August. Die Islamische Bewegung Usbekistans startet von Stützpunkten in Afghanistan aus Angriffe auf Ziele in Zentralasien. Mullah Omar verbietet den Anbau von Schlafmohn.

5. September. Nach vierwöchiger Belagerung und schweren Gefechten erobern die Taliban Talogan in der Provinz Takhar. Masud zieht sich in die Provinz Badachschan zurück. 150 000 Menschen fliehen und setzen die Taliban unter Druck. Zentralasien und Russland verurteilen den Vorstoß der Taliban.

2001

8. Januar. Nach der Eroberung der Stadt Yakaolang begehen die Taliban ein Massaker an 210 Zivilisten.
19. Januar. Der UN-Sicherheitsrat verabschiedet die Resolution 1333 und verhängt Sanktionen und ein Waffenembargo gegen die Taliban.
1. März. Die Vereinten Nationen teilen mit, dass die Taliban ihr Verbot des Anbaus von Schlafmohn durchgesetzt haben, so dass in diesem Jahr die Herstellung neuen Opiums praktisch unmöglich sei.
10. März. Die beiden historischen, 1800 Jahre alten Buddhastatuen von Bamian, eines der bedeutendsten Kulturdenkmäler Zentralasiens, werden von den Taliban trotz internationaler Proteste gesprengt.
4. April. Ahmed Schah Masud, der Führer der Nordallianz, trifft zu einem offiziellen Besuch mehrerer Hauptstädte in Europa ein.
16. April. Mullah Mohammed Rabbani, nach Mullah Omar der zweite Mann der Taliban-Bewegung und der bedeutendste Vertreter ihrer gemäßigten Kräfte, stirbt in einem Krankenhaus in Karatschi (Pakistan) an Krebs.
22. Mai. Die Taliban ordnen an, dass alle Hindus sich durch gelbe Abzeichen an ihrer Kleidung kenntlich machen müssen.
1. Juni. Die Taliban starten ihre Sommeroffensive.
5. August. Die Taliban verhaften acht Ausländer, darunter vier Deutsche, und 16 Afghanen, die der Hilfsorganisation «Shelter Now International» angehören. Ihnen wird zur Last gelegt, unter dem Deckmantel der Hilfe christliche Missionierung betrieben zu haben.
4. September. Vor dem Obersten Gerichtshof in Kabul beginnt der Prozess gegen die acht ausländischen Mitarbeiter von «Shelter Now International».
11. September. Die terroristischen Anschläge auf das World Trade Center in New York und auf das Pentagon in Washington rufen weltweit Bestürzung hervor. Die USA und die NATO planen militärische Aktionen gegen das Taliban-Regime, das sich weigert, den saudischen Fundamentalisten

und Multimillionär Osama Bin Laden auszuliefern. Ihn und seine Organisation Al-Qaida machen die USA für die Anschläge verantwortlich, die etwa 6000 Menschen das Leben kosteten.

2002

18. April. Der ehemalige König Zahir Schah kehrt nach Afghanistan zurück, erhebt aber keinen Anspruch auf den Thron.
1. Mai. Ein Referendum, das als verfassungswidrig und voller Unregelmäßigkeiten kritisiert wird, bestätigt den pakistanischen Präsidenten Musharraf für weitere fünf Jahre im Amt.
11.–19. Juni. Die Loya Dschirga wählt Hamid Karzai zum Chef einer Übergangsregierung, die bis zu den Präsidentschaftswahlen 2004 im Amt bleibt.
6. Juli. Vizepräsident Hadschi Abdul Kadir wird von Attentätern in Kabul erschossen.
5. September. Präsident Karzai entgeht nur knapp einem Anschlag in Kabul. Der Gouverneur von Kandahar, Gul Agha Sherzai, wird verletzt.
10. Oktober. Die ersten allgemeinen Wahlen in Pakistan seit dem Militärputsch 1999 bringen keine klaren Mehrheitsverhältnisse im Parlament. Die islamische Partei Jamiat-e-Ulema gewinnt in zwei Provinzen an der Grenze zu Afghanistan. Mullah Omar geht über die pakistanische Grenze nach Quetta.

2003

20. Januar. Erste große Schlacht zwischen Taliban und US-Streitkräften in Kandahar.
20. März. Invasion von US-Truppen mit Unterstützung britischer Soldaten und der Koalitionsstreitkräfte im Irak.
27. März. Ricardo Munguia, als Wasserbauingenieur im Auftrag des Internationalen Roten Kreuzes in Afghanistan unterwegs, wird von den Taliban erschossen.
1. Mai. US-Verteidigungsminister Rumsfeld erklärt auf einer Pressekonferenz mit Präsident Karzai in Afghanistan, die Hauptkampfhandlungen seien «in eine Phase der Stabilität und der Stabilisierung übergegangen».
9. Juni. In der Nordwestprovinz Pakistans setzt das Parlament die Einführung der Scharia-Gesetzgebung durch.
11. August. Die NATO übernimmt die Verantwortung für die Sicherheit in Kabul; es ist die erste außereuropäische Militärmission des Bündnisses.

14. Dezember. Sekunden nachdem Präsident Musharrafs Wagen eine Brücke passiert hat, explodiert dort eine Bombe. Die Loya Dschirga entscheidet über eine neue Verfassung.
Laut UNDCP betrug die Opiumproduktion Afghanistans im Jahr 2003 3600 Tonnen.

2004

März. Bei Selbstmordattentaten der Islamischen Dschihad-Union in mehreren usbekischen Städten sterben 47 Menschen.
16. März. Pakistans Frontier Corps erleidet bei Kämpfen in Südwaziristan schwere Verluste. Die Gesamtzahl der Opfer in diesem Konflikt wird auf 200 geschätzt.
31. März. Eine internationale Geberkonferenz in Berlin verspricht Afghanistan Aufbauhilfen in Höhe von 8,2 Milliarden US-Dollar für die nächsten drei Jahre.
24. April. Die pakistanische Armee unterzeichnet ein Friedensabkommen mit wazirischen Militanten.
Juni. Pakistan startet eine zweite Militäroffensive gegen mutmaßliche Al-Qaida-Kämpfer unweit der afghanischen Grenze.
18. Juni. Nek Mohammed, Kommandeur der Militanten in Südwaziristan, wird von einer amerikanischen Hellfire-Rakete getötet.
16. September. Präsident Karzai entgeht bei der Landung in Gardez einem Attentat, als eine Rakete seinen Hubschrauber verfehlt.
3. November. Karzai wird mit 55,4 Prozent der Stimmen zum Sieger der Präsidentschaftswahlen erklärt. Die Wahlbeteiligung betrug schätzungsweise 73 Prozent.
Laut UNDCP betrug die Opiumproduktion Afghanistans im Jahr 2004 4200 Tonnen.

2005

Februar. In dem strengsten Winter seit zehn Jahren sterben Hunderte Menschen.
Mai. Einzelheiten über die Misshandlung von Gefangenen in Gefängnissen der US-Streitkräfte werden bekannt.
13. Mai. Usbekisches Militär beschießt eine Demonstration im Ferghana-Tal; fast 850 Menschen sterben. Die blutige Aktion wird weltweit verurteilt.
1. Juni. Ein Selbstmordattentäter in Polizeiuniform reißt in einer Moschee in Kandahar 20 Menschen mit in den Tod.

29. Juli. Der usbekische Präsident Islom Karimov schließt den Luftwaffenstützpunkt Karshi-Khanabad (K2) in Usbekistan für die USA.
September. In Afghanistan finden Parlaments- und Provinzwahlen statt.
19. Dezember. Das neue Parlament hält seine Eröffnungssitzung ab.
Dezember. ISAF-Truppen rücken in den südlichen Provinzen ein.
Laut UNDCP betrug die Opiumproduktion Afghanistans im Jahr 2005 4100 Tonnen.

2006

Januar. Bei einem US-Raketenangriff auf ein Dorf an der afghanischen Grenze im Norden Pakistans, der hochrangigen Al-Qaida-Mitgliedern galt, werden 18 Menschen getötet.
2. Februar. Eine internationale Geberkonferenz in London sichert Afghanistan Aufbauhilfen in Höhe von mehr als 10 Milliarden US-Dollar für die nächsten fünf Jahre zu.
29. Mai. Als bei dem Unfall eines US-Militärfahrzeugs mehrere Zivilisten sterben, kommt es zu antiamerikanischen Ausschreitungen in Kabul, den schwersten seit dem Sturz der Taliban 2001.
Mai – Juni. Im Verlauf der Operation Mountain Thrust, die von Koalitionstruppen in Zusammenarbeit mit afghanischen Streitkräften im Süden Afghanistans geführt wird, kommen zahlreiche Menschen ums Leben.
Ab Juli. NATO-Truppen übernehmen bei Militäroperationen im Süden die Führung. Es kommt zu heftigen Kämpfen, als sie versuchen, die Regierungskontrolle auf Gebiete auszudehnen, in denen der Einfluss der Taliban stark ist.
3. August. Ein Selbstmordattentäter rammt einen NATO-Konvoi in Kandahar. Dabei sterben 21 Menschen.
26. August. Pakistanische Sicherheitskräfte töten den bekannten belutschischen Stammesführer Nawab Akbar Bugti. In der Folge kommt es zu gewaltsamen Ausschreitungen.
Oktober. Die NATO trägt jetzt die Verantwortung für die Sicherheit in ganz Afghanistan und übernimmt im Osten des Landes das Kommando von den US-geführten Koalitionstruppen.
21. Dezember. Der turkmenische Präsident Saparmurad Niyazov stirbt an einem Herzinfarkt.
23. Dezember. Der ehemalige Taliban-Kommandeur Mullah Akhtar Usmani wird bei einem Luftangriff in Helmand getötet.

2006 brennen die Taliban 187 Schulen nieder und töten 85 Lehrer und 600 Polizisten. Laut UNDCP betrug die Opiumproduktion Afghanistans in diesem Jahr 6100 Tonnen.

2007

Januar. Islamabad weist die Behauptung der amerikanischen National Intelligence Agency zurück, die Al-Qaida-Führung halte sich in Pakistan versteckt.

Januar – Juni. Die Spannungen zwischen der pakistanischen Regierung und der radikalen Roten Moschee in Islamabad eskalieren.

1. März. Der pakistanische Geheimdienst ISI gibt die Verhaftung von Mullah Obaidullah Akhund in Quetta bekannt, der Nummer drei der Taliban-Führung.

6. März. Streitkräfte der NATO und Afghanistans beginnen mit der Operation Achilles, der bis dahin größten Offensive gegen die Taliban im Süden Afghanistans. In der Provinz Helmand kommt es zu schweren Kämpfen.

20. März. Die Verhandlungen Italiens mit den Taliban zur Freilassung von fünf Rebellen im Austausch gegen den entführten Journalisten Daniele Mastrogiacomo stoßen auf Kritik. Mastrogiacomos Fahrer und sein Übersetzer, beide Afghanen, werden enthauptet.

März – April. Nach offiziellen Angaben kamen bei Kämpfen zwischen südwazirischen Stammesangehörigen und ausländischen, mit Al-Qaida verbundenen Militanten rund 250 Menschen ums Leben.

12. Mai. Der Militärchef der Taliban, Mullah Dadullah, wird bei Kämpfen gegen amerikanische und afghanische Streitkräfte getötet. Im Zusammenhang mit den schwelenden Grenzstreitigkeiten kommt es zu Gefechten zwischen afghanischen und pakistanischen Soldaten, den schwersten seit Jahrzehnten.

16. Mai. Bei einer Bombenexplosion in einem Hotel in Peschawar sterben 24 Menschen.

10. Juli. Nach wochenlanger Belagerung stürmen pakistanische Sicherheitskräfte die Rote Moschee in Islamabad.

19. Juli. 23 Südkoreaner, die im Auftrag einer christlichen Hilfsorganisation in Afghanistan tätig waren, werden von den Taliban entführt.

23. Juli. Der ehemalige afghanische König und «Vater der Nation», Zahir Schah, stirbt.

27. August. Nach UN-Berichten ist die Opiumproduktion auf einem Höchststand.

28. August. Die südkoreanische Regierung erklärt sich bereit, die christliche Missionstätigkeit in Afghanistan zu beenden. 19 der 23 südkoreanischen Geiseln werden freigelassen.
29. September. Bei einem Selbstmordanschlag auf einen Militärbus sterben 30 afghanische Rekruten.
6. Oktober. Präsident Musharraf gewinnt bei den Präsidentschaftswahlen die Mehrheit der Stimmen, kann aber laut dem Obersten Gerichtshof Pakistans nicht zum Sieger erklärt werden, bevor das Gericht entschieden hat, ob der General in seiner Eigenschaft als Armeechef überhaupt als Kandidat hätte antreten dürfen.
7. Oktober. Bei den zweiten, offiziell bestätigten Hinrichtungen in Afghanistan seit dem Sturz der Taliban 2001 werden 15 Menschen getötet.
28. Oktober. Fast 200 Menschen sterben bei Kämpfen mit islamischen Militanten in Nordwaziristan, einer Hochburg talibanfreundlicher Muslime und Al-Qaida-Gruppen.
2. November. Afghanische Sicherheitskräfte töten Mawlawi Abdul Manan, einen hochrangigen, mit den Taliban verbündeten Kommandeur.
6. November. Bei einem Selbstmordanschlag auf eine Parlamentarierdelegation in der nordafghanischen Stadt Baghlan sterben mindestens 41 Menschen.
19. November. Der neue Oberste Gerichtshof in Pakistan, dem nunmehr willfährige Richter angehören, weist die Kritik an Präsident Musharrafs Wiederwahl zurück.
29. November. Präsident Musharraf tritt als Militärchef zurück und wird zu einer zweiten Amtszeit als Staatspräsident vereidigt.
25. Dezember. Zwei hochrangige Vertreter der EU und der UN werden aus Afghanistan ausgewiesen. Man wirft ihnen vor, sie hätten mit den Taliban Kontakt aufgenommen.
Dezember. Bei einem Treffen von Stammesmilizen in den Stammesgebieten Pakistans wird die Tehreek-e-Taliban Pakistan (Taliban-Bewegung Pakistan) gegründet.
27. Dezember. Benazir Bhutto wird bei einer Wahlkundgebung in Rawalpindi ermordet.
Laut UNDCP betrug die Opiumproduktion Afghanistans im Jahr 2007 8200 Tonnen.

2008

Januar. Bei Kämpfen in der Stammesregion Südwaziristan werden 90 Militante getötet.

15. Januar. Bei einem Bombenanschlag im Serena Hotel in Kabul werden sechs Menschen getötet.

3. April. Auf ihrem Gipfeltreffen in Bukarest erklärt die NATO-Führung die Friedenssicherung in Afghanistan zu ihrem obersten Ziel und verspricht ein «entschlossenes und gemeinsames langfristiges Engagement».

13. Juni. Die Taliban stürmen das Gefängnis in Kandahar und befreien 1100 Insassen, darunter 400 ihrer Anhänger.

16. Juni. Der britische Verteidigungsminister Des Browne kündigt an, Großbritannien werde bis Frühjahr 2009 seine Truppenstärke in Afghanistan um 230 Soldaten auf insgesamt 8000 erhöhen.

19. Juni. Der afghanische Präsident Karzai droht mit der Entsendung eigener Truppen nach Pakistan zur Bekämpfung von Militanten, falls Islamabad nichts unternehme.

7. Juli. Bei einem Selbstmordanschlag auf die indische Botschaft in Kabul kommen mehr als 50 Menschen ums Leben. Die afghanische Regierung beschuldigt den pakistanischen Geheimdienst, hinter dem Anschlag zu stehen. Pakistan bestreitet jegliche Verwicklung.

18. August. Der pakistanische Präsident Musharraf tritt zurück.

19. August. In einem Hinterhalt der Taliban sterben zehn französische Soldaten.

22. August. Präsident Karzai beschuldigt die Koalitionstruppen, bei einem Luftangriff in Herat mindestens 89 Zivilisten getötet zu haben.

28. August. In der Provinz Helmand werden 100 Taliban von Soldaten der US-geführten Koalitionstruppen und der afghanischen Armee getötet.

6. September. Asif Ali Zardari gewinnt die Präsidentenwahl in Pakistan.

9. September. Präsident Bush plant die Entsendung von 4500 weiteren Soldaten nach Afghanistan.

16. Oktober. Deutschland beschließt die Verlängerung des Afghanistan-Einsatzes für das Jahr 2009 und eine Aufstockung seiner Truppenstärke in Afghanistan um 1000 Mann.

17. November. Die Taliban lehnen Präsident Karzais Angebot zu Friedensgesprächen ab: Solange ausländische Truppen in Afghanistan seien, könne es keine Verhandlungen geben.

2009

20. Januar. Barack Obama wird als neuer US-Präsident vereidigt.

3. Februar. Kirgistan setzt den Vereinigten Staaten eine sechsmonatige Frist zur Räumung des Luftwaffenstützpunkts Manas, von dem aus Soldaten und Nachschub nach Afghanistan gebracht werden.

18. Februar. Die USA kündigen die Entsendung von 17 000 zusätzlichen Soldaten nach Afghanistan an. Zwanzig weitere NATO-Staaten versprechen gleichfalls, ihre militärische und logistische Hilfe aufzustocken.

22. Februar. Die pakistanische Regierung stimmt der Einführung der Scharia im Swat-Tal zu, um die islamistischen Militanten des Gebiets zu einer dauerhaften Waffenruhe zu bewegen.

27. März. Präsident Barack Obama gibt eine neue US-Strategie für Afghanistan und Pakistan bekannt. Vorgesehen sind die Entsendung von weiteren 4000 Mann zur Ausbildung und Unterstützung der afghanischen Armee und Polizei sowie eine verstärkte Unterstützung der zivilen Entwicklung.

27. April. Präsident Karzai kündigt an, im August zur Wiederwahl anzutreten. Die pakistanische Regierung startet eine Offensive in den nordwestlichen Regionen, als die Waffenruhe im Swat-Tal nicht hält.

11. Mai. General David McKiernan, Oberkommandierender der US-geführten Truppen in Afghanistan, wird von General Stanley McChrystal abgelöst.

23. Mai. Eine amerikanisch-afghanische Militäreinheit nimmt in der südlichen Provinz Helmand 60 Taliban-Kämpfer gefangen und stellt mehr als 100 Tonnen Rauschgift sicher.

1. Juli. Die US-Armee startet in der Provinz Helmand eine Großoffensive gegen die Taliban, an der rund 4000 US-Marineinfanteristen und mehr als 600 afghanische Soldaten teilnehmen.

30. Juli. Die Taliban rufen die Afghanen zum Boykott der Präsidentschafts- und Provinzwahlen auf.

6. August. Baitullah Mehsud, der Anführer der Tehreek-e-Taliban Pakistan, stirbt bei einem amerikanischen Drohnenangriff.

15. August. Bei einem Selbstmordanschlag auf das NATO-Hauptquartier in Kabul sterben mindestens sieben Menschen.

20. August. Die Wahlen in Afghanistan werden von massiven Angriffen der Taliban und von Betrugsvorwürfen begleitet.

14. September. Najmiddin Jalolov, der Anführer der Islamischen Dschihad-Union, kommt bei einem US-Luftangriff in Pakistan ums Leben.

5. Oktober. Der neue Taliban-Führer Hakimullah Mehsud trifft sich mit Journalisten, um Gerüchten über seinen Tod entgegenzutreten. Er schwört Rache für den Drohnenangriff, bei dem Baitullah Mehsud ums Leben kam.
5. Oktober. Der Sitz des Welternährungsprogramms der Vereinten Nationen in Islamabad wird bombardiert. Vier Menschen werden getötet.
15. Oktober. Terroristen verüben in Lahore gleichzeitig drei Anschläge auf Mitarbeiter von Polizei und Geheimdienst.

Anhang 4
Das neue große Spiel

Tabelle I
Vorgeschlagene Gas-Pipelines aus Turkmenistan 1996

Firma	Strecke	Einzelheiten
1. Enron/ Wing Merril BOTAS/Gama Guris	Turkmenistan – Aserbaidschan – Türkei	unter dem Kaspischen Meer. Kosten: 1,6 Milliarden US-Dollar
2. Unocal, Delta Oil, Turkmenrosgaz	Turkmenistan – Afghanistan – Pakistan	937 Meilen. Kosten: 2,5 Milliarden US-Dollar
3. Bridas-TAP	Turkmenistan – Afghanistan – Pakistan	750 Meilen. Kosten: 2,5 Milliarden US-Dollar
4. Royal Dutch Shell, Gaz de France, Snamprogetti, Turkmenistan	Turkmenistan – Iran – Türkei	750 Meilen. Kosten: 2,5 Milliarden US-Dollar
5. Mitsubishi, Exxon, China, Turkmenistan	Turkmenistan – Kasachstan – China – Japan	5000 Meilen. Kosten: 22 Milliarden US-Dollar
6. China – Iran – Turkmenistan	Kasachstan – Turkmenistan – Iran – Persischer Golf	1500 Meilen. Kosten: 2,5 Milliarden US-Dollar
7. 120 Meilen lange Gas-Pipeline, die Iran und Turkmenistan verbindet, wurde im Dezember 1997 geöffnet.		

Stand der Pipelines 1999

1. Vertrag für eine Turkmenistan-Türkei-Pipeline unter dem Kaspischen Meer wurde 1999 von einem Konsortium, bestehend aus der Bechtel-Gruppe und US General Electrics, unterschrieben. Kosten: 2,5 Milliarden US-Dollar.
2. verschoben
3. verschoben
4. hinausgezögert
5. hinausgezögert
6. hinausgezögert

Quelle: Ahmed Rashid

Tabelle 2
Gasproduktion in Turkmenistan

Jahr	Milliarden Kubikmeter
1989	89,6
1999	55,7
1994	20,6
1995	22,0
1996	26,0
1997	17,0
1998	13,6

Quelle: Regierung Turkmenistan

Tabelle 3
Konkurrenz zwischen Unocal und Bridas um die Afghanistan-Pipeline, chronologisch geordnet.

1992

13. Januar. Bridas werden die Gas-Nutzungsrechte für den Yashlar-Block zugesprochen, Produktionsprofit wird 50:50 aufgeteilt.

1993

Februar. Bridas wird der Öl- und Gas-Block von Keimir im Westen Turkmenistans zugesprochen. Aufteilung des Profits 75:25 zugunsten Bridas'.
März. Präsident Niyazov besucht die USA. Der ehemalige US-Berater für Nationale Sicherheit Alexander Haig wird von Präsident Niyazov eingestellt, um US-Investoren für Turkmenistan zu ermuntern und die US-Position bezüglich einer Pipeline durch den Iran zu mildern.

1994

September. Bridas wird davon abgehalten, Öl aus dem Keimir-Block zu exportieren.
November. Turkmenistan beauftragt eine Arbeitsgruppe, die Gas-Pipeline-Strecken zu überprüfen. Darin sind auch Haig und Bridas vertreten. Taliban erobern Kandahar.

1995

Januar. Nach Neuverhandlungen über den Keimir-Block reduziert Bridas seinen Profitanteil auf 65 Prozent. Öl-Exporte erlaubt.
16. März. Präsident Niyazov und Pakistans Premierministerin Benazir Bhutto unterzeichnen ein Abkommen für eine Bridas-Studie über die Durchführbarkeit einer afghanischen Pipeline.
April. Turkmenistan und Iran unterzeichnen ein Abkommen, die ersten Rohre über 180 Meilen für die geplante, durch den Iran bis zur Türkei verlaufende Gas-Pipeline zu verlegen.
USA bilden eine Arbeitsgruppe, in der auch der Nationale Sicherheitsrat, das US-Außenministerium und der CIA vertreten sind, um eine Studie über Öl- und Gasinteressen der USA in der kaspischen Region anzufertigen. USA teilen Turkmenistan mit, sie würden sich der Finanzierung einer

Pipeline durch den Iran widersetzen, und drängen darauf, nach Westen zu blicken.

Abgeordnete aus Turkmenistan besuchen auf Einladung von Bridas Houston, Texas, und treffen zum ersten Mal mit Unocal zusammen.

Juni. Eine Delegation von Unocal in Aschchabad und Islamabad diskutiert über einen Einstieg in das Afghanistan-Pipeline-Projekt von Bridas. Bridas legt die Durchführbarkeitsstudie der Regierung Turkmenistans vor.

August. Bridas entdeckt Öl und Gas in Yashlar; das erste Treffen mit den Taliban findet in Kandahar statt; Manager von Bridas reisen nach Kabul, Herat und Mazar.

21. Oktober. Präsident Niyazov unterzeichnet in New York ein Abkommen mit Unocal/Delta über die Afghanistan-Pipeline.

Dezember. Zum zweiten Mal verbietet die Regierung Turkmenistans Bridas den Öl-Export aus dem Keimir-Block.

1996

Februar. Bridas unterzeichnet ein Abkommen mit der Regierung Afghanistans über den Bau einer Pipeline. Bridas klagt in Houston gegen Unocal/Delta wegen Einmischung in das Geschäft mit Turkmenistan.

März. US-Botschafter Tom Simmons drängt Premierministerin Bhutto, Exklusivrechte an Unocal zu vergeben. Bhutto verlangt eine schriftliche Entschuldigung für Simmons' Grobheit.

April. Bridas beginnt einen Schlichtungsprozess gegen Turkmenistan wegen Vertragsbruch. Die stellvertretende Außenministerin Robin Raphel besucht Kabul und Kandahar.

Mai. Der Iran eröffnet eine 100-Meilen-Bahnstrecke, die Turkmenistan mit dem Iran verbindet. Turkmenistan, Usbekistan, Pakistan und Afghanistan unterzeichnen ein Abkommen, in dem Turkmenistan das Recht eingeräumt wird, das Konsortium für den Bau der Pipeline zu nominieren.

August. Russlands Gazprom unterzeichnet ein Abkommen mit Unocal/Delta und Turkmenistans Turkmenrosgaz über ein Pipeline-Projekt. Die stellvertretende US-Außenministerin Robin Raphel besucht Afghanistan und Zentralasien. Sie weist auf die US-Interessen bei der Unocal-Pipeline hin.

September. Unocal legt Präsident Niyazov den Pipeline-Bericht vor. Unocal lässt verlauten, man wolle den afghanischen Kriegsherren humanitäre

Hilfe zukommen lassen, sobald diese sich einverstanden erklären, einen Aufsichtsrat für das Projekt zu bilden.
27. September. Kabul fällt an die Taliban. USA erklären, es würde bald wieder diplomatische Beziehungen zu Afghanistan geben.
Oktober. Unocal gibt eine Unterstützung der Taliban für die Einnahme Kabuls zu erkennen, behauptet, ein Pipeline-Projekt sei jetzt leichter. Später erklärt das Unternehmen, man habe es falsch zitiert.
26. Oktober. Präsident Niyazov und Unocal/Delta unterzeichnen ein Abkommen, in dem ihnen die Exklusivrechte zur Bildung eines Konsortiums für die Afghanistan-Pipeline zugestanden werden.
Robert Oakley, ehemaliger US-Botschafter in Pakistan, leitet das erste Treffen von Unocals afghanischem Beratungskomitee.
November. Bridas unterzeichnet ein Abkommen mit den Taliban und General Rashid Dostum über den Bau einer Pipeline.
9. Dezember. Pakistans Außenminister Nadschmuddin Scheich kommt zu einem Gespräch mit den Taliban über die Pipeline nach Kandahar.
29. Dezember. Iran, Türkei und Turkmenistan unterzeichnen ein Abkommen über turkmenisches Gas durch den Iran in die Türkei.

1997

20. Januar. Turkmenistan unterzeichnet ein Abkommen mit Mobil und Monument Oil über die Nutzung der Öl- und Gasvorkommen.
Januar. Auf Anordnung der Internationalen Handelskammer wird Bridas das Recht zum Öl-Export aus Keimir zugesprochen. Turkmenistan weist die Anordnung zurück.
UN-Generaluntersekretär Yasushi Akashi kritisiert Ölfirmen und Kriegsherren wegen der Pipeline-Projekte.
Februar. Eine Delegation der Taliban sucht in Washington Anerkennung durch die USA und trifft sich mit Unocal. Eine zweite Delegation besucht Argentinien als Gäste von Bridas. Auf der Rückreise treffen die Taliban in Dschidda mit dem saudischen Geheimdienstchef Prinz Turki zusammen.
März. Unocal richtet Büro in Kabul und Ausbildungszentren für Afghanen ein. Bridas richtet Büro in Kabul ein, als Carlos Bulgheroni Kabul und Kandahar besucht.
8. April. Taliban erklären, sie wollen mit dem, der zuerst mit den Bauarbeiten beginnt, den Vertrag schließen. Unocal-Präsident John Imle sagt, er sei erstaunt über diese Erklärung der Taliban.
Unocal richtet neue Asien-Zentrale in Kuala Lumpur ein.

14. Mai. ECO-Gipfel in Aschchabad. Pakistan, Turkmenistan und Unocal unterzeichnen ein Abkommen zum Bau von Öl- und Gas-Pipelines, der noch im selben Jahr begonnen werden soll.
24. Mai. Taliban besetzen Mazar-e-Sharif, werden aber vier Tage später unter schweren Verlusten wieder hinausgedrängt.
4. Juni. Erstes Treffen der Arbeitsgruppe Pakistan-Turkmenistan-Unocal-Delta in Islamabad.
8. Juni. Marty Miller erklärt, der Bau der Pipeline könne Jahre dauern, wenn kein Frieden eintrete.
9. Juni. Carlos Bulgheroni trifft Taliban-Führer in Kabul und erklärt, Bridas sei interessiert, «mit den Arbeiten unter Sicherheitsbedingungen zu beginnen». Versprechen, in Afghanistan Straßen zu bauen und die Industrie neu zu beleben. Neue Vertragsverhandlungen zwischen Bridas und den Taliban.
22. Juli. Neuer Verein zur Förderung der Geschäftsinteressen zwischen Turkmenistan und den USA wird gegründet. Unocal wird der Vorsitz zugesprochen.
23. Juli. Pakistan, Turkmenistan und Unocal unterzeichnen einen neuen Vertrag, in dem Unocals Frist für den Baubeginn um ein Jahr auf Dezember 1998 verschoben wird. Marty Miller von Unocal reist nach Mazar und Kandahar, um sich bei den afghanischen Gruppierungen Unterstützung für die Fristverlängerung zu holen.
27. Juli. In völlig veränderter politischer Haltung erklären die USA, sie würden sich einer Turkmenistan-Türkei-Pipeline durch den Iran nicht widersetzen. Später erklären sie, dies sei eine Freundschaftsgeste gegenüber ihren befreundeten Staaten, kein Signal für eine Öffnung zum Iran.
14. August. Shell-Präsident Alan Parsley trifft Niyazov und verspricht Hilfe für die Turkmenistan-Türkei-Gas-Pipeline.
28. August. Taliban behaupten, Bridas habe bessere Konditionen für die Pipeline geboten als Unocal und sie würden bald einen Vertrag abschließen. Unocal erklärt, sie seien noch im Spiel.
September. Turkmenistan unterbreitet Ölfirmen Angebote über neue Konzessionen für die kaspische Region. Niyazov hat eine Herzoperation in München. Die Besorgnis über die Gesundheit des 57-Jährigen und seine Nachfolge wächst.
5. September. Bridas verkauft 60 Prozent seiner Anteile in Lateinamerika an Amoco. Beide wollen eine neue Firma für Zusammenarbeit gründen.
12. September. Eine Delegation von fünf Taliban reist nach Argentinien,

um das Pipeline-Projekt mit Bridas zu diskutieren. Die pakistanischen Behörden halten sie fünf Tage lang in Peschawar fest und wollen sie nicht reisen lassen.
15. September. Pakistan verabschiedet ein 30-Jahre-Abkommen über Gaspreise mit Unocal. Pakistan soll 2,05 US-Dollar für 28 Kubikmeter Gas an Multan zahlen, mit 15 Cents Förderabgaben an die Taliban, was diese ablehnen.
16. Oktober. Premierminister Nawaz Sharif reist für einen Tag zu einem Treffen mit Präsident Niyazov nach Aschchabad, um das Pipeline-Projekt zu diskitieren.
22. Oktober. Taliban-Delegation besucht Aschchabad und willigt ein, zusammen mit Pakistan und Turkmenistan eine Dreierkommission zur Nutzung des Unocal-Gas-Pipeline-Projekts zu bilden.
25. Oktober. Die Central Asia Gas (CentGas) Pipeline Ltd. wird in Aschchabad gegründet: Unocal 46,5 Prozent, Delta Oil 15 Prozent, Turkmenistan 7 Prozent, Japans Itochu Oil 6,5 Prozent, Indonesia Petroleum (Inpex) 6,5 Prozent, Crescent Group 3,5 Prozent, Hyundai Engineering und Construction Co 5 Prozent. Gazprom wird später unterzeichnen. Marty Miller von Unocal sagt, der Gastransit-Preis sei nicht festgesetzt, und CentGas will nicht mit den Taliban unterschreiben. Die Taliban geben an, noch nicht entschieden zu haben, welchem Konsortium sie sich anschließen wollen.
28. November. Eine Taliban-Delegation reist in die USA, um Unocal zu besuchen. Später trifft sie mit Beamten des Außenministeriums zusammen.
Dezember. Unocal spendet der Universität Nebraska 900 000 US-Dollar zur Gründung eines technischen Ausbildungsprogramms in Afghanistan.
29. Dezember. Turkmenistan und Iran weihen eine 120 Meilen lange Gas-Pipeline zwischen beiden Ländern mit einer Jahreskapazität von 84 Millionen Kubikmetern ein.

1998

6. Januar. Der Internationale Schiedsgerichtshof in Paris regelt den Fall Bridas zugunsten des Klägers, und die Regierung Turkmenistans muss 47 Millionen US-Dollar für Raffinerieprodukte aus Keimir zuzüglich 3 Millionen US-Dollar Kostenerstattung an Bridas zahlen.
3. Februar. Gazprom verringert Anteil beim Unocal-Konsortium auf 10 Prozent, sodass Unocal 54 Prozent besitzt.

3. März. Ein hochrangiges Team von Australiens BHP trifft sich mit Premierminister Nawaz Sharif, um sich für eine Iran-Pakistan-Pipeline einzusetzen.
11. März. Marty Miller von Unocal erklärt in Aschchabad, das Pipeline-Projekt sei auf unbestimmte Zeit verschoben, da es nicht finanzierbar sei, solange der Krieg in Afghanistan anhalte. Die Baufinanzierung könne in diesem Jahr nicht erstellt werden. Turkmenistan beharrt darauf, die Arbeit bald zu beginnen.
30. März. Unocal bittet Pakistan um eine Verschiebung der gesetzten Frist für die Aufstellung der Finanzierung bis Oktober 1998. Diese Frist kann aufgrund des Bürgerkriegs in Afghanistan nicht eingehalten werden.
Juni. Beim Unocal-Jahrestreffen stimmen einige Aktionäre wegen der Menschenrechtsverletzungen der Taliban gegen die Firmenpläne über eine Pipeline in Afghanistan. Unocal erklärt, die Firma habe seit 1995 ungefähr 10 bis 15 Millionen US-Dollar auf das Projekt verwandt und plane, 1998 afghanischen Wohlfahrtsinstitutionen 1 Million US-Dollar zu spenden.
21. August. Unocal streicht das Pipeline-Projekt und zieht die Mitarbeiter aus Islamabad und Kandahar zurück, als die USA gegen Osama Bin Laden in Afghanistan Raketen einsetzen.
10. September. Eine Gruppe grüner Aktivisten fordert, dass Kaliforniens Generalbundesanwalt Unocal wegen Verbrechen gegen die Menschlichkeit und die Umwelt und wegen der Beziehungen zu den Taliban auflöst. Unocal bezeichnet die Klagen als «grotesk».
5. Oktober. Das texanische Bezirksgericht in Fort Bend County weist Bridas Klage gegen Unocal – und die geforderte Entschädigungssumme von 15 Milliarden US-Dollar wegen angeblicher Geschäftsbehinderung in Turkmenistan – ab. Der Klage wird nicht stattgegeben, weil als Rechtsstandort Turkmenistan, nicht Texas dafür zuständig ist.
23. November. Unocal zieht sich aus dem 2,9 Milliarden US-Dollar Gas-Pipeline-Projekt von Turkmenistan zur Türkei zurück.
4. Dezember. Unocal zieht sich aus dem Afghanistan-Pipeline-Konsortium zurück, benennt als Gründe dafür die niedrigen Ölpreise, Besorgnis über Osama Bin Laden und den Druck von Feministinnengruppen. Die Firma schließt alle Niederlassungen in Usbekistan, Turkmenistan und Kasachstan.
22. Dezember. Unocal verkündet für den Haushaltsplan 1999 eine Ausgabenreduzierung von 40 Prozent wegen des niedrigen Ölpreises.

1999

24. Januar. Turkmenistans Außenminister Scheichmuradov besucht Pakistan und erklärt, das Pipeline-Projekt bestehe weiterhin.

Februar. Carlos Bulgheroni besucht Turkmenistan, Kasachstan und Russland zu Gesprächen mit den politischen Führern.

3. März. Turkmenistans Außenminister Scheichmuradov trifft sich zum ersten Mal mit Mullah Omar in Kandahar und diskutiert über die Gas-Pipeline.

März. Die von BP geführte North Apsheron Operating Company (NAOC) in Aserbaidschan wird wegen der niedrigen Ölpreise geschlossen. Die Partner Unocal und Delta ziehen sich zurück.

29. April. Pakistan, Turkmenistan und die Taliban unterzeichnen in Islamabad ein Abkommen zur Wiederbelebung des Gas-Pipeline-Projekts.

12. Mai. Taliban-Delegation unterzeichnet Abkommen mit Turkmenistan über den Kauf von Gas und Elektrizität.

Juli–August. Eine Gruppe von afghanischen Taliban und einigen Taliban-Gegnern besucht auf Einladung der Universität Nebraska die USA. Die Reise wird von der US-Regierung und der Universität Nebraska finanziert.

4. Juli. Die US-Regierung untersagt Handelsbeziehungen mit den Taliban.

9. Oktober. Die US-Botschafterin in Pakistan, Wendy Chamberlain, führt mit dem pakistanischen Ölminister Gespräche über das Projekt der Öl-Pipeline. Argentinien tritt in eine wirtschaftliche Rezession.

2002

8. Februar. Hamid Karzai ist zur Wiederaufnahme des Projekts einer Trans-Afghanistan-Pipeline bereit.

30. Mai. Die Gespräche zwischen Turkmenistan, Afghanistan und Pakistan in Islamabad enden mit einer Absichtserklärung zum Pipeline-Projekt.

9. Juli. Der iranische Minister Hussein Adeli kündigt an, eine Machbarkeitsstudie zum Export von iranischem Gas via Pipeline nach Indien, Pakistan und auch nach Europa in Auftrag zu geben.

27. Dezember. Turkmenistan, Afghanistan und Pakistan unterzeichnen ein neues Pipeline-Abkommen.

2003

27. Januar. Der iranische Präsident Chatami erörtert in Indien das Projekt einer Gas-Pipeline vom Iran nach Indien. Es kommt zu keiner Entscheidung.

2004

24. September. Der pakistanische Präsident Musharraf und der indische Premierminister Manmohan Singh erörtern in New York das Projekt einer Iran-Pakistan-Indien-Pipeline.
29. Oktober. China und Iran schließen einen Vertrag im Umfang von 70 bis 100 Milliarden US-Dollar, mit dem Chinas staatliche Ölgesellschaft einen Anteil von 51 Prozent am iranischen Ölfeld Yadavaran erhält.

2005

Januar. Im indischen Delhi finden die Asiatischen Ölgespräche statt, an denen Ölminister aus Ländern des gesamten asiatischen Raums teilnehmen. Auch die Iran-Pakistan-Indien-Pipeline ist Gesprächsthema.
7. Januar. Indien schließt mit der staatlichen iranischen Ölgesellschaft einen Vertrag im Umfang von 40 Milliarden US-Dollar, dem zufolge Indien über einen Zeitraum von 25 Jahren jährlich 5 Millionen Tonnen verflüssigtes Erdgas kauft.
18. Januar. Die Asian Development Bank legt eine Machbarkeitstudie für die Trans-Afghanistan-Pipeline vor. Mit dem Bau der Gasleitung soll 2006 begonnen werden.
19. März. US-Außenministerin Condoleezza Rice spricht sich gegen die Iran-Pakistan-Indien-Gaspipeline aus, die den Iran stärken würde.
5.–7. Juni. Eine indische Delegation führt mit Pakistan Gespräche über die Rahmenbedingungen der Iran-Pakistan-Indien-Pipeline. Auch das Projekt der Trans-Afghanistan-Pipeline wird erörtert und vereinbart, sie bis nach Indien zu verlängern.
12. Juni. Der Iran kündigt an, die geplante Iran-Pakistan-Indien-Pipeline bis nach China zu verlängern.

2006

Aufgrund der Sicherheitslage in Afghanistan wird der Bau der Trans-Afghanistan-Pipeline verschoben.
28. Mai. Die Pipeline vom aserbaidschanischen Baku zum türkischen

Mittelmeerhafen Ceyhan unter Umgehung des Iran und Russlands wird eröffnet.

2008

24. April. Pakistan, Indien und Afghanistan unterzeichnen ein Abkommen zum Kauf von Erdgas aus Turkmenistan.

Anhang 5
Glossar afghanischer Begriffe

Amir-ul Momineen – Führer der Gläubigen. Islamischer Titel.

Baitul Mal – islamischer Fonds aus öffentlichen Geldern für wohltätige Zwecke.

Bara – Schmugglermarkt in Pakistan.

Basmachi – islamische Guerillas, die sich in den 1920ern der Sowjetherrschaft in Zentralasien widersetzten.

Burkha – Schleier, der die Frauen von Kopf bis Fuß bedeckt; obligatorisch unter den Taliban.

Dari – afghanischer Dialekt des Persischen.

Fatwa – gesetzlicher Entscheid, ausgesprochen von den *Ulema*.

Dschihad – Bemühung darum, ein guter Muslim zu sein; auch heiliger Krieg zur Verteidigung und Verbreitung des Islam.

Dschirga – Ältestenrat eines Stammes oder ganzer Stamm, der politische und gesetzliche Probleme erörtert.

Halal – rituelle islamische Schlachtung, bei der man dem Tier die Kehle durchschneidet und es ausbluten lässt.

Istakhbarat – saudischer Geheimdienst.

Kafir – Nicht-Muslim oder Ungläubiger.

Khan – einstmals Oberhaupt eines Stammes, heute verbreiteter Stammesname.

Lashkar – traditionelle Stammesmiliz.

Loya Dschirga – Großer Rat. Traditionelles Treffen der Stammesoberhäupter, *Ulema* und anderer Vertreter zur Wahl des neuen afghanischen Königs. Auch wesentliche gesetzgebende Körperschaft im Land.

Madrassa – Koranschule.

Malik – Paschtune von Bedeutung. Einstmals Bezeichnung für Stammes- oder Clanoberhaupt.

Mehram – männlicher Verwandter, der eine Frau auf Reisen begleiten soll, wie es ein strenges islamisches Gesetz verlangt.

Mudschaheddin – Gotteskrieger für den Dschihad oder Heiligen Krieg.

Mullah – traditioneller Vorbeter in der Moschee.

Munafaqeen – muslimische Heuchler.

Nan – hefeloses Brot. Hauptnahrungsmittel der Afghanen.

Paschtunwali – Stammeskodex der Paschtunen; oftmals nicht im Einklang mit der Scharia.

Pir – Ehrentitel für ein Oberhaupt bei den Sufis.

Qazi – islamischer Richter, der nach der Scharia Recht spricht.

Ramadan – islamischer Fastenmonat.

Registan – Wüstenregion.

Serai – Wachposten der Kamelkarawanen auf der alten Seidenstraße.

Shalwar Kameez – Pluderhosen und langes Hemd, getragen von afghanischen und pakistanischen Männern und Frauen.

Schura – islamischer Rat.

Scharia – islamisches kanonisches Recht.

Sufismus – islamische Mystik.

Tor – hochwertiges Opium.

Ulema – islamische Gelehrte; Singular *Alim*.

Ummah – Gemeinschaft aller Muslime, die gesamte islamische Welt.

Zakat – islamische Abgabe für die Armen in Höhe von 2,5 Prozent des Vermögens des Einzelnen.

Literatur

Akiner, Shireen, *Islamic People of the Soviet Union*, Kegan Paul International, London 1983.

Allworth, Edward, *The Modern Usbeks from the 14th Century to the Present*, Hoover Institute Press 1990.

Arney, George, *Afghanistan*, Mandarin, London, 1990.

Arnold, Anthony, *The Fateful Pebble, Afghanistans Role in the Fall of the Soviet Empire*, Presidio Press, California 1993.

Babur, *Babur-Nama*, Sang-e-Meel Publications, Lahore 1979.

Battuta, Ibn, *Travel in Asia and Africa 1325–1354*, Routledge and Kegan Paul, London 1984.

Bennigsen, Alexandre and Wimbush, Enders, *Muslims National Communism in the Soviet Union, a Revolutionary Struggle for the Post-Colonial World*, University of Chicago Press, Chicago 1979.

Bennigsen, Alexandre and Wimbush, Enders, *Mystics and Commissars, Sufism in the Soviet Union*, University of California Press, Berkeley 1985.

Byron, Robert, *The Road to Oxiana*, Macmillan, London 1937.

Chase, Robert and Kennedy, Paul and Hill, Emily, *The Pivotal States. A New Framework for US Policy in the Developing World*, W. Norton and Co. 1999.

Cordovez, Diego and Harrison, Selig, *Out of Afghanistan, The Inside Story of the Soviet Withdrawal*, Oxford University Press 1995.

Dupree, Louis, *Afghanistan*, Princeton University Press 1980.

Dupree, Nancy Hatch, *A Historical Guide to Afghanistan*, Afghan Tourist Organization, Kabul 1970

Elleston Harold, *The General against the Kremlin. Alexander Lebed: Power and Illusion*, Little Brown and Co., London 1998.

Ghani, Abdul, *A Brief Political History of Afghanistan*, Najaf Publishers, Lahore 1989.

Goodwin, Jan, *Caught in the Crossfire*, E.P. Dutton, New York 1987.

Grousset, Rene, *The Empire of the Steppes, A History of Central Asia*, Rutgers University 1970.

Hopkirk, Peter, *The Great Game*, John Murry, London 1974.

Hopkirk, Peter, *Setting the East Ablaze*, John Murray, London 1984.

Huntington, Samuel P., *Kampf der Kulturen. Die Neugestaltung der Weltpolitik im 21. Jahrhundert,* Europa Verlag, München/Wien 1997.

Ignatieff, Michael, *Die Zivilisierung des Krieges,* Rotbuch Verlag, Hamburg 2000.

Kaplan Robert, *The End of the Earth, A Journey to the Frontiers of Anarchy,* Vintage Books 1997.

Khan, Riaz, *Untying the Afghan Knot, Negotiating Soviet Withdrawal,* Duke University Press 1991.

Khiliji, Jalaluddin, *Muslim Celebrities of Central Asia*, University of Peschawar 1989.

Magnus, Ralph and Naby, Eden, *Afghanistan, Mullah, Marx and Mujahid, Harper Collins*, India 1998.

Maley, William (ed.), *Fundamentalism Reborn? Afghanistan and the Taliban,* C. Hurst, London 1998.

Marsden, Peter, *The Taliban: War, Religion and the New Order in Afghanistan,* Zed Books, London 1998.

McCoy, Alfred and Block, Alan, *War on Drugs, Studies in the Failure of US Narcotics Policy,* Westview Press 1992.

Metcalf Barbara, *Islamic Revival in British India 1860–1900,* Royal Book Company, Islamabad 1982.

Mousavi, Sayed Askar, *The Hasaras of Afghanistan, An Historical, Cultural, Economic and Political Study,* Curzon Press, London 1998.

Naumkin, Vitaly, *State, Religion and Society in Central Asia,* Ithaca Press, Reading 1993.

Newby, Eric, *A Short Walk in the Hindu Kush,* Picador 1974.

Noelle, Christine, *State and Tribe in Nineteenth-Century Afghanistan,* Curzon Press, London 1997.

Olcott, Martha Brill, *Central Asias New States,* US Institute of Peace 1996.

Olsen, Asta, *Islam and Politics in Afghanistan,* Curzon Press, London 1995.

Pettifer, James, *The Turkish Labyrinth – Ataturk and the New Islam,* Penguin Books, London 1997.

Polo, Marco, *The Travels of Marco Polo,* Dell Publishing, New York 1961.

Rawlinson, Henry, *England and Russia in the East,* 1875, reprinted by Indus Publications, Karachi 1989.

Roy, Oliver, *Afghanistan, From Holy War to Civil War,* Princeton University 1995.

Roy, Olivier, *The Failure of Political Islam*, I.B.Tauris, Cambridge, London, 1994.

Roy, Olivier, *Islam and Resistance in Afghanistan*, Cambridge University Press 1986.

Royal Geographical Society, *The Country of the Turkomans,* Royal Geographical Society, London 1977.

Rubin, Barnett, *The Fragmentation of Afghanistan, State Formation and Collapse in the International System,* Yale University Press, New Haven 1995.

Rubin, Barnett, *The Search for Peace in Afghanistan, From Buffer State to Failed State,* Yale University Press, New Haven 1995.

Rubin, Barnett and Snyder, Jack, *Post Soviet Political Order, Conflict and State Building,* Routledge, London 1998.

Seward, Desmond, *The Monks of War, The Military Religious Orders,* Penguin, London 1972.

Shafqat, Saeed, *Civil Military Relations in Pakistan, From Z.A. Bhutto to Benazir Bhutto,* Westview Press 1998.

Sikorski, Radek, *Dust of the Saints*, Chatto and Windus, London 1989.

Tapper, Richard, *The Conflict of Tribe and State in Afghanistan,* Croom Helm, London 1983.

Verrier, Anthony, *Francis Younghusband and the Great Game,* Jonathan Cape, London 1991.

Medienquellen

Pakistan: *Dawn, Frontier Post, Nation, News, Herald.*

USA: *International Herald Tribune, New York Times, Washington Post, Los Angeles Times.*

Andere: Agence France Presse (AFP), Associated Press (AP), Reuters, Interfax, *Far Eastern Economic Review, Economist, Guardian, Independent, Le Monde.*

Anmerkungen

Einführung

1. Huntington, Samuel P., *The Clash of Civilizations and the Remaking of the New World Order,* Simon and Schuster, New York 1966.
2. Verrier, Anthony, *Francis Younghusband and the Great Game*, Jonathan Cape, London 1991.
3. Polo, Marco, *The Travels of Marco Polo,* Dell Publishing, New York 1961.
4. *Babur-Nama,* Sang-e-Meel Publications, Lahore 1979.
5. Noelle, Christine, *State and Tribe in Nineteenth Century Afghanistan*, Curzon Press, London 1997.
6. Rubin, Barnett, «Afghanistan the forgotten Crisis», *Refugee Survey Quarterly,* Vol 15 No. 2, UNHCR 1996.

Kapitel I

1. Die UN-Entwicklungshilfe begann 1980 mit 30 Millionen US-Dollar, stieg 1983 auf 80 Millionen US-Dollar, 1985 auf 250 Millionen US-Dollar, 1986 auf 470 Millionen US-Dollar, 1987–89 auf 630 Millionen US-Dollar. Die Hilfe dauerte an bis 1992, als Kabul an die Mudschaheddin fiel. Zwischen 1986 und 1989 überstieg die Entwicklungshilfe an die Mudschaheddin insgesamt 1 Milliarde US-Dollar pro Jahr. Rubin, Barnett, «Afghanistan the forgotten Crisis».
2. Ich führte mit Mullah Hassan mehrere Interiews in Kandahar: 1995, 1996, 1997.
3. Dupree, Nancy Hatch, *A Historical Guide to Afghanistan,* Afghan Tourist Organization, Kabul 1970.
4. Ich führte mehrere Interviews mit Mullah Ghaus in den Jahren 1996 und 1997.
5. Yousufzai, Rahimullah, «Oberhaupt der Taliban behauptet, Rabbani sabotiere die UN-Friedensbemühungen», *News*, 2. Februar 1995.
6. Dieses Profil von Mullah Omar wurde über fünf Jahre hinweg nach Interviews mit Dutzenden Taliban-Führern erstellt. Rahimullah You-

sufzais Artikel waren mir große Hilfe, denn er ist der einzige Journalist, der Omar je interviewt hat.

7. Goldenberg, Suzanne, «Der Ort, wo die Taliban anfingen und jede Gewissheit endet», *Guardian*, 13. Oktober 1998.
8. Burns, John und Levine, Steve, «Wie die strengen Herrscher Afghanistans die Macht an sich rissen», *New York Times*, 11. Dezember 1996.
9. *Dawn*, 4. November 1994.
10. Es waren die Botschafter der USA, Großbritanniens, Spaniens, Italiens, Chinas und Südkoreas. In der Delegation waren auch UN-Abgeordnete vertreten.
11. Interviews mit hochrangigen pakistanischen Regierungsbeamten und Transporteuren in Quetta, März 1995.
12. Davis, Anthony, «How the Taliban became a military force», in Maley, William (ed.), *Fundamentalism Reborn? Afghanistan and the Taliban*, C. Hurst, London 1998. Davis' Militärbericht über die Einnahme von Spin Baldak und Kandahar ist der bislang detaillierteste.
13. Interviews mit Beamten des pakistanischen Geheimdienstes, Kandahar, April 1995.
14. *Muslim*, 17. November 1994.
15. *Nation*, 18. Februar 1995.
16. *Dawn*, 18. März 1995.

Kapitel 2

1. Seward, Desmond, *The Monks of War, the Military Religious Orders*, Penguin, London 1972. Die großen Militärorden der Templer, Hospitaliter und Teutonischen Ritter wurden im 12. Jahrhundert gegründet.
2. Interviews mit Taliban-Soldaten, Kandahar, März 1995.
3. Sikorski, Radek, *Dust of the Saints*, Chatto and Windus, London 1989.
4. Byron, Robert, *The Road to Oxiana*, Macmillan, London 1937.
5. Byron schrieb über seinen ersten Anblick der Minarette: «Kein Foto, keine Beschreibung können ihre Farbe übermitteln: traubenblau mit azurblauem Schimmer, oder die komplizierten Windungen, die ihr so viel Tiefe und Leuchtkraft verleihen. Auf den Sockeln, deren acht Seiten von weißen, barock behauenen Marmorpaneelen getragen werden, mischen sich Gelb, Weiß, Olivgrün und Rostrot mit den zwei

Blautönen zu einem Gewirr aus Blumen, Arabesken und Inschriften so fein wie die Muster auf einer Teetasse.» (*The Road to Oxiana*)

6. Dupree, Nancy Hatch, *A Historical Guide to Afghanistan*, Afghan Tourist Organization, Kabul 1970.
7. Interview mit Ismael Khan, September 1993.
8. Interview mit Mullah Wakil Ahmed, Kandahar, Mai 1995.
9. s. Dupree, *A Historical Guide to Afghanistan.*

Kapitel 3

1. Interview mit Mahmoud Mestiri in Islamabad, 2. Februar 1996. Siehe auch Rashid, Ahmed «Masud bereit, Offensive zu starten, sagt Mestiri», *Nation*, 4. Februar 1996.
2. AFP, «Ulema erklären Rabbani den Dschihad», *Nation*, 3. April 1996.
3. Interview mit Wakil in Kandahar, März 1996.
4. Interviews mit pakistanischen Diplomaten und Beamten vom Geheimdienst, Islamabad, Februar 1996.
5. AFP, «Taliban zu Verhandlungen bereit», *Nation*, 3. April 1996.
6. Interviews mit US- und pakistanischen Diplomaten, Islamabad, Februar 1995. Siehe auch Rashid, Ahmed, «Afghanistan: Erneuter Krieg der Stellvertreter», *World Today*, The Royal Institute of International Affairs, März 1996.
7. AFP, Kabul, «Senator Hank Brown trifft Masud in Kabul», *Nation*, 8. April 1996. Zur umfassenderen Rolle der USA für den Aufstieg der Taliban siehe Kapitel 13.
8. AFP, Bagram, «Raphel behauptet, das Interesse der USA an Afghanistan steigt», *Nation*, 20. April 1996.
9. Interview mit Robin Raphel, Islamabad, 18. April 1996.
10. AP, Washington, «USA wollen Frieden und ein stabiles Afghanistan», *Nation*, 11. Mai 1996. Raphel verdeutlichte in einer Aussage an das Senatskomitee für Außenbeziehungen in Washington die Politik der USA.
11. Interview mit Rabbani, Kabul, August 1996.
12. AFP, Kabul, «Holl kritisiert die Taliban für Raketenangriffe», *Nation*, 31. Juli 1996.
13. Interviews mit mehreren afghanischen und pakistanischen Zeugen. Siehe auch: Rubin, Barnett, «Afghanistan the forgotten Crisis», *Refugee Survey Quarterly*, Vol 15 No. 2 UNHCR 1996.

14. Davis, Anthony, «How the Taliban became a military force», in Maley, William (ed.), *Fundamentalism Reborn? Afghanistan and the Taliban,* C. Hurst, London 1998.
15. Dieser Bericht basiert auf verschiedenen Interviews mit US-Beamten und Masud selbst in den Jahren 1996/97. Es gibt auch Berichte darüber, dass Nadschibullah darauf hoffte, aufgrund der gemeinsamen ethnischen Abstammung mit den Taliban verhandeln zu können, und dass er das Lager freiwillig verließ.
16. Khan, Behroz, «Taliban-Befehlshaber gibt zu, Nadschibullahs Ermordung angeordnet zu haben», *News*, 16. Februar 1998. Mullah Razaq gab in einem Interview zu, die Ermordung Naschibullahs befohlen zu haben. «Wir hatten unseren Soldaten befohlen, Nadschibullah sofort vor Ort zu töten. Das war nötig, denn er war für das Niedermetzeln Tausender Afghanen verantwortlich», erklärte Razaq. Mullah Omar ernannte Razaq zum Befehlshaber der Taliban-Streitkräfte, die Kabul 1996 eroberten. Er wurde im Mai 1997 in Mazar von Dostums Truppen gefangen genommen und später befreit.
17. Burns, John, «Mit gezuckertem Tee und ätzenden Regeln erklärt sich ein afghanischer Führer», *New York Times,* 24. November 1996.
18. Yousufzai, Rahimullah, «Den Führer kennt niemand», *News,* 30. März 1997.

Kapitel 4

1. Aus pakistanischen Quellen erfuhr ich, dass Pakistan 10 Millionen US-Dollar an Dostum zahlte, damit er sich mit den Taliban verbündete. Der Iran zahlte ihm eine ähnliche Summe, um ihn in Opposition zu den Taliban zu halten.
2. Levine, Steve, «Feinde der Feinde», *Newsweek*, 21. Oktober 1996.
3. Dostum hatte Malik von der Baghdis-Front nach Mazar zitiert, aber der weigerte sich mit der Behauptung, dass Dostum ihn umbringen wolle. «Das war der Auslöser für den Putsch gegen Dostum», erzählte mir ein erfahrener pakistanischer General am 19. Mai 1997 in Islamabad.
4. Pakistans Außenminister Gohar Ayub gab am 25. Mai 1997 öffentlich die Anerkennung der Taliban bekannt, da sich die Krise in Afghanistan gelöst habe und die Taliban eine Regierung auf breiter Basis gegründet hätten. «Wir haben das Gefühl, dass die neue Regierung alle Kriterien für ihre rechtliche Anerkennung erfüllt. Sie besitzt

jetzt die wirksame Kontrolle des größten Teils Afghanistans und vertritt alle Volksgruppen des Landes», verkündete Ayub. Innerhalb weniger Stunden nach dieser Erklärung waren die Taliban aus Mazar vertrieben.

5. Die Taliban nahmen Ismael Khan und 700 seiner Soldaten gefangen, nachdem Khan bei Malik zu Abend gegessen hatte, der den Taliban dann gestattete, ihn zu verhaften. Einen Gast im eigenen Haus zu verraten ist für Afghanen ein Gräuel. Siehe Rashid, Ahmed, «550 pakistanische Studenten von afghanischer Opposition gefangen genommen», *Nation*, 14. Juli 1997.
6. Nach Auskünften von UN-Abgeordneten und dem ICRC im Juli 1997 in Kabul hielt Malik 1000 Taliban in Maimana, 1000 in Shiberghan und 800 in Mazar fest. Masud hielt 600–700 im Pandschir gefangen. General Naderi Ismaelis Streitkräfte nördlich des Salang-Tunnels hielten 100 Taliban und Hizb-e-Wahadat auch etwa 100 Taliban gefangen. Nach Angaben der UNO hielt Malik 200 Pakistanis in Mazar, weitere 225 in Maimana gefangen, Masud 100 Pakistanis im Pandschir-Tal und Khalili ungefähr 50.
7. Interview mit Haqqani am 12. Juli 1997 in Kabul.
8. Interview mit Abbas am 15. Juli in Kabul.
9. Interview mit einem usbekischen Diplomaten am 5. Juli 1997 in Islamabad. Siehe auch Rashid, Ahmed, «Highly explosive. Renewed fighting alarms Central Asian neighbours», *Far Eastern Economic Review*, 12. Juli 1997.
10. Interview mit Haqqani am 12. Juli 1997 in Kabul. Siehe auch Rashid, Ahmed, «Afghan factions face serious internal divisions», *Nation*, 16. Juli 1997.
11. Peters, Gretchen, «Massacres prompt fears of ethnic escalation», AP, 15. Februar 1998.
12. Yousufzai, Rahimullah, «Dostum unearths mass graves», *News*, 16. November 1997.
13. AFP, «Taliban massacre site discovered in Afghanistan», 16. Dezember 1997.
14. Peters, Gretchen, «Massacres prompt fears of ethnic escalation», AP, 15. Februar 1998.
15. Pressekonferenz von Norbert Holl, Islamabad, 18. Oktober 1997.
16. Presseagenturbericht. Siehe auch Rashid, Ahmed, «Taliban hold Bonino in hospital ward», *Daily Telegraph*, 30. September 1997.

Unter den Festgehaltenen befand sich auch Christiane Amanpour von CNN.

17. Taliban-Führer spielten auf solche Gefühle bereits im Juli in Kabul in einem Gespräch mit mir an. Die Führer der Gruppen der Jamiat-e-Ulema Islam in Pakistan, Maulanas Fazlur Rehman und Samiul Haq, die hinter den Taliban standen, behaupteten, die UNO sei ein Spionagenest und antiislamisch und deshalb hätten sie Mullah Omar gebeten, die UN-Organisationen fortzujagen.
18. Die sechs Nachbarn waren Pakistan, Iran, Turkmenistan, Usbekistan, Tadschikistan und China.
19. AFP, «UN chief slams outside forces for fuelling Afghan conflict», 9. November 1997.
20. Bericht des Generalsekretärs, «The situation in Afghanistan and its implications for internationale peace and security», 14. November 1997.

Kapitel 5

1. Mousavi, Sayed Askar, *The Hasaras of Afghanistan, an Historical, Cultural, Economic and Political Study,* Curzon Press, London 1998. Es ist die einzige neuere Arbeit über die Hasaras, die außerhalb Afghanistans immer noch kaum bekannt ist.
2. Dr. Rahi gab mir bei meinem Besuch im Hasarajat im Dezember 1997 ein Bündel ihrer in Dari verfassten Gedichte. Ich bin der UNO für die Übersetzung dankbar.
3. Interview mit Lakhdar Brahimi, 8. April 1997.
4. Crossete, Barbara, «UNO's impatience grows over Afghan restrictions on Aid workers», *New York Times*, 14. Juli 1998.
5. AFP, «Taliban reject warnings of aid pull-out», 16. Juli 1998.
6. Interviews mit pakistanischen Beamten und ausländischen Diplomaten in Islamabad im März 1998. Siehe auch Rashid, Ahmed «Massive arms supplies reach all Afghan factions», *Nation,* 13. März 1998.
7. Winchester, Michael, «Ethnic cleansing in Afghanistan», *Asiaweek*, 6. November 1998.
8. Interviews mit Überlebenden, denen die Flucht nach Pakistan gelang, geführt vom UNHCR. Privatbericht an den UN-Generalsekretär.
9. Halal ist die traditionell islamische Art des Schlachtens, bei der dem Tier die Kehle durchgeschnitten wird, damit es vollständig ausbluten kann.

10. Human Rights Watch Report, «Afghanistan, the massacre in Mazar-e-Sharif», November 1998.
11. Ebd.
12. Ebd.
13. Interviews mit pakistanischen Diplomaten und Geheimdienstagenten und iranischen und türkischen Diplomaten, Aschchabad und Islamabad, August 1998.
14. Persönliche Mitteilung eines internationalen Beamten, der Gefängnisinsassen in Kandahar befragte.
15. Reuters, «Taliban blame Clinton scam for attacks», 21. August 1998.
16. Persönliche Mitteilung aus Bamian.
17. Bericht des UN-Sicherheitsrats am 8. Dezember 1998.
18. Boustany, Nora, «Busy are the peacemakers», *Washington Post*, 10. Januar 1998.
19. Bericht des UN-Sicherheitsrats am 9. Dezember 1998.

Kapitel 6

1. Die vier Schulen islamischer Gesetzgebung, die im 9. Jahrhundert entstanden, waren Hanafi, Maliki, Schafi und Hanbali.
2. Auf dem Lehrplan dieser *Madrassas* stehen das Auswendiglernen des Koran, die Interpretation des Koran, islamische Jurisprudenz, islamisches Recht, Leben und Aussprüche des Propheten Mohammed, die Verbreitung des Wort Gottes, islamische Philosophie, die arabische Sprache und Mathematik.
3. Magnus, Ralph und Naby, Eden, *Afghanistan, Mullah, Marx and Mujahid,* Harper Collins, India 1998. Ich danke den Autoren für ihre Sorgfalt bei der Erstellung der Geschichte des Islam in Afghanistan.
4. Battuta, Ibn, *Travel in Asia and Africa 1325–1354,* Routledge und Kegan Paul, London 1984. Siehe auch Rashid, Ahmed, «The Revival of Sufism», *Far Eastern Economic Review,* 17. Dezember 1992.
5. Roy, Olivier, *Afghanistan, from Holy War to Civil War*, Princeton University Press 1995.
6. Roy Olivier, *The Failure of Political Islam,* I.B. Tauris, London 1994.
7. Ebd.
8. Huntington, Samuel P., *Kampf der Kulturen. Die Neugestaltung der Weltpolitik im 21. Jahrhundert,* Europa Verlag München/Wien 1997.

9. Metcalf, Barbara, *Islamic Revival in British India 1860–1900*, Royal Book Company, Islamabad 1982.
10. Ebd.
11. Olsen, Asta, *Islam and Politics in Afghanistan*, Curzon Press, London 1995. Das beste Buch über Afghanistans historisches Verhältnis zum Islam.
12. Shafqat, Saeed, *Civil Military Relations in Pakistan, from Z.A. Bhutto to Benazir Bhutto,* Westview Press, USA 1998.
13. Geheimdienstbericht, 1992 dem Kabinett von Premierminister Nawaz Sharif vorgelegt.
14. Die JUI hat stets nur eine geringe Anzahl an Sitzen in der Nationalversammlung und der Provinzversammlung Belutschistans gewonnen. In der Provinzversammlung Belutschistans gewann sie bei den Wahlen 1988 zehn Sitze, 1990 sechs, 1993 drei und 1997 – dank der Taliban-Stimmen – sieben Sitze. In der Nationalversammlung gewann die JUI 1988 vier Sitze aus Belutschistan und je zwei bei den Wahlen 1990, 1993 und 1997.
15. Das umfasst die Mullahs Khairkhwa (Minister für Inneres), Abbas (Gesundheit), Mutaqqi (Information), Ahmed Jan (Industrie), Haqqani (Grenzangelegenheiten), Qalamuddin (Religionspolizei), Mansur (Landwirtschaft) und Arif (Stellvertretender Finanzminister). Siehe Anhang für weitere Details.
16. Interview mit Maulana Samiul Haq, Februar 1999.
17. *Herald* Magazin, «Binori Madrassa», Dezember 1997.
18. Nachdem die Clinton-Administration 1998 von ihr behauptet hatte, sie würde den internationalen Terrorismus unterstützen, benannte sie sich in Harkat-ul-Mudschaheddin um.

Kapitel 7

1. Sikorski, Radek, *Dust of the Saints*, Chatto and Windus, London 1989. Der verständnisvollste Bericht über das Treffen der Feldkommandanten.
2. Magnus/Naby, *Afghanistan: Mullah, Marx and Mujahid.* S.o.
3. Es gibt in Afghanistan 31 Provinzen (*wilayat*), von denen jede von einem Gouverneur (*wali*) regiert wird. Jede Provinz ist unterteilt in Bezirke (*uluswali*) und Unterbezirke (*alaqdari*). Kabul ist unterteilt in *Karts* und in kleinere Bezirke (*nahia*).
4. Bei meinen Besuchen in Kabul nutzte ich jede Gelegenheit, die Minis-

ter zu fragen, wie sie die Zukunft der Taliban-Regierung sahen. Jeder von ihnen hatte eine andere Meinung, und ganz offenkundig wurde sehr wenig darüber nachgedacht.

5. Interview vom 23. Oktober 1996 in *Al-Majallah*.
6. Interview mit Maulvi Sayed Mohammed Pasanai, März 1997, Kandahar.
7. *Nation*, «Four killed in revolt against Taliban», 10. Januar 1998.
8. Interviews mit internationalen Entwicklungshelfern in Kandahar, die die Dorfältesten kennen gelernt hatten.
9. Interview mit einem ehemaligen Gefängnisinsassen in Kandahar.
10. AFP, «Taliban arrest dozens of alleged coup plotter», 23. Oktober 1998.

Kapitel 8

1. Rubin, Barnett, *The Fragmentation of Afghanistan: State Formation and Collapse in the International System*, Yale University Press, 1995.
2. Braudel, Fernand, *A History of Civilizations*, Penguin Books, London 1993.
3. Interview mit Maulvizada, Kabul, Juni 1997.
4. UNDP Country Development Indicators, 1995.
5. UNOCHA statement, Oktober, 1996.
6. UNICEF statement, 11. Dezember 1998.
7. Rubin, *The Fragmentation of Afghanistan.*
8. «In the Firing Line: War and Children's Rights», Amnesty International 1999.
9. Anders, Fange, «Difficulties and Opportunities; Challenges of Aid in Afghanistan». Paper für die Konferenz über Afghanistan in Stockholm am 24. Februar 1999.
10. Wali, Sima, «Statement on Afghanistan» für den US-Congress, Menschenrechtsausschuss, 30. Oktober 1997. Wali leitet «Refugee Women in Development».
11. Interview mit Maulvizada, Kabul, Juni 1997.
12. UNICEF gab am 10. November 1995 ein offizielles Kommuniqué heraus, «Save the Children» am 8. März 1996.
13. Interview, Kabul, Juni 1996.
14. Dupree, Nancy Hatch: «Afghan Women under the Taliban», in *Fundalism Reborn? Afghanistan and the Taliban.*
15. Power, Carla, «City of Secrets», *Newsweek*, 13. Juli 1998. Dieser Artikel hatte großen Einfluss auf die feministischen Bewegungen.

16. UNCHA statement, 31. Oktober 1996.
17. AFP, «One survives Taliban death sentence for sodomy», 28. Februar 1998.
18. Burns, John: «With sugared tea and caustic rules, an Afghan leader explains himself», *New York Times*, 24. November 1996.
19. AP, «Taliban restrict music», 18. Dezember 1996.
20. Reuters, «Iranian leader accuses Taliban of defaming Islam», 4. Oktober 1996.

Kapitel 9

1. Ich danke den Beamten vom UN International Drugs Control Programme (UNDCP) in Islamabad für ihre hilfreiche Darstellung der Opiumherstellung.
2. Interviews, Kandahar, Mai 1997. Siehe auch Rashid, Ahmed, «Drug the infidels», *Far Eastern Economic Review*, Mai 1997.
3. Ebd.
4. Lifschultz, Lawrence, «Pakistan, the Empire of Heroin», in McCoy, Alfred und Block, Alan, *War on Drugs, Studies in the Failure of US Narcotics Policy,* Westview Press 1992.
5. Rubin, Barnett, *The Fragmentation of Afghanistan, State Formation and Collapse in the International System,* Yale University Press 1995.
6. Lifschulz, «Pakistan, the Empire of Heroin», s.o.
7. Rashid, Ahmed, «Dangerous Liaisons», *Far Eastern Economic Review*, 16. April 1998.
8. Interviews mit Beamten von UNDCP und DEA, März 1998.
9. Interviews mit iranischen Beamten, März 1998. Rashid, Ahmed, «Dangerous Liaisons».
10. Observatoire Géopolitique de Drogues, Paris, «Report on Turkmenistan», März 1999.
11. Interview mit Präsident Akaiev am 29. Januar 1999 in Davos, Schweiz.
12. Interview in Islamabad, Mai 1998.
13. UNDCP-Bericht, 25. Oktober 1998.
14. Interview mit Pino Arlacchi in Davos, Januar 1999.
15. Interview mit Arif, Kabul, Mai 1997.
16. Interview mit Jan, Kabul, Mai 1997.
17. UN Demining Office for Afghanistan. Jahrelang hatten UNO und

andere Organisationen behauptet, es gäbe in Afghanistan mehr als zehn Millionen Minen. 1997 erklärten sie, dies sei eine übertriebene Zahl, gemäß der eine Säuberung unter den gegebenen Umständen 5000 Jahre dauern würde. Die Weltbank hat jetzt einen detaillierten Bericht in Auftrag gegeben. Schätzungen besagen, dass immer noch mehrere tausend Quadratmeilen Land vermint sind. Nur 19 Prozent dieses Gebiets, zumeist in den größeren Städten, wurde zwischen 1992 und 1999 gesäubert.

18. Interview mit Cestari, Islamabad, Juni 1997.

Kapitel 10

1. Interviews mit Ministern des pakistanischen Kabinetts unter Zia.
2. Roy, Olivier, *Afghanistan, from Holy War to Civil War*, Princeton University Press 1995.
3. Ebd.
4. Huntington, Samuel P., *Kampf der Kulturen. Die Neugestaltung der Weltpolitik im 21. Jahrhundert,* Europa Verlag München/Wien 1997.
5. Persönliche Interviews mit Bin Ladens Freunden in Saudi-Arabien und London 1992, 1993 und 1999.
6. AFP, «Laden planned a global Islamic revolution in 1995», 27. August 1998.
7. Ghanim, Yahya, «Interview with Masud», *Al-Ahram*, 19. August 1997.
8. Giacomo, Carol, «US lists Saudi businessman as extremist sponsor», *Washington Post*, 14. August 1996.
9. AFP, «Bin Laden training young Islamists, alleges Egypt», 18. Februar 1997.
10. Hiro, Dilip, «Islamic militants, once encouraged by the US, now threaten it», *Nation*, New York, 15. Februar 1999.
11. *Time magazine,* «Interview with Bin Laden», 11. Januar 1999.
12. *Time magazine*, «Inside the hunt for Osama», 21. Dezember 1998.
13. *Newsweek magazine*, «Making a symbol of terror», 1. März 1999. Der Artikel, basierend auf US-Quellen, bestreitet, dass Bin Laden in all die Terrorakte verwickelt war.
14. Interviews mit algerischen und ägyptischen Diplomaten und Politikern in Islamabad 1992/93.
15. *Global Intelligence Update*, «Bangladesh Movement highlights new Pan-Islamic identity», 27. Januar 1999.

16. *Global Intelligence Update*, «Possible Bin Laden group attempts transit through Malaysia», 13. Januar 1999.
17. Reid, Tim, «Jemeni kidnapping were revenge for Iraq bombing», *Daily Telegraph*, 3. Januar, 1999. Das FBI behauptete, die Jemeniten besäßen Laptops und Kommunikationsgeräte und stünden direkt mit Bin Laden in Verbindung.
18. AFP, «Bin Laden may be targeting Bangladesh», 19. Februar 1999.
19. AFP, «Suspected Bin Laden supporters held in Mauritania», 5. März 1999.
20. AFP, «Osama bankrolled Egypt's Jihad», 15. Februar 1999.
21. AFP, «Kashmir militant group issues Islamic dress order», Februar 1999.
22. *Time magazine*, «Interview with Bin Laden», 11. Januar 1999.
23. Interviews mit ranghohen pakistanischen Beamten, Islamabad, Dezember 1998–März 1999. Siehe auch Mcgirk, Tim «Guest of Honour», *Time magazine*, 31. August 1998.
24. *Time magazine*, «Interviews mit Bin Laden», 11. Januar, 1999.
25. Interviews mit ranghohen US-Diplomaten, Islamabad, Januar 1999.

Kapitel 11

1. Interview des Autors mit Präsident Niyazov, Aschchabad, Dezember 1991.
2. US-Energie-Ressort, «The Caspian Sea Region», Oktober 1997.
3. Rashid, Ahmed, «The new Great Game – the Battle for Central Asia's Oil», *Far Eastern Economic Review*, 10. April 1997.
4. Rashid, Ahmed, *The Resurgence of Central Asia, Islam or Nationalism?*, Zed Books, London 1994.
5. Verrier, Anthony, *Francis Younghusband an the Great Game,* Jonathan Cape, London 1991.
6. Rubin, Barnett, «Russian hegemony and state breakdown in the periphery: Causes and consequences of the civil war in Tajikistan», in Rubin, Barnett und Synder, Jack, *Post Soviet Political Order, Conflict and State Building*, Routledge, London 1998.
7. Rubin, s.o.
8. Allworth, Edward, *The Modern Uzbeks from the* 14th *Century to the Present,* Hoover Institute Press, 1990.
9. 1989 lag in Turkmenistan die Arbeitslosigkeit bei 18,8 Prozent, die Kindersterblichkeit bei 54 pro Tausend (in einigen Wüstenregionen

bei 111 pro Tausend), also zehn Mal höher als in Westeuropa, Kinderarbeit war weitverbreitet und 62 Prozent der Bevölkerung litten an Hepatitis aufgrund des mangelhaften Gesundheitswesens. Ein Viertel der Krankenhäuser besaßen weder fließendes Wasser noch Strom. Siehe Rashid, Ahmed: *The Resurgence of Central Asia, Islam or Nationalism?*

10. Interview mit Kuliyev, Aschchabad, Dezember 1991.
11. Die ersten drei Jahre (1998–2000) fließen 58 Prozent der Gasversorgung in den Iran, der die 190 Millionen US-Dollar Baukosten der Pipeline trägt.
12. Das Konsortium wurde von PSG International geführt, ein Joint Venture der beiden US-Firmen Bechtel Enterprises und General Electric Capital Structured Finance Group.
13. Die japanische Firma Mitsubishi und die US-Firma Exxon bereiten eine Machbarkeitsstudie vor.
14. Pettifer, James, *The Turkish Labyrinth – Ataturk and the New Islam*, Penguin Books 1997.
15. Petroleum Finance Company, «The Baku-Ceyhan Pipeline», Washington, Mai 1998.
16. Das Joint Venture Tenghiz-Chevroil ist die einzige große US-geführte Investition in der ehemaligen Sowjetunion. Sie gruppiert Chevron, Mobil und Arco durch LukArco und beteiligt die US-Firmen mit 72 Prozent. Der Vertrag wurde im September 1993 abgeschlossen.
17. AIOC wird von BP-Amoco geführt und umfasst die US-Firmen Amerada Hess, Exxon, Pennzoil und Unocal mit einem US-Anteil von insgesamt 40 Prozent. Die anderen Firmen sind Statoil, Itochu, Delta-Hess, Ramco, Socar und TPAO.
18. Die Produktion von einem Barrel kaspischem Öl kostet ungefähr fünf US-Dollar, im Vergleich zu 1,5 US-Dollar für ein Barrel Öl aus Saudi-Arabien. Für Transportkosten müssen weitere fünf US-Dollar gerechnet werden.
19. Jüdische Gruppen in den USA, wie B'nai B'rith, und der American Jewish Congress nahmen öffentlich eine strikte Haltung gegen den Iran ein.
20. Interview in Teheran, 26. April 1998.
21. Die australische Firma BHP und Royal Dutch Shell waren unabhängig voneinander daran interessiert, eine solche Pipeline zu bauen, und BHP legte 1998 dem Iran und Pakistan eine Machbarkeitsstu-

die vor. Das Gas würde von Irans Pars-Feld in den Golf gepumpt werden.

22. Die beiden größten westlichen Konsortien, die zur Zeit Öl in Zentralasien produzieren, werden von US-Firmen dominiert. Das Tenghis-Feld im Westen Kasachstans (Chevron/Mobil 70 Prozent) und die Azerbijan International Operating Company (Amoco/Unocal/Pennzoil/Exxon 40 Prozent) im Kaspischen Meer hätten bis 2010 ein Produktionspotenzial von 1,4 Millionen Barrels pro Tag. Auch das Karachagnak-Feld in Kasachstan mit einem Texaco-Anteil von 20 Prozent und Mobils Anteil in Turkmenistan werden ebenfalls Absatzmöglichkeiten für den Export benötigen.
23. Interview mit Lakhdar Brahimi, Lahore, 8. April 1998.
24. Kinzer, Stephen, «Caspian competitors in race for power on sea of oil», *New York Times,* 24. Januar 1999.
25. Csongos, Frank, «Official outlines US policy», RFE/RL Newservice, 18. März 1999.

Kapitel 12

1. Ich führte im Juni 1997 ein mehrtägiges Interview mit Carlos Bulgheroni in Islamabad und ein weiteres am 30. Januar 1999 im Schweizer Davos. Beide Male tauschten wir uns intensiv offiziell und inoffiziell aus. Ich glaube, es waren die einzigen Male, bei denen er sich einem Journalisten gegenüber ausführlich zu der Pipeline in Afghanistan äußerte. Alle nachfolgenden Zitate Bulgheronis entstammen diesen beiden Interviews.
2. Interview mit Sureda, Islamabad, 27. Februar 1997.
3. Interview mit Zardari, Islamabad, 1. Mai 1995.
4. Das Qatar-Projekt betraf eine Untersee-Pipeline durch den Golf nach Belutschistan. Die australische Firma BHP schlug vor, eine Überland-Gas-Pipeline vom Süden des Iran nach Belutschistan zu bauen.
5. Interviews mit pakistanischen Diplomaten, Islamabad, Juni 1996.
6. Interview mit Managern von Bridas, Islamabad, 27. Februar 1997.
7. Kissingers Kommentare wurden mir von Bridas-Managern im Februar 1997 in Islamabad berichtet. Das Interview mit Olaciregul fand zur selben Zeit statt.
8. Interview mit Todor, Islamabad, 27. Februar 1997.
9. Interview mit De La Rosa, Aschchabad, 22. Januar 1997.
10. Moskau wurde im April 1996 zugänglicher, aber erst als Chevron

Russland einen Anteil von 24 Prozent im Konsortium zusagte, um die 1,5 Milliarden US-Dollar teure Pipeline für den Tenghis-Öl-Transport nach Noworossiysk am Schwarzen Meer zu bauen. Später kaufte Mobil 25 Prozent der Anteile aus Chevrons Tenghis-Pacht.

11. Unter den von den Ölfirmen für die kaspische Region gewonnenen Mitarbeitern waren Zbigniew Brzezinski, ein ehemaliger NSC-Berater, der frühere stellvertretende Verteidigungsminister Richard Armitage, der frühere Stabschef John Sununu, der ehemalige Mehrheitsführer im Senat Howard Baker sowie die ehemaligen Außenminister Lawrence Eagleburger und Henry Kissinger.
12. Die Arbeitsgruppe umfasste Beamte der Ressorts für Auswärtiges, Energie, Wirtschaft sowie von CIA und NSC.
13. Interview mit einem Diplomaten, Aschchabad, Januar 1997.
14. Hunter, Shireen, *Central Asia since Independence,* Praeger 1996.
15. Interview mit Olcott, Aschchabad, 27. Mai 1997.
16. Talbott, Strobe, «Deepening US Engagement with the States of Central Asia and the Caucasus: A Roadmap for the Future», Ansprache am 21. Juli 1997 in Washington.
17. Fall Nr. 94144 im Bezirksgericht von Fort Bend County, Texas. Bridas Corporation klagt gegen Unocal Corporation, Marty Miller und Delta Oil Company Ltd.
18. Brief von John Imle an Carlos Bulgheroni vom 11. Oktober 1995, von Bridas bei Gericht vorgelegt. Der Brief besagt, «Unocal solle sich wegen eines potenziellen Pipeline-Projekts von Turkmenistan nach Pakistan einzig an der Regierung ausrichten, und die Regierung habe noch keinerlei Übereinkünfte getroffen, die in irgendeiner Weise einem Pipeline-Projekt zwischen Unocal und Turkmenistan hinderlich sein könnten».
19. Interview mit John Imle am 31. Januar in Davos, Schweiz. Ich hatte ihm schriftlich 30 Fragen zugeschickt, von denen er einige schriftlich, andere mündlich beantwortete.
20. Ich interviewte den Berater und den Kabinettsminister bei verschiedenen Gelegenheiten im Januar und im Februar 1997. Ich befragte auch Benazir Bhutto über den Zwischenfall, den sie zwar bestätigte, zu dem sie sich aber weiter nicht äußern wollte.
21. Dobbs, Michael, «Kabul's fall to end the anarchy», *Washington Post,* 29. September 1996. Senator Brown hatte in seiner Eigenschaft als Vorsitzender des Senatsunterausschusses für den Nahen Osten und

Südasien alle afghanischen Kriegsherren zu einem dreitägigen Gespräch nach Washington vom 25. bis 27. Juni 1996 eingeladen. Pakistanische Diplomaten in Washington erzählten mir, die Flugtickets einiger der Teilnehmer seien von Unocal bezahlt worden. Brown war zu der Zeit einer der wenigen Senatoren, die an Afghanistan interessiert waren, zum Teil, weil er hinter dem Unocal-Projekt stand.

22. Reuters, «US sending envoy to Taliban», Washington, 1. Oktober 1996.
23. Interview mit Nazdjanov, Aschchabad, 22. Januar 1997.
24. Interview mit Bridas-Managern, Islamabad, Juni 1997. Bridas führte Gespräche mit Mobil, Amoco und Coastal Oil in den USA, um die Unterstützung einer großen Ölfirma zu gewinnen als Ausgleich für die Verbindung zwischen Unocal und der US-Regierung. Bridas führte auch Gespräche mit britischen, französischen und malaysischen Ölfirmen, damit sie dem Konsortium beitraten. Auch mit einer russischen Ölfirma fanden Gespräche statt, um die russische Opposition zu ihrem Pipeline-Projekt auszugleichen.
25. Interview mit Imle, Davos, Schweiz, 29. Januar 1999.
26. Interview mit Akashi, Aschchabad, 22. Januar 1997.
27. Ebel, Robert, «Energy Choices in the Near Abroad. The Haves and Havenots Face the Future». Centre for Strategic and International Studies, Washington, April 1997.

Kapitel 13

1. Beide Firmen hatten ihre Lobbys bei den Taliban. «Wir haben uns noch nicht entschieden, welche Firma wir am Ende nehmen, aber wir ziehen Bridas vor. Sie ist neutral, deshalb vertrauen wir ihr», erzählte mir Mullah Mohammed Sadeq am 27. Februar 1997, nachdem er Buenos Aires besucht hatte.
2. Interview mit Bridas-Manager, Islamabad, Juni 1997.
3. Interview mit John Imle, Davos, Schweiz, 31. Januar 1999.
4. Interview mit Präsident Niyazov, Aschchabad, 22. Januar 1997. Turkmenistan war Gastgeber des von den USA finanzierten «International Forum of Assistance to Afghanistan», um in Afghanistan eine größere Rolle zu spielen.
5. Drei europäische Firmen waren an der Pipeline Türkei–Turkmenistan beteiligt: Italiens Snamprogetti, Gas de France und Royal Dutch Shell.
6. Das Abkommen sah vor: 1 US-Dollar an Turkmenistan für die Gas-

versorgung, 65–85 Cents an Unocal für den Transport und 15 Cents an die Taliban für die Nutzungsrechte. Das hätte die Taliban mit schätzungsweise 105 Millionen US-Dollar im Jahr versorgt, aber sie lehnten ab.

7. Das am 25. Oktober 1997 verkündete neue CentGas-Konsortium hatte folgende Aufteilung: Unocal 46,5 Prozent, Delta Oil 15 Prozent, Turkmenistan 7 Prozent, Itochu (Japan) 6,5 Prozent, Indonesia Petroleum (Japan) 6,5 Prozent, Crescent Group (Pakistan) 3,5 Prozent und Hyundai Engineering and Construction Co. (Südkorea). Zehn Prozent der Anteile waren Gazprom vorbehalten.
8. Nach Gazproms Ausscheiden wurden die CentGas-Aktien neu geordnet. Unocal 51,11 Prozent, Delta Oil 15 Prozent, Turkmenistan 7 Prozent, Indonesia Petroleum (Japan) 7,22 Prozent, CIECO Trans-Asia Gas Ltd. (Japan) 7, 22 Prozent, Hyundai Ltd.(Südkorea) 5,56 Prozent, Crescent Group (Pakistan) 3,89 Prozent.
9. Reuters, 9. August 1997. Zitat aus *Dawn*.
10. Heslin, Sheila. Aussage bei der Senatsanhörung über illegale Mittelbeschaffung, 17. September 1997.
11. Lees, Caroline, «Oil barons court Taliban in Texas», *Sunday Telegraph*, 14. Dezember 1997.
12. Interview mit Imle, 29. Januar 1999, Davos, Schweiz.
13. Starobin, Paul, «The New Great Game», *National Journal,* 12. März 1999. Das Zitat Kaplans stammt aus seinem Buch: Kaplan, Robert, *The Ends of the Earth, A Journey to the Fontiers of Anarchy,* Vintage Books, 1997.
14. Rubin, Barnett, «US Policy in Afghanistan», *Muslim Politics Report,* Council of Foreign Relations, New York, Januar 1997.
15. Interview mit iranischem Diplomat, Islamabad, Januar 1997.
16. Obwohl Pakistan öffentlich das Waffenembargo unterstützte, warnte der ISI den CIA vertraulich, dass eine solche Maßnahme die Bewaffnung der Taliban komplizieren und ihren Sieg – und damit das Unocal-Projekt – hinauszögern würde. Die USA unterstützten weiterhin ein Waffenembargo, das aber von der Clinton-Regierung daraufhin nicht ernsthaft verfolgt wurde. Pakistanische Diplomaten erzählten mir, dass Unocal einigen afghanischen Sprechern das Flugticket zu den Anhörungen Hank Browns bezahlte.
17. Raphel, Robin, Aussage vor dem Senatsunterkomitee für Auslandsbeziehungen zum Nahen Osten und Südasien, 11. Mai 1996.

18. Raphel, Robin, Text der Rede für das UN-Treffen über Afghanistan hinter verschlossenen Türen, vom Autor erhalten, 18. November 1996.
19. Rubin, Barnett, «US-Politik in Afghanistan», Muslim Politics Report, Rat für äußere Beziehungen, New York, Januar 1997.
20. Interview mit US-Diplomat, Islamabad, 20. Januar 1997. Aramco war das Konsortium der amerikanischen Ölfirmen, die den Abbau des saudischen Öls kontrollierten, bis es von der saudischen Regierung verstaatlicht wurde.
21. «Während der CIA keine neuen eigenständigen Aktionen in Afghanistan begann, wurden die Mitarbeiter bei Unocal von den Analytikern des Geheimdiensts ausführlich informiert. Unocal und Delta stellten jedes Mitglied des inneren Kreises derjenigen Amerikaner ein, die während der Jahre des Dschihad in Afghanistan tätig waren.» Mackenzie, Richard, «The United States and the Taliban», in Maley, Williams (ed.), *Fundamentalism Reborn? Afghanistan and the Taliban*, C. Hurst, London 1998.
22. Interview mit John Imle, 29. Januar 1999, Davos, Schweiz.
23. Interview mit US-Beamtem, 27. Januar 1998.
24. AFP, «US wants puppet government in Afghanistan», 11. März 1998. Ayub nimmt Bezug auf einen gescheiterten Versuch Amerikas, mit den neutralen Paschtunen zu sprechen, die eine Rolle dabei spielen könnten, die Taliban-Hardliner zu besänftigen.
25. Talbott, Strobe, Rede an der Stanford-Universität, Kalifornien, 23. Januar 1999, US Information Service.
26. Rohrbacher, Dana, «US Policy towards Afghanistan», Senatsunterkomitee für auswärtige Beziehungen nach Südasien, Washington, 14. April 1999.
27. Aussage von Mavis Leno vor dem US-Senatskomitee für auswärtige Beziehungen über die Geschlechterapartheid in Afghanistan, 2. März 1998.
28. Waxman, Sharon, «A cause unveiled – Hollywood women have made the plight of Afghan women their own», *Washington Post*, 30. März 1999.
29. AP, «Mrs. Clinton takes on Afghan government», 28. April 1999.

Kapitel 14

1. Interviews mit Kabinettsministern und Bürokraten im Juni 1998. Viele der folgenden Informationen sammelte ich zwischen 1995 und 1999 von Zivil- und Militärbeamten. Siehe Rashid, Ahmed, «Pakistan and the Taliban», in Maley, William (ed.), *Fundamentalism Reborn? Afghanistan and the Taliban,* C. Hurst, London 1998.
2. Babar, Mariana, «The battle for economic gains in Afghanistan», *News*, 19. August 1998.
3. Yousufzai, Rahimullah, «Wir beabsichtigen keinen Export des Dschihad», *News*, 19. August 1998.
4. Ahmad, Eqbal, «What after strategic depth?» *Dawn,* 23. August 1998.
5. Roy, Olivier, *Middle East Report*, Winter 1997.
6. Diese Einschätzung, über die ich ausführlich in der Vergangenheit geschrieben habe, ist das Ergebnis Dutzender Interviews, die ich im Laufe der Jahre mit hochrangigen Militärs und Geheimdienstbeamten, Diplomaten und Bürokraten geführt habe, die an der Afghanistanpolitik beteiligt waren.
7. Sowohl Armeechef General Abdul Waheed als auch der Chef des militärischen Geheimdienstes Lieutenant General Ali Kuli Khan waren Paschtunen, ebenso alle ISI-Stabsoffiziere.
8. Rashid, Ahmed, «Isolated in Asia, Pakistan's Afghan policy fails to reflect regional realities», *Far Eastern Economic Review*, 5. März 1998.
9. Rashid, Ahmed, «Pakistan undermines UN in peace process», *Nation,* 23. Januar 1998.
10. Interview mit einem pakistanischen Beamten in Quetta im April 1995. Siehe auch Rashid, Ahmed, «Nothing to declare», *Far Eastern Economics Review,* 11. Mai 1995.
11. Braudel, Fernand, *A History of Civilizations*, Penguin Books, London 1993.
12. Ismael Khan kontrollierte Herat und verlangte exorbitante Gebühren; er hob den Zoll von 5000 Rupien auf 10 000 pro LKW an.
13. Interviews mit CBR-Beamten 1996, 1997, 1998. 1993 war ein US-Dollar 40 Rupien wert, 50 Rupien 1999.
14. In die Gaunereien waren Polizei, Zollbeamte und Bürokraten verstrickt, die von der Mafia einen Anteil erhielten. Als meinem Neffen 1997 in Lahore das Auto geklaut wurde, teilte man ihm auf dem Polizeirevier mit, es befinde sich jetzt in Afghanistan und er bekäme es

zurück, wenn er eine «Wiederfindungsgebühr» in bar zahle; andernfalls würde es weiterverkauft werden.

15. Das pakistanische Institut für Wirtschaftsentwicklung, «Study on informal economy», Dezember 1998.
16. *Business Recorder*, «Afghan transit trade destroyed local industry, says NWFP Chief Minister», 15. Dezember 1998.
17. Chase, Robert und Kennedy, Paul und Hill, Emily, *The Pivotal States. A New Framework for US Policy in the Developing World*, W. Norton and Co., 1999.
18. Lashkar-e-Jhangvi und Sipah-e-Sahaba, Gruppierungen der JUI, forderten die Vertreibung aller Schiiten aus Afghanistan, schickten Tausende Freiwillige in den Kampf mit den Taliban, woraufhin die Taliban deren Führern in Kabul Zuflucht gewährten.
19. Rashid, Ahmed, «Afghan conflict eroding stability in Pakistan», *Nation*, 21. Januar 1998.
20. Yousufzai, Rahimullah, «Pakistani Taliban at work», *News*, 18. Dezember 1998. Siehe auch AFP, «Murder convict executed Taliban style in Pakistan», 14. Dezember 1998.
21. Roy, Olivier, «Domestic and Regional Implications of the Taliban Regime in Afghanistan», St Anthony's College, Oxford University, 24. April 1999.

Kapitel 15

1. Interview mit Kharrazi, Teheran, 30. April 1998. Siehe auch Rashid, Ahmed, «Iran trying to improve ties with old enemies», *Nation*, 5. Mai 1998.
2. Zwischen 1984 und 1986 unterstützten die Saudis den afghanischen Widerstand mit 525 Millionen US-Dollar; 1989 mit 61 Prozent der Gesamtsumme von 715 Millionen, also 436 Millionen US-Dollar, der Rest kam aus den USA. 1993 zahlten sie der afghanischen Regierung 193 Millionen US-Dollar. Die Gesamtsumme, die sie während des Kriegs beisteuerten, war mindestens genauso hoch und übertraf wahrscheinlich noch die von den USA gezahlten 3,3 Milliarden US-Dollar. Huntington, Samuel, *Kampf der Kulturen*, München/Wien 1997.
3. Interview mit pakistanischen Geheimdienstbeamten 1989. Zitiert in Rubin, Barnett, *The Fragmentation of Afghanistan: State Formation and Collapse in the International System*, Yale University Press 1995.

4. Interviews mit Kabinettsministern 1990. Siehe auch Rubin, Barnett, *The Fragmentation of Afghanistan.*
5. Die Saudis appellierten an die Mudschaheddin, ein militärisches Kontingent nach Saudi-Arabien für den Kampf gegen den Irak zu schicken, um islamische Solidarität zu beweisen und der islamischen Welt zu zeigen, dass die Saudis nicht nur auf westliche Truppen angewiesen waren. Alle afghanischen Parteien verweigerten dies, außer der gemäßigten Nationalen Islamischen Front Afghanistans, geführt von Pir Gailani, die die Saudis immer unterstützt hatten.
6. Hunter, Shireen, «The Islamic Factor in Iran's Relations with Central Asia», Februar 1999. Unveröffentlicht.
7. Rashid, Ahmed, *The Resurgence of Central Asia, Islam or Nationalism?»,* Zed Books, London 1994. Darin behandele ich ausführlich die Frühzeit der unabhängigen Beziehungen zwischen Zentralasien und dem Iran, der Türkei, Pakistan und Saudi-Arabien.
8. Da keiner der Führer Zentralasiens eine demokratische Opposition zuließ, schlossen sich oppositionelle Kräfte im Untergrund islamischen Fundamentalisten an.
9. Die anderen Körperschaften sind der Hohe Rat von Qadis, das Institut für Wissenschaftsstudien, die Beaufsichtigung religiöser Angelegenheiten und das Komitee für die Pflege der guten Sitten und Verhütung von Lastern. Letztere wurde von den Taliban initiiert.
10. Das Ergebnis war ein *Fatwa*, ausgesprochen vom mächtigsten *Ulema*-Führer Scheich Abdul Aziz Ibn Baz, das folgendermaßen lautete: «Obwohl die Amerikaner in herkömmlicher religiöser Hinsicht Ungläubigen entsprechen, da sie keine Muslime sind, verdienen sie Unterstützung, da sie hier sind, um den Islam zu verteidigen.» Obaid, Nawaf, «Improving US Intelligence Analysis on the Saudi Arabian Decision Making Process», Harvard University, 1998.
11. Aus mehreren saudischen Quellen erfuhr ich, dass, nachdem die Taliban Kabul erobert hatten, in den saudischen Moscheen nach dem Freitagsgebet Kollekten für die Taliban durchgeführt wurden.
12. Obaid, Nawaf, «Improving US Intelligence Analysis on the Saudi Arabian Decision Making Process».
13. AFP, «Taliban claim Saudi support», 21. April 1997.
14. AFP, «Taliban battling for northern city», 17. September 1997.
15. Zitat aus Rashid, Ahmed, «Afghanistan – Road to Disaster», *Herald*, November 1996.

16. Ich interviewte Prinz Saud 1986 in Dschidda und Prinz Turki 1989 in Islamabad. Beide sind außerordentlich intelligent und sprachgewandt, aber kaum über das, was in Afghanistan vor sich geht, im Bilde. Genau wie der CIA war der saudische Geheimdienst lange von den Informationen und Analysen des pakistanischen ISI abhängig.
17. AFP, «Convoi carrying weapons stopped», 12. Oktober 1998.
18. AFP, «Taliban shut down Iran embassy in Kabul», 2. Juni 1997.
19. AFP, «Taliban warn of retaliation against Iran», 22. September 1997.
20. AFP, «Iran says Taliban threat to the region», 14. August 1998.
21. AFP, «Iran presses Nawaz over Afghan policy», 15. Juni 1997.
22. Der Iran stützte seine Einschätzung auf die Zeugenaussagen eines iranischen Diplomaten, der das Gemetzel überlebte, indem er sich tot stellte. Schwer verwundet gelangte er nach Teheran und sprach mit Reportern. Ironischerweise kam Mullah Dost Mohammed bei seiner Rückkehr nach Kandahar ins Gefängnis, weil seine Ehefrau sich bei Mullah Omar beschwert hatte, dass er zwei Konkubinen mitgebracht hatte.
23. Interviews mit ranghohen iranischen Diplomaten in Islamabad im September 1998 und in Davos 1999.
24. Albright, Madeleine, Speech to the Asia Society, New York, 17. Juni 1998.
25. Interview mit Kharrazi, Teheran, 30. April 1998.

Kapitel 16

1. Ignatieff, Michael, *Die Zivilisierung des Krieges*, Rotbuch Verlag, Hamburg 2000.
2. Interview mit Brahimi, Islamabad, 14. Mai 1998.
3. AFP, «Afghan casualty figures show no signs of easing», *News*, 13. Oktober 1998.
4. Fange, Anders, «Challenges of Aid in Afghanistan», Stockholmer Konferenz über Afghanistan, 24. Februar 1999.
5. Elleston, Harold, «The General against the Kremlin. Alexander Lebed: Power and Illusion», Little Brown and Co, London 1998.
6. AFP, «Oil pipeline not ready for main production», 20. Mai 1999.
7. Die zurückgetretenen gewählten Regierungen waren die von Mohammed Khan Junejo im Mai 1988, Benazir Bhutto im August 1990, Nawaz Sharif im April 1993 und Benazir Bhutto im November 1996.

8. Braudel, Fernand, *A History of Civilizations*, Penguin Books, London 1993.
9. Private Korrespondenz, 6. März 1999.
10. Fange, Anders, «Difficulties and Opportunities; Challenges of Aid in Afghanistan», Stockholmer Konferenz über Afghanistan, 24. Februar 1999.

Kapitel 18

Zur Vertiefung des in diesem Kapitel behandelten Themas verweise ich auf mein Buch *Descent into Chaos: The US and the Disaster in Pakistan, Afghanistan, and Central Asia*, Penguin Books, New York, 2009, samt der darin zitierten Quellen.

1. Schroen, Gary C., *First In: An Insider's Account of How the CIA Spearheaded the War on Terror in Afghanistan*, Ballantine Books, New York 2005.
2. Ebd.
3. «Biden promises $ 130 million for security in Afghanistan», *Los Angeles Times*, 17. Mai 2002.
4. James Jones und Harlan Ullman, «What is at stake in Afghanistan», Brief an die *Washington Post*, 10. April 2007.
5. Generalleutnant Karl Eikenberry bei einer Anhörung vor dem Verteidigungsausschuss des Senats in Washington am 13. Februar 2007. Der Wortlaut seiner Äußerungen wurde mir von der US-Botschaft in Islamabad zur Verfügung gestellt.
6. Moreau, Ron, «America's new nightmare», *Newsweek*, 26. Juli 2009.
7. Cordesman, Anthony, «Let's get serious», *The Times*, London, 10. August 2009.
8. Aizenman, N. C., «In Uzbekistan families caught in Nightmare», *Washington Post*, 18. Mai 2005. Vgl. auch «Bullets were falling like rain: The Andijan massacre, May 13, 2005», *Human Rights Watch*, Bd. 17, Nr. 5, Juni 2005.

Register